自我的發展：概念與理論

Ego Development:Conceptions and Theories

盧文格／布萊西一著

Jane Loevinger

with the assistance of Augusto Blasi

Jane Loevinger

  Ego development

©1976 by Jossey-Bass Inc., Publishers.

©1995 Chinese copyright
by LAUREATE BOOK CO., LTD.
Authorized translation from the English language edition
published by Jossey-Bass Inc., Publishers.

譯　序

　　盧文格（Jane Loveinger）係美國華盛頓大學心理學教授，當代西方著名的發展心理學家。《自我的發展》滙集了盧文格多年的研究成果和理論探索，是一部資料極其豐富的著作。一九七六年第一版後，旋即引起心理學界的重視，獲得認可和好評。一九七七年和一九八○年兩次再版。全書分三大部分，共十七章，外加一章附錄。

　　在《自我的發展》這本書中，盧文格把人們對自我的理解分爲三個時期：前精神分析時期、精神分析時期、新精神分析的自我心理學時期；把自我發展階段的劃定分爲兩種類型：以序列爲主的階段劃分和以類型學爲主的階段劃分；同時，他也闡述了自己的階段概念的劃分，它既不是唯序列的，也不是唯類型學的，而是兩者兼有的，稱之爲「發展的類型學」。所有這些，就是我們這裡要闡釋的五個問題。

一

　　前精神分析時期包括兩個階段：一是在心理學作爲一門科學從哲學中分化出來之前的哲學解釋，二是二十世紀初的心理學解釋。兩者都是從理論學角度研究自我。在十九世紀的哲學家中間，闡釋自我的代表人物有邊沁（J. Bentham）、康德（I. Kant）、斯密（A. Smith）、彌爾（J. S. Mill）和孔德（A.

Comte）等人。

　　邊沁的功利主義提出人的最高的本性是追求最大限度的快樂和最小限度的痛苦，這種本性把人置於兩個至高無上的君主，即快樂和痛苦的統治之下：「唯有這兩個君主才能指出我們應該做什麼，並決定我們將做什麼。」表面上一個人可能自稱他不受君主的制約，但事實上他永遠是臣民。因此，在邊沁看來，研究自我，也就是研究一個人如何追求最大限度的快樂和最小限度的痛苦。

　　康德在自我研究領域裡是直覺主義者，他認爲一個人的生活面臨著兩個命令：有前提的命令和絕對的命令，前者告訴我們必須做什麼才能滿足我們的願望，它屬於科學的領域；後者告訴我們作爲一個善者必須做什麼，它屬於道德的領域。決定道德的不是行爲的後果，而是它所承擔的善意，它是道德的全部內容。所以，在康德看來，研究自我也就是研究善意。

　　亞當·斯密是一個著名的經濟學家，但寫過一部論述道德的哲學專著《道德情操的理論》，認爲自我意識的標誌是一個人能使自己站在別人的立場上看問題，體會別人的感受，當一個人能像別人所做的那樣做出反應時，就會贊成和同情別人。有了這種體驗，一個人就學會了像別人看自己那樣看待他自己，於是在他的心中就形成了一個眞正的社會標準。在亞當·斯密看來，研究自我，就是研究一個人怎樣把別人作爲一面鏡子，從而形成自我意識。

　　彌爾是一個廣義的功利主義者，他認爲自我的本質不是快樂和痛苦，而是臻於至善的良心，這就決定了彌爾把人性看作是一種積極的善行。他說過：假定憑藉機器人有可能建造房屋、播種、打仗、審案，甚至祈禱，那麼用那些生活在世界上文明地方的男女來交換這些機器人將是一個很大的損失。因爲人性並不是從模子裡壓出來的機器，精確地按照工作指令操作，而是像一棵

樹，需要各方面生長和發展自己。然而，現今世界上大多數人仍然是遵奉者，像機器人一樣，不問自己喜歡什麼，過問的僅僅是那些適合他們地位和環境的東西。因此，在彌爾看來，研究自我，就是研究一個人怎樣衝破習俗的壓力，不爲歡樂和痛苦所左右，使自己朝善行和良心方向發展。

孔德認爲自我的發展經歷了三個階段：神學的、形而上學的和科學的。在第一個階段，現象被人格化，事物被看作是有靈魂和意志的，它們都是由一神或多神統治著的。處在這一階段的人認爲自己是上帝統治下的芸芸衆生，對自我的內在力量根本還沒有認識。在第二階段，靈魂不復存在，理智和自然成了事物的原因，但是人們往往把這種原因看作是絕對的，也就是說，要嘛把自我的智慧看作是絕對原因，要嘛把大自然的現象看作是絕對原因，從而陷入形而上學。在第三階段，拋棄了對原因的形而上學探究，轉向描述事物規律性的法則，既看到自我的力量，也看到自然的力量。正如孔德所說：「我們每個人都有意識，如果他回顧一下他自己的歷史，他在兒童時代是一個神學者，在青年時代是一個形而上學者，在成年時代是一個天生的哲學家。」

在二十世紀的心理學家中，闡釋自我的代表人物有鮑德溫（J. M. Baldwin）、麥獨孤（W. McDougall）、米德（G. H. Mead）等人。

鮑德溫是一個偉大的理論家，他把「個人成長的辯證法」作爲自我的核心。這種自我成長經歷了三個階段：首先是兒童學會把人和其他物體分開；其次，兒童學會把自己看作是許多人當中的一員，但他不能從別人身上覺察特殊的感受，他的自我意識是主觀的；最後，兒童發現別人也具有在他自己身上覺察的那些感受。這時兒童就能從別人的感受來看待自己，從自己所能感受到的東西來推斷別人。這就是他的「個人成長的辯證法」。

在鮑德溫看來，年幼兒童的行爲顯示出一種極性，他模仿強

者並欺侮弱者；他對那些有權勢的人，看來是利他主義的；但對
比他小的弟妹，就會表現出攻擊和自私；這種態度成為他的習慣
的自我。當兒童把自己看做是具有兩極性時（一方面是自私的
人，另一方面是無私的人），他看到別人同樣也具有兩種可能
性。有了這種認識，他學會了把行為歸類而不是把人歸類。慢慢
地，透過模仿周圍人物，透過自身的智力操作，建立了理想的自
我。這種自我不同於與人方便的自我，它是樂意模仿別人。表面
看來，兒童一直是在透過模仿形成自我，但事實上，他複製的摹
本有著發明或創造的成分。在這個意義上說，新的自我為舊的自
我訂出規則，同時也導致了遵奉的自我和良心的開始。

麥獨孤認為自我的實質是本能。本能是一種有目的的行為。
每一種本能都包括一種知覺的傾向、一種獨特的情緒，以及一種
反應的模式。這裡，目的是相對穩定的，而傾向、情緒、模式等
則是可塑的，是為目的服務的。一九○八年，麥獨孤出版了他的
大作《社會心理學》，認為社會心理學的基本問題是德性，從而把
自我的研究列入德性的範疇。德性的發展經歷了四個階段：(1)本
能是由痛苦和快樂的影響來改變的；(2)本能是由社會環境賦予的
獎懲來改變的；(3)本能是由預期社會的讚揚和譴責來控制的；(4)
本能是由行為的理想來調節的，它使一個人按照他認為是正確的
方式行動，而不管他眼前的社會環境的讚揚或譴責。

一個人要想達到最高的道德水準，需要關心自己的情操，它
是從突出自己的本能中派生出來的，類似於積極的自私情感。由
於德性的最高水準並不是根據和我們生活在一起的那些人的贊成
或不贊成，而是根據對抽象的道德原則的忠誠，所以關心自己，
或者說自尊是必要的。只有自尊才不會為社會環境的贊成或譴責
所左右。自尊總含有希望別人贊成的混合願望，這就促使他按照
抽象的道德原則行事。它的發展結果必然是利他主義和自我批
評。

　　米德是一個社會行為主義者。他的思想受到鮑德溫的影響，主張把自我的起源作為社會心理學的核心問題，但他反對鮑德溫關於模仿本能的解釋，認為一個人的中樞神經系統不同於電話交換臺，按照別人的同樣的行為來觸發自己。相反地，有機體在很大程度上選擇他自己的環境，憑藉他的敏感性來選擇他的「刺激」。社會行為對自我來說是一個先行者，「當我們學會了用別人的觀點來描述我們自己時，心理和意識就產生了」。這樣，社會行為實際上是一種有意義的符號。符號化構成客體；符號化的結果是自我。

　　米德認為我們可以在兒童的遊戲中看到這一過程。在遊戲時，兒童有時交替地扮演幾個角色，不停地跟自己進行著「手勢會話」，含蓄地採擇遊戲中每個人的「姿態」。兒童首先採擇別人的特殊的觀點，後來採擇概括化的其他孩子的觀點，以後他繼續採擇他周圍那些人的態度，特別是那些控制他和他所依賴的人的角色。自我就是在這樣的過程中不斷演變的。

二

　　精神分析對自我的解釋是心理圖式：意識、潛意識和無意識，其理論貢獻主要來自臨床治療，代表人物有佛洛依德（S. Freud）和榮格（C. G. Jung）。

　　一八九五年，佛洛依德寫了一部無標題的手稿，寄給他的朋友佛里斯（W. Fliess），後來由心理學家克里斯（E. Kris）稱之為〈建立一門科學的心理學計畫〉。佛洛依德決定不發表這部手稿，但這部手稿的主要意義在於它能使我們追溯到佛洛依德的自我心理學。就在佛洛依德完成手稿的時候，他開始了一項計畫，即他的自我分析。這一自我分析是值得注意的，因為他批判了自己的思想，揭露了他自己的無意識遁詞，並在這一分析的前景如何或初期嘗試的結果怎樣等一般的指導都沒有的條件下，走了一

條從未有人走過的路。

一九二〇年，佛洛依德在精神分析理論中開闢了一個新領域，在《超越快樂原則》一書中首次提出「自我功能」的概念。一九二三年，〈自我和本我〉這篇重要論文發表，在這篇論文中首次提出自我的任務是控制。自我是一個組織，圍繞著它有三個方面：現實的環境、本我和超我。它必須努力控制每一個方面。超我相當於「自我理想」，「本我」又譯作「伊特」（id），這一術語來自格羅迪克（G. Groddeck），意指非人力所能感受到的無意識的內驅力。這篇論文的發表，意味著結構圖式（本我、自我、超我）最終代替了心理圖式（無意識、潛意識、意識）。佛洛依德認為，在現實環境的作用下，有一部分本我漸漸改造自我。超我也促進自我的形成。自我做得好時，超我給予獎勵，引起自重感；自我表現壞時，超我給予懲罰，產生罪惡感。自我的主要任務是控制，即協調和調節本我與外部世界或本我與超我之間的關係。自我遵循現實原則，它盡力滿足本我的要求，又要考慮現實的可能和超我的允許。自我透過調節外部行為和控制活動來適應環境。當自我面對客觀的危險時，便引起恐懼；受到內部無意識壓力的威脅時，則產生焦慮，並激發心理防禦機制，使有機體免受損害。

佛洛依德在其精神分析的自我理論中曾提出過三個範式：創傷範式、內驅力範式和自我範式，三者是統一的。在創傷範式中，佛洛依德把人對最大快樂和最小痛苦的追求看作是在臨床上無可辯駁的真理。那麼，人為什麼沒能生活得更愉快些呢？佛洛依德認為生活中的真正困難在於用現實原則代替快樂原則，而且有些本能和人格有著不同的和衝突的願望，以至於這些願望的滿足可能引起自責和內疚。於是人就不得不把這些願望壓抑起來，成為一種精神性的創傷。一個有意義的觀察來自佛洛依德的孫子，他常扔掉自己心愛的玩具，大叫著：「滾開！」有時他把繫

著繩子的玩具扔到看不見的地方，然後拉著玩具的繩子興奮地大叫：「在那兒！」這類遊戲重複著出現和消失。佛洛依德把遊戲的涵義解釋為在他力所能及的範圍內再現許多痛苦的經歷，比如他無法控制母親的出現和消失。這個公式便是痛苦的經驗，是透過兒童主動重複他曾經蒙受過的痛苦而被掌握的。同理，看過牙病的孩子回家後就玩牙醫的遊戲，把更為年幼的兒童當作犧牲品。這就是創傷範式。

　　佛洛依德從上述一些事例中看到一種強烈要求重複的內驅力。這一發現來自兩條線索：一條線索是有些人老是在一些不愉快的事情上屢次重複，佛洛依德的病人就是不斷地重複著早年生活中與他們父母有關的最不愉快的和經常遭受挫折的體驗。另一條線索來自焦慮這一心理問題。神經系統的功能是保護有機體免遭極度的刺激。一旦這種保護作用受到破壞，有機體將要承受遠比他在較短時間內能夠內化的更多的刺激，創傷由此產生。受傷的機體狀態是恐懼；焦慮可以消除恐懼。在內驅力範式中，焦慮被看作是釋放屬於壓抑觀念的情感，是一種在內驅力的壓力下防止受創的自我活動。由於焦慮，促使了無意識向意識的轉化。

　　佛洛依德的自我範式是從戀母情結和自居（認同）作用的角度來描述的，其中包含焦慮和內驅力。在佛洛依德看來，兒童最早的和最強烈的衝動是由他的父親來抑制的。兒童因為這種強加的抑制而想報復他的父母，但這是不允許的；而且，這樣做將危及他所需要的父母的愛。於是，他就採取了兩種方法：一種是透過報復自己來控制這一情境，即在父母面前做出錯誤的衝動。另一種方法是透過自居作用，扮演父母的角色，用父母對待他或他的衝動的方式來對待自己和自己的衝動。透過這兩種方法，他建立了對自己衝動的控制，在自身內部重建了服從權威的關係，作為一種控制其他挫折情境的方法。這種內化的權威就是超我，超我監督自我，就像父母監督孩子一樣。

　　榮格最初是佛洛依德精神分析學派中的佼佼者，一九一三年與佛洛依德決裂，退出以佛洛依德爲代表的精神分析陣營。榮格的研究包括三個方面：意識、個人無意識和集體無意識。其中，自我是最重要的原型，包括了無意識的一切方面，起著將整個人格加以整合並使之穩定的作用。個體無意識與一個人的歷史有關，並包含了原則上能意識到的一些要素。它們曾經一度是意識的，但因被遺忘和壓抑，從意識中消逝了。集體無意識的內容從來沒有在意識中出現過，因而不是由個體習得的，是完全透過遺傳而存在的。集體無意識的內容主要是原型。原型有四種最爲突出，可以分別代表各別的人格系統。它們是：「人格面具」、「陰影」、「阿妮瑪」和「阿妮姆斯」。

　　人格面具作爲原型的一種，是人格的最外層。個體在環境的影響下所造成的與別人接觸時的假象，掩飾著眞正的我，與眞正的人格不符。人格面具表面上和社會上角色扮演的概念相類似，指個人按照他認爲別人希望他那樣去做的方式行事。榮格把人格面具看作是類似於一個門面或面具的某種東西，看作是意識自我和無意識自我的總和，看作是集體精神的一個部分。人格面具在世界面前表現出來的這張臉，適合於一個人在生活中的職能與地位，主要受到社會的制約，而非他自己的個性所決定。與人格面具相對的是人的陰影，亦即他的消極的人格特質，難以爲他的意識自我理解和接受。阿妮瑪和阿妮姆斯也都是原型，意思是指靈氣，分別代表男人和女人身上所表現的雙性特徵。阿妮瑪指男性身上的女性特徵，阿妮姆斯指女性身上的男性特徵。它們都是由遠祖遺傳下來的，是自己覺察不到，別人也看不見的性格。

　　榮格分析無意識的方法，他稱之爲「分析心理學」，是透過對夢的分析進行的，這種分析甚至要比精神分析涉及範圍更廣。他主要根據普遍的象徵主義來解釋夢，而不是像佛洛依德所強調的那樣根據個體的聯想來解釋夢。對榮格的夢的解析來說，可以

分為三個階段：第一個階段是對人格面具和陰影的分析。患者需
要分解他的人格面具，並且承認、接受和同化他人格中的消極方
面。第二個階段涉及到阿妮瑪和阿妮姆斯的問題。男性對女性有
一種理想的想像，這種想像來自他的母親，那就是他的阿妮瑪。
女性對男性也有許多理想的想像，這些想像與阿妮姆斯結合在一
起。除了理想之外，阿妮瑪和阿妮姆斯還是「第二自我」；因
此，兩者都會歪曲一個人對異性的知覺，並決定了一個人的行
為。第三個階段是處理夢境中出現的集體無意識的一些意象，諸
如智慧老人、魔術師、出現在歷代社會的神話和宗教中的魔鬼等
形象。

三

　　新精神分析的自我心理學是在精神分析的自我心理學基礎上
發展起來的。一九三九年，哈特曼（ H. Hartmann ）出版了《自
我心理學和適應問題》一書，標誌著新精神分析的自我心理學的
正式誕生。與此同時，以蘇利文（ H. S. Sullivan ）、安娜・佛
洛依德（ A. Freud ）、艾瑞克森（ E. H. Erikson ）和洛華德
（ H. W. Loewald ）等人為代表的精神分析學家，對佛洛依德的
精神分析理論進行了批判和修正，形成了有共同特點的新精神分
析的自我心理學。他們批判佛洛依德的本能論和泛性論，繼承了
他的無意識等概念以及心理分析和夢的解析等技術，強調文化和
社會因素對人格的影響以及重視自我的作用。

　　蘇利文深受佛洛依德的影響，但是當他認為佛洛依德在哲學
上站不住腳的時候，他力求開闢一條新路，創造了「自我體系」
這一概念。在蘇利文看來，焦慮是嬰兒最不愉快的體驗，因而試
圖要迴避它就是主要動機。嬰兒的早期學習是受焦慮的梯度指導
的；他趨向焦慮的減少而迴避焦慮的增強。和焦慮的母親生活在
一起，由於移情作用，嬰兒會變得焦慮起來。這裡有兩類需要在

起作用：一是人際的安全感，最初表現爲溫柔體貼；一是心理上的需要。當安全感的需要得不到滿足時，就會激起焦慮。而自我體系的出現提供了迴避焦慮和控制焦慮的方法。

在自我體系中，第一階段，嬰兒最早的自我概念可以分爲三個要素：凡導致獎勵和人際安全感的是「善我」；凡導致輕微的或中等的焦慮爲「惡我」；而「非我」則和突如其來的抵擋不住的焦慮相結合，非嬰兒的學習體驗可能整合。「非我」相當於佛洛依德的創傷事件。

第二階段，最初在嬰兒的眼裡，母親和母親的代理人是一樣的，嬰兒只能區分「好母親」和「壞母親」。壞母親的例子是焦慮的母親，還有被迫帶領孩子的心懷不滿的姐姐。對年幼兒童來說，所有的好人是同一個人，所有的壞人也是同一個人。後來，孩子開始把「善我」和「惡我」合成「我身」，藉以與環境相對立。語言有助於把「好母親」和「壞母親」合成「我的母親」，與代理人不再互易其位。這些合成構成了兒童期的特徵。在這一階段，兒童的人際學習基本上是人類的榜樣，先以「似動作」和「似語言」爲嬉，再是扮演他的父母。由孩童向少年變遷的標誌是現實與幻想之間的區別越來越明顯。

在第三階段，少年時期，約入學初期，母親在同齡人之間的顯著地位下降了。這種變化是發展的，並非經驗的產物，因爲少年與同學不在一起時，他們的幻想也發生類似的變化。認可和贊同是積極的動力，人所不齒則得到相應的對待。社會偏見的形成，尤其是按性別區分的偏見，是該階段的特徵。少年學會了社會上的服從與調節，他們的相互作用的方式是競爭、和解與合作。這一時期理想的結果是生活定向，即長期的目標與價值，並洞察人際的需要，以及如何不用多少焦慮就能滿足這些需要。

在第四階段，即青春前期，蘇利文發現了青年人與同性夥伴的關係中從自我中心上升到眞正的社會狀態的一個極其難得的機

會。在與夥伴的專一關係中，靑年人首次學會了像珍視自己那樣珍視別人，從眞實的深度上去體驗情愛；與之對立的是寂寞，它把焦慮作爲一種不愉快的體驗。眞正的協作開始於這一時期。協作意味著情感交融，超越了以利己爲動機的少年期合作。蘇利文認爲，許多人終身過著少年模式的競爭和妥協的生活；一個停留在少年水準的成人可能成爲唐璜或一個「玩世不恭的人」。

安娜・佛洛依德在《自我和防禦機制》一書中聲稱，新精神分析不僅僅是一種深蘊心理學，分析的價值不僅僅在於探究無意識，自我、本我和超我在精神分析中都是值得注意的問題。自我具有兩個顯著的特徵：一是爲其他心理機構的觀察提供媒介，一是使分析的目的得以重建。安娜認爲，在佛洛依德的前分析時期，催眠術作爲一種治療技術，是繞過自我來揭示無意識的，因此其治療效果無法長久，並最終被拋棄。這是因爲，在治療過程中，自我總是不穩定的，自我的本質在抗拒著分析工作，它具有防禦作用。這些防禦可以歸爲兩種類型：一是以攻擊者自居，一是利他主義。我們可以從兒童身上看到以攻擊者自居的形成過程；兒童能夠模仿攻擊者，假定他們的特徵，或者簡單地仿效攻擊活動。比如，兒童透過反覆削鉛筆、不斷折斷削好的筆尖，來表示他對牙醫的厭惡，這就是一種自我的防禦。道理很簡單，兒童理解違背準則就會受到懲罰，在這一點上他將自己的內疚投射到別人身上，於是他期望懲罰的這個人就轉而反對那些爲了使自己得到承認而橫蠻逞凶的人。兒童能夠內化這種批評，但他是把這種批評和自己的內疚分離開來的。眞正的意識開始於把內化的批評變成自我的批評。在利他主義類型中，一個人放棄了自己的一些願望，爲此他必須面臨願望的挫折。安娜說，在現實生活中，獨生子喜歡做媒人就是一例。這種利他主義的解釋有兩層意思：一是透過自居作用用滿足代替挫折，二是把遭到拒絕的被動角色換成恩人的主動角色。

艾瑞克森以其心理社會發展的模式而聞名於世，並提出了
「自我同一性」的概念。他說，自我同一性是一種發展的結構，
有時指一個人對其個體身分的自覺意識，有時指他對個人性格連
續統一體的無意識追求，有時指自我綜合的無言操作，有時則是
對某一羣體理想和特徵的內心趨同。自我發展最初是透過心力內
投和投射的過程產生的，繼而是透過自居作用，再後是透過同一
性的形成而實現的。這些途徑並不是自我發展的階段，而是自我
形成和轉化的形式。在兒童早期，父母的命令和表象的結合，即
所謂心力內投，以及兒童晚期和青年早期的自居（認同）作用，
並不能說是眞正的同一性。眞正的同一性必須由靑少年自己在其
他事件中，透過將自己在別人眼中的形象和他在各行各業裡找到
的適合於自己的職業相結合的過程中，才能鑄煉而成。

艾瑞克森根據佛洛依德關於人是透過對被動經驗的東西做積
極的反應來獲得控制的原理，爲兒童心理分析治療的一種技術，
即遊戲，奠定了理論基礎。他認爲，兒童生活中的三個領域是：
遊戲與玩具的領域，與他人的現實關係的領域和他自己身體的領
域。透過圖式轉換，在一個領域裡產生的問題可以在其他領域裡
重演。在最理想的情況下，這種轉化乃是兒童構念計畫，進行探
究和實現成長的手段。但是在一個壓抑的創傷性經驗的逼迫下，
這種轉換就變成一種刻板的症狀的重複。這裡，艾瑞克森用從佛
洛依德那裡獲得有關自我發展的重要原理擴展了圖式轉換的思
想，也就是說，兒童從內部產生分化，藉以作爲克服在他與別人
的關係中出現的失敗與挫折的手段；對個人內部圖式來說，人際
圖式具有模仿和動力作用。

洛華德認爲佛洛依德始終未能理順他晚年的自我理論的涵
義，致使精神分析仍然處在本能理論的影響下。新精神分析的自
我心理學看待本能的方式改變了，本能所孜孜以求的不再是享樂
的滿足，而是客體。洛華德指出，要想把兒童看作是降生在一個

與之分離的，因而需要與之建立關係的現實世界中，就不能從兒童的，甚至父母的角度去看，更確切地說，嬰兒與母親原本是一個統一體，先是生物學的，而後漸漸是心理學的。他們之間日益增大的每一步差異，都引起相應的整合，並在這種整合下發展起來。對兒童來說，現實必須是在與其自我發展相當的諸階段上建立起來的，因為他們全然不是一個模子裡澆出來的，而是有差異的。母親與孩子之間差異的形成，導致了在以後各階段上所發現的那種追求新的統一的努力，即一種強烈的慾求，它既是自我綜合功能的來源，又是兒童連接母親的慾力（libido）的起源。

在洛華德看來母親不僅把孩子看作現在這種樣子，而且把他理想化為未來階段上的樣子。這就對兒童產生了某種影響，並為兒童所內化，從而幫助他建立起同一性情感。這樣在兒童當前的功能水準和母親對他未來的期望所要求的更為成熟的階段之間就造成一種緊張。一個人未來的最佳樣子和他當前樣子之間的緊張，不僅僅是父母與孩子之間的緊張，而且也是超我和自我之間的緊張。這就是說，個人與環境之間的關係轉變為心理上的關係，如此構築起來的內心世界就和環境建立起新的更為複雜的關係。

由此可見，自我發展不是透過改變與固定對象的關係，而是透過不斷重建兒童與其環境的關係和重建兒童相應的內心世界得以實現的。當兒童發展時，他所適應的現實和他所摯愛的事物也因之發生變化。兒童對外部對象的真正依戀，是以清晰的外部和內部的感受為前提的，它的理想的結果是超我的形成，即心理結構的內部分化。這種情況是不能用父母的內化和父母的表象的內化來描述的，相反地，對兒童的心理結構來說，這種關係是內在地重建起來的，即舊的關係是破壞而不是被壓抑，舊的關係中的成分被整合到某些新的東西中去，從而造成了兒童的差異，並由此使兒童對其父母形成一種新的看法。

四

關於自我發展的階段，在盧文格看來，可以分爲三種類型：一種是只描述發展的序列，以費倫齊(S. Ferenczi)、艾瑞克森和奧蘇貝爾(D. P. Ausubel)爲代表；一種是只說明分類界限，以佛洛姆(E. Fromm)、里斯曼(D. Riesman)和格雷夫斯(C. W. Graves)爲代表；還有一種是既考慮發展序列，又考慮分類界限，稱作「發展的類型學」，以蘇利文、艾薩克斯(K. S. Isaacs)、布爾(N. J. Bull)、柯爾伯格(L. Kohlberg)、佩里(W. C. Perry)和盧文格爲代表。這裡只闡釋前兩種類型。

費倫齊的〈現實感的發展階段〉是一篇經典的精神分析論文，首創一九一三年，因此在做出貢獻與涉及自我的形成方面有它的優先權。費倫齊認爲，由於認識了自然力量而引起的對兒童誇大狂的替代構成了自我發展的主要內容。爲此，他把自我發展分爲三個階段：神奇幻覺的全體、泛靈論、神奇的詞語和想法。在費倫齊看來，誇大狂的一個方面——或者說誇大狂存在的主要特徵——是一種全能的感受。當胎兒的需要不斷得到滿足時，胚胎時期是一個無條件的全能時期。緊接著，在出生之後，隨之而來的是一個神奇幻覺的全能時期。當孩子懂得哭泣和其他表示需要的表情能帶來滿足時，他進入一個靠姿勢來表達的全能時期。當孩子第一次學會把自我與非我加以區分時，他設法在每一件客體中找出他自己的器官和它們的活動，這是一個泛靈時期。最後，說話開始於象徵性姿勢，但很快就具有特殊意義。它加速了有意識的思考和延緩動力釋放的能力。由於這時兒童的願望還不多且又簡單，他周圍的人很快就能猜出並急於使之實現。兒童終於相信，是想法和詞語給他的願望帶來滿足。這就是神奇的詞語和想法時期。這個時期是迷信、魔力和某些宗教崇拜的基礎，也是那些著了迷的父母尋求歸宿的一個時期。

　　艾瑞克森關於階段的劃分基於他的精神分析實踐、人類學的研究，以及對正常兒童的研究。他用一系列任務來解釋心理社會的發展或自我發展的階段，每個任務都孕有一個自相矛盾的危機。第一個任務是從三個方面求得一個有關基本信任對不信任的測量：客體的連續性、自己與他人的差異、個人衝動的控制。這些類似於盧文格的前社會階段、共生階段和衝動階段的問題。第二個任務是自主對羞恥和惶惑，類似於盧文格的自我保護階段的特徵。第三和第四個任務分別是創造對內疚和進取對自卑，看來和遵奉階段相匹配。第五個任務是同一性對角色傳布，相當於良心階段。第六個任務是親密對孤立，這是根據加深人際關係和發展道德意識等方面來討論的，所以也是良心階段的一個方面。第七和第八個任務分別是生育對停滯和自我完善對失望，可能是艾瑞克森有關自主階段和整合階段的觀點。從所有這些任務中可以看到，艾瑞克森在自我問題上是把危機的討論與年齡特徵的問題結合在一起的，這就排除了年齡範圍內外部局限性的問題，而在這個年齡範圍內從一個階段過渡到另一個階段的自我發展有可能發生。

　　奧蘇貝爾反對把自我發展與精神分析中的心理性慾發展混淆起來，認為自我不是從本我中分化出來的一個外層，「自我的發展是連續的生物社會相互作用的產物」。他把自我發展分為四個時期：自我全能、自我貶值的危機、衛星化的開始、非衛星化。自我全能是在自我與環境第一次做出區分之後才出現的。嬰兒把母親急於滿足他的需要的心事誤解為他自己的「意志萬能」。他認為他的願望是強有力的，儘管他認識到別人還得幫它們實現。隨著母親開始對孩子提出要求，孩子逐漸知道他的依賴是由意志決定的，在性質上帶有行政的意味，並且懂得他的父母並不因為他無助而必須為他服務。無助不再是一種意志萬能的王家綬章，而是一種仰承他人的條件。在這一點上，孩子面臨著自我貶值的

危機，這些危機提出兩個無法接受的選擇：如果他要繼續保持他那全能的觀念，他就會經常受到挫折；另一方面，實事求是地承認他完全依賴別人，這就會使他自己貶值，那是痛苦的，也是承受不了的。通常，兒童避開這兩種選擇，而把全能歸功於他的父母，這就使他成為父母的一顆衞星，他的自尊由於光的反射而被保留下來。這就是衞星化的開始。最後，成功的成熟取決於非衞星化，取決於兒童重新獲得自主和新近成熟的實現能力。父母的被「廢黜」始於兒童進入學校，因為那時已經具有第二個權威；衞星傾向轉移到家庭以外的新權威。這時兒童發現他們自己的價值乃在於他們本身能做些什麼。在順利的情況下，工作本身就是報酬。在童年後期，當非衞星化適當地發生時，非衞星者可能勝過衞星者，由於他的競爭力，比之衞星者仰人鼻息來，得到的成就更多。不過，從長遠的角度看，最適的自我發展，至少在某種程度上，是由那些開始是衞星者而後成為非衞星者的人來實現的。

有些學者把自我發展的主要方面作為性格類型的出發點，至於發展過程中所產生的差異問題可以不問。盧文格把這種劃分稱之為類型學或性格學，他們對自我發展的描述只立足於分類界限。代表人物有佛洛姆、黎士曼和格雷夫斯。

佛洛姆在《逃避自由》一書中用自由和自發等術語提出自我發展的基本問題。他把自我發展分為三個階段：共生、遵奉和自主。當一個孩子從共生的對父母的依賴中解脫出來時，他便從強制的約束中獲得自由，於是他就面臨一種抉擇，即在無意識的遵奉和成為一個真正的有自主的人之間做出抉擇。在前者的情況下，他形成一種權力主義的性格或潛在的性格；在後者的情況下，他形成自主，獲得自主來選擇他的生活方式。佛洛姆的概念是一種類型學的而不是發展的序列，因為在權力主義性格和自主性格之間決定性的差別被看作是在社會影響下童年期的一種道德

的或存在主義的選擇。

　　黎士曼在其《寂寞的羣衆》一書中描述了社會中占統治地位的性格類型。他的自我發展階段是從無目的性開始，經由傳統指引的遵奉，內部指引的遵奉，到達自主。其中，無目的性的人和自主的人是自我發展的兩極。黎士曼著重強調的是遵奉的三種方式。在傳統指引的人羣中，遵奉是由他們遵奉傳統的傾向來保證的；羞恥是情感上的制約，重點放在行爲與習慣上。在其他指引的人羣中，遵奉是由他們對別人的期望和偏愛的敏感傾向來保證的；焦慮是他們的情感制約，風尚取代了良心，人格取代了性格。在內部指引的人羣中，遵奉是由生活早期獲得的內化的目標來保證的；內疚是主要的情感制約，重點放在良心、性格和自我改進上。正如黎士曼所說：傳統指引的兒童謀求父母的好感；內部指引的兒童要嘛跟父母鬥，要嘛表示屈服；其他指引的兒童要嘛擺布父母，要嘛反過來被父母擺布。

　　格雷夫斯是從管理（或者說經理戰略）的角度提出自我發展階段的。他集十四年的研究，提出了「人類生存的七個水準」。第一種水準稱作「我向思考的行爲」。處在這一水準的人只能含糊地意識到他們的存在，爲偸生、疾病、爭吵、生育而操心，不可能期望他們多產，他們只對賜予和照顧做出反應。這一類型的雇員很少處於有利的經濟地位。第二種水準是「泛靈論的生存」。他們相信巫術、迷信和禁忌，只能在嚴格的監督之下工作。做的工作質量不一，而且是零星的。壓力和壓力的威脅可能用來促動這一水準的人，只要不去觸動他的禁忌。第三種水準稱作「覺醒和害怕」。處在這一水準的人意識到自己的害怕的衝動和世界的令人迷惑的力量。他們渴望一個有秩序的、可以預言的、不變的世界，在這個世界裡人人都是有一個命中註定的位置。他們生活在一個由道德規定的世界裡，並對嚴格規定和嚴格推行的準則做出反應。如果讓他們在民主和專制之間做出選擇的

話，他們寧可選擇專制。第四種水準是用尋釁和權力的術語來描
述的。處在這一水準的人並不把自己看作爲必須符合一種規定的
組織計畫。如果能夠，他有權來改變事物。生產可以由足夠的刺
激來維持，但眞正的奮鬥是爲了權力而不是物質效益。第五種水
準是「社會中心態度」。當一個人獲得某種基本的物質的或生理
的安全感時，他的興趣轉向社會，他需要一種志趣相投的氣氛和
舒適的工作步調，因此他可能比第三種水準和第四種水準的人少
生產些。然而，集體努力能使生產率上升，尤其是當集體受到鼓
勵去接受和參與新的觀念來彌補虧損時，情境更是如此。第六種
水準被描述成是「尋釁性個人主義」。處在這一水準的人不是靠
害怕生存、害怕上帝、害怕老闆或害怕社會上的非難來促動的，
他是有責任性和創造力的。他願意接受管理者規定的目標，但他
不希望別人告訴他什麼時候、怎樣或什麼地方去完成他的工作。
大多數管理者不了解這種類型的人，如果管理者處於第四種水準
或第五種水準，則這種水準的人很可能被開除或下放到某一崗位
上讓他的天才埋沒掉。第七種水準是「和平主義的個人主義」。
他們跟第六種水準的人相似，但較少對抗性。他反對壓制，反對
強迫；他在信任和尊重下茁壯成長。

五

　　盧文格認爲，他的自我發展階段，既不是唯序列的，也不是
唯類型的，而是兩者兼有的，他稱之爲「發展的類型學」。在這
本書中，盧文格花了很多篇幅介紹了發展類型學的幾個代表人
物，如蘇利文、艾薩克斯、布爾、柯爾伯格、佩里等人，並認爲
他的自我階段的劃分曾不同程度地受到這些學者的影響，特別是
蘇利文和艾薩克斯，同時也指出了這些學者在劃分自我發展階段
中存在的局限性。而且，他對自我階段的劃分又是實證的，在第
九章，他專門介紹了他的實驗手段，以及怎樣使他的階段概念具

有權威性的條件。這裡，我們著重介紹他的自我發展階段。

在確定自我發展的階段時，盧文格首先碰到了兩個個問題：第一個問題是：「年齡與階段一致嗎？」對此，他將不做回答。由於從一個特定的年齡中得出的平均階段不同於從一個特定的階段中得出的平均年齡，因此對這個問題有兩種不同的答案。更重要的是，如果描述兒童的一般的或平均的發展，那將滑入經典的兒童心理學的社會化研究，這是與本書的宗旨相違背的。原則上，盧文格試圖描述能夠用於一系列年齡的每一個階段，希圖描述每一階段的人有共同的東西，而不管他們的年齡。第二個問題是：劃分階段是否一定要求助於數字？他在名稱和數字之間選擇了名稱，認爲通常所用的「第一階段」、「第二階段」等說法是不科學的。因爲從一個階段到另一個階段之間有個過渡時期，有時，第一階段既可以作爲一個階段也可以作爲兩個階段。爲了避免混亂，盧文格認爲還是借用名稱來確定階段爲好。而且，盧文格指出，他不喜歡新概念，寧可選用日常用語爲每個階段取名，這些名稱反映了大多數人的作用和特徵。盧文格的自我發展階段如下：

前社會階段。剛出生的嬰兒沒有自我，他的第一個任務是學會把自己與周圍環境區別開來，形成「現實的構念」，認識到存在一個穩定的客觀世界。只有達到「客體永恆」和「客體守恆」，才能形成一個不同於外在世界的自我。但是處在這一階段的兒童，自我與無生命的客體是不分的，他們在很長的時間裡求助於「我向思考」。

共生階段。甚至在兒童了解了客觀世界的穩定性之後，他仍然認爲他與他的母親或生活中的一些玩具有著共生的關係。兒童從這種共生現象中，有意義地促進了把自己與非自己區分開來的過程。語言在加強兒童「我是一個獨立的人」的觀念方面起著十分重要的作用。

衝動的階段。兒童的衝動有助於證實他的同一性。強調「不！」和後來的「讓我來做」就是最好的證據。兒童的衝動起先是受到強制性制約的，後來還受到直接的獎勵和懲罰的制約；懲罰是作爲報復性來理解的。兒童對其他人的需要是強烈的；其他人是根據他們能夠給兒童的東西而受到注視和評價的。兒童傾向於把人分成好人或壞人，但是這種劃分不是作爲一種眞正的道德判斷，而是作爲一種價值判斷。好和壞常常和「大方」對「小氣」混淆起來，甚至和乾淨和整潔對骯髒和醜陋混淆起來。處在這一階段的兒童，其定向幾乎都是現在，而不是過去或未來。雖然他們能夠理解身體上的因果關係，但缺乏有關心理上的因果關係的觀念。動機、原因、邏輯理由常常是混淆在一起的。

自我保護階段。當兒童學會了去期待直接的短時的獎懲時，他們就邁出了自我保護的第一步：自我控制衝動。由於控制是脆弱的，需要監督和防衛，所以稱作自我保護。在這一階段，兒童認識到存在的規則，有些規則對衝動的兒童來說是顯而易見的，有些規則則不。然而，兒童的主要規則是「不要挨打」。當兒童把規則用於自己的滿足和利益時，爲了控制前一階段的衝動，來自外部的強制是必要的。

自我保護的人具有責備的概念，但他們是從其他人或情形等外部因素來理解責備的。自我批評不是該階段的特徵。如果他承認對做錯的事負有責任，那麼他有可能從不承認是他的責任的那些方面來責備自己，比如「我認爲」或「我估計」。處在這一階段的年長兒童或成人，可能成爲機會主義者，並且在和別人相處時一心想到控制和利益。對這種人來說，生活不過是一方得益引起另一方相應損失的遊戲，或多或少帶有一種機會性的享樂主義色彩。工作被看作是繁重的負擔，理想的生活應該具有大量的錢和好東西。

遵奉階段。當兒童開始把他的幸運與羣體同一在一起時，他

邁出了重要的一步。為使這一步發生和加強，必須有一個強有力的信任成分。生活在沒有仇恨的環境中，兒童感到信賴。相反地，生活在諸如機會主義、私利、欺騙、受人奚落等自我保護過程中充滿惡意看法的環境中，兒童就不可能形成遵奉。遵奉就是按照規則行事，因為這些規則是羣體採納的規則，而不是因為兒童害怕懲罰。對兒童來說，不贊成是一種強有力的法令。他的道德準則則是根據依從規則而不是根據後果來把活動確定為正確和錯誤的。這裡，還沒有把強制性的規則和行為準則區分開來。

遵奉者能夠觀察到羣體差異，但對個體差異感覺遲鈍。在羣體內部，他把每個人都看作是一樣的，至少他認為他們應該是一樣的。當他喜歡和信賴羣體內的某些成員時，他就會狹窄地規定該羣體，而拒絕任何一個外羣體。如果說自我保護的人傾向於競爭，則遵奉者重視的是與其他人的友好、幫助和合作。但是，比起更高水準的人來，他是根據外表而不是根據感受來看待這些行為的。

自我意識水準：從遵奉到公正階段的過渡。遵奉者生活在一個概念上簡單，對每個人來說都是正確的世界裡。但是在自我意識水準，這個人發現他可以選擇了。異議和偶聯也隨之而來。意識到選擇和異議，為下一階段概念的複雜性鋪平了道路。例如，在這一水準，一個人可能會說，除非人們結婚，不然的話是不可能有孩子的。可是在下一階段，他們就更有可能會說，除非人們真的想要孩子，不然的話是不可能有孩子的。

在自我意識水準，遵奉階段的許多特徵仍然保持著，雖然兒童對情境中複雜的可能性的鑑別有所增強，但自我意識還沒有達到與社會準則相當一致的程度。對內部生活來說，通常還是一些含糊的感受，例如寂寞、窘迫、想家、自信，以及最常見的一些自我意識。

公正階段。在公正階段，一個人第一次發現了有賴於稱之為

「良心」的道德信號。一個處在衝動階段的兒童很容易給人貼標籤，把人分成「好人」和「壞人」，但涵義是不清楚的，不是從道德角度出發的。在自我保護階段，責備的概念是明顯的但很少責備自己。在遵奉階段，兒童如果違背了規則，他會感到內疚。然而，只有在公正階段，良心現象出現了，它包括長期的自我評價的目標和理想，分化的自我批評，一系列責任心。規則的內化是在公正階段完成的。他們服從規則，並不是爲了逃避懲罰，也不是因爲羣體支持這些規則，而是眞正爲了他自己才評價和選擇規則的。在他們看來，規則不是絕對的，異議和偶聯是必須被承認的。比起遵奉者來，他們不大有可能因爲違背規則而感到內疚——如果他傷害了其他人，僅管這種行爲可能符合規則，他反而會感到內疚。

在這一階段，人與人之間猶如兄弟關係；他感到對別人負有責任，感到有責任去促成別人的生活，或者防止別人犯錯誤。責任和義務的概念發展到正義和公正的概念。他不僅能體驗到自己的內部活動，而且也能觀察到其他人的各種認知上隱蔽的情感。他不是根據活動而是根據諸如特質和動機等模式來了解行爲的。由於深刻理解了其他人的觀點，人際關係成爲可能。

個體化水準：從公正向自主階段的過渡。從公正向自主階段的過渡，是以個體觀念的增强和對情緒依賴的關心爲標誌的。依賴和獨立的問題是一個在發展中經常發生的問題。這一水準的特徵是，人們能夠意識到一種情緒的而不是純實用主義的問題，意識到一個人即使在失去身體上的或經濟上的依賴時，他還可以做出對其他人的情緒上的依賴。爲了超越公正階段，一個人必須學會容忍自己和別人；增强容忍異議和矛盾的能力，導致了更大的概念的複雜性。

自主階段。自主階段的一個獨特標誌是承認和處理內部衝突的能力，也就是說，承認和處理衝突的需要、衝突的責任心，以

及需要和責任心之間的衝突。也許，比起其他人來，自主階段的
人並沒有更多的衝突，因為自主的人有勇氣去承認和處理衝突，
而不是迴避它或者把它投射到環境。一個有說服力的例子就是允
許孩子犯錯誤。自主的人把愛護人的關係作為他的最重要的價
值。

　　整合階段。這是自我發展的最高階段，意指一個人超越了自
主階段的衝突。在盧文格看來，整合階段是最難描述的階段，因
為它十分罕見，人們難以發現研究的實例。而且，心理學家要想
研究這一階段，他必須承認他的局限性是理解整合階段的一個潛
在障礙，因為研究這個最高階段可能已經超出他的能力，是他的
能力所不可及的。在很大程度上，自主階段的描述已經包含整合
階段。所不同的是，在整合階段，同一性的觀念得到進一步的加
強。也許，對這一階段的最好的描述是馬斯洛（A. H. Maslow）
的「自我實現」。

李維

[註] 本書譯者將 "identification" 譯成「自居」；而編者在書中加註為「認
　　同」，或有學者將之譯為「表同」。

原著前言

ix

　　面對人類行爲的複雜性和多樣性，我的意向是探究形式和序列。本書力圖透過第二章所概述的能使人類行爲和思維得以發展的一組形式來幫助實現這一意向。但是，書中所包含的內容不全是人類行爲，還有其他一些方面，例如氣質和智力，前者在人的一生中相對恆定，後者的發展完全不同於這裡所追踪的東西。我們的比較是廣泛的，包括思維、知覺、動機、價值和行爲的許多方面。

　　本書的中心論題涉及思維、人際關係、衝動的控制，以及用某種或多或少一致的方式發展起來的性格等許多不同的方面。你可以期望從中發現一系列心理學的研究。我並不要求從我自己的經驗中提供證據。我不是醫生，我的研究無非藉助紙和筆來和我的被試進行交流。對自我發展概念的經驗的支持表明，它代表了　　x
許多學者，例如精神病醫生、精神分析學家、社會學家、哲學家、心理學家和其他人（第 5 章）的研究的一條共同的思路。這些學者研究了婦女和男子、男孩和女孩、正常人、少年違法者、神經病患者和精神病患者。他們的經驗並不局限於一個國家或者甚至一個世紀。他們中有許多人把某一方面作爲他們的中心興趣，但他們總是涉及該概念的其他方面。我們當中沒有一個人能夠透過實驗室的方法，或能夠比較他們觀察中出現的問題的心理測量的研究，來做到這一點。

　　如果從廣泛的觀察基礎中得出結論說，我正在把一個折衷的人性觀和它的發展結合起來，那是一種誤解。本書的中心論題是結構，它用於人格（第 3 章），並且也力圖用於科學（第 12 章）。儘管這本書把各種令人迷惑的主題結合成某種東西，但它仍然存在乍一看好像並不明顯的一致性。一致性是自我的標誌；它也是科學的標誌。

　　本書是爲心理學、社會研究、教育、諮詢、精神病學、精神分析、社會學、人類學以及有關學科的專業人員和研究人員編寫的。在選擇課題時，我無法同時滿足他們的所有興趣；讀者可能感到，我沒有試圖滿足他們當中的任何一個人，在某種程度上說，這也是事實。我把自己看作是我的課題的僕人，而不是主人。著作提出了兩個問題：如何最大限度地提高呈現的邏輯，而把歷史的轉化降低到最小限度；如何使該領域中具有各種背景的讀者不感到厭煩，而不是使初次閱讀這本書的人感到神秘。我將首先陳述這些課題的序列賴以存在的基礎，然後爲讀者（例如對這一序列感到困難的大學生），提供某些啓示。

　　在詳述自我發展的概念時，第一章介紹了這一論題，並對它的心理學和歷史聯繫進行了概述。第二章透過指出自我發展的階段來解釋自我發展的概念。第三章由布萊西（O. Blasi）撰寫，主要處理一些概念發展的問題，這些問題不同於人格的變化，也不同於使人本主義的方法與結構主義的方法相一致的問題。第四章進一步處理和自我和自我發展有關的概念問題。第三章和第四章提供了有關我們概念的參數和用來與其他有關概念進行比較的術語。第五章提供了對基本上是同一概念的可供選擇的闡述，第二、三、四章是第五章和第六章得以懸掛的支架。第六章專門討論相似的概念，但考慮的是基本連續的統一體，而不是不連續的階段；該論題涉及到對最高階段的描述和有關調節與心理衛生的描述。至於極性變量和里程碑序列之間的區別，在第九章測量的

技術中也做了基礎的論述。

　　第二部分是方法論，繼續這一不同概念的論題。第六章區分了自我發展和調節（一個非發展的變量），第七章區分了自我發展和智力發展與心理性慾發展。第八章並不探究特殊的測量手段，而是詢問為什麼研究不能即刻解決第五章所揭示的概念差異。另一方面，第九章省略了不同學者提出的階段差異，重點考慮評估手段的差異和它們的邏輯。第十章把自我發展和差異心理學的來龍去脈聯繫起來；我把我的觀點和特質理論家的觀點進行了區分，並且把我的觀點和美國心理學的特性論者—唯名論者的觀點進行了比較。

　　第三部分涉及自我穩定性和可變性的理論。大多數主要的貢獻來自佛洛依德。然而，精神分析學家通常把**自我發展**這一術語和不同的概念結合在一起使用，這些不同的概念要嘛涉及自我形成的最早階段，要嘛涉及各個自我功能的發展。相比之下，我們的討論承認自我的形成，把自我的形成和後來的變化聯繫起來，但省略了有利於構成它們的基礎的各個自我功能。除了艾瑞克森（E. H. Erikson）那部分研究之外，精神分析學家缺乏我們那樣的階段—類型概念。而且，自我心理學和精神分析長期以來缺乏一種相互刺激的對立意見。第十一章表明在精神分析的明顯影響之前出現的自我發展的早期理論是怎樣進行探究的；這一章填補了有關心理學的其他歷史的一個空白。第十二章主要詢問透過對當代發展理論的一般思考，例如對皮亞傑（J. Piaget）智力發展理論和孔恩（T. S. Kuhn）科學發展理論的思考，我們理解自我發展的理論到了什麼程度。精神分析的早期歷史，它是在反對和矯正十九世紀的自我心理學中產生了的，我們準備放在第十三章追溯。第十四章表明佛洛依德的自我理論，這一理論是從他的內驅力理論中派生出來的，也是對他的內驅力理論的一個修正，而第十五章考察了把精神分析重新當作自我發展理論的某種新近

xii

的研究。第十六章論述良心的起源，它不是對超我（superego）理論的另一種評議，它省略的僅僅是把第三部分的理論和第一部分的階段概念聯繫起來所需要的文獻。它把我們的論題帶回到它的起源，即人的道德本質。最後一章從一個新的角度考察了自我發展的理論。

　　儘管我省略許多第十三章到第十六章的論題將會受到批評，但我也對大膽撰寫精神分析的不同歷史期待批評。我的傾向並不是逐字閱讀佛洛依德的著作，在這一論題上，其他人也許更有見識，我也不像大多數當代的精神分析學家那樣斷言性格的發展（這種斷言是柯爾伯格經常反對的），我的傾向是把觀念作爲一種結構來進行精神分析，即我認爲同化了第一部分提出的概念的一種系統。孔恩的著作有助於我理解有關科學結構的某種東西，儘管孔恩並沒有認識到那些描述成熟科學的著作是具有爭論性的。

xiii　　這樣，我從人格發展的核心開始，但在不同的程度上，我也爲人性的觀點提供了一個實例，爲正在進行的科學心理學的方法提供了一個實例。

　　這些論題的序列在邏輯上、教法上或年代學上並不是完全令人滿意的。在講授一個以這些材料爲基礎的研究班課程時，我嘗試了許多不同的序列，並且總是發現我自己只能根據該課程的後半部分來闡述這些論題。我從具有各種背景的專業人員的觀點上，或者從一個第二次閱讀本書的大學生的觀點來發現，本書所提供的各章是一個最好的序列。雖然這本書不是一本教科書，但它可以爲從事大學課程的導師所運用。他們可能提出某種不同的序列，透過講課或其他讀物填補表象中的某些空白。由於每一章都有它自己的獨立性觀點，因此重新排列是可行的。其他一些讀者可能希望將該書作爲他們的入門，從而進入一個新的研究領域。讓我爲這種意圖提供一個程序。

　　第一章、第二章和第三章的前半部分是無須進一步介紹的；
並且（將）使讀者品嚐到接下去將出現什麼的美味。在這一點
上，讀者將要閱讀《兒童的道德判斷》（皮亞傑，1932）、〈道德
品質的發展和道德意識〉（柯爾伯格，1964），或柯爾伯格表明
其觀點的其他一些著作。《大學時代智力和道德發展的形式》〔佩
里（W. C. Perry），1970〕是值得全面閱讀的。最後，而且是最
困難的，讀者必須閱讀《精神病學的人際理論》〔蘇利文（H. S.
Sullivan），1953〕。具有這一背景，閱讀第五章和第六章就不
會有多大困難了。那些把主要興趣放在該領域的心理學研究上的
讀者應該閱讀第二部分的四章內容；有關心理測量的某些背景將
在第九章討論。

　　那些把興趣放在臨床上或概念上的讀者可以跳過第二部分。
在開始第十一章之前，閱讀一些原始資料是有幫助的。摘自鮑德
溫（J. M. Baldwin）、米德（G. H. Mead）和庫里（C. H.
Cooley）等人著作中的一個實用的資料是《社會關係中的自我》
〔戈登（Gordon）和傑琴（Gergen），1968〕。〈心理學的反射
弧概念〉〔杜威（J. Dewey），1896〕已由丹尼斯（Dennis）於一
九四八年再版。《科學變革的結構》（孔恩，1970）可以在任何時
間閱讀，但必須在閱讀第十二章之前。　　　　　　　　　　　　xiv

　　餘下的問題是精神分析，我的意見是提出那些透過第二手資
料而獲得精神分析知識的人。佛洛依德的某些讀物對充分適應精
神分析的體系來說是必要的。我的論點有賴於這樣一個事實，在
引進有關自我、超我和（id，即本我）等結構的假設之前，精神
分析是一個有用的治療範式。一個有關內驅力範式的簡潔的觀點
可以在克拉克（Clark）的講演中發現，再版時成爲〈精神分析的
起源和發展〉或〈精神分析的五個講演〉（佛洛依德，1910）。在
閱讀第十四章之前，讀者應該閱讀《超越快樂原則》（佛洛依德，
1920）、《禁忌、症狀和焦慮》（佛洛依德，1926）和《文明及其

不滿》(佛洛依德,1930)。從克拉克有關自我心理學的講演和佛洛依德著作中進行適當的摘錄可以在《對佛洛依德著作的一般選擇》〔里克曼(Rickman),1975〕中發現。艾瑞克森的《兒童期與社會》(1963)應該在第十章之前閱讀。《人、道德和社會》〔弗羅格爾(J. C. Flugel, 1945〕應該在第十六章之前閱讀。對精神分析來說,一個有價值的第二手資料是《精神分析的基本理論》〔韋爾德(R. Waelder),1960〕。

使得我在一本書裡包括如此廣泛的一系列論題的一個原因是,學生們似乎把各種新的觀念塞進一隻分門別類的口袋裡,好像把米切爾(W. Mischel)關於人的觀點和柯爾伯格關於人的觀點調和起來,要比欣賞杜斯妥也夫斯基和奧斯汀(Jane Austen)更不成問題。全面的考察促進分門別類的思維,但創造性的研究需要打破分門別類。即便我的觀念整合不能令人信服,但這本書裡的許多思考可能激勵其他人去整合思想。

為了感謝曾經幫助過我的人,我將寫一本自傳,這裡僅僅提及幾位。布萊西的影響波及各章,他被看作是作者或合作者之一。多年來我最忠實的批評者霍爾特(Robert R. Holt. William F. Shumate, Jr.,)幫了許多忙,特別是在文句結構與寫作風格方面。亨利(W. E. Henry)幫助我把亂七八糟的論文集變成一本書。回想起來,我在加州大學柏克萊分校的一些導師,例如,布倫斯維克(E. Brunswik)、弗倫凱爾—布倫斯維克(E. Frenkel-Brunswik)和艾瑞克森,對我的影響是很大的。

這本書的完成應該感謝研究基金(Research Grant)MH-05115 和科學家研究獎(Research Scientist Award)K5MH-657,兩者均來自心理衛生協會(National Institute of Mental Health, Public Health Service, 一個大眾衛生服務機構)。這些經費為我在秘書的幫助下自由寫作提供了條件,同時也使我擁有資金去從事一些研究,儘管我沒有在這裡介紹我的研

xv

究，但它有助於形成我的觀點。

說　明

　　本書的有些部分過去曾以不同的形式發表過。第四章、第十一章和第十五章的有些部分曾在《臨床—認知心理學：道德和整合》（ *Clinical-Cognitive Psychology: Models and Integrations* ）的〈自我發展理論〉中發表過，該書由布雷吉爾（ L. Breger ）編輯，普倫蒂斯—霍爾出版社（ Prentice-Hall ）於一九六九年出版。第七章的第一部分曾在〈發展變化的模式和測量〉中發表過，見《紐約科學院學會年刊》（ *Annals of the New York Academy of Sciences* ），一九六六年，第一百三十四卷，第二條，五八五至五九〇頁。**圖 2，3，4，5** 和**7** 也在那兒刊登過。經紐約科學院同意，允許再版。第八章的有些部分曾在《自我發展的測量》（ *Measuring Ego Development* ）中發表過，與韋斯利（ R. Werssler ）合作編著，由約瑟—巴斯公司（ Jossey-Bass Inc. ）出版。第十五章的有些部分曾作爲〈佛洛依德的科學〉發表過，該文是評論舍伍德（ M. Sherwood ）《精神分析的解釋邏輯》（ *The Logic of Explanation in Psychoanalysis* ）的一本書刊登在《科學》雜誌上。一九六九年十二月出版，第一百六十六卷，一三八九至一三九〇頁，「美國科學進展協會」（ American Association for Advancement of Science ）一九六九年版權，經該協會同意，允許再版。第十六章的大部分將在〈心理學對心理玄學：懷念克萊因的精神分析論文集〉一書中作爲〈良心的起源〉發表，見《心理學問題》（ *Psychological Essays* ）一九七六年，第九卷，第四期，專題文章三十六，由吉爾（ M. M. Gill ）和霍爾茨曼（ P. S. Holzman ）編輯。經霍爾茨曼博士和國際大學出版社

xvi （Internationl Universities Press）同意，允許再版。

作爲第一部分引言的克羅爾的詩歌曾在《維吉尼亞季刊》
（*Virginia Quarterly Review*）上發表過，一九五三年版，第
二十九卷，三八三頁。經《維吉尼亞季刊》同意，允許再版。

艾薩克斯（K. S. Isaacs）允許再版他的博文論文〈關係，一
種建議的結構和證實它的方法〉中的許多段落。圖 1 選自該文發
表過的圖表。

簡·盧文格

華盛頓大學

一九七六年一月

目　錄

第一部分　概　念

第二部分　方法論

第三部分　理　論

第一部分　概　念

我們不知道自己住在河邊，
還以爲到了大海。
因爲我們遇到的都是水，
田野上的鮮花也是一個證明。

美洲血根草輕叩神秘的源頭，
直到我們看到水面的顫抖。
白天，在狂風暴雨下，它猶如鑽石
　　裝飾起來一般美麗，
當然，也引發了種種思緒。

心靈的範圍如此寬廣，
簡直難以歸於神授。
世界之大，而我們所知甚少。

——摘自克羅爾（Ernest Kroll）
《閉上眼睛》（ *The Pauses of Eye, 1955* ）

第一章
領域：自我和性格

3

　　幾百年來，性格的個體差異一直是人們感興趣的問題。幼兒和青少年的性格是如何形成的，也很早就吸引著人們的注意。但是，把這兩個現象看作是一個發展的、連續的統一體，還只是近代的事。**自我發展**這一術語意味著性格發展的過程，意味著性格構成的歷史，意味著在一個人的歷史長河中發生的自我發展的能力的提高。本書主要要討論第一個問題，但本章卻涉及第二個問題。至於第三個問題我們將在第十一章做些介紹。

　　這裡，我想就「自我發展」這一術語提出些新的看法，但我不希望對這一術語重新下一個定義。雖然自我發展在**道德發展**這一倫理領域已有論述，但使用這一術語最廣的卻是和兒童心理學密切相關的社會化問題。如同倫理學的許多方法一樣，有關社會化的許多方法跟我們現在的討論無關，在某些情況下，甚至跟我們在第十章提到的方法無關。大多數兒童心理學家把社會化看作是特殊行爲的訓練；但我們的課題是**性格結構**。因而，它的發展被看作是結構的轉化，看作是對認知要素的重要性和皮亞傑（J. Piaget，第 3 章）的影響這兩者的系統闡述。皮亞傑的影響不僅可以從他的專著《兒童的道德判斷》（1932）中感受到，甚至可以從他的認知發展的研究和結構主義的主張中感受到。我們有關自我發展的討論包括前面提到過的一些課題，例如道德發展、社會化、性格結構和認知的發展。此外，我們把這些課題歸入**自我發**

4

展，以便為這一術語提供依據，因為比起自我來，沒有什麼東西
有如此廣闊的天地。

　　雖然我想用**自我發展**來覆蓋上述這些課題，但事實上這一術
語已經被完全不同於我的其他一些人，特別是精神分析學家所運
用。而且，許多人深信自我發展起源於精神分析學家，或者說是
佛洛依德創造了自我這一概念。其實，精神分析學家對十九世紀
的自我心理學做出過有創見的反應，如果說佛洛依德曾經使用過
自我這一概念的話，那也僅僅是皮毛而已。佛洛依德用德語 *Ich*
（我）來表示 I（我）。同樣是「自我」，但在十九世紀的哲
學、心理學和精神病學中卻有各種用法：諸如 "I"、"me"、
"self" 和 "ego" 都可以表示「自我」。有關自我發展的定義和用
法，不同的作者有不同的看法，如果把這些定義和用法匯總起
來，可以編成一本小冊子。但是，即便如此，仍然不能證明處於
現實世界的人們的任何東西。試圖為自我發展下一個正規的定
義，無疑是在這一課題上設置障礙，但是這也容易使人對下面這
一概念產生誤解，即自我發展是發生在現實世界中的某種東西。

　　精神分析學家為自我發展至少提供了四種涵義，其中的一個
涵義，即艾瑞克森（E. H. Erikson）的心理社會發展的年代
史，是完全適用於本書的。在精神分析學家中間，一個通用的方
法〔例如斯比策（R. A. Spitz），1959〕是把發展限於階段，只有
在這些階段中，自我才能獲得存在。這種方法雖然在邏輯上是正
確的，但它剝奪了這一術語的應用，認為在自我形成期間，一個
人無法把自我發展從心理性慾發展和智力發展中區分出來（第 7
章），甚至無法把自我發展從調節中區分出來（第 6 章）。

　　另一種精神分析的方法把**自我發展**歸諸於在「自由衝突的自
我領域」中的一切發展〔哈特曼（Heinz Hartmann），1939〕。至
於那些充滿了衝突內涵的自我發展的各個階段的特徵，我們將在
第二章和第五章討論。而且，我認為處理和承認內部衝突是區別

高層次的自我標誌。

　　也許最常見的精神分析方法導源於這樣一種自我概念，它為自我發展的許多功能和定義找到位置，包括這些功能的發展〔貝拉克（L. Bellak）、赫維切（M. Hurvich）和吉迪曼（H. K. Gediman），1973〕。這種方法與我的方法不一致：自我的功能（某些而不是全部）發展為一個有機的統一體。有機的統一體是我的觀點。佛洛依德（1923）認為自我是一種組織。然而，不久，一個著名的精神分析家發現了「自我的綜合功能」〔紐伯格（H. Nunberg），1931〕，好像綜合的功能是許多功能當中的一種，好像自我是一個有著許多謀略（自我功能）的小人。在我看來，組織或綜合的功能不是自我以外的東西，它恰恰是自我本身（我將在第 4 章討論這個問題）。

　　由此可見，精神分析學家運用**自我發展**這一術語是極不嚴密的，他們幾乎沒有認識到自我發展有著各種各樣的涵義，包括艾瑞克森（1950）的有關心理社會發展的描述。在上述的一些涵義中，包括兒童心理學的社會化，沒有一種涵義能像我使用的概念那樣具有與眾不同的特色，也就是說，自我發展是任何年齡羣裡個體差異的一個主要方面，至少在青少年期是如此。

　　自我的概念和自我發展的概念可以追溯到「人類歷史的中古時期」〔雅斯培（K. Jaspers），1948〕，在這一時期，人們開始認識到他們自己，而且在西元前八百年到兩百年之間已經出現各種或多或少獨立的文化。在柏拉圖的〈申辯篇〉裡，蘇格拉底對卡里亞斯（Callias）說：「如果你的兩個兒子僅僅是小馬駒或小公牛，那麼我們可以為他們雇用一個訓練者，讓他們獲得美和善，以及他們希望的一切；我們的訓練者應該是一個騎手或牧民。但現在他們是人，你心目中有沒有合適的訓練者呢？這個訓練者能理解一個人和一個公民應該是怎麼樣的嗎？」

　　使一個人具備最好的本性的思想，至少在蘇格拉底時代是存

6

在的，而且這種思想是與從那些人類本性上活動著的力量（包括本能的內驅力和體驗）中得到詳盡闡述的人類本性的觀點共存的。這種可供選擇的觀點的一個變式稱之為「快樂原則」：人是為了最大限度的愉快和最小限度的痛苦才活動的。邊沁對人作為一個快樂的探究者的經典解釋是：本性把人類置於兩個至高無上的君主，即痛苦和快樂的統治之下。唯有這兩個君主才能指出我們應該做什麼，並決定我們將做什麼。一方面，正確和錯誤的標準，另一方面，原因和結果的連鎖，都繫在它們的君主手裡。他們指導我們做事、說話和思考：我們可能做出種種努力去擺脫我們的屈從，但這恰恰說明和證明我們在君主的統治之下。表面上一個人可能自稱他不受君主的制約，但事實上他永遠是臣民〔（1789）1962, p. 33〕。按照邊沁的觀點，愉快僅僅在量上存在差異，也就是說在強度、持續時間、發生的可能性、愛好等方面存在差異，史金納（B.F. Skinner）把這些差異稱之為「強化時間表」。彈球遊戲像詩歌一樣理想，都能獲得同樣的愉快。

對邊沁的回答是由彌爾（J. S. Mill）用隨筆的形式寫出的，如果稍做修改，它可以成為當代自我心理學的宣言。彌爾欽佩邊沁的許多研究，他說邊沁把細目法引入哲學：除非整體部分地得到解決，否則他是不會討論整體的，除非把抽象觀念化為某些東西，否則他是不會討論抽象觀念的。邊沁對「模糊的概括」是不予考慮的，但是哲學家卻沒有運用他的方法來著書立說，正如彌爾指出的，他們忘記了這些模糊的概括包含著「整個無法分析的人類體驗」〔（1838）1962, p. 94〕。彌爾對邊沁的貧乏的人性觀提出了批評〔（1838）1962, pp. 99～101〕：

> 邊沁把人設想成是易受快樂和痛苦影響的，人的一切品行，部分是透過自我興趣和利己情感的不同矯正受到影響的，部分是透過同情心或偶然對其他東西的厭惡受到影響的。邊沁的人性概念到此為止……

一個人無法認識到他能夠把追求精神上的完美作爲一個目標；能夠希望他們性格遵奉美德標準，不希望迎合或害怕來自他內部意識之外其他根源的邪惡……

嚴格說來，他所忽視的——完美的願望、讚許的或指責的意識的感受——不只是人性的道德方面；而且，作爲人性的一個事實，他沒能認識到爲目標而去追求任何其他的思想。榮譽的觀念和個人的尊嚴（不以別人的意志爲轉移的個人的晉升和貶黜的感受）；愛美，想成爲藝術家；對秩序、和諧性、一致性、遵奉目標的愛好；對權力的愛好，這種權力不局限於對人的控制，而是抽象的權力，使我們的意志奏效的權力；對活動的愛好，渴望運動和活動，比起它的對立面愛好悠閒來，它以不影響人的生活爲原則等等，人性的這些有力的成分都沒有被認眞考慮；而且，在邊沁的一些著作裡，我們發現，他從未承認這些成分有可能存在，因而也就得不出什麼結論。人是最複雜的，可是在他的眼裡卻是非常簡單的。

佛洛依德在評論彌爾時說他是一個非常了不起的人，脫離了他那個時代的偏見。用彌爾注意到的而邊沁所忽略的人性的那些方面來構築他的理論。佛洛依德最初是根據出自本能內驅力無意識動機和意識上能接受的自我標準之間的衝突結果來解釋症狀的起因的，這是一個用邊沁的理念運算完全不同的概念，儘管佛洛依德也強調過對快樂原則的看法。

十九世紀的哲學對自我的性質和功能做了大量的思索，但這些思索並沒有集中在發展上。達爾文（C. Darwin）的進化論激起了人們的普遍興趣，去探究有關發展的許多課題。這樣，儘管在二十世紀早期，佛洛依德有關心理性慾發展的興趣與有些心理學家關於自我發展的興趣是彼此對立的，但兩者都起自進化論。

例如，鮑德溫（ J. M. Baldwin ）因為觀點的變化（見第 11
章），所以沒有受到精神分析思想的影響。

當精神分析學家起來反對自我心理學，反對佛洛依德及其早
期的精神分析的動力心理學時，新的自我心理學應運而生。在佛
洛依德的追隨者中間，阿德勒（ A. Adler ）是第一個自我心理學
的代言人。其中一個主要的因素，是由於阿德勒和佛洛依德在一
九一一年關係破裂。像佛洛依德和費倫齊（ S. Ferenczi ）那樣的
精神分析學家並不否認自我的存在，但他們堅持認為自我產生於
挫折和克制的內驅力。相反地，阿德勒力求把自我實現作為自我
發展的動力。

阿德勒有關自卑情結、過渡代償和男性抗議的早期思想已經
滲入到一般的知識，但他後來的研究對我們的課題來說是更加典
型的和更加重要的。阿德勒始終強調人格的完整性和統一性
（ *Einheit* ）。內驅力，包括性的內驅力，是從屬於一個人的生活
目的或意圖的，從屬於他的「主導虛構」（ *guiding fiction* ）。虛構
的哲學概念最早是由法伊因格（ H. Vaihinger, 1911 ）提出來
的。虛構不是幻覺，而是在這個世界裡指向一個人自身的預示圖
式；它們是主觀的，是由人創造出來的，而且在某些情形裡是無
意識的。阿德勒的「主導虛構」是把這一虛構的思想與生活的目
的或意圖結合起來，使之適合於發展的領域。按照阿德勒的觀
點，四、五歲的孩子已經選擇或構造了某些意圖，其中只有部分
是有意識的，它們指導著孩子的未來生活。

在阿德勒的晚年，他的最典型的一個概念是生活風格
（ style of life ），他或多或少把這一術語和「自己或自我、人
格的完整性、個性、處理問題的方法、有關自我和生活問題的看
法、生活態度、生活圖式」〔安斯巴赫（ H. L. Ansbacher ）和安
斯巴赫（ R. R. Ansbacher ），1956, p. 174〕等概念交替使用。在
我們這本書，這一概念近似於「自我」的意義。不久，阿德勒放

棄了對神經病患者或其他方面不及格的人的追求優越。在正常人
身上，他發現追求人的力量正在逐漸被社會興趣所取代或指導，
那就是希望人類幸福。阿德勒始終保留著自發追求的思想，並用
創造性自我來表示這一觀點。他寫道，兒童是藝術家的圖畫。

　　我把阿德勒經過慎重考慮的一些概念用於本課題，這些課題
在本書的後半部分是相當重要的。阿德勒認為，一個人察覺和理
解什麼，在出生時已打上自我的印記。因此，這個人對於不受歡
迎的或無法同化的意見已預先做好戒備。他用這一術語來包括
「傾向性統覺」（*tendentious apperception*）的思想。事實上，
自我提供了構築一個人的世界並在其內察覺這一世界的參照構
架，自我還為藉助投射技術來評價自我結構的方法提供了理論基
礎（見第9章）。阿德勒指出，心理學的理論是一個人對世界的
看法，因此它至少部分是一個人的生活風格的一種功能。這就告
誡我們，人們在理解自我發展時遇到的障礙，可能要比人們在面
臨佛洛依德的動力無意識理論時遇到的障礙更大。

10

　　在本世紀二十年代，佛洛依德回到自我心理學領域，並做出
了許多貢獻，但這些貢獻不能歸入動力心理學（見第14章）。
不過，大多數精神分析學家難以同化這些思想，無法強調它們的
重要性，至少在今天是如此。把精神分析的動力心理學作為一種
理解自我心理學的框架，其不足以導致哈特曼及其同事，克里斯
（E. Kris）和洛文斯坦（R. Loewenstein）去創導「新精神分析
的自我心理學」〔遺憾的是，有些精神分析學家，例如布蘭克
（Blanck and Blanck，1974）把它簡稱為「自我心理學」，好
像除此之外不再有其他東西。這種用法使得它不可能去描述精神
分析的歷史，也無法做出其他貢獻〕。然而，在假設自我領域的
衝突時，他們拋棄了佛洛依德早期研究的一個獨特特徵，即同樣
的原則支配著正常的和病理的現象。怎樣把佛洛依德的自我和動
力心理學與一貫的範式結合起來，這是第十五章的課題。

　　至於美國心理學，在二○年代和三○年代是備受關注的，由於行為主義的出現，致使佛洛依德派的精神分析和阿德勒派的自我心理學之間的差異黯然失色〔希伯（D. O. Hebb），1960〕。奧爾波特（G.W. Allport）是美國最早提及自我的心理學家之一，是全世界都尊重的一位心理學家。麥獨孤（W. McDougall）把本能定義為目的的行為。托爾曼（E. C. Tolman）甚至在動物心理學中也保留了認知的和目的的方法。在哲學領域，米德（G. H. Mead）為自我發展的理論做出過有意義的貢獻，但這些貢獻對心理學沒有產生直接的影響。

11

　　在自我發展方面，現今的興趣有各種根源。當我們追求完整的理論體系時，我們不難發現動力的精神分析和行為主義在解釋行為時過於簡單了。而且，猶如兒童教養中的治療學和觀念學一樣，這兩大理論也有明顯的局限性。嚴格說來，儘管精神分析學家從未要求治療從青少年犯罪到精神分裂症那樣的問題，但一些熱心的追隨者卻樂意運用精神分析法來處理這些問題，而且這種過於延伸的精神分析的心理治療的失敗，導致了自我發展的更新興趣。最大的刺激也許來自兩個因素：一是來自諸如性格缺陷，青少年犯罪和精神變態那些問題的社會意義，這些問題至少部分被看作是自我發展的問題；二是來自一個具有新概念的領域的智力挑戰。

　　一個有關自我發展的充分實現了的當代概念應具有下面四個特徵：第一，階段是潛在的固定點，因此可以用來解釋兒童和成人的類型。第二，階段的概念是結構的；這就是說，階段及其連續有一種內在的邏輯（見第3章）。第三，必須有特殊的測量、實驗或研究技術作為工具來促進該領域的知識（見第9章）。第四，這個概念必須適用於一切年齡，而且特別適宜於對青春期事件的描述。自然，那個拋棄哲學的方法，呈現當代的概念的日子還沒有到來。蘇利文（H. S. Sullivan）曾預示把階段和成年人

的類型等同起來（見第 5 章）。階段的結構概念也許是由鮑德溫首先提出來的，但是這一概念的當代應用主要歸功於皮亞傑及其同事的研究（見第 3 章），皮亞傑等人還倡導了適當的研究技術（見第 5 章）。艾瑞克森是第一個提供有關青少年發展的絢麗畫面的人（見第 5 章）。一些最重要的當代概念將在第五章進行討論，同時要討論的還包括這些概念的發展史。早期的觀點，在前科學的意義上說是理論的，並不具在上述四個特徵，關於這個問題，我們將在第十一章進行討論。比起當代的概念來，早期的觀點主要涉及發展的動力。

12

　　在下面一章，我們將詳細描述自我發展的階段。這些描述的根源可以在以後各章中找到，所以第二章是一種結論性的見解，而不是導言。但現在需要給出這一概念的實質及其討論的框架。第二章所要描述的是本書表示的自我發展；它是對我們這一領域的一種指示性的或表示性的定義。

　　如果說第二章中的每一項資料都是分別發現的，那麼這些資料的滙集將會勢不可擋和難以理解。但是大多數人並沒有發現這一點，相反地，他們在回憶兒童或再認他們相識的成人時體驗到一團蓬亂的認知。在描述自我發展的階段時，我像蘇格拉底一樣，試圖喚起讀者的已有知識。

第二章
自我發展的階段

13

　　自我發展是一種發展序列，又是在任何年齡羣裡個體差異的一個方面，但是這一描述並沒有滿足定義，因為智力年齡也可以做同樣的描述。作為一種邏輯定義的替代，本章將對階段進行印象主義的描述，把各種根源併合起來，就像我們在第五章要做的工作一樣，然後透過經驗主義的研究，提煉和修正這些根源，就像第九章所概述的那樣。要想對每一階段做出嚴密的或最終的描述是不可能的，因為方法論的思考將在第八章進行討論。

　　對於一個最經常要問的問題——年齡與階段一致嗎？——我將不做回答。由於從一個特定的年齡中得出的平均階段不同於從一個特定的階段中得出的平均年齡，因此對這個問題有兩種不同的答案。更重要的是，如果描述兒童的一般的或平均的發展，那將滑入經典的兒童心理學的社會化研究，這與本書宗旨是背道而馳的。原則上，我希圖描述能夠用於一系列年齡的每一個階段（當然，假定最低的階段不可能在幼兒期之後，最高的階段不可能在兒童期甚至青春期）。我還希圖描述每階段的人有共同的東西，而不管他們的年齡。這一試圖還要求排除年齡特殊性的相倚（例如，「如果被試是一個小孩，那麼這一行為模式意味著階段 X，但是，如果他是十五歲以上的人，那麼該行為模式就不是意味著階段 X」）。

　　在抽象地描述那些最低限度地參照諸如入學、青春發育期、

14

戀愛、結婚等特殊的年齡要素的階段時，有一系列問題是需要揭示的：過渡到一個特定的階段的最早可能的年齡是什麼？最晚可能的年齡是什麼？最適宜的年齡是什麼？當一個特定的過渡發生時，哪些條件而不是年齡是必要的？哪些條件雖然不是必要的但卻是有利的？哪些條件妨礙或阻止了一個特定的過渡？看來，唯有不受年齡支配的一個概念才能允許提出這樣一些比平均年齡的問題更有意義的問題。

　　與術語學相關的聲明是：這些階段將求助於名稱或編碼符號，而不是求助於數字。許多作者已經在計算他們的階段。這種做法，當確定進一步的階段時，不是導致術語走死胡同，就是武斷地隔絕新的頓悟。這裡提出的概念在我們從四點量表到十點量表的研究中已經得到發展，而且我也並不排除進一步的發展。只有混亂才可能提出諸如「第三階段」的說法。由於第一階段能夠作為一個階段或兩個階段那樣來計算，所以它可能意味著任何一個階段，或者說，由於它並沒有進入到我們的研究，所以我們不準備計算任何階段。而且，我們稱之為「過渡」的東西也可以稱之為「階段」。即使這些困難可以透過一個固定的計算方案而被抽象地解決，其他一些困難就有可能把不同的計算方案歸因於我們的階段。

　　然而，透過名稱來確定階段可以避免計算階段帶來的困難，但它也有弱點。我不喜歡新概念，我曾借日常用語為每一階段取名，這些名稱反映了大多數人的作用或特徵。在某一階段，這些作用並不完全出現，而且在過渡到下一階段時已經消失。衝動、自我保護、遵奉等等是或多或少可以用於每個人的術語。關於這些特徵人們有不同的看法；這些差異與自我水準有關，但不同於自我水平的差異。儘管階段名稱表明這些特徵通常處在該階段的頂峰，但事實上它們與定義一個階段的全部模式一樣。一個透過階段名稱的刻板解釋來推理自我發展的試圖可能導致災難性的錯

誤。它也無法取代波蘭尼（M. Polanyi, 1958, 1966）稱之爲「心照不宣的成分」（tacit component），心照不宣的成分不可能藉助定義清晰地表達出來的，而且，誤解的可能性也無法排除，因爲在盡可能清晰在表達時助長了謊言。

在這本書裡，大寫的字母將被用來區分階段的名稱和處在這些階段中的人的類型。而對那些用來描述一般人的特徵的文字，不管他是符合階段的人還是其他階段的人，我們都用小寫字母來表示（在我們的實驗室裡隨意使用的編碼符號，我也準備把它用於接下來要提到的階段名稱）。

階段的描述

前社會階段（*Presocial Stages*, I-1）。剛出生的嬰兒沒有自我。他的第一個任務是學會把自己與周圍環境區別開來。形成「現實的構念」，認識到存在著一個穩定的客觀世界。這一過程的各個方面是要達到客體永恆（*object constancy*）和客體守恆（*conservation of objects*）。在這過程中，孩子形成了一個不同於外在世界的自我。處在這一階段的兒童，自我與無生命的客體世界是不分的，他們在很長的時間裡求助於「我向思考」。

共生的階段（*Symbiotic Stage*, I-1）。甚至在兒童了解了客觀世界的穩定性之後，他仍然認爲他與他的母親或生活中的一些玩具有著共生的關係〔馬勒（M. S. Mahler），1968〕。兒童從這種共生現象中，有意義地促進了把自己與非自己區分開來的過程。語言在加強兒童「我是一個獨立的人」的觀念方面起著十分重要的作用。但是，**前社會**階段和**共生**階段的殘餘，在後來的生活中看來並不是語言意義所能理解的，正像一切後來階段的殘餘不是語言意義所能理解的一樣。

16

　　衝動的階段（ *Impulsive Stage*, I-2 ）。兒童的衝動有助於
他證實他的獨立的同一性。强調「不！」和後來的「讓我來做」
就是最好的證據。兒童的衝動起先是受到强制性制約的，後來還
受到直接的獎勵和懲罰的制約。懲罰是作爲報復性來理解的。兒
童對其他人的需要是强烈的，但是要求的和依賴的；其他人是根
據他們能夠給兒童的東西而受到注視和評價的。兒童傾向於把人
分成好人或壞人，但是這種劃分不是作爲一種眞正的道德判斷，
而是作爲一種價值判斷。好和壞常常和「大方」對「小氣」混淆
起來，甚至與乾淨和整潔對骯髒和齷齪混淆起來，這使我們想起
了費倫齊（1925）稱之爲「括約肌道德」的那種東西。兒童容易
爲身體的衝動所吸引，特別是在適當的年齡，容易爲性和攻擊的
衝動所吸引。情緒可能是强烈的，但它們幾乎是生理上的。在這
一階段，年長兒童表達他們情緒的詞彙量是有限的，通常用一些
諸如惱火、心煩意亂、厭倦、偏激、發怒、激動等詞語。

　　在這一階段，兒童的定向幾乎都是現在，而不是過去或未
來。如果他比較聰明的話，雖然他能夠理解身體上的因果關係，
但缺乏有關心理上的因果關係的觀念。動機、原因、邏輯理由常
常是混淆在一起的。

　　在**衝動階段**待得時間過長的兒童可能被稱作「無法控制的」
或「難以糾正的」。他有可能使自己在某種場合而不是某種情境
中常常看到煩惱，因而他通常會私奔或離家出走，迷信的思想也
許是普遍的。

　　自我保護階段（ *Self-Protective Stage, Delta*△ ）。當兒童學
17　會了去期待直接的、短時的獎勵和懲罰時，他們就會邁出自我保
護的第一步：自我控制衝動。起先，控制是脆弱的，需要監督和
防衛，所以我們把這一階段稱作**自我保護**階段。在這一階段，兒
童認識到存在規則，有些規則對衝動的兒童來說是顯而易見的，
有些規則則不。然而，兒童的主要規則是「不要挨打」。當兒童

把規則用於自己的滿足和利益時，爲了控制前一階段的衝動，來自外部的強制是必要。

自我保護的人具有責備的概念，但他們是從其他人或情形等外部因素來理解責備的。有些孩子「感到苦惱」，因爲他想躲閃「錯誤的人」。自我批評不是特徵。如果他承認對做錯的事負有責任，那麼他有可能從不承認是他的責任的那些方面來責備自己，比如「我認爲」或「我估計」。這種傾向可能有助於解釋某些兒童具有的想像中的夥伴。挨打表明一種錯誤的行爲。

小孩喜歡儀式是該階段的一個方面。處在這一階段的年長兒童或成人，可能成爲機會主義的、騙人的，並且在和別人相處時一心想到控制和利益。對這種人來說，生活不過是一方得益引起另一方相應損失的遊戲；或多或少帶有一種機會性的享樂主義色彩。工作被看作是繁重的負擔，理想的生活應該具有大量的錢和好東西。

遵奉階段（ *Comformist Stage*, I—3 ）。當兒童開始把他的幸福與羣體（對年幼兒童來說通常是他的家庭，對年長兒童來說通常是同伴集體）同一在一起時，他邁出了重要的一步。爲使這一步發生或加強，必須有一個强有力的信任成分。生活在沒有仇恨的環境中的兒童感覺到信賴。相反地，生活在諸如機會主義、私利、欺騙、受人奚落等**自我保護**過程中充滿惡意看法的環境裡，兒童就不可能成爲**遵奉者**。也許這是一條或多或少永久的「以侵犯者自居」的道路〔佛洛依德（ A. Freud ），1936〕。

遵奉者就是按照規則行事，因爲這些規則是羣體採納的規則，而不是因爲兒童害怕懲罰。對兒童來說，不贊成是一種强有力的法令。他的道德準則是根據依從規則而不是根據後果（這些後果在更高的階段是至關重要的）來把活動確定爲正確的和錯誤的。**遵奉者**還沒有把强制性的規則和行爲準則區分開來，正如我們可以看到的那樣，當兒童把奇裝異服或頭髮樣式譴責成是不道

18

德的或不道德的信號時，就出現了這種情況。

此外，是有關成為遵奉者和贊成遵奉的問題，處在這一階段的人傾向於把他自己和其他人看做是遵奉社會上許可的準則。他能夠觀察到羣體差異，但對個體差異感覺遲鈍。羣體是根據顯著的外部特徵，諸如性別、年齡、種族、國家等來確定的。在羣體內部，他把每個人都看作是一樣的，至少他認為他們應該是一樣的。心理測驗學家把這一現象稱之為社會願望：人應該是一樣的，無論怎樣，他們都是受到社會讚許的。**遵奉者**對於人和包括人在內的情境的看法在概念上是簡單的，允許少量的偶聯或異議。

當**遵奉者**喜歡和信賴羣體內的其他成員時，他就會狹窄地限定該羣體，而拒絕任何一個外羣體。他特別傾向於對性別角色的概念抱有定型。通常，刻板的信奉產生於傳統的羣體，但同樣的刻板的信奉會使定型的標準產生於非傳統的羣體。遵奉和傳統不是一碼事。明顯傳統的人可能產生於任何一個自我水準（除了最低的水準之外），正像明顯非傳統的人根據他們自己羣體的標準可能是嚴格的遵奉者一樣。

比起**自我保護**的人傾向於競爭來，**遵奉者**重視的是與其他人的友好、幫助和合作。但是，比起更高水準的人來，他是根據外表而不是根據感受來看待這些行為的。他是用一些平庸的措詞來看待內部生活的，例如愉快、悲哀、高興、有趣、傷心，以及愛和理解等等。他獲得的是一些陳詞濫調，特別是道德上的陳詞濫調。他關心的是生活的外表，對外貌、社會承認和聲望、物質材料等等感興趣。歸屬使他感到安全。

自我意識水準：從遵奉到公正階段的過渡（ *Self-Aware Level: Transition from Comformist to Conscientious Stage*, I-3/4 ）。由於從**遵奉**到**公正階段**的過渡對我們社會的成年人來說也許是一個形態的水準，因此這種過渡是最容易研究的過渡。

問題是，不管它本身是一個階段還是階段之間的過渡，也不管在這兩種可能性之間是否存在區別，我們仍然把它看作是一個水準而不是一個階段。在這過渡水準，**遵奉階段**的許多特徵仍舊保持著；它可以被稱作**公正—遵奉水準**。從理論的意義上說，它僅僅是一種過渡，而在成年人的生活中，它好像是一種穩定的狀態。

來自**遵奉階段**的兩個顯著的差異，在自我意識水準有所增強，並且對情境中複雜的可能性的鑑別也有所增強。脫離**遵奉階段**的一個因素是自我意識，雖然這種自我意識還沒有達到與社會準則相當一致的程度。然而，對內部生活來說，這種發展的自我意識仍用陳詞濫調來表達，通常是一些含糊的「感受」。這些感受典型地與下面這種情形有關，即把個體與其他人或羣體聯繫起來，例如寂寞、窘迫、想像、自信，以及最常見的自我意識。自我意識是透過自我評價取代羣體標準的一個前提，至於自我評價，那是下一個階段的特徵。

遵奉者生活在一個概念上簡單，對每個人來說總是正確的世界裡，但是在**自我意識水準**，這個人發現他可以選擇了。異議和偶聯也隨之而來，雖然仍然根據年齡、性別、婚姻情況、種族等定型的和人口統計的歸類方法，而不是根據特質和需要中的個體差異。意識到選擇的異議，為下一階段概念的複雜性鋪平了道路。例如，在這一水準，一個人可能會說，除非人們結婚，不然的話是不可能有孩子的。可是在下一個階段，他們就更有可能會說，除非人們真的想要孩子，或者說除非父母真的彼此相愛，不然的話是不可能有孩子的。

如果說**遵奉者**難以察覺特質中的個體差異，那麼在**公正階段**，人們就可能做出相當複雜的特質分類，而在這一過渡水準，人們能夠典型地發現一種假特質的概念。假特質帶有心情、準則，或德行等性質，例如在男童子軍宣誓時提到的那些東西。準則是最有趣的，因為它們揭示了這些概念的過渡性質，也就是

20

說，這些概念正好處在**遵奉者**的羣體定型和更高水準的人對個體
差異的鑑別之間。

在這一水準，一個修飾的共同的特質是「女性氣質的」
（feminine），至少在女性中間是如此。對下面這些詞來說，不
同的人持有不同的涵義：消極的、誘人的、操縱的、自我陶醉
的、審美的等等。這些選擇接近於眞正的特質術語，對下一個階
段來說，或者對**公正階段**來說，它們是更加獨特的概念。

公正階段（ *Conscientious Stage,* I–4 ）。確切地說，在公正
階段，一個人第一次發現了有賴於稱之爲良心的道德信號。一個
處在**衝動階段**的兒童要比高一階段的兒童更容易被人貼標籤，把
人分成「好人」和「壞人」，但涵義是不清楚的，不是從道德角
度出發的。在**自我保護階段**，責備的概念是明顯的，但很少責備
自己。在最低的水準，一個人偶爾也發現絕對的自我拒絕，但這
種自我拒絕並不是出自對活動或結果的責任觀（自我拒絕可能產
生於任何水準的壓抑的人身上；對低的自我水準來說，這一特徵
所指的看來好像是相似的反應，而不是全部的壓抑）。一個**遵奉
者**如果違反了規則，他會感到內疚；而且，他是把活動分成正確
的和錯誤的，而不是把人分成正確的和錯誤的。雖然自我批評不
是**遵奉者**的特徵，但人們可以說他有一種良心，因爲他有內疚
感。在**公正階段**，一個成年人良心的主要成分是存在的，它們包
括長期的、自我評價的目標和理想、分化的自我批評、一系列責
任心。只有很少一部分人，例如十三歲或十四歲的青少年，才能
達到這一段段。

規則的內化是在**公正階段**完成的。**自我保護者**服從規則是爲
了逃避煩惱，**遵奉者**服從規則是因爲羣體支持這些規則，唯有**公
正階段**的人才眞正是爲了自己來評價和選擇規則的。他甚至可以
爲了自己的準則而不惜違背法律，我們可以在「公正的異議者」
的情形裡看到這一事實。因此，規則不是絕對的，這種非絕對性

也同樣適用於任何一個人；而且，異議和偶聯是必須被承認的。處在這一階段的人比起**遵奉者**來不大有可能因爲違反規則而感到內疚，但是，如果他傷害了其他人，儘管這種行爲可能符合規則，他反而感到內疚。

在這一階段，人與人之間猶如兄弟關係；他感到對別人負有責任，有時甚至達到這樣一種地步：他感到有責任去促成別人的生活，或者防止別人犯錯誤。責任和義務的概念必然會發展到與此相關的優惠、正義和公正的概念。所有這些概念都含有選擇的意義，而不是聽憑命運擺布的小卒。**公正者**把他自己看作是命運的主人。

他渴望成就，相比之下，處在較低階段的人感到工作是一種繁重的負擔。不過，他也可能把某些工作看作是例行公事的，令人厭煩的和沒有價值的。對他來說，成就主要是透過他自己的標準來測定的，而不像較低水準的人那樣，主要是透過承認或競爭的優勢來測定的。

這種獨特的概念上的複雜性是在道德標準和社會方式之間，或者說是在道德的和審美的標準之間區分出來的。這些區分沒有被劃分成「正確的」和「錯誤的」。一個**公正者**是根據兩極來考慮問題的，他考慮的是極爲複雜且又分化的兩極：價值不大對重要性，愛對色慾，依賴性對獨立性，內部生活對外部的表面現象。

具有豐富的和分化的內部生活是**公正者**的一大特徵。他不僅能體驗到自己的內部活動，而且也能觀察到其他人的各種認知上隱蔽的情感。他不是根據活動而是根據諸如特質和動機等模式來了解行爲的。他對自己和他人的描述是比其他較低水準的人來得生動與眞實。由於深刻理解了其他人的觀點，人際關係成爲可能。從其他人的觀點中看出問題的能力，是在他的更爲深刻的人際關係和他的更爲成熟的良心之間形成的。對更爲成熟的良心起

作用的是長期的觀察和在廣泛的社會關係中探究問題的傾向；這些特徵在更高的階段上越發明顯。

個體化水準：從公正向自主階段的過渡（*Individualistic Level: Transition from Conscientious to Autonomous Stages*, I-4/5）。從**公正向自主階段**的過渡，是以個體觀念的增強和情緒依賴的關心爲標誌的。依賴和獨立的問題是一個在發展的過程中經常發生的問題。這一水準的特徵是，人們能夠意識到一種情緒的而不是純實用主義的問題，意識到一個人即使在失去身體上的或經濟上的依賴時，他還可以做出對其他人的情緒上的依賴。爲了超越**公正階段**，一個人必須學會容忍自己和別人。這種容忍導致了對**公正階段**的個體差異和複雜情形的認知。接著，不僅承認個體，而且愛護個體。這些就是**自主階段**的標誌。

隨著一個人從**遵奉階段**發展到**公正階段**，他與其他人的關係越發加强。但是，在**個體化水準**，這種人際關係部分被看作是與追求成就，對**公正階段**的自我和其他人過分道德主義和責任心相對抗的。道德主義開始被內部衝突的意識所取代。然而，在這一水準，諸如婦女婚姻和求業的衝突，有可能被看作爲僅僅部分是內部的。如果她的丈夫或社會是助人的和與人方便的，那麼類似的需要就不可能引起衝突。衝突是人類的條件不到**自主階段**不可能認識的一種成分。增强容忍異議和矛盾的能力，導致了更大的概念的複雜性，這可以透過對內部的現實和外表之間的差異，心理反應和生理反應之間的差異，以及過程和結果之間的差異的認識表現出來。心理的因果關係和心理的發展，這些概念在**公正階段**以下是不可能自發產生的，只有在**個體化水準**的人身上才成爲一種自然的方式。

自主階段（*Autonomous Stage*, I-5）。**自主階段**的一個獨特標誌是承認和處理內部衝突的能力，也就是說，承認和處理衝突的需要、衝突的責任心，以及需要和責任心之間的衝突。也

許，比起其他人來，自主階段的人並沒有更多的衝突；問題在
於，自主的人有勇氣去承認和處理衝突，而不是迴避它或者把它
投射到環境。如果說公正階段的人是根據相反的兩極來解釋世界
的，那麼自主階段的人已部分超出這些極性，把現實看作是複雜
的和多面的。他能夠聯繫和結合在較低階段進行選擇時難以達到
一致的思想；對不同的意見能高度容忍〔佛倫凱爾─布倫斯維克
（E. Frenkel-Brunswik），1949〕。概念的複雜性是**自主階段**和
整合階段的一個顯著的信號。

　　自主階段之所以這樣被稱呼，部分是因為這個人承認其他人
對自主的需要，部分是因為它是由這個人擺脫前一階段的良心的
束縛為標誌的。一個有說服力的例子可能是允許孩子犯錯誤。然
而，自主的人典型地承認自主的局限性，即情緒的相互依賴是不
可避免的。他將把愛護人的關係作為他的最重要的價值。

　　公正階段的人意識到其他人具有動機，自主階段的人意識到
他自己和其他人具有動機，這些動機是作為過去體驗的一種結果
而得到發展的。在發展中，興趣代表了心理的因果關係的進一步
複雜性。自我實現成為一種經常的目標，部分地取代了成就。在
這一階段，許多人有著角色或職責的概念，認識到他們在不同的
角色或職責中起著不同的作用，這種認識具有不同的需求。處在
這一階段的人能夠生動地、有說明力地表達他的感受，包括肉體
方面的體驗、強烈的悲痛、存在主義的幽默（這種幽默存在於生
活異議的內部）。性的關係作為相互關係中的一種生理體驗得到
欣賞，有時被採納。自主的人把他的生活觀作為一個整體，他渴
望現實地客觀地看待他自己和其他人。他持有廣義的、抽象的社
會理想，例如正義。

　　整合階段（*Integrated Stage*, I-6）。我們把這個最高的階
段稱作**整合**，意指一個人超越了**自主階段**的衝突。就各種理由來
說，**整合階段**是最難描述的階段，因為它十分罕見，人們難以發

26

現研究的實例。而且，心理學家要想研究這一階段，他必須承認他的局限性是理解整合階段的一個潛在障礙，因為研究這個最高的階段有可能已經超出他的能力，是他的能力所不能及的。在極大的程度上，**自主階段**的描述已經包含**整合階段**。一個新的成分是同一性觀念的加強。也許，對這一階段的最好描述是馬斯洛的**自我實現**（見第 6 章）。

根據最低階段和最高階段的描述，試圖把自我發展的整個序列迭嵌在一起，是難以達到我們要說明的主要精神的。發展並不是簡單地從一個低水準到另一個高水準的聯結實現的，其中有許多路站，它們作為生活的階段和概念的闡述都是重要的。在某種意義上說，不存在最高的階段，只有展開的新的可能性。

結　論

在自我發展的過程中，衝動的控制、性格、人際關係、有意識的定型，認知的複雜性等變化是錯綜複雜地交織在一起的。**表1** 是對上面討論過的內容進行簡化。不要以為表中呈現的內容是自我發展的四個獨立的方面。它僅僅是一個方面。四個描述的縱行表明一個連續進程的四個方面，至少是為概念安排的。有些作者也曾描述過這些方面，但他們主要強調一個方面或另一個方面（見第 5 章）。大多數人在他們的評論中也曾意指過其他一些方面，但詳略程度各有不同。人們也許會問，為什麼不把他們聚集在一起，商定一個自我發展的定義呢？學者們不可能被迫去宣布他們的差異，也不可能透過一個從性質上來說是高級的或合法的委員會來獲得一個概念。通常，這些差異是透過經驗主義的研究得到解決的。在某種程度上，儘管有許多方法上的困難，這種研究還是問世了。但是，這種研究卻沒有認識到一個有意義的問

表 1　自我發展的簡化表

階段	編號	衝動的控制，性格發展	人際風格	有意識的定型	認知風格
前社會的			我向思考		
共生的	I-1		共生的	自我對非自我	
衝動的	I-2	衝動的，害怕報復	接受，依賴，私利	身體感受，特別是性和攻擊	成見，概念混淆
自我保護	△	害怕挨打，從外因看責備，機會主義	謹慎，操縱，私利	自我保護，苦惱，希望，事物，利益，控制	
遵奉	I-3	遵奉外部規則，怕難為情，違反規則會感到內疚	歸屬感，表面的友好	外表，社會的接受能力，平庸的感受，行為	概念簡單，成見，陳詞濫調
公正—遵奉	I-3/4	規則的分化，目標	意識到與羣體有關的自我，幫助人	調節，問題，理由，機會主義（模糊）	複雜性
公正	I-4	自我評價標準，自我批評，有內疚感，長期的目標和理想	細緻，責任心，互惠，關心交際	分化的感覺，行為動機，自我尊重，成就，特質，表達	概念的複雜性，模式的思想
個體化	I-4/5	加上：尊重個體	加上：作為一種情緒問題的依賴	加上：發展，社會問題，內部生活和外部生活的分化	加上：過程和結果的區分
自主	I-5	加上：處理內部需要的衝突，容忍	加上：尊重自主，相互依賴	生動地表達感受，生理和心理的整合，行為的心理原因，角色概念，自我實現，社會關係的自我	概念複雜性增強，複雜的模式，容忍不同的觀點，廣泛的範圍，客觀性
整合	I-6	加上：調節內部衝突，放棄做不到的事情和念頭	加上：愛護個體	加上：同一性	

題：分別測量**表 1** 中呈現的四個方面，然後把它們關聯起來，
藉以證明它們是一個連續過程中的四個方面。測量自我發展的問
題，以及在一般的描述和個別實例之間存在差異的問題，我們將
在第八章和第九章進行討論。

有關這四個方面的討論揭示了一個理由，即它可以被稱作自
我的發展，而不是道德的發展、認知複雜性的發展，或人際關係
的能力發展。但所有這些發展都涉及到。它所包含的如此廣泛的
領域並不比自我少。

有些批評家聲稱，對自我發展的階段描述做如此的排列，以
至於是對社會的價值結構的一種文飾作用。這種批評並沒有得到
支持。所有的社會都是建立在遵奉和個體的價值遵奉基礎上的。
正如人們由於無法控制的衝動而不能遵奉一樣，或者說由於機會
主義和自我興趣而選擇不遵奉一樣，人們是透過受到來自社會的
嚴厲懲罰的良心來推動不遵奉的。看來，所有的國家都處在**自我
保護**水準。人際關係實際上是在實施一方得益引起另一方相應損
失的遊戲，也許，沒有一種政權能夠倖免於此。

另一種批評是，自我發展的階段是根據作者的主觀意願來排
列的。對這種指責的回答是顯而易見的。自我發展的階段在許多
作者中間得到實際的認可，而且，還有其他一些證據也支持了這
種排列。當我獨自撰寫這一章時，階段的排列來自我和我的同事
密切合作的研究〔盧文格和韋斯勒（R. Wessler），1970〕。人們
之間的相互批評（他們具有不同的背景和傾向，其中有許多人是
熟練的臨床醫生），有助於拋棄人的特質概念。柯爾伯格（L.
Kohlberg, 1971）曾經詳細地回答了有關他的研究的一個相似的
批評。

有些人認為，社會應該贊成排列，這些排列將導致更多的人
把階段置於**遵奉**之上。他們提出，社會應當獎勵公正和自主的
人，正如它現在獎勵**遵奉者**和機會主義者一樣。但是這種建議是

謬論，或者說導致謬論。**公正階段**的實質在於，它至少部分地擺脫了社會強加的獎勵和懲罰。怎樣才能使一個人操縱獎勵，以便他不受獎勵的影響呢？實際上，這是每一個渴望促進道德發展的父母或教師都面臨的問題。人們怎樣把他自己從外部的獎勵和懲罰的支配下解放出來，這是人類發展的一門主要技術，是把我們引向我們的主觀世界的一門誘人的技術。

當人們把發展的序列僅僅理解成不是我的價值就是社會的價值時，這樣的批評是得不到支持的。在這些批評的後面存在兩個問題：決定發展方向的是什麼？我們怎樣發現序列？我們將根據各種觀點回過頭來討論這些問題。在下一章裡，我們將看到我們怎樣才能理解與人格有關的發展概念。

第三章
人格理論中的發展概念（編註）

　　本章所提及的自我發展理論是對發展的一種特殊理解，它建立在有機體的隱喻和把結構作爲一種關鍵概念的基礎之上。在過去的三十年間，有機體的發展概念已經得到充分的解釋，主要歸功於沃納（H. Werner）和皮亞傑。而且，這些概念不斷得到承認，特別在認知過程的研究方面尤爲如此。用於發展心理學的結構方法是本章要涉及的。本章的第一部分分析發展的結構概念，並把它與另一些有賴於經驗主義者的科學觀點和人們的機械主義觀點的發展概念相比較，至於後者，它是了解當前發展心理學的人們非常熟悉的領域。第二部分主要探討發展的結構概念在從認知領域轉向人格領域時有哪些局限性。有機體的隱喻在起因上是生物學的，而結構的概念，正如它在認知領域已經被運用的那樣，從本質上說是形式的，它強調客體之間的形式關係，而不是客體彼此之間聯繫起來的內容。紮根於生物學的概念，在哪種程度才能有助於我們理解獨特的人類呢？用於理解形式邏輯的結構概念，在哪種程度上也同樣適用於理解人格？

　　在人格問題上，有兩個主要的方面抵抗著結構的論述，它們是自我意識和自由體驗，兩者都包含在我們的自我發展的概念之

編註：此章爲布萊西所撰，讀者可見〈作者前言〉；在原著的第3章標題下
　　　則直接標示著：by Augusto Blasi。

中。當我們在理解人類的發展時，如果有機體的隱喻是靠機器的隱喻而取得顯著進步的話，那麼，至少有一些基本的要素被忽視了，如果我們光是看到結果的話，那就有可能陷入還原論的僵局。

發展和變化

發展是一種變化。發展和變化這兩個概念同時發生，而且含有連續和穩定的成分。那麼，我們能不能說每一種變化都是發展呢？乍一看，這個問題好像沒有多大價值；然而，它的解決卻關係到相反的理論和哲學立場。而且，作爲一種自主訓練的發展心理學的「存在理由」（raison d'être），卻集中在這一區分上。對當前的爭論來說，必要的假定是，語言的運用有損於對現實的理解，並且與此相一致。因此，語言的區分並不是變幻莫測或專斷任意的，而是反映了現實的差異。

在日常生活中，語言的變化和發展是不可能被交替使用的。讓我們來思考一下純空間的變化：一個人從一個房間走到另一個房間，他和周圍環境的關係不是同一的；然而，我們並沒有提及發展。空間的變化是純粹外部的，以至於不能允許我們去這樣做。這種限制也同樣適用於有著外部關係的非空間的變化，例如，社會性質的關係。當一個婦女有了第一個孩子時，她的母親就成了外祖母。同理，我們不可能說她有了發展。看來，發展這一術語僅僅涉及到內部的變化。內部這一形容詞比較含糊，需要給予說明和理解，但它指出了變化之間的差異，這些變化是指發展而不是其他。

不是所有的內部變化都可以稱作發展。讓我們來考慮一下諸如視覺適應、新陳代謝的變化、月經過程等生理上的變化。在這

些例子中，一系列事件發生在個體內部，目的是重建因爲外部的
或內部的因素而擾亂了的有機體的正常平衡。這一序列的最終結
果是回復到原先的狀態。這裡，有機體和他的任何部分都沒有發
展。在這些例子中，變化的可逆性跟另一個發展的重要成分並不
相符，也就是說，跟穩定的和持久的程度不符。這第二個特徵看
來好像與第一個特徵一樣難以解釋。絕對的穩定性將阻礙發展。
在絕對的穩定性和可逆性之間，我們承認有一個代表發展的領
域。

那麼，能不能說所有內部的且又相對穩定的變化都可以稱作
「發展」呢？讓我們來考慮一下下面這個例子：一個三歲的孩子
被教會去說「3×6＝18」。假定這一內部變化（顯然，它是一種
變化）也是持久的，應當歸功於靈巧的強化時間表。那麼，這是
發展的變化嗎？比起上述的例子來，這裡的意見更有分歧。在一
般情況下，我們不會認爲兒童有了發展，因爲他並不「理解」乘
法的意義。我們同意這樣的判斷，至少可以作爲一種研究的假
定。現在，我們就來闡述一下它的效度以及相反觀點的價值（這
兩個相反觀點是：機械學習是發展的開始──機械學習的積累並
不等於理解）。

這個三歲孩子在學習乘法過程中並沒有發展。因爲他不「理
解」乘法的意義。誠然，有意識的理解對發展來說不是必要的。
人們在不理解他們的發展，甚至意識不到他們的發展的情況下，
也能獲得發展。這裡，理解意味著把問題的對象與系統聯繫起
來，並考慮整個系統中相互關聯的對象。理解「3×6＝18」意味
著認識到爲什麼這種等於是正確的，能弄懂它的意義或它的必然
性。它意味著認識到，至少在原則上認識到，這種陳述相當於
「3＋3＋3＋3＋3＋3＝18」，因而也同時認識到「6×3＝18」
「18÷3＝6」以及「18÷6＝3」。它意味著把等值與計算方法聯
繫的能力，並且從構成這種方法的法則觀點中來考慮此類問題。

這個三歲孩子在學習乘法描述的過程中沒有發展，因爲這種變化並不在於或導致新方法或新結構的獲得。兒童在某種意義上理解了這種陳述；他還沒有學會這種陳述的其他方面。但他不是從數學的結構上來理解這種陳述的。對他來說，「3×6＝18」不過是獲得獎勵的一種手段。他理解懲罰和獎勵；他有一種方法，在這種方法中，需要的滿足以及他的活動是透過一定的標準聯繫起來的。在這個孩子的例子中，發展存在於從舊的懲罰—獎勵的方法到新數學的方法的運動之中。發展是由一種新結構的獲得或從一種舊結構向一種新結構的轉化組成的。

結構和有機體

結構及其相似的術語（系統、模式、圖式）在許多不同的領域被運用，從建築學到生物學，從管理學到詩歌，都在運用結構。它們總是包含著：(1)有許多要素或成分；(2)這些要素不是簡單地集合在一起的，像一大堆石頭那樣，而是彼此聯繫，以至於形成一個合理的序列。這些聯繫的性質可以是空間的、時間的、原因的，也可以是其他別的東西，但是在每一種情形裡，結構是由要素之間的一系列聯繫組成的。這些聯繫提供了一個統一體，並給予每種要素以意義，使其成爲整體的一個有意義的部分。當基本的聯繫發生變化時，結構也會隨之發生變化。另一方面，像格式塔心理學反覆證實的那樣，所有的要素（成分）可能發生變化，而結構不變。當我們轉動一個新鍵時，音調可以不變；當我們運用不同的材料時，建築結構可以一樣。

簡言之，結構是由聯繫或關係來確定的，是由不依賴於要素的基本法則規定的。我們的那個三歲孩子可能具有數字的言語要素；他也許會含糊地計數，但他的能力卻無法爲他提供數字結

構。上述的結論可以用另一種形式來表達：發展是由決定要素之間聯繫的基本規則的獲得或變化組成的。

結構不只具有完整性和統一性；它們還表現出平衡性，即達到某種內部的平衡。要素之間的聯繫可以在一大堆石頭中發現，但它們是碰巧在那裡的。它們可能是不同的，我們並不感到驚奇。石頭的性質，或者說任何一堆特殊的石頭的性質，並不需要一定的排列或次序。需要意味著平衡，意味著從一大堆石頭中區分出一個結構。在知覺領域，格式塔心理學透過「好圖形」（good form）和「完整傾向」〔Prägnanz（pregnancy）〕提出了同樣的現象，即強調完整、自然、結構和穩定性。圓是一種形狀，我們傾向於知覺圓的形狀，即便當出現在我們面前的形狀並不很圓時，我們仍然會把它知覺成圓。例如，當圓的形狀僅僅是近似的，缺口的和不完善的時候，我們仍然會把它看作是完整的和完善的。在這個意義上說，平衡在科學理論、小說、心理個案史等方面是被公認的〔波蘭尼（M. Polanyi），1958〕。在每一種情形裡，我們認識到彼此之間聯繫起來的各個要素，弄懂它們的意思，然後理解它們。結構的平衡有賴於完整性和統一性的獲得，也就是說，有賴於決定要素之間聯繫的規則。平衡注重結構的「自然性」，因而，它傾向於抵制變化，或者說，傾向於保持和恢復原先的狀態。

這一思索的結果把我們引入有機體的概念。一個有機體可以被解釋成一種有生氣的結構，包括與環境的積極交往。這一解釋雖然過於簡單，但它在強調發展的某些問題上是有用的。一件雕塑品，一俟被創造出來，就會在環境中存在，然而，它要作為一種結構持續下去，則應視環境而定。事實上，這裡存在一種觀念，即雕塑品是「接觸」（exposed）環境的，受到環境事件的「影響」。如果環境不需要這件雕塑品繼續存在，則它只好被動地容忍外部的要素，直到自行消亡為止。相比之下，一個有機

34

體，例如一種植物或一種昆蟲，則要利用環境，以便使它的結構
得以生存，並在與環境的交互過程中武裝自己。

這種積極的交互具有兩個主要的形式：一方面，有機體爲它
們選擇環境，另一方面，它們具有可塑性，以適應不同環境的各
種要求。這兩個特徵是有機體的活動結果；它們是結構決定了選
擇的方向和範圍，也決定了可塑性的可能形式。環境不是一個客
觀的實體，這對一切有機體來說都是如此。對有機體來說，環境
不過是一種令它敏感和爲它所用的東西，並且是由它的內部平衡
的基本法則所決定的。

在與環境的交互過程中，可塑性對生存來說是一種不可忽視
的重要特徵。由於有機體依賴環境，由於環境是可變的，所以有
機體需要調節和適應，以便用一種新的反應來取代業已成功的反
應，乍一看，這些反應是不同的，其實，它們出自同樣的器官結
構，用同樣的平衡規律來表達。有機體的內部平衡是一種動力平
衡。正如皮亞傑所指出的，可塑性的程度可能是有機體發展的一
個指標，是有機體在進化等級上完善程度的一個指標。

選擇和可塑〔皮亞傑的術語是**同化**（*assimilation*）和**順應**
（*accommodation*）〕產生於有機體的結構特徵，導致了有機體
的穩定性，導致了有機體結構特徵的永久性。有機體的第一傾向
是生存、保持原樣、反對激烈的變化。然而，有機體的這種穩定
性也是有局限性的。有時，結構的變化（按照我們的定義，這裡
是指發展）可能有賴於內部的，甚至遺傳的過程。有時，它們可
能有賴於環境的壓力。當有機體的反應範圍不足以應付特殊的環
境時，有機體要嘛是死，要嘛是改變它的結構法則，以便迎合環
境的要求。在心理的發展過程中，選擇是很少極端的。這裡，改
變有機體結構的動力是由滿足有機體適當需要的願望（諸如使自
己變得更有能力，更能充分地把握世界等願望）和相應的動機來
提供的。然而，這些動力基本上是一樣的，並且存在於結構和環

境之間匹配和不匹配的相互作用之中。

在發展解釋成有機體結構法則的變化有助於我們理解另外兩個特徵：內在性和穩定性。內在性並不意味著內部與外部的對立，它取決於結構的聯繫法則。在這個意義上說，任何東西都是內在的，它受到法則的支配，並且表達這些法則。同樣，有機體的概念闡明了永久性的性質和局限性，這種永久性歸因於發展的變化。有機體的內部平衡隱含著自我保持的傾向；另一方面，有機體對環境的開放和它的有限的可塑性排除了絕對的永久性。

生物有機體的概念是我們的一種指導性隱喻，不是因爲唯有生物有機體才能發展，而是因爲發展的最終解釋是生物學的。有生命的結構的發展特徵可以在各種關係上被認識，例如在數學的和邏輯學的關係上被認識。社會的活動、社會學的領域、人類學，以及相似的學科，都可以被解釋成是有機的。有機的過程產生於個體人格的心理水準。每一個人都注意環境的一定特徵，積極迴避某些東西，並且，用那些和他們的內部法則、觀點和定型相一致的方式來獨特地解釋某些東西。在結構、選擇、可塑性和適應等概念裡，不需要遺傳、成熟和中樞神經系統的見解。而且，對發展的分析和研究可以在每一種情形裡進行，不必預先的解釋。

36

兩種對立的發展觀

在發展心理學領域，有機體的隱喻總是重要的。有時這種隱喻比較含蓄，例如成熟理論，而在其他一些時候，這種隱喻則提供了清晰而又明確的概念和理論解釋，例如沃納和皮亞傑的觀點。然而，整體上看，這個在心理學中占統治地位的隱喻是機械的。這兩種隱喻是兩種對立的發展觀的基礎〔里斯（H. W.

Reese）和奧弗頓（W. F. Overton），1970〕。

　　機械主義的觀點有三個基本的假設：第一，人的心理（不是身體而是大腦）猶如一塊白板（*tabula rasa*）、一張白紙，具有無限的可塑性和可墾性，它對自身變化的貢獻在於它的準備和接受狀態。第二，人的心理只有在它的全部狀態能夠被刺激單位的總和完全描述時，才能受到基本感覺的影響。機械主義對什麼是單位或要素（即成分）做了形形色色的解釋，但是，在他們看來，整體好像是相反的觀點。最後一個機械主義的假設認爲，人的心理是透過累積的聯想和要素之間聯想的「系統」以或多或少穩定的方式變化著的。聯想的產生是由外部條件、事件的重現模式、強化等決定的。

　　當有機體積極地選擇他的環境，並解釋他所選擇的東西時，他的這種機械的見解（空洞的和接受的）基本上是被動的。就像一部照相機那樣，「攝入」眼睛所看到的東西。與其說是有機體解釋了環境，倒不如說是環境解釋了機械的頭腦。

37　　在這兩個觀點之間，一個更重要的差別在於理解的根源。假定人類試圖理解世界，假定他們把系統的理解聚集起來是科學的任務，那麼人們仍然會問：他試圖理解的是什麼？他把他的注意力集中在哪裡？在那裡能夠被理解的東西是什麼？如果把心理是什麼，把心理最終經歷的變化在於外部刺激等等作爲全部理由的話，那麼理解的根源僅僅在於心理之外，在於外部條件之間的聯繫。理解僅僅意味著建立因果聯繫：只要我們知道哪些東西引發了心理，我們也就理解了心理。

　　如果理解的根源在於內部，在於組成結構的聯繫，在於不受環境條件支配的那些東西，那麼情境就會完全不同。在機械的觀點和機機體的觀點之間，一個決定性的差別只是根據內部平衡就可以被抓住。機械的觀點並不否認頭腦中聯繫的存在：聯想畢竟是聯繫。正如某些人所認爲的那樣〔例如，伯利納（D. E.

Berlyne），1965〕，它甚至可以假定，有些聯繫可能是複雜的，
並且按照等級或層次的方式進行排列。但是，除了環境刺激的歷
史外，它說不清為什麼是這些聯繫而不是其他一些聯繫。聯繫好
像是碰巧以這種方式存在的，就像在一大堆石頭中間存在一樣。
在人格和發展的聯繫中，這一觀點已經由米歇爾（W. Mischel,
1969）做了詳盡的闡述。與機械的方法不同，機體的概念（聯繫
的複雜性）是由完全不同於機械方法的基本的平衡法則組成的。

　　基本的結構法則來自何方、如何獲得，這是一些非常重要的
問題，解決這些問題，就可以更全面地理解發展。然而理解早在
組成結構的時候已經出現。真正的理解是在發現複雜現象的基本
法則或原則時獲得的。因此，不能把皮亞傑的理論看作是基本上
描述性的，因為它把注意力集中在結構的法則和它們的連續性
上，而幾乎完全不顧結構發展的條件。同樣，在我們這本書裡，
自我發展的概念也僅僅圍繞基本的結構或每一階段的一定意義，
而不考慮社會階層、家庭經歷以及類似的外部因素等聯繫網絡；
而且，也正是為了這一緣故，我們不準備局限在描述上。

38

　　機械觀點和機體觀點之間的第三個差別在於變化的連續性，
即結構之間的序列。乍一看，機械的觀點把發展看作是一個勻稱
的、連續的變化過程，而機體的觀點把發展看作一系列激變，
並且是非連續性的。但是，當我們深入一步考察時，我們就會發
現，在連續的機械變化的背後，事實上是缺乏序列的，而表面看
來是非連續性的機體發展，事實上卻有著深刻的連續。當所有的
聯想能夠被獲得時，當心理的狀態是由這些聯想的總和組成時，
發展在原則上能夠被描述為非聯繫成分的增加。那個學習乘法等
值而又不理解乘法的三歲孩子正在發展，每當他獲得新的等值
時，發展是在繼續的。但問題是，他正在獲得的東西和他目前的
心理狀態並不影響他的變化方向。依靠環境的條件，他可能獲得
這個等值或那個等值，也可能失去他所獲得的東西，「回復」到

原先的狀態。對那些持有機械觀點的心理學家來說，一個經常性
的練習首先在於透過操縱環境來改變兒童，隨後透過改變條件反
射的情境把兒童帶回到他的原先狀態，盡管表面上看來這個兒童
是在發展。

　　然而，如果發展在於結構的改變，即脫離一個舊結構，組成
一個新結構，情境就會完全不同。它不可能透過加和減來獲得，
相反地，只有透過建立一個能夠支配部分之間聯繫的新的原則才

39　能獲得。同時，選擇（即有機體整合有用材料的活動和傾向）即
可以保證發展序列中相繼組織之間的基本連續。規定發展的方向
有助於促進發展。如果說環境可能決定特殊變化的性質，那麼有
機體的結構則決定了變化發生的可能性範圍。皮亞傑在研究智力
時，用一系列可以表明發展序列的規則概括了這些原則。階段之
間是有層次的，透過逐步的整合得到發展的，並且是不可逆的。

　　機械觀點和機體觀點之間的最後一個差別在於，機械的方法
把發展（不同於其他變化的發展）中的任何一樣東西都看作是特
殊的。貝爾（S. M. Bell, 1970）總結道：「嚴格地說，學習的過
程在很大程度上是行為變化的過程。但沒有必要把它們稱作發展
的過程。理由之一是，它們已經有了名稱，這些名稱要比『學習』
精確得多，要比『發展』、強化的模式、懲罰、消褪、分化和辨別
更加精確。」（p. 243）根據這一觀點，變化在持續時間、一致
性（如果一致性的概念具有任何意義的話）、秩序等方面彼此之
間是不同的，但這些差異簡單地取決於環境所提供的東西。

　　相比之下，機體觀點的支持者為發展的法則，為某些發展序
列的普遍性，假定了某種「自然的」順序，用以解釋機體內部的
一致性。在引用「自然的」這一形容詞時，必須承認它的非清晰
的涵義。這使我們想起了形而上學的幽靈，並且對數十年來邏輯
實證主義和各種經驗主義反覆灌輸的思想產生了懷疑。作為一門
自主訓練的發展心理學必須正視這些幽靈。比如「2＋3＝5」、

「如果 A＞B，B＞C，那麼 A＞C」、「一個人不可能同時處在
兩個不同地的地方」等陳述是眞理，是因爲我們周圍的文化承認
它們是眞理，或者說是因爲條件反射促使我們去接受它們？還是　40
因爲在這些陳述中，超出文化和個體，並使文化和個體必須服從
的內在的必然性和序列，才使我們的文化相信它們是眞理？

人格發展和認知結構

對心理學和發展來說，機體的方法已經獲得如此的成功，以
至於徹底改革了兒童心理學。它對那些構成發展階段的結構的研
究指導著觀察，同時也把整體性和統一性引入行爲差異。至少可
以這樣假設，對可理解的單位進行構造，使它有可能依次去探究
抽象的序列（這些序列是不依賴於特殊的年齡和環境條件的），
從而去研究發展過程「本身」的法則。這些過程最初產生於認知
領域（知覺、概念的形式、語言），因爲在結構主義和認知學派
之間有著密切的關係。當結構主義發展到其他領域，特別是發展
到人格和社會發展等領域，它仍然運用同樣的概念和頓悟。把所
有這些試圖最佳地連接起來的是「認識發展學說」，它不是一種
單一的條理的理論，而是一種包括各種背景研究在內的方法。它
們具有兩個一般的傾向：第一，採納由皮亞傑提出的最一般的發
展概念，例如：同化、順應、階段、等級和普遍的序列；第二，
假定認知結構的發展從整體上看是心理發展的基本因素，特別是
影響到人格結構的獲得。本章的剩餘部分將討論認知發展學說，
討論它們憑藉概念的和邏輯的結構來解釋人格結構發展的試圖，
討論這一事業的局限性和危險性。

我們的這一討論將圍繞著人格的三個基本特徵來展開。第一
個特徵是，人格是獨特的，它有一定的內容，有一些或多或少可

41　以定義的特質，這些特質在人類身上可能是普遍的，但在其他種類或對象上卻沒有。其他兩個特徵是意識和自主。由於這些特徵看來好像是基本的人類特質（至少可以作為一種觀點來探究），因此，用來解釋人類人格的任何一種方法就應該把它們聯結起來，而不是曲解它們。那麼，結構主義，特別是信賴邏輯—認知類型的結構主義，能不能完成這一任務呢？

　　這些問題對自我發展的理論來說是主要的。在人格方面，自我發展被描述為「支配的特質」，被描述為能夠提供更加特殊的特質和它們的意義的框架，圍繞這種框架，人格的整個大廈就能夠被構築起來。這一理論與認知發展學說一起分享了皮亞傑的階段概念：自我階段被概括為平衡的結構，這些結構在一個不變的等級序列裡彼此有聯繫。最後，自主和意識是自我階段的性質標誌。在本章的第一部分，我們已經討論了把本書的觀點與其他兩個相反的觀點（機械主義的發展觀和行為主義的發展觀）區別開來的特徵；接下來我們將要討論本書的觀點與它的最接近的觀點，即認知發展的觀點區別開來的特徵。

認知的形式和人格的內容

　　認知發展學說為理解人格的發展考察了認知發展的變化。例如，嬰兒依戀母親的發展是由物體永恆性的概念的獲得來解釋的；青少年社會價值的建立是由形式運算的發展來解釋的。毫無疑問，在某種意義上是為他所理解的。問題是，認知發展是否為我們提供了對人格發展來說是內部的和特殊的原則。

42　　　從整體上看，認知發展是人的發展的基礎，因為認知的原則構成了最廣泛的和最豐富的結構，關於這些結構，人們是可以想像的。頓悟是認知發展學說的基礎。但是，確切地說，由於認知

如此普遍，以至於對每一件事情都要問津，它不可能包含特殊聯繫的原則。概括的原則不可能同時又是決定的原則。對邏輯類別的理解不可能爲我們理解人格提供一個適當的基礎。人格在其構成方面是獨特的；它不可能由邏輯原則的具體事例或一系列邏輯類別構成。

在皮亞傑的理論中，認知具有一般性和展開性兩個特徵，對此，有兩個相互依存的理由。第一，皮亞傑把注意力集中在他稱之爲運算的東西上，也就是說活動的特徵和個體操縱（逐字逐句地和象徵性地操縱）物體的「風格」，而不是把注意力集中在物體的特徵上。風格和活動的模式要比內容更爲一般。第二個理由是，皮亞傑對物體感興趣，也就是說，對物體的最抽象和最一般的特徵感興趣。他把注意力集中在活動的模式上（這些活動的模式在操縱所有物體時是普遍的），並且從中獲得物體的普遍性特徵，例如，空間的延伸、空間和時間的運動性和可逆性，以及永恆性等等。對皮亞傑的序列的普遍性的解釋都在這裡了，其中不存在遺傳—成熟的機械主義觀點。

根據皮亞傑理論中認知的性質，人們也許會問：怎樣透過孩子對母親的依戀來獲得物體永恆的概念？這個問題和我們的調查有關，由於依戀，個體和他的社會成員在情感上建立了聯繫，這是社會發展的基礎。貝爾（1970）在一個孩童羣體裡發現，那些依戀母親的孩子，在形成物體永恆性之前，已經發展了對人的物體永恆性（即「人的永恆性」），而那些對母親沒有依戀的孩子，情況恰恰相反。她還發現，依戀的孩子要比沒有依戀的孩子更早地形成認知的概念，但所有的孩子都必須經歷同樣的認知序列。由此可見，從本質上說，物體永恆性的概念並不影響依戀，因爲它已經被沒有依戀的孩子和認知上沒有差別的依戀的孩子所證實。「物體永恆性」並沒有告訴我們爲什麼有些個體喜歡物體，而有些個體卻喜歡人，或者說，爲什麼人類的個體喜歡人

43

類，而黑猩猩（黑猩猩也具有「物體的永恆性」）卻喜歡黑猩
猩。它甚至沒有告訴我們為什麼會存在這種偏愛。依戀或類似的
概念對理解人格來說好像是基本的，但是當我們根據認知的觀點
來處理這些概念時，它們仍然是含糊的。

　　一個類似於依戀，但對自我發展來說更主要的概念是價值。
當人們從認知的觀點考慮一般的價值，特別是道德價值時，人們
面臨著同樣的問題。認知並不影響決定、偏愛、價值等原則。

　　最近幾年，柯爾伯格（1964, 1969, 1971）闡述了他的道德
發展理論，其中，主要角色是由道德判斷的序列結構來扮演的
（見第 5 章）。在這一理論中，性質上不同的角色扮演方式，即
注意其他人的觀點以便解決道德兩難問題的認知能力，被認為是
道德結構發展中的決定因素。儘管角色扮演的結構沒有邏輯結構
那樣廣泛，而且還假定某些內容上的區別（例如，物理現實與心
理現實之間的區別、被試與對象之間的區別），但是像邏輯一
樣，它們也是透過推理形成的。它們不考慮任何內容（儘管每個
內容都是有用的），從而構成了一個在區別性和適應性上日益增
強的等級。

　　由於這些特徵，柯爾伯格總結道：道德發展不僅沿著一系列
指定的階段前進，而且還應當沿著一定的方向前進。只有這樣，
一個人才能從道德推理的形式到道德價值的內容中擴展日益增強
的普遍性。以後，越是成熟的道德階段就越具有一個更大的價值
普遍性的特徵，作為一個事實，這也許是正確的。但是，對這一
事實的解釋，沒有必要像柯爾伯格那樣把它放在認知形式的普遍
性上。從這一事實出發，考慮我的同事的見解和感受是一種更為
適當的了解形式，我可以下結論說，我應該選擇這種了解形式。
然而，透過角色扮演來了解我的鄰居的感受，並沒有告訴我，我
是應該尊重這些感受呢，還是應該傷害這些感受。

　　從了解的形式轉化為價值的內容不是直接的或立刻的，需要

與人格的性質直接有關的其他一些前提。柯爾伯格意識到，人們
也許會問：「爲什麼我應該是道德的？」但是，他認爲，應該把
這個問題放在同一序列的另一個階段來正視和回答，人們也許會
假定，它在性質上仍然屬於道德推理形式。然而，爲了把道德判
斷轉化爲行動，這個問題需要放在每一個階段並用某種方式來回
答。一個人憑藉他的研究，對這一回答的批評（沒有必要是清晰
的和有意識的），嚴格說來是不可能成立的，但必須涉及他的人
格內容。

　　這一涉及到邏輯的問題，在維根斯坦（L. Wittgenstein）❶
的哲學發展中已有舉例。維根斯坦在其早年曾用邏輯的和科學的
方法假定過一個徹底結構化了的數學命題模式；後來，他從這一
邏輯領域進入藝術和倫理學。他認爲，有關倫理的命題是不可
能；因此，我們對人類生活的現實問題必須保持沉默〔傑尼克
（A. Janik）和圖爾明（S. E. Toulmin），1973, pp. 190～
191〕。僅僅在這一問題上，我們可以說維根斯坦認爲的課題是不
精確的，帶有理想化比喻的情緒色彩。

　　然而，只是到了後期，他才認識到形式的模式，例如邏輯—
語言系統。他認爲，這種系統甚至在科學領域也存在。但是，這
種系統並不直接給我們眞正的東西，它只是爲我們提供了「邏輯
空間」中的一系列可能性。邏輯的關係僅僅保持在形式的系統之
內。爲了把它們用於現實，我們需要一系列特殊的規則，這些規
則既不是命題的也不是純形式的。這些依賴邏輯和語言意義相對
於結構來說的規則，是建立在應用語言的方法的基礎上的，依次
地，建立在更加廣泛的生活形式〔斯普蘭格（E. Spranger）的
《生活形式》（*Lebensformen*）〕的基礎上的。維根斯坦寫道：

45

---

❶這裡所引用的許多資料以及摘自維根斯坦作品的資料皆來自傑尼克和圖
　爾明所著的《維根斯坦的維也納》（*Wittgenstein's Vienna*, 1973）

「語言是我們的語言」（p. 224），邏輯是「人的自然史的」一部分（p. 223），「它是一個有關你或詞語，誰是主人的問題」（p. 227）。

在深刻地認識和接受兩個有效的觀點之後，我們沒有必要再去追隨維根斯坦：第一，當我們處理具體的決定而不是可能性時，形式系統是有局限性的；第二，邏輯和語言歸屬於包含的結構，即構成人類人格的那些生活形式。

在試圖憑藉形式的認知結構來解釋人格發展時，不適當的因素是下面描述的可能性系統。越是適當和越是成熟的認知結構擴展了可能性的範圍，而不是脫離這個範圍，因此，與認知有關，人格是真實的和被決定的（然而，與行為有關，人格是結構的，行為是特殊的內容）。而且，由於邏輯系統存在於具體的人格之中，因此，用前者來解釋後者的試圖是違背基本的結構原理的，這就是說，部分是由整體來解釋，但不能逆推。人格是結構的（正如斯普蘭格和維根斯坦所說，是生構的等級序列是本書的前提，但人類是發展的。在這個意義上說，認知的結構是重要的，因為它為個體提供了一個或多或少可供選擇的範圍。在這範圍裡，人格的發展實際上是由不同的因素和不同的規則決定的。

主觀性、民主和結構主義

46 意識和自主是必須證明的人類體驗的一部分，至少在非分析的水準上是如此。杜波依斯（P. H. Dubois, 1974）寫道：「我把自主看作是一種需要的和有用的信仰，儘管我不知道如何去解釋它。因為我認為自主的體驗要比無法證明它的存在來，給人的印象更深刻。」（p. 224）毫不奇怪，這也是哲學家中間最有力的論點。

　　自我意識和自主，至少在有些人身上，構成了人格的主要方面，為他們的生活提供了意義。當前的許多理論把自我意識和自主看作是人格成熟的一大特徵（見第 6 章）。第二章的**自主階段**、柯爾伯格的「後世俗水準」、黎士曼的「自主定向」、馬斯洛（A. H. Maslow）的「自我實現」，以及凱爾曼（H. C. Kelman）的「內化」（1958）等等，彷彿都指出了同樣的現實，再現了鮑德溫、麥道格爾、杜威等人有關自我的證據，即人格的發展取決於成功自主的獲得。起先，自主由衝動走向文化同化、社會期待和習俗。後來，經過連續的奮鬥，自主免受習俗的和社會的壓力。如果主觀性和自主不是某些人的目標，而是整個人類的方向和目的，那麼人格發展的理論就必須能夠對它們做出一種解釋。

　　在這一事業裡，結構主義是怎樣指導我們的呢？乍一看，結構主義好像幫助不大。實際上，一方面，構造的方法與它的基礎哲學有著本質的不同，另一方面，構造的方法與主觀性和自主的現實有著本質的不同。這一觀點受到兩個理由的支持。

　　結構主義的目的在於建立一系列類型和類型之間的聯繫，使之與現實中的機體同型。當一系列類型涉及到主體和客體時，聯繫是根據純客觀的關係被探究的，正如一個人區別他是有意識地體驗到了要素（成分）還是沒有體驗到要素一樣。因此，這些複雜的聯繫原則上可以轉化為數學公式，並用計算機控制系統來表示。

　　人工智能的支持者並不認為，在人類心理活動中出現的任何一個事件都可以由計算機來複製，但是他們相信，心理的形態特徵、結構，能夠由計算機來複製。主觀性和意識並沒有被否認，但是它們在理解心理的結構特徵時被認為是沒有必要的。機器可以解決問題，跟踪人類心理活動的一些規律，但它意識不到正在從事的心理活動，意識不到它的存在，意識不到心理活動與非心

47

理活動的區別。因此，如果主觀性和意識存在於人的心理，如果心理的結構能夠從主觀性和意識中被分離出來，那麼結構和結構主義並沒有幫助我們去理解主觀性和它的發展。

第二個理由是建立在結構主義稱之為單位問題的基礎上的。在結構的方法裡，分析的單位，無論其內在的聯繫多麼緊密，總是抽象的。一方面，它們包括內在聯繫的從屬單位，另一方面，它們又被更大的單位所包括。因此，結構主義者的單位，在一個水準上是整體，在另一個水準上卻成了部分。例如，哲學結構是形態結構的部分，形態結構是語法結構的部分，語法結構是語義結構的部分。

當人們考慮結構主義的基本原理（即整體決定部分）時，這一情境對人類自主造成的問題是顯而易見的。部分只有在整體裡並透過整體，才能獲得它們的意義，以及它們的角色和它們的作用。如果透過結構的鏡子，孤立地把一個人看作是生態系統的一部分，或者看作是一個社會成員和文化成員，那麼，諸如「自主人」、「後世俗的」、「獨立的」等標籤是沒有多大意義的。藉助社會環境的複雜性，人類能夠徹底地被概括為「角色」或角色定向。

48

解決這一兩難問題需要找到一個非結構的統一性根源。意識提供了這樣一個根源，即意識不是對結構的一個簡單反射，至少它是結構的一個創造者。一個人只要獲得內在的統一（這種統一有著不同於結構單位的結合），那麼他的意識傾向就會脫離環境，並且與環境相對立。自主和意識是緊緊地聯繫在一起的，是同一個發展變化的一對搭擋。

在生物學中，機體的方法和它的較一般的觀點，即結構主義的觀點，並不計劃去保護自主使其免遭機械論的威脅。它們的目的是解釋內在的結合和有生命單位的自發活動。內在結構和自發的活動是自主的基本條件；但它們本身並不意味著自主。這一機

體的方法可能像機械的方法一樣也是決定論的，只不過方式不同
而已。

機體方法的許多支持者並不贊成這一結論，認為自主不會消
褪，相反地，它在表達自己。他們指出了機體的自發活動，機體
和環境之間的相互作用和互惠的因果關係，以及在相同的選擇之
間某種不確定程度的存在。他們還特別指出，更加複雜的機體透
過「做出決定」的過程來達到活動，也就是說，透過一系列能使
機體做出正確選擇的原則（最大限度的獲得和最小限度的喪失）
來加工各種各樣的信息。

但是，自主既不是自發的也不是不確定的：即便當只有一種
選擇有用時，自主仍有可能存在。特別是當機體的經歷也被考慮
時，互惠的因果關係可能是完全被決定的。做出決定的過程也沒
有超出對環境的「理性」判斷。人們對德國納粹的「理性」決定
感到驚奇，對索忍尼辛（Solzhenitsyn）的「理性」決定感到驚
奇。

49

法國的結構主義學派刻板地運用了結構法的方法論原則和哲
學原則。諸如人類學家李維史陀（C. Lévi-Strauss）、哲學心理
學家傅柯（M. Foucault）、文學評論家羅蘭·巴特（R.
Barthes）、精神分析學家拉康（J. Lacan）、哲學家阿圖塞（L.
Althusser）等人，是這一運動的重要人物。且不管他們對個體
的見解，他們都具有共同的特質。與結構的方法相比較，他們都
依賴語言學家索緒爾（F. de. Saussure）的思想，並且藉助語言
不只作為結構的模式，而且還作為從其他一切人類結構中獲得的
模式。

他們還在不同的程度上持有反人本主義的態度，並且傾向於
否認作為現實的個體。傅柯（1973）認為：「在我們這個時代
……不管上帝的死亡是否意味著人類的末日……人類將消亡。」
（p. 385）李維史陀則比較溫和他在《憂鬱的熱帶》（*Triste*

Tropiques）的結尾寫道：「雖然我存在，但無論怎麼說都不能作為一個個體：在這個問題上，我除了是在社會中間進行奮鬥的一個不更新的標椿之外，除了是由頭腦中幾百萬個神經元所構成的之外，除了像一架機器那樣為社會服務的身體之外，我又是什麼呢……在『我們』和『無』之間沒有個體的地位。」（p. 397～398）最後，從整體上看，這個由法國結構主義傳播的信息與史金納的《超越自由和尊嚴》沒有多大差別，只是更加複雜和更加微妙而已。

法國結構主義者的反人本主義的結論並未表明他們的特異態度，而是反映了在他們原則中的真正危險。法國學派所依賴的索緒爾的方法，有著一個極其抽象的特徵。語言，作為習慣的思想傾向，是從它的具體表達中抽象出來的，也就是說，是從說話交談中抽象出來的；語言也是從它的歷史中抽象出來的；最後，語言是從它的對象中抽象出來的，也就是說，是從它所描繪和表示的東西中抽象出來。索緒爾認為，語言只有在它的普遍性意義上才能被理解，這些普遍性意義超出了個體的運用，並決定了個體的運用。而且，語言不是從外在於它的世界聯繫中被理解的，而是從它的內在聯繫中被理解的。例如，「樹」這一詞的意義，並不在於它和樹這一東西的聯繫，而在於它和詞彙表中其他一切詞的對立。為了理解一個詞，我們只需要把它和其他詞聯繫起來，正像字典中任何一個條目所表明的那樣；反之，我們就不能理解詞和語言，最終也就不能藉助詞和語言。索緒爾的抽象包含了某些重點，這些重點是結構主義的特徵：第一，強調形式和聯繫，而不是強調內容和實質；第二，強調閉合和體系自由，這種閉合允許有機體透過內在的平衡法則來操作。

在這些前提之後，還需要一個更大的假設方能得出法國學派的教條主義結論，這個假設就是：語言是一種在人身上必然發生的模式，就像人被生出來並能活動一樣。而且，個體並不是在現

實的意義上說話的，而是由非個體的和客觀化的「文化」透過個體來說話的。它所說的不是個體對世界的理解，而是在語言的閉合結構中內在的意義。正如傅柯在一次採訪中聲稱的那樣：「『我』被消滅……現在的問題是發現『存在』。存在就是『非個體的他們』在（ on ）……我們不把人置於上帝處，但是我們以匿名思考，無主體的知識，無認同的理論性（整體）……我們的最終任務是擺脫人本主義。」〔_La Quinzaine Littéraire_, 1966，第 5 期，由施懷（ G. Schiwy ）引用，1971, pp. 18～19〕

　　附帶說一下，這些事例表明，語言究竟是像皮亞傑所聲稱的那樣從屬於對世界的概念理解呢，還是像某些語言學家和人類學家〔薩皮爾（ E. Sapir ）、霍爾夫（ E. B. Whorf ）、瓊斯基（ M. Chomsky ）〕所聲稱的那樣是自發的並決定一個人的概念理解？這一爭論並不是無關緊要或故弄玄虛。在自我發展的領域，特別是在精神分析領域，有些術語是很難轉譯的（見第 14 章）。因此，有關自我發展的概念是否是一個普遍性概念的問題（我們準備在第 8 章重新討論這個問題），需要一個不完全是由詞來創造的現實的假設。

結　論

　　乍一看，本章好像遵循著賽西芬（ Sysiphean ）模式，即第二部分取消了第一部分。實際上，沒有什麼東西被取消。且不管有關結構方法的保留餘地，我認爲，理解發展的唯一方法在於把發展概括爲結構變化的序列，而這種結構變化的序列是常常受到有機體與他的環境相互作用刺激的。

　　結構主義在處理人格的發展時所遇到的問題並不在於結構和有機體的概念，而是在於這兩個概念的背景。對人格理論來說，

結構和有機體都來自生物學和數學邏輯的科學。這些學科具有兩個特徵：學科本身固有的必要性和方法的形式化。邏輯本質上適合於一種純形式的處理，生物學沿著同樣的方向運動。這種運動受到下面兩個方面的促進：一是擴大從有機體到其環境視爲一體（ Umwelt ）的生物調查，二是認識到數學公式和計算機模擬所具有的優點。在皮亞傑的研究中，一個相似的進步也是顯而易見的。形式化和固有的必要性是當結構和有機體的概念用於人格時，所出現的困難的根源。在自我發展的領域，需要一種能夠處理對象的內在特徵的結構概念（這裡所指的對象包括人和物體），不僅具有對象之間的聯繫，而且還具有風格之間的聯繫（也就是說，把對象彼此之間聯繫起來的風格）。爲了運用語言的類推，必須注意一個人所說的東西，以及他怎樣表述這些東西；人們必須注意陳述的內容和它們的形式意義。

52

　　極端的結構主義者傾向於忘記、忽視或否認的是，對象的意義並不是孤立地由它們與其他對象的聯繫構成的。對象並不像由兩條直線交叉來解釋的數學點。

　　皮亞傑迴避了法國結構主義學派的許多問題，因爲他把結構看作是開放的，並且是與世界聯繫的。這一概念允許他去解釋法國的結構主義者並未包括的發展和歷史。這一概念還允許他去保持和具體情境有聯繫的抽象結構。但是，皮亞傑的興趣在於兒童把對象彼此之間聯繫起來的活動模式，例如排列、分配和組合、計算等等。因此，當人們從事相應的活動時，這些東西正好處在活動的交叉點上，並且可以由數字或其他抽象的符號來代替。

　　當人們對邏輯的和數學的發展感興趣時，這種方法是合理的。當對象的內在性質具有意義時，這種方法是不適當的。皮亞傑的方法無助於我們理解一切人格理論得以建立的基本區別，也就是說客體和主體之間的區別。在皮亞傑的理論中，至多是承認區別的存在，承認有兩種類型，可以分別貼上「一」和「二」的

標籤。即便如此，他還是強調在這兩種類型之間不存在差異，它們是一樣的，例如永恆性、空間和時間的次序、分類，以及邏輯可能性的存在。

　　人格的研究，雖然和邏輯發展有關，但它對人這一特殊對象的性質，以及他和其他對象的聯繫進行思考。這裡，考慮的是人和對象的內容特徵，而不是聯繫的條件，除個體內部構成的聯繫之外。一個純形式的結構概念和皮亞傑的邏輯運算一樣，也是把注意力集中在外部聯繫上，而不是滿足於對內容和內在要素的理解。結構主義要比實用主義更善於思考，它試圖去獲得本質而不是外部的聯繫。作為格式塔的視覺形式，沃納和卡普蘭（B. Kaplan）的符號方法、艾瑞克森的區域（zone）和風尚（rnode）的類推方法、神話的傳統研究，以及其他各種主題分析等基礎的結構概念，要比數理邏輯結構❷更接近於本書的要求，即描述自我類型和階段。

　　如果人格的內部特徵成為調查的對象，那麼意識和自主，它們的不同形式，它們的作用和它們對個體的重要性，也將得到證實。這些特徵在純聯繫的和純操作的結構主義裡面是看不到的，因為比起活動來，它們是一種更高級的品質。人類意識總是受到外部的、文化結構的影響；有時，也指導和構築這些結構。

53

---

❷一項區分有的時候形成於結構形式（form）與結構模式（model）間〔佩雷—懷爾（Parain-Vial），1969〕，此區分似乎捕捉住了結構主義理論中的此二說法間的差異。

第四章　基本特徵

由於自我發展是一個發生在現實世界中的東西，因此，一個正規的定義是無法包含自我發展這一課題的。自我發展的各個階段（第2章）提供了一個由該術語表示的近似概念。也許在細節上可能有錯誤，但其範圍和舞臺是被明確地限定了的。第三章揭示了發展概念的定義。本章就自我的涵義和自我發展的涵義繼續對有關術語進行分析。

自我發展的特徵

各個階段。第一，按照各個階段描述自我發展，意味著從極低的自我水準到極高的自我水準並不是一個平穩的過渡。相反地，它們具有非連續性。但是根據分析，那些似乎非連續的變量，可能表明含有潛在的連續性，而那些似乎連續的變量，可能包含非連續性；所以其區別不是絕對的。

第二個涵義是沿著這條途徑的各個過渡點具有質的差異。僅僅從低水準到高水準的數量方面的差異變量可以稱之為極性變量（ *polar variables* ）。而那些性質上不同的轉折點可以稱之為里程碑順序（ *milestone sequences* ，盧文格，1965 ）。極性變量與里程碑順序之間的差異是連續和非連續變量之間差異的擴展和發

揮。

　　長期以來，能力一直被認爲是極性變量的完美例子──在任
何兩個人之間能力上的差異總是被看作爲數量上的差異。按照極
性模式，能力測驗通過計算準確答案的數量而被簡單地打分。因
而它們是累計測驗（盧文格，1948）。然而，皮亞傑表明，簡單
地列爲錯誤的答案事實上體現某種邏輯。一種特殊的思維風格，
諸如前運算的或具體運算的邏輯性，在兒童發展的某一點上成爲
越來越常見的現象，然後逐漸減少以利於繼後的邏輯風格。因
此，皮亞傑提出某些基本能力也是按照里程碑順序發展的。

　　在極性變量和里程碑順序的複雜性方面，存在著爲什麼認眞
而又艱巨的工作能夠繼續對沒有揭示變量的主要輪廓的行爲進行
解釋。在能力這一領域，明顯的和最容易測量的方面恰恰是極性
方面；因此當比納（A. Binet）還沒有看到兒童邏輯的連續性
時，他就抓住了能力的一個有意義的實用的方面。皮亞傑和他的
同事發現了性質上不同的階段的順序是更加抽象和富於推理性
的。

　　關於自我發展，情境恰恰相反。如果一個人抓住可以觀察到
的現象不放，那麼他將永遠關注幾個階段，因爲這些階段要比作
爲它們基礎的連續性更明顯。一個決心從事行爲主義和心理測量
操作的心理學家有義務把這些階段看作是極性變量。因此，許多
人把遵奉作爲一個極性變量來研究。一個在遵奉量表上得分較高
的人能夠被假定是處於**遵奉階段**的人，但是一個在遵奉量表上得
分較低的人可能是前遵奉者或後遵奉者，最近的研究已經證實了
這一點〔霍比（C. F. Hoppe），1972〕。目前尚未有這樣的統計技
術能夠從幾個階段或階段的幾個方面的測量中構思自我發展的變
量。自我發展具有極性形態（第 6 章），但是它們比**表 1** 所列
的幾個方面更抽象和更富有推理性。

　　有關階段概念的其他一些涵義已經由皮亞傑和英海爾德〔特

納（J. M, Tanner）和英海爾德（B. Inhelder），1956, 1960]所
闡明。雖然他們的研究主要涉及邏輯的階段，但是皮亞傑和英海
爾德已經把階段概念的一般特徵概括爲：(1)具有一個不變的序
列；無一階段能避免；(2)每個階段建立在前一階段之上，是前一
階段的質變，並爲下一階段做好準備；(3)對於每一個涉及到平衡
和穩定的階段來說有一個內在的邏輯性。作爲這三個特徵的結
果，各階段的連續也有一個內在的邏輯性。這些研究人員把發展
序列的邏輯看作像遺傳因素、情境因素和環境因素對行爲的決定
作用一樣具有同等的重要性。

　　我們的概念必然會產生極性變量與里程碑之間的差異，然
而，皮亞傑—英海爾德關於階段的概念不一定會產生，並且研究
這一概念的許多人喜歡沿著質的連續統一體而不是非連續的階段
去考慮等級。

　　類型學。我們的概念是類型的，也就是說，在每一個年齡羣
內，它提供了一個特徵。在這個意義上，類型學並不是與連續的
變化相對立的，而是與一維或單義相對立的。由於兩種類型的存
在形式上等於一維的存在，因此必須提出三種或三種以上的類
型。即使一個年齡組內自我發展的差異被連續不斷地劃分成等
級，它們還是質的差異，而不會完全成爲量的差異。

　　自我發展的各個階段也構成類型學，這是一個難以接受的觀
點，因爲最著名的自我理論家都未能闡明這一點。奧爾波特
（Allport，1961）雖然看到自我發展的階段與我們的發展階段
相似，但是當他講到類型學時，卻提到了體液的和其他的類型
學，這些類型學似乎與自我發展毫無關係。他把重點放在一個獨
特的方法上，用他自己獨特的術語來了解每一個人，這也是與類
型學的觀點相對抗的。

　　抽象。一種既作爲類型學，又作爲發展序列的自我發展的概
念意味著它是一種抽象，因爲人們可以從兒童心理學的教科書中

57

推斷出它不可能變爲具體的可以觀察到的平均兒童的成績。自我
發展與觀察有關，並以觀察爲根據，但這不是直接可以觀察到
的。因此，對於嚴格行爲主義方法來說，它是無法利用的或不存
在的。在第二章裡所選擇的描述，强調了透過正常階段的兒童和
處於該階段的青年類型或成年類型之間的共同性。與精神分析學
家或兒童心理學教科書中的大多數其他解釋相比，年齡特殊性的
情況不包括定義的描述。

　　一個先例是，這種現象存在於心理年齡的概念之中，它的價
值是揭示和區別有關年齡和階段關係的一系列問題，以及包括變
化理論在內的一系列問題。而且，它促進了自我發展的內在邏輯
與身體發展、智力發展、心理、性行爲的發展，以及社會期望的
辨別。

　　發展本身就是一個抽象的概念，這已經在第三章裡予以說
明。沃納是最早關心認知發展的人，並提出了相似的觀點
〔（1940）1964〕。人們無法指望在兒童、原始人和病人之間具有
同一性，相反地，它們是平行的。沃納寫道：這是因爲生活在自
己是主人並且得到良好調節的社會中的原始人、生活在順應不良
的社會中的病人，以及生活在文化進步的成人世界中的兒童，他
58　們的環境是不同的。運用這三個原因的就是抽象的發展概念。沃
納有關發展的正遺傳規律既適用於認知的發展，也適用於自我：
「生物形態的發展表現在日益增長的局部分化和日益增長的從屬
關係或層次之中。這一層次化的過程意味著對任何有機結構來說
分化部分的組織是爲了封閉的整體，各部分的安排和組合是爲了
整個有機體」〔沃納，（1940）1964, p. 41〕沃納的報告不是適用
於自我發展的唯一模式，這一問題將在第三部分加以說明。

自我的特徵

我們的自我發展概念是由在某些方面相似而在另外一些方面不同於其他作者的自我概念的涵義構成的。有見識的讀者希望把精神分析著作中流行的概念作爲特殊的橋樑❶。

過程。對自我下定義如同對生活下定義一樣困難。水和空氣並非生物。當一個人飲水或呼吸空氣時，在哪方面使它成爲有生命客體的一部分〔這個說明摘引自弗蘭克（J. Franck）1962 年在伍茲霍爾（Woods Hole）所做的一份非正式的講演稿。他利用這個問題表明，試圖硬性對生命下定義是要誤入歧途的〕？如果我們把生命看作是與環境交換的過程，這個問題就會喪失意義。同樣，自我首先是一個過程，而不是一個東西。自我有點像一個陀螺儀，其垂直的位置由它的旋轉來維持。如果使用另一種比喻，自我似乎像一個拱；有一句建築上的行話：「拱從來也不會睡著。」這句話的意思是指拱的推力和反推力維持著它的形狀也支撐著這座建築，皮亞傑（1967）使用了運動的平衡（*mobile equilibrium*）這一術語——越動越穩的道理。力求掌握、結合、弄懂經驗的意義不是一個在許多功能中的自我功能，而是自我的實質。

佛洛依德最初把自我（*das Ich*）的概念作爲一個從公共領域中取得的術語。他把意識（更確切地說是前意識）看作是來自一個無意識系統的系統本能，用以取代《夢的解析》（1900）中的自我。引導佛洛依德回到自我概念和用本我（Id）的概念取代無

❶那些與精神分析的文獻無關的文章，可以在下一章中讀到，本章的剩餘部分可以留待以後再讀，也可以不讀。

意識系統的概念的一個主要困難是：在哪裡產生壓抑的問題？如果壓抑產生在無意識之中，那麼作爲描述內部衝突的一種方法而提出的心理系統的概念便失去意義，壓抑的觀念和壓抑力這兩部分的衝突是在同一系統內進行的。如果壓抑無意識思想的是意識，那麼我們爲什麼沒有意識到壓抑？是否存在一個對壓抑事實的壓抑以及無限的回歸？自我這個術語的運用是容許透過定義獲得一種解決問題的方法。說自我中有一個無意識部分要比說意識中有一個無意識部分更爲順當。

許多心理學家可能尋找佛洛依德在自我問題上公認的最終的地位，正如韋爾德（R. Waelder，1960, p. 177）的系統闡述那樣：

> （自我和本我之間）的界限是本能和有目的過程之間的界限，是一方面盲目推進，另一方面爲特殊目的選擇適當方法之間的界限……精神分析包括本我所做的任何一件事情，透過本我，一個人似乎被驅動去起作用，所有內在的傾向，即從背面來的力都會影響他。另一個方面，自我代表了一個人的思考方向，即一切有目的的活動……在觀察本我和自我的過程中，精神分析察覺到人的本性，即衝動的內驅力和他的本性有目的地被指引……在本我中加工的計畫以後會成立，簡單地說，本能——本能的表示；然而自我的目的總是工作——工作——解決或試圖解決。

自我概念的一個徹底過程能否消除假設一個自我的無意識部分的這種必要性呢？正如佛洛依德所指出的那樣，壓抑是在系統之間發生的事物。壓抑是否在自我內部的問題跟空氣是否在肺部或胃部的水分是否爲活體的一部分的問題相類似嗎？或者，換成另一種說法，是否可能這樣說，自我中沒有包含的東西就是壓抑？我們必須放棄這個問題，因爲它引出了我們的範圍之外的技

術問題。

　　結構。正如我們在第三章中所看到的那樣，結構的概念置於
發展的概念之中；也置於自我的概念之中。大多數自我理論是結
構的，也就是說，自我被看作是爲自我的一致性和意圖而奮鬥
〔顯然，這種闡述不是鐵欽納（E. B. Titchener）的那種構造心
理學；事實上，它接近於當時所謂的「功能心理學」〕。雖然這
一思想在有些哲學家當中早已出現過，但是尤以阿德勒最明顯。
佛洛依德也把自我說成是存在或組織，儘管佛洛依德的自我在生
活和行爲中的地位要比阿德勒小。

　　對蘇利文（H. S. Sullivan, 1953）來說，自我系統趨向於維
持自身的一致性，辦法是無視與現行發展水準不一致的事實。由
於這些觀念以蘇利文的概念爲中心，並能導致我們的概念的發
展，所以，關於這些觀念我們將在下一章詳細介紹。奧爾波特
（1943 年及別處）總是強調自我的組織，這種自我的組織說明
或者至少與動機的功能民主性有關。利基（P. Lecky, 1945）主
要致力於自身一致性的奮鬥，正像費斯廷根（L. Festinger,
1957）在其反面專心致志一樣，那就是認知失調。結構是梅洛—
龐蒂（M. Merleau-Ponty, 1942）概念的實質，他無視那種產生
自我結構和維持自我結構的觀點是和蘇利文的觀點相似的。

　　有關自我結構概念的一個基本觀點是菲加利特（H. Fin-
garette, 1963）的學說。他開始接受這些觀察和以治療的精神分
析爲基礎的主要理論，但他指出佛洛依德的那些形象化的隱喻，
這些隱喻把精神分析的任務看作是揭示隱藏的現實，已成爲許多
精神分析學家的含蓄的本體論，有時也包括佛洛依德本人在內。
同樣的觀察和同樣的理論是與一個可供選擇的本體論相一致的，
這種本體論把精神分析的主要任務描述爲有助於病人看到已知事
件的新意義。成功的治療，按照意義改組的觀點，與其說是發現
了隱藏在矮樹叢中的兔子，不如說是看到了雲中一隻兔子的形

61

象。對菲加利特來說，使經驗成為有意義的奮鬥不是那種稱之為
自我的事；為意義而奮鬥就是自我。意義不是行為和經驗的事後
想法；意義是經驗的基本，也是由米德（G. H. Mead, 1934）發
展的一個觀念。〔精神分析治療的意義改組觀點也可以在里古
（P. Ricoeur，1970）和洛華德（H. W. Loewald，1960）等人
的研究中發現。〕

　　菲加利特還用結構的術語把焦慮下定義為，一個假設的構念
而不是是一種情感。為意義而奮鬥的失敗本身造成了焦慮。由於
意義並非都是自我所尋求的東西，所以焦慮不是自我體驗的內
容，而是自我的對立面：瓦解或無意義。如果人們把焦慮看作是
一種情感，那麼無意識的焦慮和焦慮的症狀替代便成為異常的東
西。如果把焦慮看作是一個假設的概念，這些困難就不會存在。
「神經過敏的焦慮」（neurotic anxiety）這一術語是用詞不當
的。神經過敏的東西不是焦慮，而是自我怎樣對它進行反應，不
論是創造性的和彌補性的反應，還是限制它本身並使它的各個部
分組成一個永久性結構。

　　為一致性而奮鬥，在某些概念中，諸如在帕克（R. F.
Peck）及哈維斯特（R. J. Havinghurst, 1960）的道德發展概念
中，似乎是沒有的。區別不在於他們注重道德而不是自我發展
──柯爾伯格也是關心道德發展的，他具有強烈的結構傾向性。

62　　傑琴（K. J. Gergen, 1968）認為，個人一致性的傾向在心
理學的理論中曾被誇大。這裡我們涉及一個長期以來反對自我概
念的問題。多年來，在美國心理學界占統治地位的一種傾向是特
性學說，否認有一致性的個別差異。我們將在第十章討論這個觀
點。

　　在精神分析這個公認的觀點方面，結構這一術語的應用，代
表了一種不同的用法。結構的觀點把人格或個體分成自我、本我
和超我。這些就是結構。根據佛洛依德的說法，自我是一個組

織。另一方面，本我和超我在一定程度上是無意識的，不能組織
起來的，因爲無意識不承認矛盾。如果矛盾是無意義的，則一致
性也是無意義的（這一爭論並不排除在超我或本我中有組織觀念
的可能性；意思是超我和本我不是自相一致的或有組織的整體。
同樣，自我可能含有不一致，雖然就整體而言，它代表著爲一致
而奮鬥）。當然，結構這個詞並不專屬於爲一致而奮鬥。吉爾
（M. M. Gill, 1963）使用這一術語意味著組織的程度，他下結
論說，自我和本我是一個連續統一體的兩個極端。在較爲普遍的
用法上，結構意味著穩定性或半永久性，而不是意味著組織。但
本我和超我的穩定性理由或多或少與自我的穩定性理由相反。自
我穩定性是一個理論問題，爲一致性而奮鬥是解決該問題的一個
要素，正如陀螺儀和拱的隱喩所表明的那樣；穩定性和一致性的
關係已在第三章討論過。另一方面，本我和超我的無意識成分，
由於它們的穩定性是無意識的，所以不受經驗的影響，也不受一
致性要求的影響。這就是動力無意識的原理（第 13 章）。

　　整體說。當代的大多數自我理論是整體的（holistic），與
二元論或元素主義相反。主要論據是人。當一個人的觀念和感覺
（在另一個時代），或他的特質或感覺運動功能可被研究時，他
本身是研究的單元。而且，自我不是一個激勵機器的靈魂或船上
的領航員；笛卡兒的心身二分法是爲時代潮流所拒絕的。

　　在一篇趣味橫溢的文章裡，榮格（C. G. Jung, 1933）認
爲，科學的簡化論，用身體的術語來表達心理，邏輯上跟早先神
學時代的教義並無區別，以爲物質世界不外乎是精神世界的表現
形式。心不會簡化爲身，身不會簡化爲心。現代的一些討論，雖
然跟榮格的論點沒有矛盾，但有不同的口氣。斯特勞森（P. F.
Strawson, 1959）和波蘭尼指出，我們沒有聽過有脫離肉體的
心。賴爾（G. Ryle, 1949）和謝恩（I. Chein, 1972）認爲那不
是兩個事件系列，譬如說，玩棋或接受測驗，一方面是身體活

動，另一方面是心理活動，心理告訴身體做什麼活動。所以人是不可分割的。「神經過程不可能產生觀念，思想無法使肌肉收縮，但整個有機體，人，卻能做到這兩者」〔安吉爾（Angyal），1965, p. 31〕。

這些爭論至少部分是本體論的。自我發展是一種經驗主義的和理論的心理學課題，而不是一種本體論。既然如此，它涉及到起作用的人，而不是心與身的對立。整體的觀點滲透在許多心理學家和精神病學者的文章之中——例如，斯騰（W. Stern）、梅依（A. Meyer）、戈爾茨坦（K. Goldstein）、奧爾波特和希伯。如果整體說的反對者仍然存在的話，他們可能是這樣一些心理學家，對他們來說，我們的課題是不清楚的或者不是當前所關心的。然而，今日心理學的大多數主要的研究程序不是建立在整體論範式的基礎上的。

自我作用（或者應該說心靈的作用）是否最好用整體說來表達，在當代精神分析理論上仍然是一個主要的尚未解決的問題。在佛洛依德的系統闡述中，只有內在衝突引起精神病；因此，任何一種真正的精神分析觀點必須考慮內在衝突。哈特曼和雷帕普特（D. Rapaport）把自我看作是功能專車或「裝置」，有些自我具有自主的內驅力，並且（因而？）是無衝突的，其他一些自我從中立的內驅力獲得能量。這種觀點似乎跟整體的假說格格不入。同時，雷帕普特認為：「所有的行為都是完整的和不可分割的人格。」（1960, p. 42）

我們怎樣使內在衝突的可能性與人格的整體概念一致起來呢？人們可能會說，當自我作為一個整體起作用時，有些記憶或經驗是為參照框架之外的人們所保留。佛洛依德談到壓抑和無意識，而蘇利文和梅洛─龐蒂談到**分裂**（*dissociation*），這個術語是佛洛依德在早先的著作中曾經用過的。在任何一種情況下，並列提供了一種描述內在衝突的方法，而不是使任何一種附加的實

體人格化，這些實體的性質和功能在當前的精神分析文獻中引起
爭論。這種解決是梅洛─龐蒂（1942）精神病理學中的描述。佛
洛依德動力無意識的概念是對整體假設的修改，但這是大多數自
我理論家所接受的版本。然而，它只是一種修改，而不是取消整
體假設，正如梅洛─龐蒂所表明的那樣。因爲這是一個作爲整體
的人對壓抑的觀念情結拒絕予以承認或承擔責任。如果不是這樣
的話，如果不把人看作爲整體，那麼人們又如何解釋反抗力呢
〔維各特（A. Vergote），1957〕？

　　社會起源。大多數自我發展理論把自我看作是本質上社會的
──人是一個社會動物──這種觀點早在古希臘就有了。蘇利文
把下面這一觀點作爲他的精神病學的核心，那就是人是由人際關
係組成的（第5章，他不妨用人類的或社會的關係來替代人際的
關係。事實上很容易做出這種替代的，以便證實這一觀點的眞實
性）。鮑德溫在這個問題上也是一個極端主義者，他認爲在自我
中除了一個人的密友或「同夥」外幾乎沒有任何東西。米德認爲
一個人可能在隔絕狀態保持他的自我，但是當隔絕狀態裡冒出一
個人時，自我就不復存在了（第11章）。

　　這個問題是哲學中最古老的問題之一。蘇格拉底、柏拉圖、
亞里斯多德以各種方式表達人是天然的社會動物，他是在社會中
以及透過社會達到他的現實地位的。**詭辯家**、**犬儒學派**以及其他
一些新蘇格拉底派的哲學家用各種方式表達人生來就是自私的，
是一個衝力的動物，社會必須約束他或阻止他的慾望。沙特（J.
P. Sartre）是這一見解的當代鼓吹者。精神分析的原始動力就是
把社會化的觀點强加在自私的、本體的兒童身上，在這一點上，
佛洛依德與行爲主義者華生（J. B. Watson）是一致的。但是精
神分析的實踐從一開始就是人際性的，並且越來越承認移情和自
居作用的重要性，甚至理論也變成人際的了（第14章）。

　　奧爾波特（1943）似乎對這一爭論抱觀望態度，根據他的觀

65

點，人格完全被限定在皮層以內。另一方面，謝恩（1974）認為
特質如不乞求社會環境和物質環境是無法被定義的。

　　目的和意義。最後，大多數自我理論是有目的的，但它並不
是宣布宇宙中的一個目的，而是涉及人類生活的現象。一個人可
以選擇地說行為是有意義的或意義決定了行為。對立的看法，在
綱領性上是機械論的，但正如奧爾波特和其他人所說，在實踐上
從來沒有超過準機械論或自然主義，而是把行為的起因看作是完
全孕育在既往的歲月中。但自我現象很難用這些術語來闡述。一
切行為主義忽視目的的信念是假的。麥獨孤（1908）和托爾曼
（1922）具有目的的行為主義的體系。他們認為，一種機械論的
觀點，把本能或內驅力看作是反射弧的混合物，這種觀點是錯誤
的；這些本能既不存在於人類，也不存在於動物。機械論和決定
論的觀點與自我是根據目的和意義來活動的觀點的調和是以梅洛
—龐蒂（1942）哲學中的組織水準來完成的。

　　精神分析依然是一個特殊的情況。佛洛依德始終忠於他的生
理學簡化論，他有關心力的著作除簡化論外難以構成任何東西，
甚至當心力與體力區別開來時，情境也是如此。另一方面，佛洛
依德的許多最傑出的著述和作為治療的精神分析都是用「意
義」、「目的」、「意圖」、「慾望」等術語寫成的。費路
（Flew, 1956）曾指出，精神分析的貢獻就是把這些術語的意義
擴展到原先似乎是毫無意義的現象，諸如夢、症狀和誤解。其他
一些哲學家也提出過相似的觀點，例如，霍爾特（Holt,
1915）、費希爾（A. L. Fisher, 1961）、菲加利特（1963），以
及精神分析學家霍姆（H. J. Home, 1966）。

　　精神集中發洩的理論可能有缺點，如果它充其量是一種錯
誤，那就很難解釋它的長期流行。里古（1970）要比其他一些哲
學家解釋得更令人滿意。他寫道，精神分析的領域恰恰位於動能
學和釋經學（hermeneutics）的交接處，精神分析的許多關鍵概

念證明了討論的混合性，對力的討論和意義的討論：抗拒、壓抑、移置作用、簡約，以及做夢。所有這些都具有力和意義的內涵。力是在意義的改變中表現出來的。意義則受心力的指示而改變。心力只有透過它們對意義的影響和有意義的討論才能爲人所知。當我們承認能量隱喩的有效性時，里古對精神集中發洩、反精神集中發洩、過度的精神集中發洩等稀奇古怪的代數學毫無反應。

正如奧爾波特經常指出的那樣，在那些把人看作像自己一樣，像尋求意義和開展目的一樣，甚至把人看作是無意識的心理學家中間存在分歧，他們把一個人的行爲看作是由他的認識範圍以外的無意義的力量所決定的。且不管一些批評家的主張，這種分歧並沒有把精神分析從研究心理學的人本主義方法中區分開來。相反地，分歧仍然在精神分析中間存在，仍然在佛洛依德的著作中存在。總之，精神分析必須排在具有意義的心理學之中，因爲不經過解釋就談不上精神分析。

結　論

67

階段的序列構成了一系列人格類型，而作爲階段序列的自我發展概念，必須是一個抽象的概念。自我的基本特徵在於，它是一個過程，一個結構，其起因在於社會，作爲一個整體而起作用，並受目的和意義的指導。發展意味著結構的改變，但有些結構主義者的機械論哲學阻礙了我們的研究課題（第3章）。我們承認意識和自由的可能性以及動力無意識的有效性；所以，自我並不是和完整的人格一樣的。它是密切接近於一個人認爲像他自己一樣的東西。

這就是我們的概念參數；術語是爲我們領域的進一步定義服

務的。在我們視野內，概念和理論分享了這些術語的極大部分，
但並非老是那幾個同樣的術語。同樣的術語將被用來描述領域內
的理論差異。

第五章
可供選擇的概念

68

　　在文學、哲學、心理學、精神病學和其他領域都能找到自我
發展所包含的有關人的各個階段和類型。如果許多人從不同的前
提和不同的資料出發經研究後得出一致的概念，則這種趨合就證
實了一些共同的要素。然而，想據此建立一個科學的分支，其結
果是混亂的，因爲許多研究人員在各自的學派中耕耘，每一學派
後面都有一小股追隨者，對他人在研究同一問題時的理論和經驗
茫無所知，他們之間所用的詞彙也大相逕庭，甚至難以互通信
息。在兒童身上可能有各種不同的因素同時發展，則人們未必感
到舒坦。這些解釋因爲差異太大難以歸併爲一種解釋，而其相似
之處又不足以說明人類本質的不同方面。在考察這些主要概念的
同時，必須有一個建立聯繫的目標。

69

　　衆多的解釋可以這樣來分類：一種是只描述發展序列的，一
種是只說明分類界限的，還有一種，例如我們的解釋，是包括上
述兩個方面的。專門強調發展的過程會導致對年齡特徵的關注，
而劃定界限只需要我們去注意那些非年齡特徵的東西。另一方
面，專門強調分類的界限會忽視那些決定類型序列的生長的辯證
法。在後一種情況下，序列的變量可能被看作是名義上的變量，
或者里程碑可能被看作是極性的變量；這就是說，每一種類型都
可能獨立地被劃定，而序列或多或少是任意的。

蘇利文的精神病學人際理論

　　如果說我們的概念有祖師的話，那就是蘇利文❶。蘇利文深受佛洛依德的影響，但是當他認為佛洛依德在哲學上站不住腳的時候，他力求開闢一條新路。他發現了自我、超我和本我等精神分析的用法不能被人接受；自我體系這一術語與佛洛依德心理學中的「我」（das Ich）意義相同。蘇利文認為精神病學是人際關係的研究，它「不能涉及那些神聖不可侵犯的私事」（1953, p. 19）。有關人類本能的觀點是荒謬的，他說，他與早期精神分析著作關於人格是本能衍生的觀點發生爭論：「人格是具有人類生活特徵的經常發生的人際情境的相對穩定的模式。」（pp. 110～111）。

　　人類的相似之處多於相異之處，這一點給蘇利文留下了印象。他認為個體的差異存在於一個單一的發展序列中的不同階段。根據他所謂的「類型假設」（one-genus postulate），蘇利文奠定了發展性格學的基礎：「人要比任何其他東西更有人性，同時……那些異常的人際情境，只要它不是因為語言或習慣的不同而引起的，不過是所述個體相對成熟性的差異而已。」（pp. 32～33）

　　蘇利文把焦慮作為他理論的一個關鍵因素：焦慮是嬰兒最不愉快的體驗，是欣慰的對立面；因而試圖迴避它的就是主要動

❶蘇利文觀點的最完備的版本是《精神病學的人際理論》，蒐集了他在 1949 年去世前最後幾次講演，此書在他死後的 1953 年出版。本文下面的引文都出自該書。有一個早期版本《現代精神病學的概念》（1939）流傳甚廣，所以我們無法確定他的概念的形成時期。

機。嬰兒的早期學習是受焦慮的坡度指導的；他趨向焦慮的減少，而迴避焦慮的增加。和焦慮的母親在一起，由於移情作用，嬰兒會變得焦慮起來；這一聯繫的道理還不清楚。有兩類主要的需要：一是人際的安全感，最初表現爲溫柔體貼；一是心理上的需要，當安全感的需要不能得到滿足時，就會激起焦慮。嬰兒能夠學會用嘗試與成功、獎勵與懲罰，後來再用模仿他人的榜樣等方法來對待上述兩類需要以外的需要或不愜意的事情。但他沒有辦法去對待焦慮。他的行動沒有一件能驅除焦慮，而焦慮又干擾了其他需要的滿足。自我體系的出現提供了迴避焦慮和控制焦慮的方法。

嬰兒最早的自我概念分爲三個要素：凡導致獎勵或人際安全感的是善我（ *goog-me* ）；凡導致輕微或中等的焦慮爲惡我（ *bad-me* ），而非我（ *not-me* ）則和突如其來的抵擋不住的焦慮相結合，非嬰兒的學習體驗所能整合。「非我」相當於佛洛依德所謂的後來被壓入無意識的創傷性事件。夢魘和精神病過程證明它們繼續存在。

最初，別人的顯著性並不因人而異；母親和母親的代理人是一樣的。嬰兒只能區別**好母親**與**壞母親**。蘇利文舉出的第一個「壞母親」的例子是焦慮的母親，還有被迫帶領孩子心懷不滿的姐姐。對於幼小的嬰兒來說，所有的好人是同一個人，所有的壞人也是同一個人。

由於有了諸如吮吸大拇指的體驗，嬰兒不僅有吮吸的體驗，還有被吮吸的體驗，他把「善我」與「惡我」合成我身（ *my body* ），藉以與「環境」相對立。語言有助於把「好母親」與「壞母親」合成**我的母親**，與代理人不再互易其位。這些合成構成了兒童時期的特徵，是系列中的第二階段。這一時期兒童的人際學習基於人類的榜樣，因而可以稱作戲劇化。兒童先以似行動（ *acting-like* ）和似言語（ *sounding-like* ）爲嬉學習他的父母，

再是假扮他的父母。由孩童向少年變遷的標誌是現實與幻想之間的區別越來越明顯。就大部分而言，這種區別產生於交感證實（*consensual validation*），這是一個術語，意指我們在感知現實時對其他事物重要性的注意。

少年時期，約入學初期，母親在同齡人之間的顯著地位下降了。這種變化是發展的，並非經驗的產物，因爲少年與同學不在一起的時候，他們的幻想也發生了類似的變化。公認或贊同是積極的動力，人所不齒則得到相應的對待。「無視於他人價值的感受令人震驚。」（p. 230）社會偏見的形成，尤其是按性別區分的偏見，是其特徵。少年學會了社會上的服從與調節，他們的相互作用的方式是競爭、和解與合作。這一時期理想的結果是生活定向，即長期的目標與價值，並洞察人際的需要，以及如何不用多少焦慮就能滿足這些需要。一個選擇是永遠在讚揚聲中生活，受人愛戴並以此自娛。

72　　　爲了滿足人際關係的需要，蘇利文的自我體系應運而生並得以發展。嬰兒時期的需要是愛撫，其後是讚許和自尊；爲滿足這些需要相反的是焦慮。所以自我體系的作用在於避免和減少焦慮。自我體系構成了一個人的參照框架或世界觀（這一論述在阿德勒很明確，此外，明確的只有蘇利文了）。由於不一致的觀察產生焦慮，因此自我體系把這些觀察摒除在外或者使它們變形。所以，自我體系傾向於避免與當前的組織和作用不一致的經驗的影響。這種摒除過程稱作有選擇的忽視，它是一種積極的關注。有選擇的忽視接近於佛洛依德所謂的前意識（*preconscious*）過程：在某些情況下它們能進入意識的中心。

「由於人格的一般效應，這種人格伴隨著在每個發展期的早期階段每一個新成熟的需要或能力，因此自我體系的功能性活動確實在方向和特徵方面有所變化；這時自我體系專向有幸的變化敞開。」（p. 192）所以，是發展的時間表促成了變化，當變化

臨近時，以往因調節而產生的不幸方面或多或少能同時得到矯正。

蘇利文所論的不幸的轉化是「惡意的轉化」（malevolent transformation），指一個人生活在敵人中間的一種態度。孩子在被嬉弄或在需要愛撫時產生焦慮或受到打擊，就可以採取一種自衞的手段。惡意的轉化造成發展的部分停頓，因為這種態度把兒童和有利的經驗隔絕開來，另一種發展的停頓是堅持戲劇化和「假裝」（as if）的表演，或是為了避免焦慮或懲罰而表現為著了迷似的專心致志。發展的停頓不是絕對的；經驗正在被同化，但速度是慢的，並且進一步發展的可能性和其他有利的變化明顯減少。因為焦慮的摒除的結果，普遍的嘗試與成功、獎勵與懲罰的訓練等等在改變自我體系中的效應並不顯著，不像和其他的需要摻在一起時的訓練那麼有效。自我體系的不能成功和沒有獎勵的方面可能持續一輩子之久。

在前青春期的青年人與同性夥伴的關係中，蘇利文發現了從少年期的自我中心上升到眞正的社會狀態的一個極難得的機會。在與夥伴的專一關係中，青年人首次學會了像珍惜自己那樣珍惜別人，從眞實的深度上去體驗情愛；與之對應的是寂寞，它把焦慮作為一種不愉快的體驗。眞正的協作開始於這個時期。按照蘇利文的說法，協作意味著感情交融，超越了他認為以利己為動機的少年期的合作。蘇利文把青春前期的結件看作是伴侶的擴展，其後果往往是無害的。許多人終生過著少年模式的競爭和妥協的生活。一個停留在少年水準的成人可能成為唐璜或一個「玩世不恭的人」（teaser）。

青春早期始於發聲期。有意思的是，搭檔從夥伴轉變為異性成員。主要的需要是不受干擾、親暱和慾望。困難的是，在一個特定的社會羣體裡的個體或結件的兩個成員之間，發聲期的年齡大有差別。青春早期結束於獲得了較佳的生殖活動的模式。青春

晚期則擴展直到:「經由可取的機會,人格上與文化上的一個全
人(fully human)的達成或人際關係的成熟互惠。」(p. 297)
蘇利文對青春早期和晚期的討論主要是關於在多種環境下多類的
人格類型的結合慾望的分齡問題。

　　蘇利文關於自我體系的概念,即他對自我的看法,是社會
的,並且是一種結構;這在他命名時已做了說明。它又是有目的
的,並涉及其意義。它的作用與精神分析理論中自我的作用不相
上下;這就是說,要考慮到動力的無意識或人格的分裂方面的問
題。蘇利文論述了發展的序列和發展的停頓,希望至少得出一種
類型學。在他論述中所缺乏的是自我發展的抽象方面;他對各階
段名稱的選擇,即帶有時代特徵的術語,證明了這一點。

　　蘇利文用動人的、令人信服的筆法描繪了自我的穩定性,這
就增加了說明它發展的複雜性。這裡,蘇利文求助於逐步成熟的
需要與能力,但他的論述未經精心醞釀也不足以令人信服。確
實,他提及的能力與需要可以分爲兩個部分,那些本身就構成自
我發展的一部分無法用來解釋自我的發展,還有一部分本來是部
分地或全部地獨立於自我發展之外的。需要同伴和需要親暱很顯
然有它們的內驅力,但這些需要的出現與自我發展的關係甚爲密
切以至於不能成爲動力的獨立因素。性的成熟,蘇利文稱作慾望
動力,它的發生與心力全然無關。慾望能和不成熟的人格相結
合,故而不能說明發展的動力,儘管在其他條件有利的情況下它
能導致發展的進步。語言是一種中介現象。它在自我形成的最初
階段很重要,但它不能說明其後的動力(第3章)。鑑此蘇利文
補充了一個關於自我穩定性和某種意義上的辯證方法或發展的內
在邏輯的敏感理論,但他未能對了解動力做出多大貢獻。

發展的序列

自我發展的概念無疑導源於對發展序列的觀察。性格學已經古老；有些還是二千年之前的。發展性格學可能發生於近期。討論的一個目標是在迄今無雙的研究中建立起聯繫與對應。

費倫齊。費倫齊（Ferenczi）的〈現實感的發展階段〉是一篇 75 經典的精神分析論文，首次刊於一九一三年，因此在做出貢獻與涉及自我的形成方面有它的優先權。我們希望把有關部分加以節錄與概括。**自我發展**這一術語只限於最初階段是很明顯的：「由於認識了自然力量而引起的對兒童誇大狂的替代（經驗迫使我們替代）構成了自我發展的主要內容。」〔費倫齊，（1913）1965，p. 185〕誇大狂的一個方面，或者說誇大狂存在的主要特徵，是一種全能的感受。「由於精神分析的經驗，他清楚地認識到全能的感受這一症狀，它是一種觀察的投射，即人們必須服從於某些不可抗拒的本能。」（p. 183）當胎兒的需要不斷得到滿足時，胚胎時期是一個無條件的全能時期。緊接著，在出生之後，隨之而來的是一個神奇幻覺的全能時期。當孩子懂得哭泣和其他需要的表示能帶來滿足時，他進入了一個靠姿勢來表達全能的時期。當孩子第一次學會把自我與非我加以區分時，他「設法在每一件客體中找出他自己的器官和它們的活動」（p. 193）；這是一個泛靈時期。費倫齊評論說〔（1913）1956, pp. 193～194〕：

為了反對精神分析，曾有過一個嘲笑的說法，按照這一學說，無意識者在每一凸出物上看到一個男性生殖器，而在每一件凹進物上看到女性生殖器。我認為這句話說明了事實的特徵。兒童的心靈（還有殘留在成人身上的無意識傾向）最初只是涉及他自己的軀體，爾後又聯繫到本能

的滿足，即聯繫到諸如吮吸、進食、與生殖部位接觸以及排泄的功能等等給他帶來的快樂的滿足；因此，如果他的注意力爲外界的因相似而喚起他可貴經驗的事物和過程所吸引，又何足怪哉？

76 　　於是，人的軀體與我們稱之爲象徵的客體世界之間便產生了親密無間的聯繫，這種聯繫會延續一輩子。一方面，這一階段的兒童在世界上除了他肉體的表象之外看不到什麼東西，另一方面，他學會了用他的軀體來表示這一五花八門的外部世界。這一象徵表示的能力使手勢語言趨向完整；它不僅使兒童把那些與軀體直接有關的願望信號化，而且能表示與外部世界的變化有關的願望。如果兒童處於受人愛護的環境中，他不必在他所處的階段捨棄他的全能幻覺。他仍然需要象徵地表示一個客體，認爲這個客體是活生生的，經常「走」向他的眼前；對一個泛靈論思考的兒童來說，在願望得到滿足時，一定會具有這種印象。由於滿足何時到來不能確定，他便逐漸明白有一種更高級的「神力」（母親或保姆）；假如要在做出手勢後滿足立即到來，他必須取得她們的恩寵。當然，這種滿足並不難求，特別是在一個爲所欲爲的環境中。

如上節所示，精神分析關於象徵表示的概念包含著早期的圖式和它們的變換。費倫齊接著說，說話開始於象徵性姿勢，但很快就具有特殊意義。它加速了有意義的思考和延緩動力釋放的能力。由於這時兒童的願望還不多且又簡單，他周圍的人很快就能猜出並急於使之實現。兒童終於相信，是想法或詞語給他的願望帶來滿足。這個時期是迷信、魔力和某些宗教崇拜的基礎，也是那些著了迷的父母尋求歸宿的一個時期。費倫齊關於自我發展的論述止於此點。費倫齊的階段與第二章所說的階段之間，其比較

相應的部分如**表 2**所示。

　　費倫齊對自我發展與心理性慾的發展的區分如下節所示：　　77
「我們懷疑，神經病的願望要素，即性慾的目的和各種變化，有
賴於性飢渴這一發展階段的固戀，而神經病的機制可能是由決定
抑制時個體的自我發展處於哪個階段來決定的。」（ p. 199 ）

　　費倫齊預料到自我發展中的動力是什麼這一問題，概略地敍
述了一個精神分析的立場，儘管不只一個。「一般說來，現實感
的發展表現這一連串的制約，這是人類被迫採取的，並非由於自
發的力求發展，而是由於必需，由於對要求自制的調節。」　　78
（ pp. 200～201 ）很明顯，這篇文章的觀點與阿德勒恰好相反。

　　艾瑞克森。由於艾瑞克森（ 1950, 1963 ）的《兒童期與社會》
已眾所周知，我只需表明它和我們課題的關係。他的觀察基於他

近似的自我水準	作者		
	費倫齊(1913)	艾瑞克森(1950)	奧蘇貝爾(1952)
我向思考	神奇幻覺的全能		
共生的	神奇手勢的全能泛靈論	信任對不信任	自我萬能
衝動的	神奇的詞語和想法		自我貶值的危機
自我保護		自主對羞恥與惶惑	衛星化的開始
遵奉		創造對內疚進取對自卑	衛星化
良心—遵奉			非衛星化的危機
良心		同一性對角色傳布	非衛星化
個人自由		親密對孤立	
自主		生育對停滯自我完善對失望	

表 2　費倫齊、艾瑞克森和奧蘇貝爾的自我階段

的精神分析實踐、人類學的研究，以及對正常兒童的研究。他用一系列任務來解釋心理社會的發展或自我發展的階段，每個任務都走向一個被描述成自相矛盾的危機。有時，這些自相矛盾被說成是代表了成就；有時，他提醒讀者加以注意，在每個時期結束時獲得正反兩極的平衡或比率；但比率可隨後來的經驗而變化。這種模式，雖則複雜，並且經常被引用的人搞得過於簡化（這是他所抱怨的），倒也有利於弄清發展的層次，即從調節的一個方面來看是特殊的危機，是有利的選擇和無利的選擇的比率。

第一個任務是從三個方面求得一個有關基本信任對不信任的測量：客體世界的連續性、自己與他人的差異、個人衝動的控制。這些是**前社會階段、共生階段和衝動階段**的問題。艾瑞克森方案中的下一個問題，自主對羞恥和惶惑，構成了我們**自我保護階段**的特徵。接著的兩個時期的問題：創造對內疚、進取對自卑，看來和**遵奉階段**相匹配。艾瑞克森用觀念和思想討論下一個問題，同一性對角色傳布，這就使得該問題相當於我們所謂的**良心階段**，雖然角色的概念與同一性處在**表 1** 的後幾個階段。再一個問題，親密對孤立，是根據加深人際關係和發展道德意識等方面去討論的，所以，也是**良心階段**的一個方面。生育對停滯以及自我完善對失望等問題可能是艾瑞克森關於**自主階段**和**整合階段**的觀點（**表 2**）。艾瑞克森把危機的討論與年齡特徵的問題結合在一起，例如求愛、婚姻、生兒育女、老化等，這樣，就排除了年齡範圍的外部局限性的問題，而在這個年齡範圍內從一個階段過渡到另一個階段的自我發展有可能發生。作為抽象的或作為成人生活分類學方面的自我發展在他看來是陌生的。

艾瑞克森把**自主**這一術語用來表示最初的一個階段，而我們則用來表示最高的一個階段。他所說的有關獨立性的自覺敍述是區分自我保護的被試與衝動的、依賴的被試的標準之一。對這種不一致用法的解釋在於生長的辯證法，而不是語言上的疏忽。在

兩個時期以及其他時候都有自主的跡象。階段的意義不能單憑名
稱來提取。

最初，艾瑞克森提到的是自我的發展而不是心理性慾的發
展，但在他的部分論述中這兩個題目是交織在一起的。他對年齡
特徵的強調又促成了這種混淆，因為這兩種發展在時間上是重疊
的。只有在分別說明它們的特性之後，自我發展和心理性慾發展
之間的關係才能得到最佳描述（第 7 章 ）。

皮亞傑。雖然皮亞傑在發展心理學方面的著作有十餘卷之
多，但只有一卷是和自我發展的現象直接有關的，那就是《兒童
的道德判斷》（ 1932 ）。該書對許多學者的觀點有著重要的影
響。如同蘇利文關於自我發展的論述與調節略有混淆一樣，在皮
亞傑的著作中有一些與純認知的發展相混淆的地方，而認知發展
正是他的主要興趣所在。一些對皮亞傑研究的批評並不恰當，因
為它們反對特殊的年齡，皮亞傑認為特殊的年齡應該具有特定的
思考方式。皮亞傑的興趣在於序列及其辯證法，而不在於建立年
齡標準。與美國的心理學家不同，他對個別差異興趣不大，加速
發展並非他的任務。

皮亞傑對兒童的道德判斷進行探究，他的方法是詢問兒童
（ 或叫他的合作者詢問他們 ）什麼是說謊、為什麼說謊不好；在
一些不端行為中哪一個最壞、為什麼；在一些懲罰方法中哪一種
最公正、為什麼；最重要的是，玩彈珠的遊戲規則為兒童所認
可。皮亞傑要他的讀者做一項思維實驗（ 1932, pp. 348～
349 ）：

80

> 讓我們來想像一個社會，它的成員彼此同齡，在他們
> 的生活中，沒有前一代的制約，也就沒有後一代的教育
> ……一切基本的社會現象與當今的樣子迥然不同……年幼
> 的兒童對年長及其雙親懷有敬意——原始社會的敬老告訴
> 我們，他所處的社會結構越是簡單，這種在個體生活中表

現出來的單方面的尊敬越是持久。沒有這種單方面的尊敬，我們很難明白這種社會制約與社會遵奉的倫理和邏輯是怎樣形成的。在道德範圍裡，沒有兒童對成人的尊敬，就不可能存在這樣一些事實，諸如禮節上的義務與禁忌、道德現實主義與客觀責任。但是，人們可以再進一步做這樣的推測，這種「原始心理」的明顯特徵可以透過兒童心理與一代人加在另一代人身上的制約效應的結合來解釋，因此，原始心理可能是由於社會制約在兒童心靈中的折射。與此相反，在我們的文明中，由於以合作和個別差異作爲基礎，兒童的自我中心的心理很難介入基本的社會現象。

81　　皮亞傑用極化來審視道德判斷，一端是他律的德性，而另一端是自律的德性。然而他承認初始階段的無目的性。起先，嬰兒沒有規則的概念，只是任其興之所至。但一當他的肌肉組織能夠控制活動時，他用一種反覆的活動圖式來玩諸如彈珠之類的玩具，這種活動圖式主要是由材料的性質來決定的。它是禮儀的先驅，因而也是規則的先驅。

　　年齡稍長，兒童就試圖去模仿他的父母和年齡較大的兒童。當初次參與遊戲時，他並不知道遊戲的要點是取勝；他的觀點是自我中心的，任何事情都用自己的好惡來解釋。再者，自然法則與道德法則還未區分開來。事物應該什麼樣就什麼樣。受到懲罰的就是壞的。首次懲罰似乎是事物所固有的而非人之所強求的；後來，它好像是對專橫無理的報復，嗣後又讓位於贖罪的觀念。由於兒童不明白把自己的幻想大聲說出來有什麼不好，所以，除非謊言已經出口且受到懲罰，否則他不可能知道謊言是什麼，因此，謊言起初只不過是一個「壞字眼」。

　　他律的德性出自兒童對父母的單方面的尊敬，並且是由制約來加以實現的。兒童把遊戲規則看作是神聖的、是成人所規定

的。要改變規則就等於違法。這些規則的外在性意味著他並不依賴地去服從這些規則。對違法和意外事件的責任是「客觀的」；這就是說，可見的損失越大，過失也越大，並與意圖無關。過分的誇張較之略微的誇張是一個更壞的謊話，即便它沒有欺騙人。所以，要緊的不是後果，而是對兒童來說是眞實的東西。

皮亞傑用來描述這一階段思維的另一個術語是道德現實主義，意指德性存在於兒童自己的心靈之外，並且獨立於他的心靈。它的三個特徵是：良好的德性全靠服從來體現；必須遵守的是法律條文而不是它的精神；評價行爲並不取決於動機而是「客觀地」取決於它是否符合規則。它出自自我中心、出自成人的理性制約，而自我中心意味著主觀和客觀的混淆。

82

當兒童長大了一點時，他與其他兒童的合作加強了。爲了判斷兒童的發展，彈珠遊戲最有價值，因爲十二、三歲的孩子是參加該遊戲的最大年齡者。他們懂得只要相互同意就可能改變遊戲規則，懂得這些規則起源於兒童，不是起源於成人，懂得由於時間地點的不同規則也有所不同。在年齡相同的兒童之間出現了一種與單方面尊敬相反的相互尊重，於是有了互惠和互惠基礎上的合作。互惠是自律德性的要素。兒童在相互同意的基礎上接受遊戲規則；這種接受導致規則的內化。一個自相矛盾的結果是，當兒童不再相信這些規則是神聖的和不可更改的時候依然忠於這些規則。

處於自律德性階段的兒童相信主觀責任——這就是說，過錯後面的意圖是應該受譴責的。謊言是錯誤的，因爲它欺騙了人：一個眞正的彌天大謊，由於它沒有騙人，很難加以排斥。報應的公正讓位於分配的公正。如果在平等待人與懲罰過錯之間有所選擇，兒童可能選擇平等。懲罰不能由抵罪的需要來激發；相反使互惠得以恢復。相應地，年齡較大的兒童比之年齡較小的兒童很少選擇嚴厲懲罰，或者，在沒有不同意見或對某件事情爲什麼錯

了缺乏解釋的情況下，往往主張不予懲罰。

在彈珠遊戲的最後階段以規則條文爲興趣。由於具有分配的公正概念，一些大年齡兒童超越平等而走向公道；這就是說，我們應該考慮到特殊情況，而不是同樣嚴格地待人。懲罰可以完全免除。

關於這幾點，皮亞傑舉出了一些年長的和年幼的兒童如何推83 理的例子。他自己不做或容許讀者去做的是經驗主義地根據兒童的回答來考察這些課題之間的關係。當然，年齡組之間存在某種重疊；有些年幼兒童的回答如同年長者，反之亦然。按照皮亞傑的說法，階段的序列不是一成不變的，同時他還努力把一致和平衡作爲發展動力的一部分。他認爲，作爲自律德性基礎的互惠較之權威的單方面的尊重更適合平衡。皮亞傑不贊成這種說法，即年齡較長的兒童由於他的智能較高而促使他的道德發展，他寧可相信，協作的產生作爲一種社會模式，可以解釋兒童智力進展。例如，交際的需要能夠導致理由的編纂。

由於皮亞傑並不描述階段而分別研究有關課題的道德推理的84 發展，所以，要和第二章的方案相一致是不容易的。**表 3** 試圖把皮亞傑所描述的發展傾向加以排列並與我們的階段相對照。他指出，大約在意識到規則的前一年就已經在實行規則了。這種不一致性自然會導致在描述和匹配階段時的困難和矛盾（見第 8章）。

皮亞傑的解釋是有傾向性的。他似乎要證明兒童的德性比成人高。有一種較低的德性，即他律，以權威和制約爲基礎；還有一種較高的德性，即自律，以協作和互惠爲基礎。不同的年齡都有可能產生他律的德性，但父母與師長，由於要求服從和遵奉，有時甚至對兒童間的協作加以懲罰，這就使得走向自律的正常步驟受到挫折，而自律又是處於民主作風下成人德性的適當形式。「如果人們考慮到學生對權威性措施的故意對抗，以及兒童爲逃

近似的自我水準	規則的實踐	規則的意識	道德的類型	懲罰的概念
前社會的	活動的圖式	非義務的概念	無目的性	存在於事物內部的
衝動性	自我中心的規則 模仿長者 非競爭性			武斷的報復
自我保護		規則是神聖的、不可更改的、成人制訂的	他律	抵罪
遵奉	協作的規則 取勝的志趣			
良心—遵奉		彼此贊同的以相互尊重爲基礎的，可以改變的規則	自律	恢復互惠
良心	規則條文	重視規則本身		

表 3　皮亞傑的道德判斷發展序列

避紀律制約而表現出來的可敬的獨創精神，人們不得不認爲浪費大量的精力而不能用之於協作的制度是有缺陷的。」（皮亞傑，1932, pp.366～367）

　　用彈珠遊戲作爲範式是精心之作。在成人看來，彈珠與德性全然無關。爲什麼該遊戲適合皮亞傑的目的，這是因爲以此爲界，成人脫離了兒童開始走向自己的社會。所以，這是一種自然的實驗，表明兒童在脫離了成人的制約之後是怎樣處理事務的，但是，那些十二齡童的深奧的德性在他們成爲父母或師長時又會怎樣？他們又是怎樣失去對相互關係的價值和互惠的頓悟而墜入他律的德性？皮亞傑不希望如此。他希望父母和師長從一開始就是平等的夥伴。

　　與此同時，皮亞傑認爲，即使在最溫和的環境中，兒童必須

經過他律的階段才能達到自律。道德的現實主義反映了年幼兒童
智力的現實主義，即他傾向於具體而又簡單的方式來觀察事物。
人們可能因為皮亞傑的論述過於冗長而指責他；兒童的認知能力
一開始就限制他走向道德現實主義，我們沒有必要從父母和師長
的行為中去尋找其他的解釋。更有甚者，皮亞傑並不忠於他們的
發展邏輯，而是要求父母和師長從兒童的早年開始就以平等對待
兒童。一個幼兒，當他還在努力熟悉明顯不同的尺碼、年齡和力
量時，是不理解這些的。

　　奧蘇貝爾。奧蘇貝爾（D. P. Ausubel）反對把自我的發展
與精神分析中心理性慾的發展混淆起來（他對精神分析的看法既
不公正也不正確。用他自己的話來說，它們的出現只是為了追隨
他的思想，而不是一種認可）。奧蘇貝爾說，自我不是本我中分
化出來的一個外層。他反對兒童性慾之說，把這種學說稱之為預
成說或侏儒說。「自我的發展是連續的生物社會相互作用的產
物。沒有一種能反映由內在衝動所計劃的詳細藍圖的展開這一事
先決定的過程或事件的序列。」（1952, p. 44）

　　這些觀點使人想起蘇利文的解釋；然而，奧蘇貝爾所概述的
自我的早期階段與費倫齊很相似，後者強調嬰兒的全能作用，尤
甚於蘇利文，蘇利文強調的是早期的無助意識。奧蘇貝爾反對蘇
利文把母親的焦慮作為一種早期的影響，他說：「這種明顯的父
母行為的水準，較之早期嬰兒潛在姿勢，遠為有決定性，因為只
有前者才真正是可以交際的，並且與這一發展階段的兒童的感知
能力和心理社會的需要有關。」（p. 250）

　　由於全能的感受不可能產生於自我意識之前，所以奧蘇貝爾
反對費倫齊的兩個最初的全能階段。前語言的經驗主義的自我由
於同感覺印象的關聯，也由於需要滿足的延緩而得到發展。母親
是第一個自我形象的支架。自我與環境的經驗上的區分是透過意
志的官能而得到強化。通常，一個自我全能的時期是在自我與環

境第一次做出區分後才發展的。嬰兒把父母急於滿足他的需要的心理誤解爲他自己的「意志萬能」（volitional omnipotence）的證明，即使他認識到「行政上的依賴」（executive dependence）。這就是說，他認爲他的願望是強有力的，儘管他認識到別人還得幫助它們實現。

占有玩具是自我形成的第一步；之後，對他自己的所作所爲在客觀上有所覺察，並且有了第三人稱的參考；最後使用人稱代詞「我」。於是，語言有助於鞏固這個自我。

父母開始對孩子提出要求，孩子首先「懂得他的依賴性是由意志決定的，在性質上帶有行政的意味，並且懂得他的父母並不因爲他無助而必須爲他服務。無助不再是一種意志萬能的皇家綬章，而是一種仰承他人的可以覺察的條件」（ p. 56 ）。在這一點上，兒童面臨著自我貶值的危機，這些危機提出兩個無法接受的選擇。如果他要繼續保持他自己全能的觀念，他就會經常受到挫折，另一方面，實事求是地承認他完全依賴別人，這就會使他自己貶值，那是痛苦的，也是承受不了的。通常，兒童避開這兩種選擇，而把全能歸功於他的父母，這就使他成爲父母的一顆衛星，他的自尊由於光的反射而被保留下來。

奧蘇貝爾評論說（ pp. 57～58 ）：

　　　　對於解決自我組織的危機來說，衛星化的好處在於它有能力供給兒童以安全和適合的內在感受。他解脫了以實際的行爲能力爲基礎的證明他的適合性的負擔，而事實上這種能力是貧乏的。作爲替代他獲得了一種間接的身分，這一身分與他處理現實的能力無關，而是取之於他依賴父母的事實，在他看來，父母在這方面是無所不能的。此種認同的結果是他並未如替身般地擁有了父母的力量，但分享（以高倍稀釋的方式）了父母的偉大——如同一位有權勢者的扈從對身爲權勢者的臣下感到極度光榮。

87

　　大多數兒童的衛星傾向如此強烈，以致難以阻止，即使在敎養兒童時有著諸如過分縱容的錯誤。有兩種父母敎養模式能防止衛星化，即拒絕兒童和外在評價。內在評價的兒童正是因爲他是父母的寶貝而受到評價，外在評價的兒童是因爲他的良好特質和照耀而受到評價。衛星化的失敗可能限制一個人成爲完善的人，其結果有焦慮神經病、違法、自私等等，當然這有賴於父母—孩子關係的各種相倚。

　　最後，成功的成熟取決於非衛星化，取決於兒童重新獲得自主和新近成熟的實現能力。父母的廢黜始於兒童進入學校，因爲那時已經具有第二個權威。衛星傾向轉移到家庭以外的新權威是第一階段。有些人從未走遠一步，而這種停滯代表了成熟的另一次失敗。

　　非衛星化包括回到外在評價。意識到個人價值的兒童來自父母光輝的反映，他發現自己的價值仍在他本身能做些什麼。在順利的情況下，工作本身就是報酬。在童年後期，非衛星化適當地發生時，非衛星者可能暫時勝過衛星者；由於他的競爭，比之衛星者仰人鼻息來，得到的就更多。不過，從長遠來看，最適的自我發展，至少在某種程度上，是由那些開始是衛星者而後來成爲非衛星化的人來實現的。

　　因此，自我發展中的兩個危機是童年早期的自我貶值和童年後期與青春期的自我成熟。每一危機都具有失敗的可能性，只不過結果不同。拒絕要比外在評價更爲不愉快，因此更有可能可逆。如果父母的態度改變，或者能夠找到折衷的辦法，遭到拒絕的孩子通常是熱忱於衛星化的。如果拒絕伴隨著不管而不是敵視，則孩子的自我就有可能完全貶值。兒童本身的執拗或屈服也有可能孕育某種後果。如果拒絕和不管相當嚴重，開始不一定出現全能的幻想，而是嚴重的情緒上的枯竭。

　　不像衛星者，外在評價的孩子不必放棄他的意志萬能。這是

由他面對明顯實施的依賴，其願望不斷得到滿足來證實的。衛星
者的自尊是靠他父母的評價來維持的，非衛星者的自尊只有靠他
自己的成就才能維持。因此他過早地進入成就定向，然而，由於
經常涉及到他自己的自我提高，這種定向很容易被歪曲。

衛星化是三個人生定向之一。另外兩個是結合和探究。**衛星
化**（ *satellization* ）是一種自居形式，在這種自居形式裡，地位
是透過依賴、服從和遵奉獲得的。**結合**（ *incorporation* ），正如
奧蘇貝爾所使用的術語一樣，是自居的一種形式，包括接受別人
的價值，並把他作爲一個榜樣藉以加強自己的自我地位，並不伴
隨情緒上的依賴性。**探究**（ *exploration* ）把掌握任務定向作爲它
自己的目的。在某種程度上，它在兒童早年就已存在。通常，它
在成熟期占支配地位，但各種成熟的失敗能阻止這一步的產生。
結合在衛星化之前發生，並對非衛星者是重要的。奧蘇貝爾有時
稱兒童的三種類型，有時稱每個人的三種潛力。

衛星化和非衛星化是自我發展的機制；其實質是享樂主義動
機的減弱，延緩滿足的能力增強，行政上的獨立性增強，以及道
德責任心的發展。其中每一種都像一個極性的變量（見第 6
章 ）。 89

在成人生活中，一個人必須找到以眞正的成就爲基礎的安全
感。一個有過衛星化時期的人有著內在安全感的持久殘餘。非衛
星者必須爲建立在權利、地位、財富和特權基礎上的外在安全感
而奮鬥。神經病的焦慮，這是經常由於對自尊的威脅而引起的，
按照奧蘇貝爾的說法，對非衛星者是一個主要危險，但對曾經渡
過衛星時期的成人來說其危險性似乎小些。

奧蘇貝爾良心發展階段的描述重複了他對衛星化的討論，在
這個意義上說，可以與我們的方案相對照（見**表 2** ）。在前衛星
化時期，行爲的制約和控制是建立在預期和避免懲罰的基礎上
的。其間並無內疚感。在早期的衛星化階段，兒童同化父母的評

價。眞正的良心開始於這一時期，因爲兒童接受評價而不是僅僅
爲了害怕懲罰，但他對遵奉的責任心是初步的。內疚，需要準確
的自我知覺來覺察行爲與內在標準之間的差異，也是初步的或缺
乏的。在衞星化的後期，不僅有父母的標準的內化，而且有遵奉
這些標準的道德責任。自我批判的能力增加了。內疚作爲一種對
行爲的制約和調節變得重要了。它由父母的責備而喚起，使兒童
自主地假定他做錯了事。最初的過失是反抗。衞星化的高峯期大
約在八歲，從這時起，兒童開始用一般的詞語來思考有關正確與
錯誤。在早年，正確與錯誤是針對特殊情境而言的。皮亞傑的道
德絕對論適用於這一時期，也就是說，道德責任是單方面的而不
是互惠的，並且規則具有不言而喻的正確性。

在非衞星化時期，兒童獲得了有關理性良心的所有主要成
分。他變得很少自我中心和更多的自我批評；所以他用像其他人
一樣的框架來判斷自己的行爲。道德絕對論減弱了。他的良心變
得很少權力主義和更多的互惠。道德絕對論原則獲得更大的普遍
性和抽象性。道德責任性由社會的基礎替代了父母—孩子的基
礎。在青春期，非衞星化時期的變化走得更遠。結合和探究的定
向是强烈的。結合的定向來自更大的需要，即達到外在的地位。
探究的定向關係到獨立性，平等和自作主張等需要。同輩羣體是
外在的勝任感受的來源，但它也是主要的權威和殘餘的衞星化傾
向的對象。與前青春期的那些人相比，青年人的道德信念表現出
更多的權宜和遵奉，更加關心外在的地位，對成人有更多的冷言
冷語和侵犯行爲，但也更爲寬容和靈活。奧蘇貝爾對良心發展的
解釋到此結束。

像蘇利文一樣，奧蘇貝爾把自我成熟看作是對成人人格來說
具有重大意義的任務和危機的結果。與皮亞傑不同，他關心個別
差異。然而，奧蘇貝爾的自我發展觀點主要是發展的而不是維度
的，雖然這一點是可以討論的。他並未將自我發展作爲一種抽象

觀念，用那些針對階段和類型的普通術語提出來，也沒有把它看成是一個結構。而他所描述的成分跟我們方案裡的成分相似，他對各種成分的發展分別予以描述。

奧蘇貝爾給人的印象是他能夠透過牆壁來觀察；他知道每一兒童離差的因果，也知道正常發展的序列。偶爾他也承認體質上的差異可能是決定結果的一個要素，因此，其結果不完全由父母的實踐和態度來決定。數據是很難引證的，因爲只涉及到枝節問題。有人一定以爲奧蘇貝爾如同臨床醫生、父母、教師、學者和身歷其境的觀察者一樣汲取他的經驗。他從許多學者那兒汲取觀念，但他並非總是給予他們公正的評價。例如，艾瑞克森曾把他的心理性慾發展的方案稱之爲漸成說（ *epigenetic* ），這很難與奧蘇貝爾的預成說（ *preformationist* ）相一致。正如奧蘇貝爾所說的那樣，早年的性慾並不意味著兒童和成人的性慾是一樣的。人們可以不理奧蘇貝爾，因爲他誤解了精神分析，曲解了它的術語和思想，並不主張動力無意識頓悟，但他對某些現象的盲目性可能加深了他對其現象的頓悟。衛星化的思想有助於我們理解遵奉的動力。

91

性格學

有些學者曾把自我發展的主要方面作爲在特定的年齡羣中，通常是成人中性格類型的出發點。至於發展過程中產生的差異問題可以不問，或者可以假定複雜的相倚解釋了不同的結果。我們使用類型學或性格學這一術語的目的，標誌著我們已經衝破了對智力和人格的心理測量法的因素邏輯。一個訓練有素的心理學家，看一下**表1**，立即設想各欄中或多或少獨立的因素能夠分別予以測量。與此相反，一個潛在的統一體中的各種跡象和現

象，本身是不能直接測量的。

佛洛姆。佛洛姆和他的追隨者黎士曼，主要關心社會性格，即在不同社會中占支配地位的性格結構。這種關心導致他們強調社會和經濟對性格的決定因素，而不是其他決定因素。

在《逃避自由》一書中，佛洛姆（1941）用自由和自發這些術語提出性格發展的基本問題。當一個孩子從共生的對母親的依賴中解脫出來時，他便從強烈的約束中獲得自由。於是他就面臨一種抉擇，即在無意識遵奉和成為一個真正的有自主的人之間做出選擇。在前者的情況下，他形成一種權力主義者的性格或潛在的性格。在後者的情況下，他形成自主、獲得自由來選擇他自己的生活方式。**表 4** 表明與自我階段近乎相應的情況。佛洛姆的概念是一種類型學而不是一種發展的序列，因為，在權力主義性格和自主性格之間決定性差別被看作是在社會影響下童年期的一種道德的或存在主義的選擇。權力主義的遵奉不能看作是走向自主的一個必要的發展步驟。

92

在佛洛姆的論證中，正如其他許多人的論證一樣，例如羅傑斯（Rogers，1959）的論證，有著對盧梭（J. J. Rousseau）的

近似的自我	學者		
水準	佛洛姆（1941）	黎士曼（1950）	格雷夫斯（1966）
我向思考			我向思考的行為
共生的	共生		
衝動的		無目的性	泛靈論的存在
自我保護的		傳統指引的遵奉	警覺與恐懼 攻擊與權力
遵奉	遵奉	其他指引的遵奉	社會中心態度
良心的		內部指引的遵奉	攻擊的個人主義
個人主義的	自主		和平主義的個人主義
自主的		自主	

表 4　佛洛姆、黎士曼和格雷夫斯的自我類型

仿效。兒童來到人間被看作是一種自發性的產物，這種自發性不
一定會被母親或父親的嚴厲所壓垮。也有一種假設認爲每個人在
原則上都能達到最高的自我階段。與此相反，我們有關自我發展
的假設，意味著規則制約衝動的控制是人格從衝動發展到自主的
一個必要的階段。自發性的增強，習慣或自然地對等衝動，的確
是自我發展最高階段的一個標誌，正如許多評論所贊同的那樣。
如果貿然做出結論說嚴厲控制的中間階段可以繞過，那是不公正
的。

　　黎士曼。在《寂寞的羣衆》這本書中，黎士曼及其合作者
（1950）的主要目的在於描述社會中占統治地位的性格類型。黎
士曼的無目的性的人和自主的人易於與自我發展的各個階段相匹
配（見**表4**）。然而，在他的講解中，主要強調保證遵奉的三種
方式，這種遵奉涉及到人類發展的各個階段。古代社會的特性是
高出生率和高死亡率，占統治地位的性格類型是傳統指引的遵
奉。這種遵奉方式在高度工業化的社會已經減弱。先是死亡率下
降，結果是迅速的人口增長，在這期間內部指引的性格占統治地
位。在大多數高度發展期間，由於出生率的下降，占統治地位的
遵奉類型是其他指引的遵奉。

　　在傳統指引的人羣中，遵奉是由他們遵循傳統的傾向來保證
的；羞恥是情感上的制約；重點放在行爲與習慣上。在內部指引
的人羣中，遵奉是由生活早期獲得的內化的目標來保證的，這些
目標像一具嵌入的陀羅儀一樣活動；內疚是主要的情感制約；重
點放在良心、性格和自我改進上。在其他指引的人羣中，遵奉是
由他們對別人的期望和偏愛的敏感傾向來保證的；焦慮是他們的
雷達或情感制約；風尚取代了良心，人格取代了性格。「認可本
身，不管內容怎樣，在這種情境裡幾乎成爲唯一不含糊的好辦
法；一個人被認可就是好的。」（黎士曼，1950, p. 66）「傳統
指引的兒童謀求父母的好感；內部指引的兒童要嘛跟父母鬥，要

93

嘛表示屈服；其他指引的兒童要嘛擺布父母，要嘛反過來被父母擺布。」（p. 70）

黎士曼關於內部指引要比其他指引居於更早的社會進化的假設並不直接和我們的假設相牴觸，我們的假設認為遵奉者要比良心者在個體發展上處於較早的階段。這裡無須個體發生的規律。然而，在某些方面，黎士曼的描寫跟我們的方案的牴觸已經到了必須解決的程度。他在當代美國社會發現了大量內部指引和其他指引的類型，正如我們發現遵奉者和良心者的類型一樣。黎士曼認為內部指引的人對物質更感興趣，而其他指引的人更關心感受。我們則發現遵奉者對物質更感興趣，良心者對內在感受更感興趣。然而，黎士曼所提到的感受主要是贊成和不贊成，這些確實吸引遵奉者，而不是良心者。

黎士曼關於傳統指引的概念是一種有影響的概念，它導致了對我們方案的修改。當衝動與遵奉之間的階段最初提出時，被稱之為機會主義階段。當享樂主義和眼前利益仍然作為特徵時，機會主義在用於透過這一階段的正常兒童時仍然是一個貶詞。我們有關年長兒童和成人的資料把這一可供選擇的特徵提供給自我保護階段。然而，即便使用這一術語，仍感到用於這一適當的年齡的觀點太嫌狹隘。年幼兒童通常表現出一種走向遵奉的儀式主義，這是很容易從黎士曼的傳統指引的人身上看出來。皮亞傑對兒童學習遊戲規則的觀察也表明儀式主義是衝動與遵奉之間的一個小站。

阿多諾、佛倫凱爾—布倫斯維克、萊文森（Levinson）和桑福德（Sanford）。第一個研究是獲得組成自我發展核心的一系列相互關聯的自我功能，即《權力主義者的人格》〔The Authoritarian Personality，阿多諾（Adorno）和其他人，1950〕。加利福尼亞研究小組創立了對種族中心主義和反猶太主義的測試，所用的方法我們不必去過問，該測驗在各種組織、機構和學

校的男女中舉行。對總人口的最高和最低的四分位數中的被試做深入的談話。在佛倫凱爾—布倫斯維克（Frenkel-Brunswik）的引導下，兩組被試的談話數據，即那些偏見較高的人和那些偏見較低的人，被編碼並予以評定。那些偏見較高的人其反應更為獨特，也就是說，他們要比那些偏見較低的人彼此間更為相似。

　　組與組之間最大的差別在於對當前自我的態度和認知結構。那些在偏見方面得分高的被試傾向於傳統遵奉、思維定型、熱衷於陳詞濫調、能容忍模稜兩可、對那些不附和傳統的人給予道德譴責。他們的人際關係通常是利用性和操縱性的，關心事物甚於感受。他們用觀念化的但陳舊的詞語來描述自己和自己的父母。他們有關性別角色差異的概念是傳統的。他們用競爭、權力和地位來考慮他們的工作。有時還機會主義地依賴父母。

　　那些在偏見上得分低的被試通常是非傳統的或非遵奉的。他們能容忍甚至珍惜個別差異。他們的人際關係是由尋求友誼和愛心所決定，愛心有時強烈到無法滿足。他們承認甚至過分地研究不利的特質和自身的衝突，包括性別角色的衝突。他們的父母被描繪成具有好的特質和壞的特質的真正的人，並且公開承認他們之間的衝突或對他們的衝突結果感到內疚。得分低的人描繪別人和他們自己的內心體驗要比得分高的人更為生動。得分低的人傾向於用成就或社會價值和觀念來思考工作。得分高的人當榮耀目前的自己時，只看到與童年的告別；他對他的童年很少自發地做一些追索。得分低的人對他的童年做自發的評論，並用發展的眼光對待目前的自己，在一般情況下用社會的和心理的術語解釋人類的行為。得分低的婦女可能形成一種衝突，一方面在情緒上依賴男人，另一方面力求獨立，以便與男性競爭。

　　談話中主要的收穫是根據幾十例取樣，男女各四十名。男性均勻地取自高偏見和低偏見羣體，但高偏見羣體的女性有二十五名，在低偏見羣體有十五名。試圖按年齡、政治和宗教信仰，以

95

及民族背景來平衡得分高的被試和得分低的被試。

96　　　加利福尼亞的調查人員從一些有關偏見的心理動力理論開始。談話時間表的制訂把重點放在理論上派生的「基礎問題」（underlying question），並對直接提問只提出建議。讀完談話紀錄後設計評分手冊，所以細看一下便能把握所得到的發現。得分類別是可以推論的。例如，在男性特質的自我評價裡，可供選擇的是，「假男子氣、決心、精力、勤勞、獨立性、果斷、意志力、不承認被動性等等」，大抵為高變式。「對被動性、軟弱、怯懦等等自我接受的認可」，大抵為低變式（p. 422）。作為另一個例子，要求評定者來判斷被試的自我評價和他的自我觀念是否一致。

上述有關他們的發現經過相當的篩選藉以跟我們的發現相比較（第9章）。他們力求從每次觀察中做出最大限度的推理，正如許多臨床醫生所做的那樣，相比之下，我們試圖在最低限度的推理水準上陳述觀察。差別不僅在於這裡，報告的一個發現，在為談話數據編碼時，他們的評定人員被指導去考慮不被承認的，無意識的和壓抑的傾向。不管這些推理是否正確，方法學是不同的。上述概括的發現是和觀察有關的發現，而不是涉及到解決戀母情結或自我、本我、超我之間關係的方法。一般說來，在我們的方案中，那些偏見高的人有著遵奉者和自我保護者的特質，那些偏見低的人有著良心和更高水準的特質。

阿多諾報告了高偏見羣體和低偏見羣體中「類型和綜合症」，然而，與從前的發現相比；並未提及導出的方法或肯定這些描繪。類型和綜合症這些術語似乎用得比較隨便，並且可以互換。

在高偏見中，他提出的第一個綜合症是表面怨恨。這種類型
97　的人從外部接受偏見作為現成的公式來克服他自己的困難或使這些困難合理化。例如，他把自己的經濟失敗歸咎於某人從而感到

愉快。然而，對他來說，偏見並不是過於慾力（libido）的。

第二種類型是傳統的綜合症。這種類型也是來自外部，並傾向於定型，但它被整合為一般遵奉的一個部分。不滿意已不像先前的類型那麼重要，接受時盛行的標準是更為重要的。堅持傳統的性別準則是顯著的。這種人是不邪惡的或烈性的。

第三種類型是權力主義，被描述為施虐——受虐狂的、衝動的和矛盾的。對他來說，傾向性的定型是極為慾力的。他一方面樂於服從，另一方面又喜歡別人服從。他具有一種過於刻板的但外在的超我；例如，有一個被試說通姦是錯誤的，但只是在被發現後才算是錯誤的。極為關心權威和控制。權力主義者和傳統類型是高度偏見中最普遍的兩種類型。

下一種類型被描述為「反抗和精神變態」，但最好稱之為精神變態的反抗。屬於這一羣體的人傾向於用反抗來取代，以權威自居。他們有一種強烈愛好來寬容過度的行為，諸如酗酒和公開的同性戀。他們並不刻板，也沒有駭人聽聞的偏見，但他們是稚氣的和不合羣的，因為有可能成為赤裸裸的性虐待狂。包括在這一類中的有「硬漢」、流氓阿飛和從事法西斯暴行的無賴。當然，談話情境並不能揭示那些行為的例子，但確實得出有關人身攻擊的材料。

脾氣怪僻的人是一種患妄想狂的孤僻類型的人。偏見對他來說是重要的，作為逃避精神病的一種方法。跟別人分享他的偏見，為攻擊羣體外的成員提供了一種社會合法性。在這種類型中可能發現一些神秘主義和迷信。

最後，還有一種操縱型，這種類型在商業、管理和技術羣體中人數很多。這種人只關心有效地實現他們的任務而不管其目的之正當與否。與權力主義類型相比較，他們更加自我陶醉和空虛淺薄。對一個這樣的人來說，忠誠是他所關心的唯一的道德品質，他們反對從希特勒德國逃出的猶太人，因為這些人不忠於德

98

國。

在那些偏見較低的羣體中，第一種類型稱之爲低刻板。他被描述爲偏見者表面怨恨型的複本，雖然這種對比的根據是什麼並未說清楚。刻板的人像他的對立面一樣傾向於陳詞濫調。他反對偏見是根據廣義的、絕對的原則來陳述的，例如：「是一個眞正的基督徒。」他跟某些偏見類型的相似之處表現在他對其他人的特徵毫無寬容餘地（曾引證過的一個例子，吸煙和酗酒）。

下一個綜合症的例子，即抗議型，是完全受良心指引的。他試圖糾正由偏見造成的不公正。他把每個人都看成是有罪的。他可能由於自我懷疑而感到壓抑、神經過敏、害羞或苦惱。

低偏見的衝動型有强烈的衝動，但不是毀滅性的。他爲各種不同的事物所吸引；因此羣體內對羣體外的不同對他來說毫無意義。這一羣人包括浪子和吸毒成癮的人、妓女、非暴力的刑事犯罪分子和有些精神病患者。這些人的思維並不定型，但值得懷疑的是他們能否清楚地概念化。

懶散的低偏見綜合症據說與高偏見操縱的綜合症相反。這類人一切聽其自然，抱著得過且過的態度。他旣不想得到什麼，也不想破壞什麼，但又不受約束。他並不持有定型，但也賴於做出決定。他的體驗是敞開的。在非偏見的人羣中最普遍兩種類型是懶散型和抗議型。

最後，是純粹的自由主義者。這種人有强烈的個人自主感和獨立感。他不能容忍別人來干擾他的信念，也不想去干擾別人的信念。他把自己個體化，也把別人看作個體。像衝動的低偏見者一樣，他是易動感情的，但也是富有同情性並看重別人，把別人看作具有獨立人格的人。他具有道德勇氣的特徵。

99　　　　在**表 5** 中每一種亞類型在第二章中被廣密地匹配。脾氣怪僻的人是被引入**自我保護**階段。有關自我水準分類的信息並沒有提供；也許各種自我水準的人都可能成爲脾氣怪僻的人。具有表

假設的自我水準	高偏見型	低偏見型
衝動的	心理病態的反抗者	衝動的
自我保護的	脾氣怪僻的人 操作者 ＊權力主義者	
遵奉者	表面怨恨 ＊傳統的	嚴格的無偏見
良心—遵奉		＊懶散者
良心		＊抗議者
個人主義 自主的		純粹自由主義者

＊符號指常見類型

出處：《權力主義者的人格》，第 19 章（阿多諾、佛倫凱爾—布倫斯維克、萊文森、桑福特，1950）。

表5　阿多諾的有偏見者和無偏見者的類型

面怨恨特性的人也不是很清楚地指定的；他可能屬於**遵奉階段**，雖然他責備別人的傾向意味著較低的水準。在低的自我水準，我們能找到有偏見的類型和無偏見的類型，而在高的自我水準只有無偏見的綜合症。高偏見者的兩種最普遍的類型顯然代表了**自我保護階段**和**遵奉階段**。無偏見者的兩種最普遍的類型顯然代表了**良心—遵奉水準**和**良心階段**。存在於一個階段內的顯著不同的綜合症導致亞類型的問題（見第 8 章）。

在提出阿多諾的類型和綜合症時，我省略了他對導致綜合症的家庭羣集的評語，以及對戀母情結、本我、超我的評語。家庭成員和他們的關係只有透過被試的眼睛才能知道：所以他們似乎沒有提供另外的數據。反對有關內在心力和結構的推論是嚴肅的。本我和超我的術語是意義不明確的，在那些所報告的研究中沒有東西能夠把它們固定在行爲之中。

在我們的概述中省略家庭羣集還有一個理由，作者可能感到心理動力的解釋是他們最重要的發現。本書延伸的是別人用心理

動力的術語來解釋的羣集乃是普遍發展序列的階段。爲什麼有的
人沒能比他發展得更遠，需要有一個解釋，但是即便他在一個特
定的階段不再變化，他的性格的許多方面仍然沒有得到進一步的
解釋。一個自我水準較低的人不會區分他的自我觀念和自我理
想，但他並不需要動力的解釋；低水準的人根本不具備概念的複
雜性。他們並未抑制分化；他們從未有過這種分化。很清楚，自
我水準不能解釋爲什麼有些**遵奉者**或階段較低的人成爲有偏見
的，而有些人則不，也不能解釋爲什麼有些**自我保護的**人成爲脾
氣怪僻的人，有些成爲權力主義者，有些成爲操縱者。然而，許
多心理動力的解釋是指向由發展序列所決定的羣集。**表** 5 扼要
地闡述了必須加以考慮的內容。姑且承認在自我水準和心理動力
之外，還有許多因素決定了一個人是否成爲有偏見的人。例如父
母的偏見、羣體的影響、他自己的能力、經濟利益等等。但是在
那些高偏見者與低偏見者之間主要的羣體差異涉及到自我發展的
性格，並且最常見的綜合症是按照不同的自我階段來排列的。

在《權力主義者的人格》一書中，阿多諾和他的同事明確否認
有偏見的被試比無偏見的被試在某種程度上較少成熟。然而，佛
倫凱爾─布倫斯維克在研究有偏見的兒童和無偏見的兒童的人格
時，注意到與偏見有關的人格測驗的項目是與區別年幼兒童與年
長兒童的項目一樣的。她還注意到偏見的兒童與皮亞傑（1926，
1932）所描述的年幼兒童之間的傾向是相似的。「某些同種族中
心主義有關的傾向是一些必須加以克服的自然的發展階段，如果
要想達到成熟的話。」（佛倫凱爾─布倫斯維克，1951, p.
406）她預言研究人格的一個最有希望的方向是把發展的方法與
人格的動機方面和認知方面同時存在的利害關係結合起來。

格雷夫斯。大多數商業總經理對違背工作標準的現象提出解
決辦法，包括調換經理或工作人員。格雷夫斯（C. W. Graves,
1966）在一篇受到普遍重視的文章中建議說，解決的辦法在於更

適當地把工作人員、經理和工作規範匹配起來。他的提議是作爲對其他衆所周知的解決方法的一個可供選擇的項目而提出來的，諸如白萊克—摩頓（Blake-Mouton）的經理戰略表格和麥克格雷戈爾（Douglas McGregor）的公式。

在格雷夫斯看來，麥克格雷戈爾認爲大多數經理戰略是基於這樣的假設，一般人都討厭工作，如果有可能就逃避工作。他們缺乏志向、只尋求安全、寧願受人指導。所以，他們必須受到控制，强迫去工作。麥克格雷戈爾認爲如果管理建立在這樣一個可供選擇的假設之上，即努力工作是正常的，那麼生產就能得到改進。外來的控制和威脅不是最理想的工作條件。如果一個人的自我需要和實現的需要得到滿足，他就會運用自我控制和自我指導，並表現出想像力和獨創性。只要有可能，他就會樹立責任心。用我們的話來說，麥克格雷戈爾是在促使管理者放棄這樣一種假設，即認爲工人是在**遵奉**水準以下工作的，並促使管理者重視這樣一種假設，即認爲工人是在**遵奉**水準以上工作的。

格雷夫斯經過十四年的研究，提出他的可供選擇的觀點；但他並未提出他的數據或研究方法。他把他的觀點描述如下（1966, p. 120）：

　　成熟的人類有機體的心理是一種展開的或顯露的過程，其標誌是舊的行爲方式逐漸服從較新的、較高級的行爲方式。成熟的人類隨著他的生存條件的變化當然傾向於改變他的心理。每一個相繼的階段或水準是一種平衡的狀態，人們透過這種平衡狀態走向另外一些平衡狀態……他的活動、感受、動機、道德、價值、思想和偏愛管理等等都適合那種狀態……

　　一個人並非生來或體質上就爲正常的向上方向的變化做好準備，如果他的生存條件變化的話。在特定的條件

102

下，他可能透過一系列按層次排列的行為方式到達某個終點，或者他可能安定下來，並在層次的任何一個水準或幾個水準上度過一生。而且，他可能用一種特別積極或特別消極的方式表現一個水準的行為，或者他可能在某種緊張的情況下退回到層次中較低的行為方式……

　　在這種對人的概念中，一個雇員不是由一套一般的管理原則來駕馭的某種東西。他應該由適合他的行為水準的原則來駕馭……因此，當違背工作標準的現象出現時，我們應該先看一下生產者的心理水準和管理者風格之間的不協調現象。

格雷夫斯列出七個「人類生存的水準」，但聲稱大概還有更高的水準。第一種水準稱作我向思考的行為。處在這一水準的人只能含糊地意識到他們的存在，為偷生、疾病、生育、爭吵而操心。不可能期望他們多產，他們只對賜予和照顧做出反應。這一類型的雇員很少處於有利的經濟地位，但他們在不發達的地方是頗為常見的。

　　第二種水準是泛靈論的生存。這種人相信巫術、迷信和禁忌。有關時間、空間和數量的概念發展緩慢。因此，他只能在嚴格的監督下工作。做的工作是質量不一的和零星的。這些雇員甚至在美國這樣的國家也過得並不理想，但在有些工作上倒能應付，譬如美國和平隊。壓力和壓力的威脅可能用來促動這一水準的人，只要不去觸動他們的禁忌。壓力對我向思考水準的人是不起作用的。

　　第三種水準稱作「覺醒和害怕」。處在這一水準的人意識到自己的害怕的衝動和世界的令人迷惑的力量。他們渴望一個有秩序的、可以預言的、不變的世界，在這個世界裡人人都有一個命中註定的位置。他們生活在一個由道德規定的世界裡，並對嚴格

規定和嚴格推行的準則做出反應。這些人對自主和參與並不十分
欣賞。如果讓他們在專制和民主之間做出選擇，他們會選擇專
制。

　　第四種水準是用尋釁和權力的術語來描述的。處在這一水準
的人並不把自己看作爲必須符合一種規定的組織計畫。如果他能
夠，他有權來改變事物。生產可以由足夠的刺激來維持，但眞正
的奮鬥是爲了權力而不是物質利益。

　　第五種水準是用社會中心態度的術語來描述的。當一個人獲
得某種基本的物質和生理的安全感時，他的興趣轉向社會而不是
生理的或物質的事物。他需要一種志趣相投的氣氛和舒適的工作
步調，因此他可能比第三種水準或第四種水準的人少生產些，他
不再像第三種水準的人所認爲的那樣，工作是他的道德義務。然
而，集體努力能使生產率上升，尤其是當集體受到鼓勵去參與和
接受新的觀念來彌補虧損時，情境更是如此。如果管理者用這種
態度影響工人、強調增加生產率而忽視工人的人道要求，結果是
危險的。如果管理者屬於第五種水準而工人則屬於第三種或第四
種水準，則結果更糟。如果管理者試圖討好工人，爲的是他們受
人愛戴的願望，那麼對第四種水準的工人來說，這是一種盡量
「取悅」管理者的邀請，而第三種水準的工人則感到厭惡。

　　第六種水準被描述成尋釁性個人主義。處在這一水準的人並
不是由人的普遍恐懼來促動的，而那些處在較低水準的人則是由
害怕生存、害怕上帝、害怕老闆，或者害怕社會上的非難來促動
的。他是有責任心的和創造力的。他願意接受管理者規定的目
標，但他不希望別人告訴他什麼時候、怎樣或什麼地方去完成他
的工作。他不願遵循標準的操作程序。他是一個優秀的生產者，
只要管理者提供工作，而且不用跟他商量就能計畫或組織他的工
作方法。大多數管理者不了解這種類型的人。如果這些管理者是
屬於第四種水準的權力主義者類型或第五種水準的社會領導者，

104

則他就會威脅著他們的觀點。因此，這種水準的可能被開除或下放到某一個崗位讓他的天才埋沒掉。

第七種水準的人，可以用和平的個人主義的術語來描述，他們跟第六種水準的人相似，但較少對抗性。他的工作對他是重要的，他反對壓制、反對壓迫、反對約束；他在信任和尊重下茁壯成長。

類型的提出是應用於成人的。當類型學具有層次時，格雷夫斯並不把他的各種水準跟童年的正常發展加以比較。它們顯然是不同的，他的第三種水準和第四種水準能被評定等於我們方案中的自我保護階段（見**表4**）。用尋釁和權力等術語加以調節，儘管更為有效，但比起「覺醒和害怕」所能做的來，也許阻礙了更有決定性的進步；然而，在成人生活中也不可能導致更大的進步。第六種水準和第七種水準就尋釁而言相差很大。和平的個人主義可能包括**良心**階段的一些人，並且更有可能包括較高階段的所有的人。

當格雷夫斯對別人強調的自我發展不願多談時，卻對調節進行了較為詳細的研究。在用於管理和工人時，他開拓了一系列課題，這些課題都是未經探索的。當我們用一個有關自我水準的普遍量表來看待教師和他們的學生、社會工作者和他們的委託人、精神病醫生和他們的病人、父母和他們的子女時，能揭示出什麼呢？

發展的性格學家

105

許多學者把自我發展說成是一個序列，他們看到其過程在成人生活中有著重要的結果。這些性格學家知道每種類型必定有某段歷史。蘇利文（C. Sullivan）提出一種假設，認為性格中的個

別差異顯然不同於有關的成熟。本節的解釋把該論點推進一步，
使類型與階段一致起來。

　　蘇利文、格蘭特和格蘭特。我們的方案是從蘇利文、格蘭特
（M. Q. W. Grant）和格蘭特（J. D. Grant，1957）的方案中脫
胎而來的，他們稱之爲人際整合水準，但也可以稱作「一般的心
理發展」。他們和他們的同事曾對少年犯罪問題頗感興趣❷。

　　蘇利文，格蘭特和格蘭特假設了一種人格的核心結構，包括
在某種或多或少整合的認知方案裡的經驗、需要、期望和知覺。
這種人格的核心是突然生長的，具有相對穩定的間隔期：「雖然
在文化傳播中學習是重要的，但它本身無法說明所傳播的東西的
特徵和風格，就人對環境的情感的關係而言，也不能說明人類心
理的整合特徵。因此，我們認爲，除了文化移入和直接的學習過
程外，一個人還在他自己的內部建立起一種唯一能使他滿足的，
也是他能控制的目標、價值和願望的整合系統。沒有這種簡化和
整合，則激動著他的刺激的複雜性將是勢不可擋的。」（蘇利
文、格蘭特和格蘭特，1957, p. 374）

　　發展促進了對他人的認識，促進了知覺和認知的區別，促進
了精確的知覺和更有效的操作。在每一個連續發展的水準上，他
們描述核心問題，兒童在正常時間通過一個階段的特徵，處在該
階段的成人的特徵、典型的焦慮，以及違法的可能性。

　　在**水準一**，核心問題是分離的整合。嬰兒必須先掌握自我與
非我的區別。他們對現實、不可思議的思想、迷信，以及立即得

106

---

❷多年來，他們的工作基地是聖地牙哥的伊利安營地海軍研究指揮部，在
　那裡他們對違法青年進行研究，大多數是青春後期的青年。最近，該組
　的一部分成員受加利福尼亞青年組織的贊助，這個組織對加利福尼亞州
　的違法男孩和女孩有管轄權。關鍵人員有沃倫（M. Q. Warren，格蘭特
　之前）和帕爾默（T. Palmer）。

到滿足的共生關係的需要等等，都不易理解。不大有人試圖去完成或解決問題。處在這一水準的成人總是陷於困難之中；他們有時進了精神病院，或者進入諸如流浪漢營地那樣的邊緣團體，但處在這一水準的人並非全是精神病患者或流浪漢。

在**水準二**，核心問題是非我區別的整合。開始區分人和物的差別，但兩者都被看作是使自己滿足的手段。處在這一階段的人不斷提出需要。「在他掌握物、情境和人的需要裡，他將屢次落入一種不成熟（*crude*）的操作模式，傾向於把別人作爲工具，而沒有意識到他們的感受，也沒有顧及對他們或自己的後果。」（p. 378）一旦他們的要求得不到滿足，結果就會發怒、焦急、離開場地，或者表面上顯得屈從而內心卻鬱積一團怒氣，但跟別人沒有實際的交往或予取。法律、規則和懲罰被解釋爲僅僅是拒絕滿足。當這一水準進入成年生活時，違法和流浪是常見的。

在**水準三**，核心問題是規則的整合。處在這一水準的兒童發現世界是由規則治理的，但規則是任意的、獨特的，並且是施行控制的一種法寶。處在這一水準的成人「把了解別人的行爲純粹作爲一種對他自己操作的反映，並尋求最終的和絕對的社會規則，這些規則將確定哪些東西是他所期望的，哪些東西是他必須避免的，以便他以後能夠乞靈於規則來獲得他所需要的東西，如此才能控制別人，正像他感到被人控制那樣」（p. 379）。

107　　在這一水準有兩種成人、騙子（即欺詐的人格類型），和遵奉者。兩者都對迅速而又容易地滿足他們的需要感興趣。他們都害怕因違反規則而被捉住，他們並未體驗純粹的內疚感，雖然他們可能說他們有這種感覺。所以處在這一水準的人有一種客觀化的超我。他們不承認有問題或情緒，他們在表面上是心理健康的，沒有典型的神經病症狀。人際關係被想像成人們試圖彼此之間把對方變成傻瓜，至少**水準三**的騙子是這樣的。他們傾向於從權力角度看待人和事，其反應或者是表面屈從（**遵奉者**），或者

是出之挑戰、鬥爭和篡奪權力（騙子）（沃倫，1969）。

　　水準四的核心問題是反應的個體化。處在這一水準的人，把自己看作是不同於準則和不同於具體的人，而不是把自己與準則一致起來（沃倫，1966）。**水準四**的人早期特徵是「緊張、懷疑、迷惑、有時敵視、總是焦慮不安」（蘇利文、格蘭特和格蘭特，1957, p. 382），現在則留做神經病的亞類型（見第 8 章）。

　　在**水準五**，核心問題是持續性的整合。人們是根據模式來看待自己的行為和別人的行為。他具有神入和分化角色概念的能力。當他開始從過分緊張的自居中解放出來，他能更好地理解和欣賞別人，把他們作為複雜的個體來反應。「然而，他自己的角色的模棱兩可性可能喚起他的焦慮不安；他可能為他所扮演的角色不相容性而感到心煩；他可能感到泛化，即對他的角色哪一個是基本的，哪一個是『真我』而感到疑惑。」（p. 384）

　　在**水準六**，核心問題是自我一致的整合。這種人具有自我一致的意識，而不管他所扮演的角色有否變動，也就是說，他跟別人的關係有否變動。把自我和角色分開，使成熟、長期目標和人的關係成為可能。

　　在**水準七**，核心問題是相對性，運動和變化的整合作用。這種人在自己身上和別人身上看到整合過程，增強了他理解應付那些在較低水準上起作用的人的能力。把這些階段跟我們階段的最有可能的匹配，見**表 6**。

　　解釋這些水準與別人研究之間的許多區別的一種方法是蘇利文、格蘭特和格蘭特對每一水準上順應不良者的研究，而其他一些研究，包括我們的研究，主要涉及到順應良好的研究。他們並不提供愉快的、本性良好的、信賴別人的、高尚的**遵奉者**，也不提供順應良好的、有責任心的、成就定向的**良心者**，這種**良心者**缺乏那種能把自己升到**水準五**或更高水準的頓悟；但這些可能是

108

近似的自我水準	蘇利文、格蘭特格蘭特的整合水準	帕克的性格類型	柯爾伯格的道德基礎	布爾的道德類型	佩里的智力—道德範例
前社會的	1. 分離性				
衝動的	2. 非我的區別	非道德性的	懲罰與服從	無目的性	
自我保護的	3. 規則（騙子）	權宜的	樸素的工具主義的	他律	兩重性
遵奉者	3. 規則（遵奉者）	遵奉者	良好關係和贊同	社會法則	前正統的多重性
良心—遵奉	4. 衝突和反應		法律與秩序		多重性
良心		非理性的良心	民主契約	自律	關係主義
個人主義的	5. 連續	理性的—利他主義的	良心的個人原則		
自主	6. 自我一致性				信奉
整合	7. 關係				

表 6 蘇利文、格蘭特、格蘭特、帕克、柯爾伯格、布爾、佩里的自我階段—類型

一般成人人口中兩種最普通的類型。沃倫和帕爾默的近期研究是建立在亞類型基礎上的，我們將在第八章考察。

　　艾薩克斯。艾薩克斯（K. S. Isaacs）體系中的核心術語是**關係**〔*relatability*。艾薩克斯，1956；艾薩克斯和哈格德（Haggard），1956〕。它涉及到人際關係的能力發展，但對潛力來說，不是指現在的作用水準。雖然行為沒有被假設成準確地反應關係水準；但是對一個特定水準的行為來說，先決條件是它在有關自己或別人幻想中顯露出來的跡象。根據這一推理，艾薩克斯運用**主題統覺測驗**（Thematic Apperception Test, 簡稱TAT）作為他的主要測量手段。他的大多數被試是大學生或心理治療的病人或兩者都有。

關係不同於性心理發展、認知發展、情緒健康或自我力量
〔在一個時期，艾薩克斯還說過它不同於自我發展的成熟，但通
常（在私人交談的情況下）他同意它們是密切關聯的概念。雖然
他用**自我發展**這個術語來表示較廣泛的一組成分〕。「關係量表
是增強自己與別人的分化，增強對別人描述鑑賞的一系列水
準。」（艾薩克斯，1956, p. 12）人們意識到別人的獨立存在和
他們對別人的看法的複雜性，在某種程度上是大不相同的。這種
對別人的描述開始是知覺性的，然後是理智的，最後是情感的。
關係涉及到對別人的情感意識。在每一關係水準上有許多表現形
式。這些表現水準可能具有易變性，但在任何特定的時間，這種
特徵水準，也就是說最高潛力，是相對穩定的。發展的連續性要
比其他生長序列長些，也許進入生命的第四個十年。

110

　　在最低或 Z（Zeta）水準，這種人在感情上處在出生不滿一
個月的嬰兒的水準。很少有成人在這一水準上操作，除非在生病
或極度緊張時。處在這一水準的人能夠從知覺性上和理性上但不
是從感情上把自己跟別人區別開來，幻想表明還不能在自己與別
的客體之間、人類與非人類之間，甚至有生命與無生命之間做出
區分。「處在這一水準的幻想趨向於貧乏、無生氣、非人格。他
們意識不到自己的感受，或者影響個人的需要和願望……在這一
水準只有一點兒『生活的規則』，而這一點是無法適應世界的真正
複雜性的……感情上的盲目性如此局限，以致處在這一水準的人
在試圖理解和預料他們周圍的事件時，往往產生混亂、迷惑和毫
無頭緒。在某種程度上，對較為發展的人來說所能看到的環境的
一部分，對這些人來說卻是不存在的。」（p. 16）

　　在 ε（Epsilon）水準，感到自己跟別人有所不同，但沒有
相互作用的可能性，雖然在日常生活中發生相互作用。這種人看
到他自己的需要和困難，但沒有滿足或求助別人的可能性。感受
可以像處在更高水準的人那樣緊張，但「它們是無意識的，被接

受的，沒有具體的人類對象，雖然發生部分客體的關係。滿意和滿足都在自身內部，而跟別人無關……在幻想中，甚至身體的相互作用都不存在」（ p. 18 ）。

在 δ 水準（ Delta ）水準，認識到人際的影響，但它們是一個人對另一個人的作用方式，而不是眞正的相互作用。反應是看
111　不見的。不像 Epsilon 水準的人那樣，Delta 水準的人不僅想要什麼東西，而且主動爭取他所需要的東西。以別人自居和眞正的社會參與是其他一些新的因素。幻覺包括（ pp. 19～20 ）：

> 從別人那裡得到或被別人剝奪掉；控制別人或被別人控制；做出努力以保證進一步獲得；拼命去獲得滿足，不惜陷害、坑人、搶奪、欺騙、越軌；或者在得到別人的便宜時逃避給人捉住。這裡既有頑強和抗拒，可能也有服從，主要是出於害怕的反應。

> 被證實的影響是高度人爲的，而不是非人爲的。影響包括羞恥、厭惡、害怕、焦慮、發愁、憤怒，或任何一種其他東西，這些都需要相互作用，但不需要理解或考慮對方。當看到有兩個或更多的人受到影響時，他們都傾向於被看作爲一個人；這裡是一般的而不是個別的。當看到一羣人時，就把他們看作是具有統一的心理和統一的感情反應。這裡有一種傾向，即把人看作是屬於羣體，因爲還沒有看到獨特性……

> 戲弄人、惡作劇、騙局、懲罰，或者用暴力是控制的方法……跟別人競爭似乎代表了一種控制的獲得，或權力的獲得。有時是使自己的安全免遭傷害的一種方法，或者保證食物供應或其他滿足。競爭可以採取對自然力的抗爭形式或經濟循環的一般傾向，但即使這些，其中也有鬥爭的因素，以保全被壓服和被控制……當認明接受者之後，可能出現某種行善和給予，所以象徵性的對自身行善，或

給予自己是行得通的。

在 ɣ（Gamma）水準有一種雙向的人際關係的知覺。形式 112
和法則對衝動的控制來說是重要的。Dalta 水準的人體驗到自
居，憐憫別人，Gamma 水準的人是能眞正同情別人。按照艾薩
克斯的說法，Gamma 水準是社會上爲數最多和占支配地位的水
準，艾薩克斯描述 Gamma 水準有如下說法（pp. 21～22）：

> 把別人作爲一個人來考慮，認爲他也有需求，也有個
> 人的感受，而且兩者可能跟我們自己的需求和感受有所不
> 同，這一事實爲行善、給予、愛某個人、跟我們自己不同
> 的人提供了基礎。施捨變得跟獲取一樣重要，雖然獲取在
> 施捨之後仍然是一個重要的方面，人們通常把現在的給予
> 以便隨後的獲取看作爲潛在的動機。等待獲取的能力已經
> 得到發展。Gamma 水準的跡象是：開始替人著想、和
> 藹、體貼別人、慈悲、助人、細心照顧別人、合作、願意
> 跟別人同甘苦。達到 Gamma 水準的其他一些跡象是對
> Dalta 傾向感到內疚，討厭自己或別人有 Delta 傾向。

在 β（Bata）水準，有一種「從給予和獲取的傾向性昇華
到一個更客觀的境界，即不受自身的局限，用某種觀點看待自己
周圍的活動，包括自己的活動」（p. 23）。這種人對自己和別
人的感受有一種較爲分化和複雜的知覺，並覺察到人際關係的更
爲複雜的模式。或許是因爲「努力克服了獲致的罪惡感」（p.
23），他們對內疚很少關注。「這一水準的中心是把自己和別人
最後從內部心理上分離開來。在試圖修正和重新整理早先自居的
各個方面的過程中，可能存在著對那些暫時把自己內部的鬥爭力
量人格化的人開展鬥爭」（p. 24）。β 水準爲從內部限制中解
脫出來而進行的奮鬥看來可能與 Delta 水準爲反對自我界限的侵
犯而進行的鬥爭相像，但僅僅是表面相似。隨著自己和別人的現 113

實知覺日益增强，對別人的體諒也更爲眞誠，比之較低的水準來對眞正的長期的自身利益也更爲自由。

在人際成熟水準，即 α（Alpha）水準，「爲個性而奮鬥已經過去，因爲自己的個性和別人的個性都已被認識……不再像 Delta 水準那樣爲自由而奮鬥，也不像 Gamma 水準那樣爲內疚的奮鬥，更不像 Beta 水準那樣爲控制和規定自我界限而奮鬥」（p. 26）。「不再像 Beta 水準那樣爲別人的感受所限制，不像 Gamma 水準那樣要求幫助別人，或者像 Delta 水準那樣要求控制別人。」（p. 28）從早先水準的鬥爭和需求中解脫出來使 Alpha 水準「有大量熱情可派上用場，而且能以充分的感情鑑賞其他人的個性，並且意識到其他人的人格的不同方面」（p. 27）。

艾薩克斯認爲，他的概念不是一個隱伏著混亂的行爲主義的概念。他並不把行爲分成預期特質的跡象和樣本。當前的人際關係並不表明關係能力，因爲他的目標是前意識的感情態度。然而，除行爲外別無接近之法。對 TAT 的反應是行爲，但行爲是被用來作爲一種跡象而不是引起爭論的特質的一個樣本。這裡已被省略的艾薩克斯的許多主張，使用了這樣一些術語，它們無法揭示能爲他提供信息的行爲（包括所報告的幻想）。

在**表 7** 把艾薩克斯的階段和我們的階段相比較。他對他的 Beta 水準比起**良心階段**的特徵容許更多的自我頓悟；他的有關 Beta 水準的說法與**良心階段**到**自主階段**的過渡十分一致。他對 Alpha 水準的描述，像許多闡述中的最高階段一樣，是過於理想化的，好得幾乎無以復加。**遵奉者**用 Gamma 水準來代表，但**良心者**由於缺乏對自己的頓悟而沒有列入這一系統，這種疏忽，我們在蘇利文、格蘭特和格蘭特的文章中也注意到。**表 7** 和**圖 5-1** 取自他的表和圖，表明某種發展的內在邏輯。

帕克（Peck）。在有關正常靑少年的縱向研究中，帕克〔帕

近似的自我水準	艾薩克斯水準	自制的基礎	關心別人	理解別人	客體、關係、能力
前社會的	Zeta z	並非內在的基礎			無客體的關係
衝動的	Epsilon ε	害怕懲罰			部分客體
自我保護的	Delta δ	害怕懲罰	害怕；有求於別人	自居（認同）	嘗試全部客體
遵奉者	Gamma γ	為了相互滿意	反應形成，同情	同情	解決全部客體
良心	Beta β	對別人情感的鑑賞	認識自由	神入	非自居（認同）的客體
自主	Alpha α	尊重自我概念的個性	尊重個性	神入的昇華能力	內在客體不再重要

來源：《關係，一種建議的結構和證實它的方法》（艾薩克斯，1956）

表7 艾薩克斯關係水準的特徵

克和哈維斯特（Havighurst），1960〕曾提出過一種道德品質的動機概念。他的思想受到佛洛依德、榮格、蘇利文、霍妮（Horney）、佛洛姆的影響。帕克描繪了五種人物類型，每一種類型代表心理社會發展的一個階段。這五種類型打算囊括所有可能的適應模式。他把這五種類型與心理性慾發展的階段相對照（艾薩克斯否認這種相關），引出的一個課題留待第七章討論。帕克的概念強調在行動中表達出來的控制和動機模式，看來這和艾薩克斯的非行為的強調相反；然而，帕克和哈維斯特的評定人員被鼓勵去包括「未能足以導致明顯表達的動機」（帕克和哈維斯特，1960, p. 228）。

由於每個人的行為都含有易變性，這五種動機模式也就構成了個人性格的組成部分。人們可以按照占支配地位的組成部分來分類。然而在他們的研究中，並非所有的例子都有一個占支配地位的組成部分；因而，他們是按照組成部分的模式來分類的。請

近似的自我水平	關係水平	人際圖解
前社會的	Zeta z	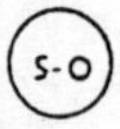
衝動的	Epsilon ε	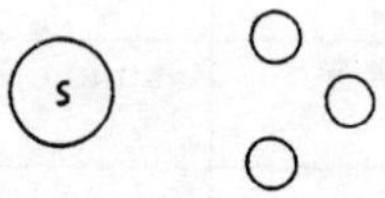
自我保護的	Delta δ	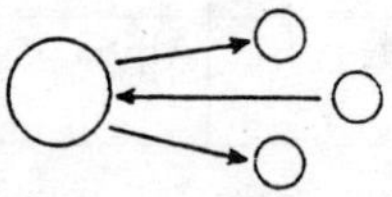
遵奉者	Gamma γ	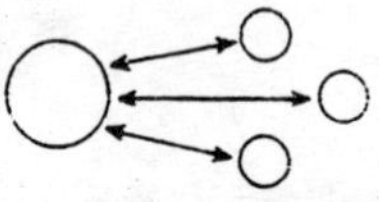
良心	Bata β	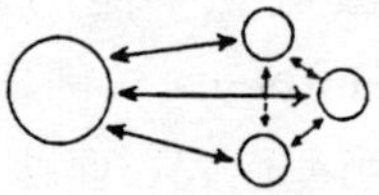
自主	Alpha α	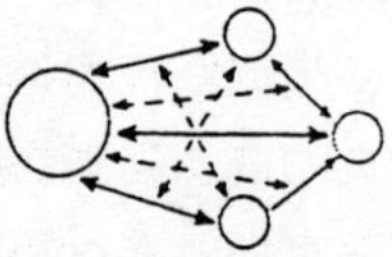

註：S 指自我；O 指條件

圖 5-1　艾薩克斯的關係發展圖

記住，沒有一個人完全是一種類型的，讓我們來看一看帕克對作
為純粹的或理想的類型的每一個階段所做的描述。

　　非道德的類型相當於心理變態的人格。他是衝動的、難以管

束的、自我中心的。他沒有內化的道德原則或良心。把別人看作
是滿足他自己的工具。如果一個處在非道德水準的成人基本上是
敵意的，則他可能成爲違法者或刑事犯；如果他不是敵意的，則
他可能迷人但毫無責任心。這種類型在生命的第一年是正常的。

　　權宜類型也是自我中心的，也沒有內化的道德原則或良心。
他把別人的反應和幸福僅僅作爲進一步達到他個人目的的手段。
當他的個人目標包括有利可圖的名望或社會表揚時，他的行爲有
可能像較高水準的行爲，表面上遵奉道德原則。與非道德的人相
比，他看到遵奉社會規範的好處，但他可能在破壞規範於他有利
的情境裡失檢，並且不會被人捉住。這種類型在許多年幼兒童中
是常見的，所以他們的行爲必須用獎賞和懲罰來控制。

117

　　對**遵奉類型**來說，一個普遍的內化原則是羣體中其他人怎麼
做，他也怎麼做。他嚴格地遵循具體的行爲準則。當他犯規時，
他感到痛苦的不是內疚而是害羞，害怕別人非難。他有原始的良
心，因爲他對犯規感到不安，但他沒有抽象的道德原則，也不關
心他的行爲對別人的影響。如果遵循規則得罪了別人，他不感到
內疚，也沒有責任心。他可能對有些人友好，對另一些人殘忍。
這種類型發生在童年的中期和後期，與皮亞傑的他律道德相像。

　　非理性—良心類型有內化的和抽象的道德原則。當他違背了
這些原則，他感到內疚。這並不是他的行爲的結果，也不是別人
的非難使他痛苦，而是違背了他的刻板的超我。非理性—良心類
型被判斷爲像**遵奉者**一樣的發展水準。

　　理性—利他主義類型有穩定的道德原則，現實地評價他的行
爲結果，並且按照有利於別人幸福和自己的幸福來行動。他的良
心或超我是堅定的，但他在實行規則時又是靈活的。他能認識到
別人的感覺，但他並不會喪失觀點，從而以別人自居。他具有頓
悟，並正確對待自己。他對工作抱建設性態度，並把社會生活看
作是對共同目標的協同努力。他能判斷一個人的特殊行動，而不

把他作爲一個整體來讚賞或譴責。他尊重每個人的完善，並且對所有人都如此。他是自發的和有理性的，他的情感是適當的，沒有非理性的焦慮或內疚。「他是成熟了的，在情緒上『善於調節』，並盡力發揮他的建設才能。」（p. 9）帕克和哈維斯特承認理性—利他主義的類型是理想化了的類型，也許沒有人能夠達到這一水準並穩定地保持它。**表 6** 呈現了與帕克的每一種類型近似的自我水準。

帕克的概念既不包括最低也不包括最高階段。而**理性—利他**的人則有一些最高的自我水準的特徵，他有的是美德，並無問題。至於處理內部衝突的問題（有別於痛苦的衝突），角色概念的問題，同一性的鞏固問題等等在這一方案中是不出現的。因爲沒有必要把最低和最高的自我水準問題看作是道德問題，然而，這種限制可能是正確的。

如果人們把**理性—利他**模式作爲一種理想，他就能堅持說**非理性—良心**和**遵奉**模式同樣地望塵莫及，但認爲它們代表著平行的發展階段乃是一個問題。帕克似乎是站在邏輯的立場上來決定這一爭論的。其他一些心理學家認爲**良心**類型要比**遵奉**類型代表著一個更高的發展水準。人們可能看到帕克是根據另一個全然不同的變量，諸如神經病傾向、神經病性格變態或調節等性，把**良心階段**分成兩個頂峯水準。

帕克和哈維斯特的方法起碼可以作爲一種發展的性格學，因爲這些研究者把每一種類型看作是每個人的一個組成部分。人們可以在邏輯上堅持說，人人都具有他所經歷過的有關各階段的一個組成部分，但不能說他具有超越他現在水準的有關各階段的一個組成部分。再則，帕克和哈維斯特說他們的青少年被試「是根據他們的類似於這一模式的性格比例而被鑑定的，運用這些方法我們能夠合理地預期男孩和女孩的年齡」（pp. 9~10）。這種說法意味著年齡相倚的評分，這就違背了發展性格學的邏輯。

　　柯爾伯格。柯爾伯格的練達的理論著作（1963，1964，
1969，1971）爲一個範圍廣泛的研究提供了中心概念。由於他的　119
觀點廣泛可用，我們綜述是簡潔的。柯爾伯格關心的是道德品質
的發展。不像帕克，柯爾伯格著重把思想意識而不是行爲作爲結
構的核心。當他解釋皮亞傑理論的細節時，他肯定了他的影響，
也肯定了鮑德溫、麥獨孤、米德的影響（第11章）。柯爾伯格
斷言兒童道德判斷是在一個預先註定的序列裡作爲一種認知和情
緒的重新組織的功能而發展的。他把他的觀點和社會學習理論相
對比。社會學習理論代表了不同的道德風格，它是由訓練來直接
標誌的，並不像他所認爲的那樣，是透過內在邏輯而無須父母和
其他權威施教的東西來發展的。

　　所有的研究人員必須確立有關他們結構的客觀性和普遍性，
並且研究道德發展的人必須與哈桑（H. Hartshorne）和梅（M.
A. May, 1928）早已聞名的發現競爭，哈桑和梅認爲兒童的欺騙
和不誠實和情境無關，並且和兒童對他們的錯誤所表示的看法無
關。柯爾伯格在討論這個問題時，把重點從道德判斷的內容轉移
到它的形式。那些隨著年齡而變得日益有道德的東西，不是受譴
責或讚許的特殊活動，而是兒童的理智及其對情境的構造。柯爾
伯格證明自我變量受到成熟過程的影響（有時他把這一過程確切
地描述爲自我發展，有時又稱作自我力量，這是一個不恰當的術
語，因爲艾瑞克森和別人已警告過，自我力量基本上不是一個成
熟的變量。兒童有他自己的適合其年齡的自我力量）。

　　柯爾伯格的主要手段是採用典型的、不完整的道德兩難故
事。例如，一個男人的妻子如果不服某種藥就會死去，而他沒有
錢去買此藥。他是否該去偷？故事是在個別談話時呈現的。要求
兒童讀完故事並提出他們的理由。僅僅是根據提出的理由來打
分。對階段或類型的最初闡述來自七十二個正常的男孩，年齡爲
十歲，十三歲和十六歲；後來又對不同文化的各種對象進行研

究。

120 　　柯爾伯格從麥獨孤的道德發展階段開始（第11章），他把
它概述爲前道德水準、世俗的角色遵奉水準、自我認可的道德原
則水準。在這三個水準中每一個水準柯爾伯格辨別出兩種類型。
這六種類型的道德定向代表了他的階段。

　　他區分出大約三十種道德方面，諸如道德活動的動機、人類
生活的道德價值的基礎、尊重權威的基礎。有時他把它們稱作爲
「方面」（dimention），但他是在假設一個方面，其他許多方
面只是表現形式而已。這六個階段中每一個階段在道德的每一個
方面有一個表示態度的特徵。在他的記分手册裡記錄著對每一個
階段的反應進行打分的文字說明。

　　類型一是懲罰和服從的定向階段，除了由外來約束所强制的
具體規則，沒有責任或道德的概念。懲罰被想像爲不具人格的報
復行爲。地位高的或權威是不受規則約束的。權威是由年齡、大
小和權力來衡量的；尊重權威僅僅意味著服從。並不關心別人的
幸福，除了避免禁忌的活動之外。人生的價值可能和物質占有的
價值相混淆，或者可能根據人的地位或物質標誌。

　　類型二是樸素的工具性的享樂主義，遵循規則是爲了獲得獎
勵和好處。這是相互作用的開始，但嚴格地建立在針鋒相對的基
礎上。有權從別人的錯誤中獲得好處；他對別人痛苦沒有責任。
權力是建立在所有權基礎上的；至於怎樣行使可能干擾別的權力
那是管不了的。如果已經有了物質上的賠償或者其他解決辦法，
懲罰是不需要的，抵罪性的懲罰被解釋爲受害者的報復。

　　類型三是和別人保持友好關係並獲得別人讚許的好孩子道
德，他循規蹈矩以避免受人非難或惹人討厭。對別人有純正的同
情、喜愛別人，並且保持忠誠。責任是根據習慣式「自然」來定
121 義的，但爲了忠誠偏離規則也是允許的。人沒有權力去做壞事。
道德的互惠是基於感謝而不是一對一的交換。權威是理想化的。

　　類型四是維護權威的道德，人們循規蹈矩以避免受權威的譴責和造成內疚。法律要求不折不扣的服從，因為這是社會秩序的基礎，它維護分配的公正。偏離規則是對遵循規則的人的不公。對整個社會最好的東西具有合理的評價。就地位身分而言，觸犯道德和法律是不正當的，但就情境而言可能被認為是正當的。懲罰被看作為抵罪，付出欠社會的債。懲罰教育了罪犯，他做錯了事就得讓他感到追悔。處在這一水準的人否認道德衝突的可能性，正如處在較低水準的人所做的那樣，除了規定的角色責任外，他們並不感到對自己的行為後果負有責任。權利就是要求，是一種合法的期望，通常是掙得的。在一個有關權利和責任的明確的道德或宗教的秩序中，生活有其神聖的地位。

　　類型五是契約的道德和民主地接受法律，人們遵循法律以維護一個公正的旁觀者根據社會的幸福來進行判斷的尊嚴。法律要求服從，因為法律是民主過程的產物。互惠實現了社會契約。分配的公正是根據機會平等而不是結果來設想的。權威的地位不同於掌握地位的特殊人物；對權威的尊重是基於選擇的質量而不是其身分。懲罰有助於恢復名譽；實施懲罰對法官來說是一種契約的義務。人們除了堅持角色和身分的權利外，還有一般的人權，包括生存的權利。

　　類型六是良心原則的道德，一個人遵循原則以避免自我譴責。責任是良心的內在動力。一個人要對他的行為結果負責，也要對該做而未做的負責。道德原則是普遍的原則，從中可以派生出具體的規則。互惠不是根據契約而是根據需要，以維護個人的信任，作為理想社會的一個條件。人生的神聖代表了尊重個人的普遍價值。

122

　　把注意力集中在道德問題上使最高自我階段的輪廓弄模糊了，從道德態度來看，最高自我階段和**良心階段**是沒有區別的。自覺處理作為一個內部問題的道德衝突，對我們的**自主階段**來說

是典型的，在**類型六**的描述中卻沒有強調，但在說明該思想的水準中彷彿是強調的。在柯爾伯格的階段和我們的階段之間近似的對應在**表6**中顯示。

柯爾伯格提出了同階段的序列和序列的不變性這些方法論的問題有關的證據。他的受試者被歸入和他們的思維形式水準相一致的階段，大多數在形式階段以外打分的思維存在於他的被試的兩個鄰近的階段（柯爾伯格，1969）。一個縱向的研究表明，在測試錯誤的限度內，受試者或者停留在同一水準或者在水準上前進。然而，為了維護這一模式，必須對階段的定義略加修正（柯爾伯格和其他人，1973）。他測量道德發展的方法將在第八章和第九章進一步考慮。

布爾。布爾（N. J. Bull, 1969）提醒我們，道德發展的觀念大部分是二十世紀的。在以往幾個世紀裡，一直認為兒童的良心是先天的，結果，他們的不端的行為被粗暴地裁定。布爾把道德發展分為四個階段：**無目的性**、**他律**、**社會法則**和**自律**。從每一個階段步入成年生活的人當中具有各種類型，每一個階段堅持一種道德判斷的模式，直到它超過這一階段。所以，這種概念是一個真正的發展的性格學。布爾把良心看作為是起源於社會的，並且是人的一種功能。在他的概念中所缺乏的是結構的見解。

布爾的受試者是三百六十個學齡兒童，男女均有，從七歲到十七歲。他給他們一系列測驗，大多數是透過個別談話來提供的，但也用某些紙和筆測驗作為補充。許多道德問題是透過類似皮亞傑的談話方式來呈現的。它們包括偷竊、欺騙、說謊和生活價值等問題。布爾表明兒童的水準部分取決於情境或問題。他並未提供方法把亞測驗中的發現結合起來，以便獲得一個人的起作用的特徵水準。

無目的性是一個前道德階段。行為是本能的，受愉快和痛苦的制約。在這一階段，由於愉快和痛苦的引導，出現了某種學習

和適應。在某種意義上，他把這個階段說成是權宜的，不過這個標籤在邏輯上更吻合下一階段的描述，或者階段與階段之間的過渡。

布爾提醒我們說，康德認爲**他律**（*heteronomy*）這一術語是指來自外部的德性，**自律**（*autonomy*）是指自由地接受的德性，因爲是由內部引出的。他律是外在的道德。它的約束力是獎勵、懲罰和害怕被發覺。他律的目的是訓練兒童來控制他天生的衝動。在它的初始階段，過錯是用懲罰來鑑定的。過錯不被發覺或不受懲罰，則做壞事就算不了什麼。當原來的特殊的禁令成爲普遍的規則時，他律就向下一階段發展，即向社會法則發展。

社會法則是外部—內部的道德。它包括這樣一個階段，道德判斷是由和別人的關係，特別是和夥伴的關係來形成的。因爲涉及到合作，自我中心減少了，一個人感到自己是羣體中的一分子。開始有義務和責任感。自尊開始取代害怕而成爲道德行爲的動機。制約是稱讚和責備，公眾意見代替了父母和其他權威人物。其他一些動機包括害怕在社會上孤立，包括同情和建立互相友愛基礎上的利他主義。在社會法則階段，內部發展開始了，意識到別人、和別人的關係、對他們本有的責任，以及行爲的法則。社會法則是社會遵奉的階段。皮亞傑所說的可逆性大部分屬此，雖然這一術語本身有點含糊不清。可逆性既可以用於嚴厲的報復，以眼還眼，也可以是眞誠合作。內疚取代了害怕，作爲這一階段的一個制約，轉而爲下一個階段的更加發展的良心開路。

最高階段是**自律**或內在的道德。情緒自律意味著脫離家庭的束縛。價值自律包括批評傳統的規則。行爲自律意味著自己做出決定。自我判斷、自我批評和自我控制是自律的所有方面。在這一時期，良心的成長包括非理性的超我，抑制和壓制衝動，有意識的自我理想，以及來源於愛而不是害怕。

布爾反對皮亞傑關於他律是自律發展的絆腳石的看法，他說

是自律必不可少的先行者。據布爾認為，皮亞傑過分重視相互尊
重而對自尊作為道德自律的基礎卻重視不夠。布爾堅決主張自律
是以他律為基礎的而不是以可逆性為基礎的，正如皮亞傑所認為
的那樣，看來這和承認可逆性或社會法則是一個不可避免的中間
階段頗不協調。布爾的「緊跟父母、老師和傳道士」似乎跟皮亞
傑的「打倒父母、教師和傳道士」一樣具有傾向性。

布爾的階段和我們的階段之間近似之處在**表 6** 顯示。布爾
並不關心我們的最高階段的特徵問題，確實，他提出的道德發展
在十七歲之後就不再發展了。

關於布爾的經驗主義的發現，也許最有趣的是女孩在年齡十
三歲到十五歲時比男孩成熟得更快。他進一步證實了皮亞傑的發
現，即兒童並不認為欺騙是道德過錯。這一證實是重要的，因為
許多關於道德發展的理論是建立在哈桑和梅的研究的基礎上的，
即把欺騙作為典型的道德情境。

豪。豪（L. P. Howe）的發展性格學出現在一些著名的性
格學之前，但大部分未出版（霍爾特，1948；豪，1955，
1970）。她可能是第一個注意到米德和佛洛依德對自我發展理論
做出相似貢獻的人，對此，我們將加以討論。像帕克一樣，她在
自我階段和心理性慾階段之間建立了一個暫時的一致性，但我們
125　決定把它省略，因為這也許是錯誤的，並且肯定是沒有經驗根據
的。

豪的第一個自我階段稱作**自然階段**（Physical），其動人的
原則是被動—依賴的嬰兒對其主動、哺育的母親的一種原始的移
情的自居作用。關於這個階段，和所有其他階段一樣，她認識到
某些貫穿生活的殘餘。人與人之間的相互影響具有積極—消極的
方面，導致幫助、支持和保護。這個階段的病理學的形式是基本
上無責任感。雖然豪在這一點上是不明確的，但人們可能假設她
所說的病理學形式是指蘇利文的含有惡意的轉化，以及超過適齡

時期仍停留在某個階段。**自然階段**相當於我們方案中的**前社會階段和衝動階段**。

豪的第二個階段是**力量依賴階段**。對占有的興趣、控制、受控制、反抗是這個階段的重要方面。社會現象包括師徒關係和尊重大人物與傳統。病理學的形式包括權力主義、對作為威脅的地位的權力的成見、強迫的儀式主義。這個階段相當於我們的**自我保護階段**。

豪的第三個自我階段稱之為**平等尋求**。服從有權勢的人部分地為尊重規則所取代，規則是人人要遵守的。社會現象包括尊重眞理、正義、光明磊落，和羣體團結的意識。病理學的形式包括種族中心主義、過分遵奉、反抗遵奉、偏見、妒忌競爭。這個階段相當於我們方案中的**遵奉階段**。

第四個階段是**目標定向**。目標部分地取代了作為個人和社會組織基礎的規則。社會現象包括合作和指向民主協商的目標的技術過程。在**平等尋求階段**，甚至更多地在**目標定向階段**，對成人的自居作用在功能上是以關係的相對性，而不是像前兩個階段的情況那樣，以個人的和感情上的聯結為基礎的。豪把兩種類型的自居和佛洛依德的主要過程和次要過程之間的區別聯繫起來，早先形式顯然是荒謬的，後來的形式顯然是合理的。**目標定向階段**近似於向**良心階段**的過渡，可能也包括良心階段。 126

在豪的方案中，最高階段稱作**價值定向**。它具有理想、正確觀察、承擔義務、建立親密關係的能力、不斷擴大興趣和價值的可能性等特徵。這個階段相當於我們方案中的**良心階段**以上的所有水準。

佩里。在所有的自我發展的方案中，對大多數大學生最具刺激性的是佩里（W. C. Perry, 1970）的方案。他報告了一個研究，在這個研究中，哈佛大學研究商議所有顧問會見了一九五七屆四年級的十七名學生。談話未經組織，開始提一個問題，例

如：「請你講一講在這一年中你最凸出的是什麼？」第二個一般
性的問題是：「照你剛才說的，你是否記得任何特殊的事例？」
提問者進一步談話都是在學生提供的論題中找到的線索，並試圖
弄清他的一系列思想。

佩里的方案是一系列方式的編年史，學生從中分析他們的體
驗，特別是有關知識的性質和來源，有關價值和責任，即思想變
化的發展。由於受到加利福尼亞有關權力主義人格研究的影響，
佩里和他的同事開始探討學生的類型或世界觀，從那些純兩重性
的和絕對論的思想到那些相對論的和相倚的思想。在研究了一九
五七屆的完備的談話紀錄後，佩里發現了一組有局限性的立場，
學生是從這一立場來觀察他們的大千世界的。而且，還有一種發
展的序列，它是由立場的內在邏輯和學生的連續談話的順序來規
定的。然後把這個方案應用到對一九六二屆和一九六三屆學生的
研究，結果令人滿意。

佩里簡略地介紹了他的論題（1970, pp. 1～2）：

127　　　　讓我們假定一位講師，他宣布今天將考慮三個理論
　　　——（不論他的論題是什麼）。學生 A 總是認爲知識含
　　有正確的答案，也就是說每個問題應該有正確的答案，教
　　師解釋這些答案以供學生學習。因此他來聽講師陳述他該
　　學習的那個理論。

　　　　學生 B 做出同樣的假設，但認爲教師有時提出問題和
　　步驟，而不要提供答案，「這樣我們能學會靠自己找出正
　　確的答案」。因此，他把講課看成是一種猜謎遊戲，要他
　　「猜出」哪個理論是正確的，這種猜謎遊戲是很公平的，
　　只要講師不要把問題隱藏得太晦澀。

　　　　學生 C 認爲一個答案只有根據其上下文才能稱作是
　　「正確的」，而上下文或「參照構架」是不同的。他假設
　　一首詩的幾種解釋，一個歷史發展的說明，或甚至有關物

理學中的一類事件的理論可能「有賴於你怎樣去看它」。雖然他覺得在這樣一個萬花筒的世界裡有些不自在，他還是假定講師可能提出三種合理的理論，這些理論能夠檢驗它們內在的一致性、它們的範圍、它們跟各種數據的吻合程度、它們的預示力等等。

不論講師怎樣做（根據自己的設想和意圖），這三個學生以不同的方式來看待這一體驗，涉及到對他們自己的選擇和責任的不同評價……

B 的假設形式包括 A 的形式；而 C 的假設以不同的更廣的形式包括 A 和 B 兩種形式。很明顯，在這一講師要做的事件中，每個學生的不同處境是符合其他學生的預期的。例如，學生 C，面對著 A 或 B 的任何一個所預期的講演，在準確地解釋這一體驗時沒有多大困難，不需要修改他的關於學習性質的基本假設。他的假設合乎邏輯地擴展到這樣一種可能性，即一個特定的講師可能「有這樣的觀點」，有一個正確的答案。然而學生 A，面對著 B 或 C 所預期的講演，或者修正他的基本假設，或者用這樣一種方法，即「講師到處講演」或「這跟課程根本沒有關係」來解釋這一體驗。

因此，階段的序列不是任意的，也不是選來遷就佩里的個人價值體系的，而是由情境的邏輯來決定的。而且，個別的學生傾向於從 A 的立場發展到 B 的立場再發展到 C 的立場。對階段序列的一個比較微妙的證據看來和該序列的偏離有關。

立場一，是**基本的兩重性**，世界是用兩重的術語來描述的，正確對錯誤、好對惡、我們對別人。有絕對正確的答案權威人物是知道的，他們的任務是來教導別人。知識和德性是透過服從和努力工作一點一滴地積累的。差異是看不出的。

立場二，是**前正統的多重性**，學生看到意見分歧，但不作為

128

合理的不確定事情的跡象。他可能把多重意見看作是**權威人士**布置的一種練習,「這樣我們才能學會如何來發現答案」,或者把分歧解釋爲別人的混亂和錯誤的象徵,即別人是錯誤的。這些遵奉者屈從於這樣一種立場,把自己對**權威人士**的自居看作是正確的並且具有絕對的**眞理**;他們認爲別人是糊塗的和錯誤的。具有相反立場的人可能把**權威**看作是錯誤和糊塗的,「我們是對的,反對權威的」。

129

　　立場三,是**從屬的多重性**,學生把意見分歧和不確定的事情看作爲在某些領域裡是合理的;也許**權威**本身「還沒有找到答案」。他被這些領域裡的評分標準搞得不勝困惑;也許它是「說對了」,也許是油嘴滑舌,也許是胡扯。

　　立場四,有兩個選擇,**相關的多重性**和**從屬的相對主義**。在**相關的多重性**裡學生看到兩個領域,在一個領域裡,有一個絕對正確的**權威**,正如前述的立場那樣,在另一個廣泛的領域裡意見分歧是合理的,並且不確定性占優勢——「任何人都有權利表明他的意見」。這一多重性的領域是與自身關聯的,被體驗爲混亂的、解放的,或好奇的。一個持有異議的學生可能竭力擴大多重性的領域,因爲在那個領域中「他們」沒有權利使我們感到內疚。在**從屬的相對主義**裡,學生已經發現有關上下文的和相對論的推理的東西,也就是說,數據能夠表明與一個命題相一致,命題可以表明彼此之間相一致,或者是與一個合乎理論的立場相一致。這被看作是「他們要我們如何去思考」知識的性質,而不是這些事物是知識的性質。

　　在**立場五**,可供選擇的是**相對主義的關聯**、**相對主義的競爭**、**相對主義的傳播**。這裡,相對主義是一種觀察、分析評價的方法,不是因爲「他們要我們這樣來想」,而是因爲所有的知識都是承上啓下的和相對的。**兩重性**的正確對錯誤的思想是一個從屬特殊的例子。在**相對主義的關聯**中,世界被分成各個領域,在

有些領域裡**權威**是有答案的，像物理學一樣，在有些領域裡必須使用相對論，像**英語**一樣。在**相對主義的競爭**中，相對論是適用於整個世界的，其兩重性答案作為一個亞類，但這一觀點和早期的立場是交替的。最為充分發展的結構是**相對主義的傳播**結構，在這裡，相對論是普遍地接受的，但並不意味著信奉。沒有絕對性；權威和我們所有的人都屬於同一相對的宇宙，在這宇宙裡，事物在程度上有所不同，並且是遵循參照的構架的。

立場六，是**預知的信奉**。在這一立場，不再簡單地相信有絕對的確定。相對論作為知識的性質的一部分被接受。為了使自己在相對的宇宙中定向，學生意識到個人的信奉在邏輯上是必要的，或者感到這是一種需要。這一實現可能帶來渴求、失望、混亂或接受。

立場七，是**最初的信奉**。學生在某個領域做出信奉或肯定，在他自己的經驗或選擇中接受它的起源，並決定有多少跟他過去的價值相連續，有多少他將與之決裂。信奉「涉及到一個在世界裡被看作為相對主義的肯定，也就是說，在分離、懷疑、有選擇的覺醒之後，個人選擇的經驗成為可能。它是一個經過生活考驗的行為，而不是一個未經生活考驗的行為」（p. 136）。就宗教而言，無異議的信念的喪失可能是一種更深刻的信念的開始。區別無異議的信念和有異議的信念的決定性標準和接受相對論是一個人對待和接受那些具有其他宗教信念或毫無信念的人的態度。

立場八，是**信奉涵義的定向**。**立場九**，是指**發展的信奉**。這些立場並不是用定性的措詞來加以區別的，但包括進一步發展有關**立場七**的問題和從信奉中產生的同一性。

沿著這一序列的發展並不是一帆風順的。佩里描述了對生長的三種選擇：**拖延、退卻、逃避**。拖延意味著停留在任何一個立場達一年之久，典型地意識到前面的步驟。**退卻**發生在多重性出現之後，並涉及到主動否認別人觀點的合理性。變化包括頑固的

130

反動派、教條主義的造反派，和否定論的、消極的抵抗權威但說不出任何原因。**退卻**典型地使人退回到一種絕對兩重性的立場。**逃避**典型地使學生陷入中間立場。這裡，相對主義或多重性被用來為疏遠或冷言冷語服務，或者它可能永遠被改裝，用來為權威的目的服務。

131　　　當這些可能性似乎在取消序列的證據時，一個嚴密的觀察提供了一種證據：「那些我們認為『進取的』學生對他們自己的成熟的意識很清楚，並且對之頗有滿意之感。那些我們看到站著不動的，或靠邊站的，或往後退的學生，承認他們在迴避某種東西或否認某種東西或反對某種東西，他們經常覺得不安或不滿，近乎感到恥辱。有些人談起這些時期，他們感到他們『走得太快』，已經變得令人吃驚地混亂。總之，學生們完全有意識地體驗到朝向成熟的迫切感，這和我們在他們的報告中所學到的形式的進展是相一致的。」（p. 50）

　　在其他時間和地點，正常的青少年強烈要求反抗權威，這具有鼓勵序列的進展的效應。在哈佛大學和其他具有相似環境的學校出現了一種異常情況。學校使它的權威披上相對主義的，反對權力主義的外衣，部分是由於個別教授和學校本身信奉的結果，部分是由於教授之間觀點分歧的結果。對這些傾向遵奉的人來說，這種氣氛使得克服權力主義傾向更為容易，因為他們能把容忍分歧同化到「他們要我們做什麼」中去。對一些持有異議的青年來說，在這些情況下反抗使得這一異常的過程回到權力主義的兩重性的觀點上來，很清楚這不是大學所想鼓勵的。

　　佩里在他的談話紀錄中發現了發展過程的動力（pp. 51～52）：

　　　　動力（對生長來說）似乎混合了許多「動機」：十足的好奇；力求勝任，這只能從了解一個人和環境的關係中呈現出來；一種從不一致、不和諧、反常的體驗中理出頭

緒的強烈願望；一種被人類羣體視作成熟的願望；一種在
人際關係中追求真實性的願望；一種發展和肯定同一性的
願望等等。它把所有這些動機集中到一種走向成熟的強烈
願望，把所有這些動機置於內部的標準之下，對這一標準
來說，人人都負有責任。

　　如果組成這種激勵進步的動機是促使學生發展的唯一
力量，那麼當然就沒有問題的平衡，沒有需要勇氣的戲劇
性事件，標準也就沒有意義。成熟確實有其發現和擴展的
樂趣，但其道德意義來自補償力量的挑戰。每前進一步，
都要求學生「大膽應付」局限性、不確定性、業已建立的
信念的取消，而同時要求新決定和承擔新的責任。

　　這種補償力量的羣集似乎包括這樣一些傾向，例如，
希望保留早先的滿意或安全，希望維持家庭或家鄉價值和
思想方法的一致性，不願承認一個人做錯了事，懷疑一個
人能否勝任新的不確定性和責任心，而最重要的是要維護
一個人所感到的自我〔安吉爾（ J. R. Angell ），1965〕。
貫穿在所有這些守恆動機中的是對一種變化可能迅速引起
另一種變化的理解。

物質世界與心理學之間的一個區別在於心理學理論是反省
的、確實，判斷心理學理論的一個方法是和—同理論家自己的行
爲如何。根據這一準則，自我發展的理論要比簡化論好得多。對
此，佩里做了如下的描述（ p. 203 ）：

　　　作爲講究來龍去脈的實用主義者，我們看到我們的哲
　　學假設是加倍地反省的，舉一件事，在我們的方案達到最
　　高點時，我們的大多數學生被描繪成用那些和我們方案本
　　身的哲學觀點非常相似的術語來談論世界。再舉另一件
　　事，我們把同樣的假設用於我們的親屬（也是調查人

132

133

員）、用於研究的數據。但是，由於在我們的講究來龍去脈的實用主義和存在主義的框架內我們看到推理由於最終需要是循環論證的，所以我們把這種雙倍的反省看作爲德性一致性的表現形式，而並未把這種循環看作爲一定的壞事。我們只關心這種循環能說明足夠的範圍。也就是說，我們關心這種循環做出足夠的掃描藉以產生建議，這些建議結合了各種經驗，並對測驗可能是敏感的，至少在有些方面是如此。

表 6 表明我們的階段和佩里階段的相似之處。在他的解釋中沒有與衝突階段相對應的，也不會期望處在該階段的人會到哈佛大學去。佩里發現正常的哈佛畢業生很有可能在某個階段做出一種信奉，這一發現與格雷夫斯的發現形成令人掃興的對照，格雷夫斯發現，那些不久就要加以研究的正常的商業經理在思想上可能是權力主義者。

結　論

有人說每一種分類都是不公正的。這對於把一個人歸入任何一種自我水準來說並不言過其實。不公正在於把一位心理學家體系中的階段跟另一位心理學家體系中的階段混起來排列。上述方案的作者並不是所有時間都在談論同一個變量，但在所有的解釋中難免有共同的因素和共同的現象，對此他們給予不同的接近方法。這一積累的效應，部分應當歸功於觀點、預先假定、實例、問題、接近被試的方法等方面的不同，在於某種潛在的現實性。而且，還發現了許多看法，正如我們在許多地方所發現的那樣，我們毫不懷疑還有許多許多。

有些作者把人際關係作爲他們的核心或主要論題，有些則作

為道德判斷或品質，有些則作為認知方面。在以人際關係為主要
論題的那些人當中，H・S・蘇利文、艾瑞克森，奧蘇貝爾是發
展主義者，格雷夫斯是性格學家，艾薩克斯、C・蘇利文、格蘭
特和格蘭特是發展的性格學家。在那些以道德品質或判斷為主要
論題的人當中，皮亞傑是發展主義者，布爾和柯爾伯格是發展的
性格學家。性格學可以在這裡未審查過的經典的文獻中找到。在
那些主要關心認知方面的人當中，費倫齊是發展主義者，黎士
曼、阿多諾、佛倫凱爾—布倫斯維克、萊文森、桑福特都是性格
學家，佩里是發展性格學家。

　　從 **表 2** 到**表 7**，概述了階段和類型的對應性，可能只有壞
處沒有好處，因為它們鼓勵過早的結束複雜的論爭。要想確切地
說出一個系統中的什麼階段或類型對應於另一個系統中的階段或
類型，目前還做不到，鑑於同樣的理由，目前還不可能確切地說
出每一階段或類型的特徵是什麼；我們將在第八章考察這些理
由。很明顯，單有關鍵詞還不足以匹配階段；例如「自主」在量
表上是可上可下的。

　　許多看法已被省略。哈維（D. J. Harveg）、亨特（D. E.
Hunt）和薛洛德（H. M. Schroder, 1961）有時把他們的變量稱
作認知複雜性，有時稱作自我發展；然而，他們的類型和我們的
階段之間的聯繫過於複雜以致難以運用。有些研究人員將目前的
工作大部分建立在這裡所評論的方案之上，例如，建立在柯爾伯
格和我們的方案之上。鄧代爾（Van den Daele）曾從事理論的
再建工作，介紹了許多新的參數。塞爾門〔1974，塞爾門（R.
Selman）和裴納（D. Byrne），1974〕和布勞通（J. M.
Broughton, 1975）都尋求連續統一體，這在某種意義上是基本
的源泉或者說明自我和道德發展的先決條件。塞爾門的理由是，
扮演別人角色的能力是人際發展的基礎，因此要在這種能力中去
尋找階段。布勞通的理由是，認識論，尤其是自我、心靈、知識

135

的概念，是先決條件。他從鮑德溫的一本鮮爲人知的著作《思想與幸福》（*Thought and Things*, 1906～1915）中汲取了一些觀點。布萊西（A. Blasi, 1971, 1976）曾提出責任感的發展階段。他堅決主張使一個變量成爲基本的東西也在某種意義上使它成爲不那麼決定性的。決定性的東西是，一個人是否把使他的能力成爲己用的更高形式的責任作爲他自己的責任（見第 3 章）。

本章中涉及到許多問題。例如，自我發展和調節和心理病理學的關係是什麼？它怎樣才能和其他發展區分開來？怎樣對它進行測量？這些將成爲以後各章討論的主題。

第六章
最適生長和心理衞生

136

　　我們已經回顧了作為一系列階段質變的自我發展的概念，現在根據極性變量轉向自我發展的補充概念，也就是說，在發展期間不斷增加的自我特點。階段概念在中間範圍最為明顯，在上限則傾向於逐漸模糊，而極性變量按定義是固定在它們兩端的。任何一種可以測量的特質都能看作是一個極性變量，但是它們當中只有極少數屬於自我發展的極性特點。例如，**遵奉**是一種特質，許多人已經找到方法來測量自我發展的中間範圍的峯值〔霍比（C. F. Hoppe），1972；哈拉喀爾（C. M. Harakal），1971〕。顯然，在嬰兒期已經可以找到自我發展的開端。上限的識別是更成問題的。不同的學者甚至就哪些人可以作為最適度的例子有不　　137
同的看法。自我發展與諸如調節和心理性慾發展等其他變量之間的混淆在上限處為最大。

　　自我發展的極性特點，最高階段的特徵，以及自我發展與心理衛生的關係等課題是交織在一起的。本章的目的在於豐富自我發展的概念，引申出新的特點，並劃清其界限。關於認知發展和心理性慾發展的界限問題留在下一章討論。

極性的方面

　　弗魯格爾（J. C. Flugel, 1945）將鮑德溫、麥獨孤、皮亞傑
等心理學家的頓悟與佛洛依德、阿德勒和其他人的見識結合起
來，得出一種廣義的「道德進步」的發展概念。他不分階段，也
不做出孩提時代的詳細類比。他根據八種一般的傾向描述道德進
步：第一，道德進步是從自我中心向社會發展的，是從只顧自己
的願望和需要向逐漸意識到別人的要求發展的。有關他人的圈子
不斷擴大，一直擴展到社會內的各個階層，其中許多人不是親自
熟識的。第二，道德進步是從無意識向有意識發展的，也就是說
逐漸使大部分生活受到個體的意識和控制。第三，道德進步是從
我向思考向現實思考發展的。第四，道德進步是從道德抑制向自
發的德性發展的。然而，小孩身上已經有自發的德性；精神分析
特別強調過度抑制和約束的害處。在中年，正如弗倫凱爾〔後來
是弗倫凱爾—布倫斯維克（E. Frenkel-Brunswik）〕和惠斯柯夫
〔後來是惠斯柯夫—喬生（E. Weisskopf-Joelson），1937〕所表
明的那樣，意願和責任趨於結合，從而導致自發的德性。第五，
弗魯格爾說過，道德進步是從尋釁向容忍和慈愛發展的。第六，
138　道德進步是從恐懼向安全發展的。他指出焦慮是一切形式的精神
病和神經病的特徵。他並不認為從恐懼到安全通常是隨年齡而進
展的。第七，道德進步是從他律向自律發展的。最後，道德進步
是從道德判斷向認知判斷或心理判斷發展的；這種傾向可以被解
釋成是從尋釁到諒解的進步。弗魯格爾說得很清楚，上述八個內
容不是彼此獨立的，而是從八個方面或方法來探究一個問題。

　　兒童思考現實的能力的發展是極為明顯的，以至於引起了許
多學者的討論。佛洛依德的術語是**主要過程**的思考和**次要過程**的

思考。主要過程是少年兒童的思維特徵；主要過程的思考受意願和恐懼的制約，而不受現實考慮的制約。這種形式存在於成人的無意識之中，在睡夢中很明顯，並且在對神經病症狀和口誤（slips of the tongue）作精神分析治療時足以得到證實。因為，佛洛依德並不認為兒童的思想可以作為成年期失敗的推理，而是應該把它看作本身具有的意識。白勞蘭（E. Bleuler, 1912, 1916）區別了現實的思考和我向（*autistic*）的思考，後來稱之謂孤僻思想（*dereistic*）。蘇利文（H.S. Sullivan）區別了未分化的方式（*prototaxic mode*）、不完善的方式（*parataxic mode*）和綜合性的方式等思想。最原始的思想和經驗方式是未分化的方式；在這一方式中，並不察覺以前或以後的情境。不完善的思想方式是違背邏輯的，是少年兒童的特徵和症狀形成的特性；它很接近佛洛依德所說的主要過程的思考。綜合性的思想方式是經雙方同意的思想，接近佛洛依德所說的次要過程的思考。皮亞傑本人一直是研究智力發展的，他追踪思維活動，從感覺運動的圖式經過前運算思維和具體運算思維到形式運算思維。這些區分也許不能確切地與佛洛依德、白勞蘭和蘇利文的區別相比較，但我們應該記住兒童的智能在每一個階段的限度，限度的意義需要用精神病學的術語來確定。

有一個關鍵性的術語，即**內化**，許多學者已經發現它是有用的；內化這一術語往往被用來描述有關自我發展的一個基本的極性特點。它是卡勒（E. Kahler）《記敍文的內化》（*Inward Turn of Narrative*, 1957, 1959）中的一個中心術語，該書是一本從最早的史詩到十八世紀小說的文學概論。卡勒把藝術看作是對人的自我意識和他賴以存在的現實的紀錄。幾個世紀以來，人們逐漸從純粹描寫外部事件（最初還不是人類的所作所為，而是神鬼的所作所為）轉而描寫他們自己的內部世界和對外部事件的反應。內在意識的展開同時也是我們賴以存在的世界和我們自己

的展開和客觀化。由此可見，卡勒的書是藉世界文學的發展來反映我們意識中的自我發展。

馬斯洛：自我實現和高峯體驗

　　馬斯洛（A. H. Maslow, 1954, 1962）的課題一直是動機。他曾說過所有人的動機可以根據本能需要的層次來描述，即生理需要、安全需要、愛、歸屬和認同的需要、尊重和自尊的需要。所有這些需要都是缺乏的需要。高級的需要具有不同的類型；它是發展和自我實現的需要。由於這些需要構成一個層次，因此其序列是重要的。在較低級的需要未得到滿足時它們便會占居優勢；當較低級的需要得到滿足時，較高級的需要就占居優勢。基本的或本能的需要特徵是（馬斯洛, 1962, p. 20 ）：

> 　　(1)它的缺乏導致疾病；(2)它的存在防止疾病；(3)它的恢復治癒疾病；(4)在某些（極複雜的）自由選擇的情況下，被剝奪的人對它的願望超過其他滿足；(5)它在一個人衰退時是不活動的，或者在健康的人身上是不起作用的。另外兩個特徵是主觀的，一個是有意識的或無意識的渴望的心願，另一個是缺乏或不足的感覺，一方面彷彿失掉了什麼，另一方面又津津有味……最初的動機標準，除了行為心理學家之外一切人類仍在應用的標準是主觀的標準。

140

　　馬斯洛的許多追隨者把他的需要層次作為類型學的一個基礎。就這方面來看，與自我發展的階段相一致是相當清楚的。生理的需要對應於**前社會的**和**衝動的階段**；安全的需要對應於**自我保護階段**；愛和歸屬的需要對應於**遵奉階段**；遵重和自尊的需要對應於**良心階段**；自我實現的需要對應於**自主階段**和**整合階段**。

對馬斯洛來說；重點在於每個人的所有需要的存在。我們大多數人在大多數時間是在低於自我實現的水準上活動的，他稱之為正常的精神病理學。

有一次馬斯洛發現和研究了許多自我實現的人。由於他們在大學生中所占比率約為千分之一，用調查法來決定案例是不切實際的，所以他從朋友和熟人當中挑選案例。由於他的許多朋友和熟人發覺他的徵詢是想研究他們從而感到為難，所以他最後研究了知名人物和文壇巨匠，這些人可以在公開的文獻中找到。按照馬斯洛的說法，自我實現的特徵是：並非固定的狀態而是變化的過程，所以是廣開發展之門的；更有效地知覺現實，亦即「更少盲目性」；內部生活的有效性；對外部世界的生動知覺；處理抽象和具體的能力；容忍模稜兩可的話，有內疚感和責任感；自發的能力，而不是強制的努力；反對敵意的取笑；歡樂，尤其在性生活和其他愛情關係方面；克服矛盾和極性；承認現實；更大的整合、自主和同一性；增加自身的客觀性、獨立性和超越性；民主的性格結構。有一次，他曾認為廣大的、神秘的、審美的經驗在這一羣人中間是普遍的，但經證明並非如此。由於馬斯洛的描述對自我發展的最高階段或**整合階段**有用，所以他的主張即這一代表心理衛生的最高狀態是跟我們的觀點相矛盾的。衛生與自我發展並不是一回事。矛盾被馬斯洛有關心理疾病作為對立極的保留意見給弄純了；他喜歡用的術語是**人類的還原**（ *human diminution* ）。

後來馬斯洛對他所稱的高峯體驗（ *peak experience* ）發生興趣，這是一個人能夠回憶起的最奇妙的經驗或最入迷的時刻。他的興趣部分在於這些經驗本身的特徵，部分在於他的前提，即普通人在這一時刻的體驗近似於自我實現的人經常經歷到的體驗。

心理學家差不多都接受這一前提，即所有的行為都是被激發的；馬斯洛指出，人在未被激發時，他是最真實的，享受著一種

141

自得其樂的經驗，正如在高峯體驗時那樣。這些體驗誠然可能會
有結果，但這些體驗是由他們自己尋求的，而不是爲他們提供
的。這些時刻是存在的而不是形成的。處在這些時刻的認知有一
種不同於普通的缺乏激發的認知（稱爲 D 認知）的特徵。在 B
認知，即存在的認知或高峯時刻的認知，人們撇開通常的傾向，
按照用途把對象分門別類以便加以利用。事物是作爲獨特的對象
而不是作爲一個分門別類中的成分供他們自己欣賞的。知覺是較
爲豐富的，對象是被充分照顧的。在那種時刻，知覺是被動的和
接受的。在時空上可能有一種懸而未決的定向。也存在一種暫時
拋卻焦慮和抑制的傾向。因此高峯體驗可以被認爲是克里斯（E.
Kris, 1934）所說的「在自我服務中倒退」。在那種時刻，自
我、本我和超我之間的界線，主要過程和次要過程之間的區別似
乎已經消除。

馬斯洛的解釋，強調在所有階段對一切人來說動機繼續存
在，至少作爲潛力，這一解釋有效地糾正了這樣一些理論，即現
142 階段的自我發展作爲不可逆的成就的一部梯子，像數學的一系列
課程那樣。同時，馬斯洛的觀點和他的研究方法是這樣的，遮掩
了進步中的類似成就的因素。由於未能把他的觀念跟任何發展方
案協調起來，馬斯洛留給我們一些實質性的問題。他的自我實現
的人物是成熟期的極限，但是他也體現了一個良好調節或最理想
的心理衛生的定義。良好的調節或良好的心理衛生可以表示任何
年齡的人的特徵，而成熟期則否。誠然，馬斯洛所例舉的那些自
我實現的人物都是年過五十的人。爲了澄清成熟期和心理衛生的
關係，所需要的是一個不考慮年齡而適用於良好調節或心理衛生
的概念。

馬斯洛在缺乏動機（只尋求解除痛苦）和發展動機（尋求鍛
鍊和實現）之間的區分是有啓發性的，也使人感到困惑。我們馬
上認識到，正如我們所意指的那樣，大多數實驗心理學是建立在

由於缺乏動機而進行的研究的基礎上的。學習理論，如同早期的
精神分析理論一樣，傾向於忽視發展的動機。然而，發展的動機
是從生命開始就存在的，而動機的層次是隨時間而發展的。嬰兒
在有意義的使用自尊或認同的概念之前就已經在玩耍競爭以求發
展。誰能說嬰兒和兒童缺乏高峯體驗？至少，在嬰兒和兒童方
面，馬斯洛認爲，當缺乏的動機由於某種矯正或修正得到滿足
時，發展的動機就開始活動。我們不得不跳過馬斯洛以便把他的
見解跟自我發展的概念和理論協調起來。

斯切特爾：知覺變形

　　正如斯切特爾(E. G. Schachtel, 1959)的《變形》(*Metamor-phosis*)一書所宣稱的那樣的基本論題是發展；他特別提到了情
緒、知覺、集中注意力和記憶。讓我遵循他的論點。這一講解是
相當複雜的。因爲斯切特爾先是解釋了佛洛依德的一些論點，然
後又反駁了他的論點。

　　按照斯切特爾的說法，生命的最早衝突在於迫切要求生長和
從原始根基中解脫出來感到焦慮這兩者之間，在佛洛依德著作和
許多學習理論中普遍存在的緊張減弱的快樂模式，導源於絕對強
調根基影響。新精神分析的自我心理學，雖然比早期的精神分析
更加強調來自本我的自我的自主，但仍保留緊張減弱的模式作爲
其基礎。哈特曼（E. Von. Hartmann）學派認爲自我是自主
的，也就是說，自我的發展並不是本我與現實之間衝突的結果，
肯定有一個沒有衝突的自我領域。相反地，斯切特爾認爲人是向
世界敞開的並且是享受世界樂趣的；快樂不能還原到取消激動，
每個人的奮鬥也不都導源於性慾和尋釁。另一方面，人的才能的
訓練不可能沒有衝突。

143

佛洛依德把影響看作是對活動的干擾和選擇。與此相反，斯切特爾認為世上不存在沒有影響的活動。渴望和熱情就是活動影響的例子。斯切特爾把影響與緊張的發散性釋放的結合稱作根基影響（*embeddedness affects*）；鑑於這種情況，快樂可以定義為從緊張中得到解脫。純粹的根基原型是胎兒的生命和睡眠；在這些情況下，一切刺激都會妨礙安靜。活動的影響可以從托兒所幼兒的那股勁兒上觀察到，可以從幼兒凝視發亮的東西過後去拿該東西並且學習走路中觀察到。

斯切特爾區分了兩種模式的知覺。在自我中心模式（*avtocentric mode*），重點放在感覺的質量上，放在人所感到的快樂或不快樂上。在異體中心模式（*allocentric mode*），重點放在對象究竟像什麼上。就嬰兒而言，所有的知覺開始是自我中心的；隨著年齡的增長，明顯轉向異體中心模式。一些比較低級的感覺，諸如嗅覺和味覺，幾乎完全是自我中心的知覺。視覺是異體中心感覺的願望；聽覺也主要是異體中心的；觸覺是兩者都適用的。由於自我中心的知覺並不密切地與快樂相連接，因此，快樂的知覺和現實的知覺是完全分開的，這就大大地反駁了佛洛依德的說法，即現實的原則是繞道快樂原則而出現的。

144

肌肉的觸覺體驗中的快樂並不是生來就是性慾的或尋釁的。這些體驗是遊戲發展中的步驟，原本是無對象的。後來從遊戲中出現了對象。所以，嬰兒從自我中心模式的體驗出發，其中刺激最初是無快樂可言的，進而發展到一個占優勢的快樂狀態。於是，一種對客體的異體中心興趣逐漸支配了有關刺激的自我中心興趣。同時，集中注意的能力也在增長。感覺接觸的快樂感受是聯繫現實的一條紐帶，而不是試圖擺脫刺激，正如佛洛依德的快樂原則模式所意指的那樣。

這裡存在一種熟悉的影響，即對曾經看見過的事物進行重新感受的快樂，它先於自覺認識的發展。嬰兒看到母親的臉就微笑

是一個例子。把體驗分成熟悉的體驗和新的體驗是導致渴望根基與渴望遭遇和探索之間衝突的一個重要因素。異體中心模式的知覺要比自我中心的知覺更容易自動回憶起來，這是因爲它的較大的客觀化，也就是說，它是用熟悉的思想類別來表達的。

　　成人生活中的許多知覺是由斯切特爾所說的次級自我中心所支配的。在初級自我中心，知覺帶有喜歡和不喜歡的色彩，而且至少在最初，對新的刺激的反應是消極的。在次級自我中心，知覺局限在對人的需要和目的有用的客體上；這種知覺有助於人去迴避現實中遇到的新概念。科學作爲對其目標的預言和操縱力量典型地屬於這種性質。對其他人的知覺，次級自我中心可能採取這樣一種方式，即根據地位或傭人或主顧來看待人。次級自我中心的最常見的形式是憑標鑑和原型（stereotype）來看待一切事物。與次級自我中心相對應的是，在人的亞文化中存在一種次級的根基。

　　所以，兒童對世界的異體中心的開放在大多數成人身上已經消失。斯切特爾用社會中心知覺（*sociocentric perception*）一詞替代了自我中心知覺。當次級我中心和社會中心知覺占優勢時，它們便與異體中心知覺和成人水準上的自我中心知覺相衝突。通俗地說，以原型和標鑑爲基礎的思想和知覺與客觀世界的現實知覺和感覺世界的充分享受相衝突。145

　　人類對世界的興趣不同於動物的愛好，因爲人類的興趣涉足廣泛，充盈豐富。在斯切特爾稱之爲異體中心態度裡，存在一種對客體和轉向客體的興趣；它包括整個客體和觀察者的存在。對客體的異體中心興趣導致了對客體的全面知覺，但它不同於嬰兒的全面性，嬰兒的全面性融合主體與客體，或者說不同於早年的幼兒期，在早期的幼兒期裡客體的獨特特徵是知覺不到的。相反地，它預先假定客觀性，也就是說，作爲一個客體來欣賞客體。

　　創造力不是用約束可以抑制的，有些精神分析家認爲，標鑑

和成見對我們開放世界具有較大的制約作用。斯切特爾對克里斯的創造力概念來自「在自我服務中倒退」的說法持懷疑態度。創造活動的內驅力內容是多樣的，不是決定性的。具有決定性的東西乃是在與客體遭遇時的開放程度，這和內驅力頗為不同。

有關一個客體的觀念的發展取決於意識聚焦的發展。當嬰兒注意到一個客觀時，其未注意到的背景頗似抑制的概念。當然，差別在於迅速而又自覺地轉移注意力的可能性。正如佛洛依德所假定的那樣，對現實世界的思想和興趣的能力並不是繞過滿足本能需要這條道路而發展的。相反地〔這裡，斯切特爾接受了哈特曼、克里斯和洛文斯坦（Loewenstein）的增加部分〕，思想是在對客體的需要和自發興趣的推動下得到發展的。如果需要太強烈，無法產生最適度的發展。佛洛依德的假定是，嬰兒早期未得到滿足的衝動導致幻覺的滿足，這和我們現在所知道的有關嬰兒發展的說法是相背的。嬰兒無法對母親的乳汁或奶瓶引起幻覺，因為嬰兒還沒有那樣的知覺。嬰兒渴望和幻想的東西是滿足的全部經驗；這可能是往後生活中的幻覺祖先，但它不是次要過程思想的祖先。對客體的遊戲性探索，沒有內驅力的需要，乃是次要過程思想的發展基礎。

佛洛依德根據兒童的性壓抑解釋了嬰兒和幼兒大多數記憶的普遍健忘，但不清楚為什麼性記憶的抑制會導致其他自傳性事件的抑制。斯切特爾特別強調了一個不同的因素。成人思想的類別和圖式既不適合於保留幼兒期的經驗，也不適合於對它們的回憶，一個解釋性的機制使經典的佛洛依德抑制論黯然失色，而不是直接予以反駁。幼兒期的健忘是針對自傳性事件的，而不是針對不斷使用的詞或技能的。當人們試圖回憶夢境或兒童言語的語法錯誤時，可以觀察到記憶中的一個類似的困難。每次連續的回憶使它聽起來更像正常成人的思想和言語。禁忌和抑制作為抑制性慾和快樂體驗的工具，比之在兒童的心靈上施加社會標鑑和類

別的準教育手段所完成的微妙腐蝕來更糟糕。「記憶不可能完全從人身上消失，他對經驗的接受能力不可能完全靠圖式化來抑制。它存在於這些超越文化圖式的經驗之中，存在於這些超越傳統的記憶圖式的經驗記憶中，每一次新的頓悟和每一件眞正的藝術產品都有它的由來，這樣才有進步的希望，才能擴展人類行爲和人類生活的範圍。」（斯切特爾，1959, p. 322）

斯切特爾的書由於把自我發展和知覺聯繫起來從而豐富了自我發展的概念。馬斯洛稱之爲高峯體驗的一個要素，就是斯切特爾所描述的隨即而來的開放。我們不妨假定，保持和重獲一種高水準的異體知覺的成人是那些自我水準較高的人，因爲對人的生動描述和對感覺經驗的生動描述只能在那些水準上找到。所以，斯切特爾提供的是自我發展的辯證觀點——也就是說，在某種意義上大多數成熟者的態度比之中等自我的人來更像兒童。

還有一些問題有待討論。人們對經驗的開放是否從兒童期和青春期一直保留到成人生活，或者是否會喪失，然後又由某些人重新獲得？對經驗的開放是否因爲獲得一個高的自我水準的結果，或者說是因爲它是一個偶爾促進自我生長的條件，所以與高的自我水準相關？這些問題超出了自我發展概念的論題，進入到它的力學理論。

詹霍達：積極的心理衛生概念

多年來，「調節心理學」（psychology of adjustment）和「心理衛生」（mental hygiene）是大學心理學課程中的重點。近年來已不再著迷於對那些課題的傳統方法。調節或多或少意味著調整現在的缺陷以適應世界。心理學家越來越懷疑遵奉是否代表著人類的最高地位。斯切特爾和馬斯洛是討論最適生長和「積

極的心理衛生」的兩位傑出代表。詹霍達（M. Jahoda, 1958）
曾總結了許多專家有關這一論題的觀點。

她一開始就確定了心理衛生的三個標準的不適當性：沒有精
神病、正常狀態和適應或健康（我們將遵循她的討論，包括她參
考其他作者的資料，除了在措詞上和例證上有些變動之外。插話
放在括號內）。正常狀態在統計學的平均數意義上作為心理衛生
148 的一個定義是有許多陷坑的。限於人口範圍，取一個平均數或就
某些特質取一個平均數，人們已含蓄地對心理衛生賦予某種意
義，所以貌似客觀性實際上是不合邏輯的。而且，在有些情況
下，它是觸犯常識的。如果在某個年齡上的平均數成員有高血
壓，那並不能把高血壓作為健康。把健康或順應用為心理衛生的
定義，其困難乃在世間還有壓迫、剝奪、痛苦等情境，一個心理
健康的人也無法使自己去適應這些情境。雖然，對個人的幸福和
健康具有忍耐的品質是心理衛生的一個可能因素。最為疑難的是
這樣一個問題，是否應該把積極的心理衛生定義為未患精神病。
誠然，精神病學家巴頓（W. E. Barton, 1958）在詹霍達的專著
上附了一個不同的意見，大意是積極的心理衛生這一術語最好用
於非精神病的領域。詹霍達寧可把沒患精神病作為一個積極的心
理衛生的必要條件而不是充足條件。

詹霍達把積極的心理衛生的標準歸納成六個類別，這六個類
別體現了以往一些作者的精神，但在邏輯上並不是確定無誤的。

她列出的第一個類別是人對自己的態度；在這一類別下面包
括自我意識的接近性、自我概念的正確性、自我認可，以及同一
性。她提出了馬斯洛在這一論題上討論的問題，即健康的人是否
無法體驗自我—異己的衝動，或者他是否承認這些衝動。很顯
然，這就是在該標準下承認的自我的整個結構。艾瑞克森有關自
我同一性的討論、麥獨孤有關自尊的討論（見第 11 章）也屬於
這一類。對條忽的環境影響來說，達到同一性或多或少是自主

的，懷特（R.W. White, 1952）指出這一成就只有在成熟期才是
適當的標準，在兒童期則否，這在討論積極的心理衛生時是一個
頗爲普遍的問題。

　　詹霍達的第二項標準涉及生長、發展和自我實現。包括在這
一論題內的有努力工作和立即得到個人收益以外的社會價值。她
把**自我實現**（ *self actualization* ）這一術語歸功於戈爾茨坦（K.
Goldstein, 1939），後者認爲在自我實現裡存在著有機體的動機
〔然而，這裡所說的自我實現跟杜威的自我實現（ *self realizat-
ion* ）有何不同仍不清楚，自我實現這一術語的老祖宗可以追溯
到亞里斯多德。這兩個術語之間的差別在譯成另一種語言時會繼
續存在下去嗎？〕奧爾波特（G.W. Allport）、羅傑斯、佛洛
姆都相信史賓諾莎，把這一概念視作中心思想。不能把對自身之
外的價值的信奉這一標準解釋成自我中心的標準。她揭示了有些
理論家的一個邏輯困難：「有時這個術語用來意指一般的生活原
則，適用於每個有機體；有時特別用於心理衛生的功能」（詹霍
達，1958, p. 31）。如果每個人都遵循自我實現的原則，那麼無
庸置疑，心理衛生就能實現。

　　詹霍達的第三個類別是整合，它有時作爲自我概念的一部分
或自我實現的一部分；有時則作爲一個獨立的標準。在近代的精
神分析家中間，這些觀念作爲心力的平衡和可塑性是包括在這一
類別內的。奧爾波特（1937）則有不同的看法，他把統一的人生
觀看作是成熟的跡象。統一的人生觀的任務是調和兩種衝突的傾
向，那就是自我擴展或正視世界和自我客觀化或對自己抱超然態
度。最終的整合是抵抗壓力。近代學者強調的不是沒有焦慮，而
是把處理焦慮的能力作爲心理衛生的一個標準。

　　第四個類別是自主的標準，包括內部行爲的調節和不爲直接
的環境壓力所動，這一點是哈特曼（1939）和馬斯洛所強調的。
詹霍達指出，這一類別的涵義在於，通過自主能夠部分地防禦來

149

自世界的壞事。自主能力包括適當的遵奉能力；有些學者在這方面提出把平衡也作爲一個標準，也就是說，最大限度的遵奉要比最大限度的自主更能代表最適的調節。

150 　　詹霍達的第五個標準涉及現實的知覺；在這一課題下包括神入或社會感受性和不因個人的需要受到歪曲的知覺自由。她指出，現實知覺在心理衛生文獻中常有人際的涵義；它總是涉及到由別人提供的現實。詹霍達意識到用眞實的知覺定義心理衛生的難處，因爲誰能說得淸什麼是現實？大多數人可能把從哥倫布到薩米韋士（Semmelweis）到索忍尼辛的最有遠見和最原始的念頭斥之不現實的或精神錯亂的。

　　第六個標準是環境的掌握，包括人際關係的勝任；有關愛情、工作、娛樂的能力和勝任；以及有關適應、調節和解決問題的能力。至於哪些東西構成了健康以便適應於諸如監獄那樣的惡劣環境，對這個標準來說是一個難題。另一個問題是要避免把心理衛生跟生活中的成功混爲一談。

　　上述這些標準不一定存在矛盾，雖然在某些情境裡，一個標準的極端可能跟另一個標準不相容。在監獄內服刑，一個人不可能旣自主又調節；這個人旣獻身於理想主義的但已喪失其目標就需要防範他的幻想以及諸如此類的事。有一個調和不同標準的辦法就是估計不同類型的人，各個人憑自己的做法來發現他的心理衛生的最適度。另一種調和不同標準的辦法是採用某種複合的標準。不同的作者對複合的標準有不同的方法。例如，艾瑞克森把不同的要素看作是在不同的時期成熟的。幾個要素可以被看作爲一種綜合症，不同的要素在不同的情境會變得最突出。

　　在一一討論了詹霍達的標準之後，很淸楚地，如果它們不加以修正，就無法適用於兒童；兒童的心理衛生也像成人的心理衛生一樣是重要的和意義深遠的。第二個問題是，在詹霍達的觀念裡，積極的心理衛生並不是精神病的對立面。這兩個問題只有通

過承認詹霍達和她所總結的其他學者關於綜合症是針對大體上是
自我發展的最高水準來解決的。如果人們只看到極端，那麼這一
概念的豐富涵義就喪失了，而其發展過程的性質也被歪曲了。

151

羅傑斯：作爲一個量表的心理治療過程

羅傑斯（1961）向自己提出的問題是辨明心理改變過程中的
共同要素，特別是心理治療。他發現有關結果的研究不能令人滿
意。治療的效應不是從穩定經過改變從而發展到新的穩定，而是
從穩定發展到變化。病人怎樣訴說他的感受和問題是一個用來診
斷他在連續統一體中所處位置的線索，對這種連續統一體來說，
其一端以不變爲特徵，它遠離感覺意識和缺乏感覺意識，另一端
以可變爲特徵，它密切聯繫感覺和即時意識到這些感覺。儘管病
人可能在他生活的不同同領域的不同階段起作用，但他的行爲基
本上聚在一個狹隘的範圍內。

羅傑斯用七個階段來描述連續統一體，但這些階段的界限並
不清楚，概念似乎是極性變量而不是眞正的階段概念。在第一階
段，按凱利（H. H. Kelley，第12章）的說法：個人的構念是
刻板的和固定的。在第二個階段，感受是無主的或過去描述過
的。在第三階段，有了某種自我的概念化，個人的行爲選擇通常
被看作是難以強加於一個人的。所談論的感受常常不是當前的感
受；許多未被接受的感受被認爲是可恥的、惡劣的，或反常的。
個人的構念是刻板的，但可能被看作是思維體驗到的但常常不被
接受的感受，個人的構念受到認可，開始對這些構念的合法性提
出疑問。在第五階段，現實的感受被自由發揮，但感受的直接性
是令人吃驚的和嚇人的，而不是愉快的。有了自我發現的興趣。
在第六階段，主要接受即時的、強烈的感受，其意義也被清晰地

152

區分開來。一俟經驗與意識之間的不協調進入到協調時就能主動地被體驗到，而有關的個人構念也就同時消失。第七階段是根據與第六階段類似的語氣來描述的，但它代表更高的境界；而且，對行為過程的選擇變得更為現實和有效，因為經驗的要素對人是有用的。

表 8 中羅傑斯用來描述治療過程各階段的段落可以與盧文格和韋斯勒（R. Wessler, 第 4 章, 1970）所概括的造句測驗中自我水準的表現形式相對照（見第 9 章）。選出的段落強調相似和平行，而不是表達這兩個相對照的連續統一體的。羅傑斯是完全依靠病人與治療者之間的談話，盧文格和韋斯勒是依靠正常（非病人）婦女的書面紀錄，所以無法期望兩者之間有更大的相似之處。

按照羅傑斯的看法，大多數心理治療是涉及到他的第四和第五階段。由其他標準判斷為成功的實例要比不成功的實例在這一量表上顯得更有傾向性；而且，較成功的實例在這一量表完全清楚。

艾薩克斯（K. S. Isaacs, 1956, 見第 5 章）報告說，他所知道的幾百個實例中沒有一宗隨著心理治療在關係水準上有所提高，即使是成功的、廣泛的、精神分析的治療，也是如此。由於艾薩克斯的關係量表，像羅傑斯的心理治療量表一樣，是自我發展的一種形式，或者說是一種密切相關的變量，因此他有關治療後沒有改變的說法似乎跟羅傑斯有關在這個範圍內治療後有所改變的說法相矛盾的。由於注意到羅傑斯關於任何一個病人在心理治療過程中從最低階段到最高階段的特殊聲明，由於他承認更加成功的病人在量表上比較高，因此這一矛盾變純了。後一種觀察跟艾薩克斯的觀察相符，即更加成功的病人一開始就能生動地和有區別地描述自己和別人；這是艾薩克斯在這方面的最初線索之一。艾薩克斯用最高水準來表示原始紀錄或病人，而羅傑斯也許

156

表 8　羅傑斯的心理治療過程與自我發展的比較

階段	自我發展 說明	心理治療過程 說明	階段
I-2	自我傾向於把世界分為二；定型是最明顯的跡象。	個人的構念是刻板的。	1
	影響被視為身體狀況或衝動而將分化的內在感受。	感受和個人意義未被認識或承認。交往只限於外部形式。	
	情緒範圍有限		
	煩惱同一個地點相聯而不是同一個情境相聯。	沒有問題被承認或察覺到，沒有尋求改變的慾求。	
△	自我意識不到本人對煩惱或失敗負有責任；一個人的交運或倒楣，別人對此負有責任；或者說責任是外界的或非個人的。	問題被看作為是外於自身的；自我意識不到對問題負有責任。	2
△/3	遵奉和服從準則是簡單的，絕對的規則。	個人的構念是刻板的，被看作是事實，而不是構念。	
	情緒被看作是準生理學的。		
I-3	籠統提及內部生活，感受被否認或含糊提及，捉摸不定，或不表明意見。	個人意義和感受的分化是狹隘的和世俗的。	
	內部衝突可能是明顯的但不被承認。	矛盾可能被表示出來，但並不看作是矛盾。	
I-3/4	具有自我意識和初步的自覺和自我批評的特徵。	充分表達自我，與自我有關的經驗，以及從別人身上反映的自我。	3
	比以前更強烈意識到感受。自我更能意識到個人在態度、興趣、能力等方面的差異，但仍舊使用世俗的和平庸的措詞。	感覺和意義的演變比以前略明銳並較少世俗。	
	自我看到情境中複雜的可能性和選擇性；有相倚、例外和比	承認經驗中的矛盾。	

	自我發展		心理治療過程	
階段	說明		說明	階段
	接上頁		接上頁	4
I-4	較，雖然是世俗的和平庸的。　　自我具有豐富的分化的內部生活；經驗是經歷到的和意識到的。		過去的感受被描述爲強烈的；現時的感受仍然是懷疑的和可怕的。	
I-4	自我意識到衝動及控制的問題。　　人際關係是緊張的。　　自我意識到行爲模式，並對構成行爲基礎的素質這一個別差異具有鮮明的意識。　　對人的描述更爲現實，因爲自我覺察到更多的複雜性。　　自我意識到自己，反映自己，並用反省的特質來描述自己和別人。自我把意向和動機看作是行爲的結果。　　自我還分爲潛在的感受和外表。　　自我有強烈的責任感。　　自我把生活看作是可供選擇的；他掌握著自身命運的起源。		感受、構念和個人意義不斷分化，尋求象徵的精神性。　　自我關心經驗和自我之間的矛盾和不和諧。　　對問題具有自我責任的感受，雖然這些感受是被動的。	
I-4/5	在 I-4，自我看到極性的、不相容的對立面，在 I-4/5，自我更有可能看到一個反論，一個本質上的準矛盾，而不是一個強制的選擇。　　自我意識到衝突的或矛盾的情緒。　　人際關係的概念有更大的複雜性。交往的觀念和感受的表達被深化並更加複雜。心理的因果關係代替了在較低水平上有關「理由」和「問題」的含糊陳述。自我用生動的和個人的觀點代替了較低水平的陳詞濫調。		在經驗方面，有越來越清楚的矛盾和不協調的表層。　　感受緊張地聯繫著體驗。　　對個人的構念有新發現，並對它們有批評性的考察。感受和意義的分化日趨精確。對問題的自我責任感日益明確，內部交流更爲豐富。	5

自我發展		心理治療過程	
階段	說明	說明	階段
I-5	接上頁 　自我能分清內部生活與外部生活，分清外表與現實。堅持自己的個性看來是一個問題。 　自我感受到內部衝突的力量，試圖去處理它或超越它。 　自我關心交流的感受。 　情緒被分化，並生動地得到交流。自我表現出自發性，眞誠，強烈。 　自我能夠容忍模稜兩可衝突的選擇被看作是許多現臨的生活情境。	接上頁 　自我感受日益爲個體所有，希望成爲「眞正的我」。 　體驗到旣直接而又豐富的新感受。 　體驗的分化是敏銳的和基本的。改變感受爲個體所有，基本上信任自己的進程。 　個人的構念系統地得到闡述，但保持鬆散。	6 7

　在談論核心作用水準。艾薩克斯承認一個人在心理治療之後要比在心理治療之前，更有可能在最高水準上活動。所以他的主張，即在一個人經過治療並沒有改變的原始紀錄中發現的最高水準，跟羅傑斯的主張，即核心作用水準在成功的治療中確有改變，這兩者是不相容的。

　　羅傑斯觀點中的一個弱點在於，他把有關成熟和調節的著作等同起來，把兩者與自我和經驗之間的和諧等同起來（羅傑斯，1959, p. 207）。自我和經驗之間缺乏和諧看來只是一種順應不良，或者說僅僅是一種能夠處理的或羅傑斯感興趣的病人中心治療。首先，順應不良某種更簡明、更具表現型的參照；這是在病人中心治療以前就有的一個普通術語。認爲所有順應不良都是這一形式需要證據；唯一的證明辦法是從一個不同的順應不良的定義開始。

結　論

　　在本章裡，我們瀏覽了具有極性變量形式的各種論題，這些極性變量是根據它們的極端被定義的，與我們前章所概括的用複雜階段或類型來定義的變量相反。就該目的來說，一部分是實在的，進一步豐富了對自成長的理解；一部分有助於差異的定義，也就是說，承認經常提出的有關自我發展的構念和其他知名理論與研究線索之間的同異等問題。差異的定義將在下章繼續。還有一部分是方法論的，用來區別極性變量和里程碑變量，以便爲第八章和第九章中討論測量問題做準備。自我發展和心理治療的關係幾乎是偶然冒出來的，主要是因爲在有些文獻中經常把自我成熟與良好的調節和積極的心理衛生混爲一談。其他一些概念則把自我發展的領域與心理治療的理論和實踐聯繫起來，我們將在以後各章討論。

157

第二部分　方法論

　　真理不是空洞的夢。當我們以爲抓住她的時候，她不過是一種虛幻。當承認她在上面主宰我們的時候，她確實是存在的，我們能夠觸摸到她的長袍邊緣就心滿意足了。

——霍布豪斯（L. T. Hobhouse）

《道德的發展》（*Moral in Evolution*）

第七章
智力的、心理性慾的
和自我的發展

161

　　自我發展與那些根據道德、性格、人際關係、由權力主義所
描述的認知的複雜性和個別差異的維度，以及其他一些變量所描
述的發展序列是同一回事，或者說具有許多共同之處。但這不是
人格發展的全部。如果我們認為它包含全部人格發展的話，我們
就會回到以前的狀態，即一種難以名狀的和沒有差別的概念上
去。在最後一章，我們描述了修正的界限，而在這一章裡，我們
將描述智力發展和心理性慾發展的界限。概念上的區別必須先於
相關或因果關係的研究。

　　讓我們思考一下身高和體重。一個孩子不但會在長高時正常
地增加體重，而且在成年人中間，身高和體重也是顯著相關的。
然而，概念的區別是十分清楚的。事實上，測量一個人完全不受
別人影響的沾染是容易的。在測量自我水準時，人們就不能那麼
肯定不受其他有關變量的沾染，正如我們在討論方法論的困難時
所表明的那樣（第8章），但是我們爭取把概念上的區別弄得像
身高與體重之間的區別那樣清楚。當然，區別抽象的變量，例如
區別自我發展與有關的變量，要比區別具體的變量，例如區別身
高和體重困難得多。

162

發展變化的模式

　　發展這一術語所包含的過程不僅在內容上不同，而且在形式上也是不同的（盧文格，1966b）。我們將討論五個正規模式；它們的結合能產生另外一些可能性。這五個模式在速率、最終成就和最終年齡變化方面的不同，對所有的人都是一樣的。不致命的發育障礙的效應在這幾個模式方面也是不同的。另一種差異是，發育是否被假定為一成不變的，也就是說，有關年齡的函數是不會降低的。

　　對頭四個模式來說，年齡由橫座標（X軸）和縱座標（Y軸）的發展量表來描述。一般說來，心理學並沒有量表容許在同一時期將一種功能的增值與另一種功能的增值做直接的比較。也不容許將發展初期的增值與後期的增值做直接的比較。司蓋蒙（R. E. Scammon, 1930）證明了初生嬰兒腦發育的曲線在頭兩年中發展得極快和性器官在發育期發展得極快之間的明顯不同。這一類的比較在這裡所提出的模式中沒有相對應的東西。如果在 Y 軸上擴展或收縮量表，發的測量就不會起任何變化。因為該量表一開始就是任意的。由於這個緣故，任意簡化曲線，諸如直線，將被用來代表發展的過程。把這些「曲線」轉化為代數方程式是不能允許的。

　　在**模式一**（**圖 2**）中，發展的速率雖不同，但是最後達到的發展對每個人來說都是一樣的，儘管達到發展的年齡是不同的。骨骼年齡，即松果腺（epiphyses）的骨化，具有這種形式。對每個人來說，松果腺最終會完全骨化，但是完成這個過程的年齡因人而異。當人們了解到一個特定兒童的身高時，他們就會知道這個兒童已經達到成人身高的多少。按照通俗的說法，當我們提

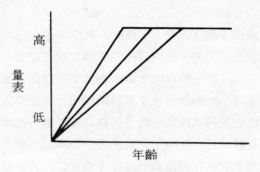

圖2 模式一的發展

及一個「發育緩慢」的兒童時，意味著這一模式具有某些心理上
的特徵。關於這一模式有幾個例子：一個急劇升降的坡度，在發
展的完成年齡有顯著差異，或許在發展開始上升的年齡也有顯著
差異，但是在最後完成階段根本沒有差別。走路、根除溺褥等情
況都沿著這些曲線，就行走而言，成年人生活中所有這些差異幾
乎與第一次能行走的年齡差異無關。

在**模式二**（**圖3**）中，發展的速率是不同的，但是發展的最
終年齡是不變的。一個人在其整個童年期或成年期裡他的年齡段
傾向於保持一個不變的地位，因而童年期的個別差異就成為成年
期差異的預兆。在計算智商時，用實足年齡（CA）除以智力年齡
（MA），人們無疑會用**模式二**。對一九三七年的史丹佛—比納
（Stanford-Binet）測驗來說，十六歲是一切實例的最高實足年
齡，因而十六歲被假定為智力發展的最終年齡。實際上，人們知
道這一假設並不精確。在繼後的年份中，仍有證據表明智力在繼
續發展，特別是那些超常智力的個體。有關低能的人他們的發展
是否結束得早些，其證據是混淆不清的。避開**模式二**的假設，智
力測驗在個體的年齡組內通常是按照百分數等第或標準記分來表
示得分。但是如果把一個年齡段裡的狀況看作是對以後狀況特別
是對成年期狀況的預示，正如通常所反映的那樣，那麼**模式二仍**

164

然是有深刻涵義的。

　　在**模式三**（**圖 4**）中，不同的人其速率是相同的，但是發展的最終年齡是不同的。因而成年的差異反映了發展停止的年齡。這一模式達到這樣一個程度，對一個特定的年齡來說，早期童年的差異是小的，不能作為成年差異的預兆。這個模式有一個特殊的優點。當它能夠同**模式一**的過程結合在一起，基本上得出成人所達到的發展的百分比時，它就能再次預測成年的狀況。童年期的身高差異是成年身高差異的預兆（**模式二**），但是這種預測可以透過把骨骼年齡考慮進去而加以改進，從而對發展終止的年齡進行預測（把**模式一**和**模式三**結合起來）。

165

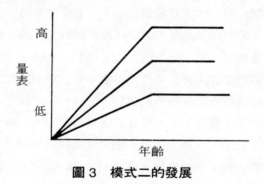

圖 3　模式二的發展

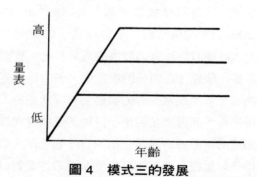

圖 4　模式三的發展

　　有關**模式三**過程的一個清晰的實例不容易表明。**模式三**意味著發展序列，對所有的人都是相同的，其速率也大致相同，但是終點是不同的。一個特定的發展過渡或者發生在該序列的指定時間，或者註定永遠也不會發生，並且發展就此停止。教育的成就如果按照所能達到的最高學業等級測量，可以用這種方法來表示達到第一流的近似值。

　　在**模式四**（圖5）中，我們武斷地把所有那些發展曲線加以分類，最後的成年狀況並非最高值。胸腺達到它的最大尺寸大約在十二歲，這是一個來自身體發展的例子。許多心理功能具有這種形式。大多數身體的和認知的測量達到成熟的最高峯，但是人格的非認知的方面，例如興趣典型地沿著多值的進程（**模式四**）。圖5並不描繪**模式四**功能中的個別差異。它們可能有幾種類型。曲線可能因峯齡、峯齡的量表值、發展的速率或衰退的速率，或成熟的量表值而不同。在**圖6**中描述的是一個特殊的例子。

　　幾乎所有的智力測量都有一種微妙的偏見，有意把能力看作是遞增函數（**模式一、二或三**），而不是看作爲多值函數（**模式四**）。這種偏見被引入智力年齡（MA）的概念中，測量的量表根據不同年齡的平均兒童的成就來定義。因此，平均兒童的發展

166

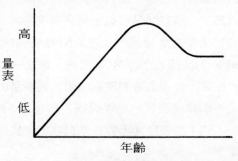

圖5　模式四的發展

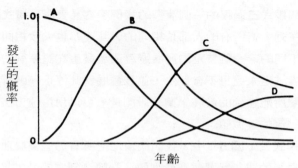

（註：A、B、C和D是連續階段的符號）

圖6　里程碑序列的模式

曲線必定是通向成熟的一條直線。

　　皮亞傑有關認知發展的研究揭示了更複雜的情況，一種能夠在其他時期看到的情況。皮亞傑透過下列階段追踪了智力的發展：感覺運動時期的六個階段，前運算階段、具體運算階段和形式運算階段。一種研究這一序列的方法宣稱它限定了發展的量表，以便構成**模式一**、**二**或**三**中的縱座標。皮亞傑從未告訴我們這些模式中哪一個適用。是不是所有成人即使在不同年齡也能最後到達形式運算階段（**模式一**）？是不是兒童以不同的速率取得進步，而且在青春期大約同時達到平衡（**模式二**）？是不是兒童以大約相同的速率取得進步，直到他們達到最高的潛力，然後達到平衡（**模式三**）？這些問題可以透過研究來回答。實際上近來的研究表明有些人不可能達到形式運算的思維〔布萊西和霍菲爾（A. Blasi and E. Hoeffel），1974〕；因此，**模式一**可以取消。

　　很顯然，在這一量表上各連續點的限定同衡量的標準並無相似之處，而是一個錯綜複雜的推理過程，比智力年齡（MA）的限定更複雜。人們不能僅僅通過對正常兒童的發展進行觀察簡單地獲得這類量表。

　　考察皮亞傑有關認知發展的一系列階段的另一種方法是把這

167

些階段看作爲一組可分的**模式四**的過程。每一個階段是一種提高某一年齡的推理，然後降低以利於下一種推理類型。**圖 6** 呈現了一個有關各階段的假設圖表，每一個階段都有一個特殊的符號作爲標誌。請注意，這一系列符號的最大概率在很少有人相繼到達較高階段的前提下降低了。最早的階段具有一切嬰兒的特徵，並且是一個有關年齡的遞減函數，雖然沒有必要把年齡減少到零。最高階段的符號是一個有關年齡的遞增函數，但是它從未達到高概率，因爲大多數人不可能達到最高階段。有些符號在從一個階段到另一個階段時可能出現不規則的波動；這些符號已被部分省略，以便簡化圖解，但主要是因爲這些符號由於模棱兩可已從任何測量手段中被省略了。

　　模式一、二、三和四具有一些共同的要素。每個例子的發展是根據沿著一個單一量表的進步和退步來描述的，雖然量表的單位一般說來並不相等，它們也不需要用任何一種簡單的方法來解釋。再者，量表的解釋必須與年齡無關。如果評分標準本身與年齡有特殊的關係（即隨年齡而變化），年齡之間就沒有辦法進行比較。向兩個 CA 不同而 MA 相同的孩子提出史丹佛—比納量表上的一些問題，可能會得到同樣正確的答案。在所有智力測驗上，不管評出的答案正確還是錯誤，都跟兒童的 CA 無關。不存在與年齡相倚的分數。因而，作爲從**模式一**至**模式四**的縱座標而出現的發展的量表都是抽象的東西。特殊年齡的符號，即在一個特殊的年齡解釋一個特定的階段的東西，一定不可用作對縱座標各點（或各階段）的解釋，如果這些模式有任何意義的話。相反地，量表上的各點必須用適當的術語加以解釋，年齡可以不論。因此，五歲兒童的 MA 正好是平均五歲的智力年齡，一個聰明的三歲兒童的智力年齡和一個八歲的呆笨兒童的智力年齡相仿。

　　模式一至**模式四**所描述的有關發展的一個有趣的但並不完全

168

清楚的問題是，一般說來，並不嚴重的發展障礙可以在沒有干擾發展的模式或影響成年狀況的情形下得到補償。這個觀察是根據發展的高度確定的（特納，1963），而相似的結果可能解釋 IQ 和類似的測量中的某種變化。這一發現提出了一個對稱的假設，即刺激認知發展的應急措施將不會有長期的效果。

至於**模式五**（**圖 7**）中，比起上述幾個模式來，發展的干擾永遠影響該模式。在這一模式中，連續的階段是由不同的器官、器官系統或功能的支配程度來限定的。當任何一種發展的障礙出現時，它就會影響在這個時期占優勢的器官或功能。器官過度增大或增肥，而且一般說來變化也是永久性的，這就影響了所有繼後的模式。這一模式適用於胚胎發展，有效地防止尚不致命的發展障礙，然而畸形的情況是罕見的。因此，對胚胎發展的描述既是應該發生的又是幾乎總是發生的。

169　　艾瑞克森已經用**模式五**的修訂本描述心理性慾的發展（1950, p. 84）。他根據一個矩陣來描述該發展，按器官占優勢的次序所代表的區域排列，口唇、肛門和生殖區（這樣的描述儘管詳細但並不確切），這些區域顯然與胚胎發展的器官系統相似。運用一個占優勢的特定區域來確定對應的階段。矩陣中的格

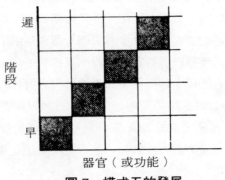

圖 7　模式五的發展

子代表著模式，這樣安排是為了使適合每個區域的模式盡可能落入對角線。例子是適合口唇區的模式被結合，適合肛門區的模式被保留和排除。發展中的偏差在於當進而向新模式發展時，仍然採取墨守老區不放的形式或未成熟前就進向新模式。

　　心理性慾發展和胚胎發展的相異性跟其相似性一樣令人注目，而且似乎是艾瑞克森未曾論及的。在產前發展和產後發展之間一個明顯的對比是產前環境的一致性隨著出生喪失了。再者，心理性慾發展遠比身體發展更能對環境的影響起反應。發展模式中的存活變化是規律而不是心理性慾發展的例外。在性心理上我們或多或少都有些怪異。艾瑞克森並未闡明他的描述是否適用於應該成為怎麼樣的發展，通常該是什麼樣的或是通常近乎什麼樣的。

　　模式五既是約定俗成的，也是描述性的，而且描述具有年齡特性。每個階段是根據哪些東西適合或不適合一個特殊的年齡來描述的。一般說來，不可能存在某個年齡的一種模式恰好適合於另一個年齡，這是所有其他模式的基礎。在**模式五**過程中明顯的促進或延遲總是意味著模式的改變。所以，不可能把測量的量表列入**模式五**的過程中。如果人們談到這一發展的測量，必須對每一個階段施以不同的量表。確實測量心理性慾發展的試圖已經具有一系列量表的形式。但這不是上述模式意義上的測定。

　　總之，發展序列可以分成這樣一些序列，在那裡變化基本上存在於沿著一個單一的連續統一體（**模式一、二、三、四**）的促進和延遲之中；每一個脫離規範的變動都是畸變（**模式五**）；成熟的變異最小（**模式一**）或最大（**模式二、三、四和五**）；有關年齡的單值（**模式一、二、三**）和多值（**模式四**）函數；成熟的狀況基本上是速率（**模式二**）或發展的最終年齡的一個函數（**模式三**）。

　　沃爾維爾（Wohlwill, 1973）進一步研究了發展模式的問題。他的主要興趣在於功能的發展，因為有一個足夠精確的測量

170

量表，因此在發展功能中個別差異能夠被描繪出來。我們在這兒的興趣是非常有限的。在可以預見到的將來，自我發展的測量或有關的變量不可能達到這種精確度；在第八章我們將考察精確度為什麼不能達到的某些原因。我們所關心的問題是把模式的發展局限於自我發展的概念和測量上能有哪些啓迪。

自我發展的模式

171　　艾瑞克森在喚起人們注意和解釋自我發展的特徵的精神分析學家中間是一個先驅者。在這樣做時，他主要依賴**模式五**的另一種修訂本（艾瑞克森，1963, p. 273）。他根據連續的「核心衝突」（**表 2**）來定義自我發展的連續階段或描述其特徵。其中，每一個衝突像**圖 7**那樣用矩陣的對角格來表示，再一次呈現連續階段的排列。但是矩陣中的格子代表什麼？原則上每一格都含有核心衝突的早期預兆和該衝突得以解決的後期結果。然而，這一模式能夠承受使之與更適合於心理性慾發展的模式相匹配的氣氛，在心理性慾發展中，不同的器官或身體各區確實涉及到連續的時期。可是，自我像一個單一的器官。每個核心問題的先兆能夠被看作是前一時期的核心問題。事實上，艾瑞克森曾提出過非對角線排列，那只是爲了識別青春期的危機。

　　對自我發展來說，**模式五**的應用涉及到它在用於心理性慾發展時遇到的各種困難。這個模式既是約定俗成的，又是描述性的。他沒有清晰地考慮到階段之間的比較，從而也就沒有考慮到某一年齡的人可能具有一種適合於另一年齡的模式。沒有系統的方法來表示在一個階段或年齡裡所發生的東西和下一個階段或年齡裡所發生的東西之間的關係。在把**模式五**用於自我發展時還有一個困難，因爲一個人很難說出在自我發展中哪些東西對應於模

式與區域之間的差異。因此在胚胎發展和心理性慾發展之間缺乏自我發展的聯結。

當然，艾瑞克森並沒有對他的公式中的數學精確性自命不凡。他的解釋具有文學上和哲學上的優點。毫不奇怪，他也用完全不同的術語解釋自我發展，「它是一個人從童年期、青春期走向成熟的路站，也可能成爲早熟的終點站，或未來退化的路站」（1964, pp. 225～226）。這似乎是對**模式三**的逐字闡述，與**模式五**的涵義頗爲不同。

蘇利文對自我系統的發展的描述顯然是追隨**模式三**的。每一個過渡有一個適宜的時期。當它沒有出現時，這個人就會在以後各個時期遇到這樣或那樣不成熟的問題。他承認環境有利於發展的恢復，包括長期的心理治療，但是業已中斷的發展的恢復要比正常發展更罕見和更成問題。

自我的發展曲線的形式問題是一個適合經驗主義研究的問題。一個確定性的答案將取決於適當的測量手段（第9章）。目前可以運用的證據是**模式二**的過程和**模式三**的過程的結合，人們在發展速率方面的不同，而且他們在發展停止的年齡方面也是不同的。

還有一種方法是把上述的討論用於我們的變量。自我發展的量表可能被看作是與皮亞傑的認知發展量表相似，後者在性質上持有不同的觀點，即序列是由年齡決定的。每個階段的跡象可以看作是一系列的**模式四**的過程，正如**圖6**所示。每個跡象在其發生的概率裡上升至某一點，隨後下降。這些跡象便成爲一個里程碑的序列。在這樣一個圖表裡，橫座標既可以看作是年齡也可以看作是階段。如果把階段作爲橫座標，則圖中的曲線將成峯狀，因爲同一年齡的人有可能處在不同的階段。爲了測量自我發展，我們將這一推理廣泛運用，把那些由被試顯示的跡象作爲他的可能的發展階段的一個指標。

172

心理發展和自我發展的區別

　　自我發展的現象已經成爲近年來一種劇烈競爭的基礎。一方面，有些人貶低佛洛依德學派，認爲心理性慾的發展是對自我發展的一個補充未免言過其實，另一方面，有些人試圖把自我發展的事實與業已確定的心理性慾發展的各個階段融爲一體。前者認

173　爲自我現象是一個總現象，而心理性慾的現象屬於自我的領域，包括阿德勒、戈爾茨坦和羅傑斯等人都持這一觀點。最近的看法可以在蘇利文、格蘭特和格蘭特（ J. D. Grant and M. Q. W. Grant, 1957 ）著作中找到。

　　有些人用精神分析的眼光第一次對人格做了意味深長的一瞥，可能就此對心理性慾的發展概念留下印刻，以至於使他們感到難以把自我發展看作是一個獨立的東西。然而，佛洛依德和費倫齊甚至在早年就說過自我發展與心理性慾發展是各自獨立的。不過，面對著自我發展的複雜性，特別是面對著它的抽象的和難以捉摸的方面，許多心理學家在把它比做身體各區的具體序列時找到了安慰。這一傾向如此強烈，以至於哈特曼（H. Hartmann）引發了一場精神分析的實際革命，他堅持自我功能有自主的內驅力（ 參見第 14 章 ）❶。然而，這種精神分析的自我心理學卻沒有探求出階段的概念。

　　雖然對艾瑞克森來說，心理性慾和自我發展之間的概念區別是清楚的，但是他的著作可能在讀者中引起混淆。首先，他沒有

---

❶近年來，已有人對內驅力概念的有效性提出疑問。我們把這個問題暫時擱起來，直到第 14 章重新提出，我們在這兒運用該術語意指生活和經驗的一個方面。

強調序列的可分性和可變性到了什麼程度。其次，他把自己性心理發展模式的形式特徵作爲他的自我發展或心理社會發展模式的框架。最後，由於他的解釋是一種規範的解釋，在這一意義上是描述平均發展的趨勢，還是描述理想的趨勢，還不清楚，所以他的釋釋仍意味著一個不合邏輯的互相貫穿的時間表。艾瑞克森的解釋是用年齡特徵的術語來表達的。每一個發展的危機是根據年齡適應性問題來描述的，例如上幼稚園、約會、婚姻等等。而不是強調那些由年齡不同但階段相同的人所分享的抽象方面。由於各種發展必然會同時發生，因此描述平均兒童中事件的正常過程並不能分清發展的幾條路線。

174

　　在這一點上，蘇利文的描述是有用的。然而，這很有可能是眞的，即他的基本概念是對佛洛依德概念重新命名的修訂本，他的自我系統的發展概念顯然與區域的需要和滿足的發展不同。他可能確實低估了對完整人格的區域需要和滿足的影響。

　　我們就從這些前題開始：自我發展和心理性慾發展肯定對人格產生影響。它們在概念上有明顯的界線，不但在實質上有區別，而且在形式的特徵上也是有區別的。對自我發展來說，有一個內在的邏輯；每個階段都建立在前一個階段之上。內驅力的順序是由有機體的基質決定的，而不是由邏輯的聯結決定的。如果自我發展某一階段中的問題對一個孩子來說是不可克服的，例如外傷、剝奪、溺愛、環境的限制或諸如此類的問題，那麼他就會在這點上停止不前，或者發展得很慢。以後遇到一些問題，就會用適合早期年齡的自我結構來解釋。在心理性慾領域內，無論怎樣注視一個處在某階段的孩子，他仍然會在指定的時間裡突然處理下一階段的內驅力。他可能遇到障礙，但是他不會不去嘗試。

　　自我發展和心理性慾發展的相關問題是毫無意義的。心理性慾發展並不構成連續統一體，例如在一個水準上起作用的跡象在另一水準上不一定起作用。在某種意義上，每一個超過一定年齡

的人都具有在每一個水準上起作用的跡象。這種情況與自我發展
和智力發展形成對照。研究自我發展有各種方法，但是沒有一種
方法是完全研究該現象的；其中有一種方法是把它作爲一系列成
就來研究，或者作爲一系列日益複雜的世界觀來研究。似乎沒有
一種方法與心理性慾的發展相對應。因此，去談論用任何一種方
法測量心理性慾的發展可以與測量自我發展或智力發展相比較，
是毫無意義的。

　　然而，在自我發展和心理性慾發展之間還有許多可能的關
係，解釋這些關係要比解釋相關更具廣泛性。有關兒童的發展包
括兩個方面的許多解釋，正如在哈特曼及其合作者，在艾瑞克森
和其他一些人的著作中可以找到的那樣，表明了大量的相互關
係。在這些解釋中可以發現大量的人類才智，但是根本沒有人會
去嘗試總結它們。我們在這裡探索的僅僅是理論上的梗概，而不
是血和肉。

　　根據一種觀點，內驅力是一切行爲的動力，因而是一切自我
發展的動力。根據另一種觀點，自我是內驅力的對抗者；然而，
自我又是部分地由內驅力構成的。這些觀點是準哲學的或心理玄
學的，沒有多少內容。在一個更爲特殊的水準上，內驅力的變化
可以透過擾亂先前獲得的平衡來激發自我發展的一個新階段。其
他一些可能性包括內驅力的變化促進或阻礙自我發展的變化，這
取決於一個人是否處在社會期望的階段。

　　以往發生的問題是，所有這些可能性在一些優秀的作品中被
搞混了。其中一個最普遍的謬誤是把最高的自我階段與一切良好
的特徵，特別是與良好的性調節和心理性慾成熟合併起來。自我
發展的最高階段是否需要心理性慾的完全成熟是一個尚未確定的
經驗主義問題。

175

智力與自我發展的關係

由於認知複雜性的增加是自我發展的一個方面，因此，認知和自我發展之間概念上的區別就不是簡單的或明顯的。我們直覺地了解的自我水準與智力水準並不是一種完全相同的東西。更爲令人信服的是，回憶幾個罕見的才華橫溢的人，他們的自我水準是低的，而一些智力有限的人，在人際關係方面卻具有異乎尋常的才智。這些解釋聽起來好像奇聞軼事，但作爲證據並非微不足道。一個實例能夠確定這兩個序列的水準差異的可能性。

176

這並不是說每個人可以不顧他的智力或成就，都具有均等的機會達到高水準。大自然並沒有答應給我們一個互不相關的世界，即一個排和欄排列的世界，在這一世界裡每一個可以辨別的特質在統計上與其他一些特質無關。一般說來，人們可以想像，高的智力至少有助於高的自我水準，而智力缺陷則嚴重地限制自我水準。經常提出來的一個問題是：智力和自我發展之間有什麼關係？雖然從一些特殊的和有限的研究中獲得若干相關系數，但總的說來這個問題是沒有意義的，儘管這些理由並不是爲了心理性慾發展而提出來的。

考慮一下 MA 和 CA，它們之間的關係是什麼？如果你問一個六年級教師，她很有可能報告說在自己的教室裡存在一個負相關；而這個學校的校長則報告說全校存在一個正相關〔我把這一例證立功於諾曼（W. Norman）〕。如果我們排除年齡的影響，用 IQ 或某種制止年齡的分數來表示智力，則我們仍然會發現不一致的情況，這位六年級教師將報告一個負相關，而校長將報告一個零相關。這說明相關的任意性質。選擇適當的樣本可以獲得不同的數值。

在一系列未經發表的研究中，自我發展的造句測驗（第9
章）和 IQ 之間的相關大約範圍在 0.1 到 0.5 間，其數值取決於
異質性和抽樣方式。在這一情境裡，人們自然會把智力看作是一
種自變量，而把自我水準看作是一種因變量，但是對智力的特殊
測量可能會受到自我水準的影響。例如，一個自我水準低的人可
能在這一測驗上採取不合作的態度。大多數教育家一定希望他們
的努力能夠促進自我發展，但是，更爲明顯的是，自我水準決定
177 一個年輕人是否要待在學校裡，特別是在高中期間。一個處在中
學水準或大學水準的**機會主義者**有可能做出這一抉擇，但是比起
那些處在**遵奉水準**或更高水準的人來，他又不大可能去嘗試它，
因爲對教育來說，延緩滿足是必然會發生的。未得到調節的衝動
有可能在中學期間導致退學或被開除出校。很少有人在**衝動階段**
考進大學。因此，要想解開相關的因果因素可能是困難的。

　　一個潛在的研究領域是對各種不同的發展之間的關係做微觀
分析，也就是說調查一個更爲特殊的問題，而不是僅僅統計發展
序列之間的相關。這個更爲特殊的問題是把智力特徵降至最低限
度，以便達到每一個自我水準。這個問題並不是一個概率問題或
相關問題，而是一個必要的先決條件問題。下面的思考是爲經驗
的研究做準備，而不是代替它們。

　　我向思考階段的發展彷彿需要對客觀世界的穩定性樹立信
心。即便共生的人際關係也意味著另一個人的存在。客觀世界的
建構成了皮亞傑（1937）一系列實驗的研究課題。特別有關的是
感知運動發展中第四、第五和第六階段的現象。在皮亞傑的觀察
中，第四階段大約在第八至第十二個月，第五階段大約在第十二
至第十六個月。在第四階段，小孩將在 A 處尋找一個他曾看到
藏在那兒的東西；但是如果這物體後來藏在 B 處，他仍會在 A
處繼續尋找這物體。在第五階段，他將在 B 處尋找他曾看到藏
在那兒的物體，儘管他以前在 A 處找到過這一物體。然而，他

不會跟踪看不見的置換。在第六階段，孩子想像看不見的置換，從那些失去物體的地方尋找它們，而不是從他最後看到放置物體的地方去尋找它們。透過許多這樣的實驗和觀察，皮亞傑表明嬰兒怎樣把客觀世界看作是不受自己動作和知覺支配的世界。從知覺活動構成的世界，即**我向思考階段**的世界，到客體永恆性的世界的逐漸演變表明了一個連續的而不是間斷的發展。此外，在感覺運動的智力水準，智力的發展和自我的發展大概是難以區分的。

把對母親的建構和理解作爲一個截然不同於整個環境模式的客體也許是成熟的共生狀況的一個條件。然而，由於連續的和日益增長的對母親獨立活動的知覺，共生現象就正常地降低了。在正常情況下，對看不見的置換的理解可能是共生結束的開始。需要指出的是，也有可能出現否定的概念——我是我，不是母親；母親是母親，不是我。斯比策（R. A. Spitz, 1957）大約用了十六個月的時間探究否定的開始，在這一時間內兒童總是搖頭躲開他不愛吃的食物。

由於不可能是從**共生**到**衝動階段**過渡的關鍵字，因此爲什麼看來是從**衝動階段**到**自我保護階段**過渡的關鍵字。從事這一過渡的孩子一定會想像事物必定有原因或理由，衝動和行動是分開的，因此人們總是可以延緩和控制行動的，不管怎樣短暫。皮亞傑（1926）根據前因果關係的概念描述了兒童的最早的一些問題，這是一個自然法則的因果，邏輯上的合理性和心理動機三者尚未區分的結合。心理動機中的爲什麼居支配地位，直到大約七歲。但是由於兒童的自我中心和泛靈論的思維模式，意向和自然法則的因果大約直到那個年齡也還不是清楚地分開的。

皮亞傑（1932）發現了**遵奉者**的態度，即認爲規則是神聖的、不可改變的，年齡在六至七歲的兒童具有這一特性。大約七歲左右出現了對因果關係的更爲分化的思想，然而這並不說明兒

童增強了遵守規則的能力，因為**遵奉**的特性恰恰是缺乏邏輯的合
理性。在這一年齡的兒童的思想中發生的所有變化，其中有一個
變化似乎和**遵奉者**的智力前提最有關，那就是邏輯上的從屬觀
念。人們除非知道哪些規則可用，否則就無法適應這些規則。這
就需要正確地把自己歸類，是兒童還是成人，是男孩還是女孩等
等。同樣，人們也必須對情境進行歸類，同伴的態度，例如運動
場上的非遵奉者，以及遊戲時對母親的方式等。最能表示理解規
則的單詞是但是。正如皮亞傑（1928）所指出的那樣，異議的存
在意味著規則的存在。在皮亞傑的被試中，但是在七歲前很少作
為不一致的連接詞來表示。

　　要成為一個真正有**良心**的人需要放棄自己幼稚的自我中心，
根據別人的觀點來看世界和自己的行為。但是，在智力的或認知
的自我中心得到矯正之前，自我中心的看法是很難得到矯正的。
皮亞傑根據**兄弟**這個詞研究了兒童對互惠關係的理解。只要兒童
用**兄弟**表示班裡的同學，特別是和**男孩**同義，他就沒有理解互惠
關係的能力。在皮亞傑的被試中，用**兄弟**表示互惠關係的正確用
法出現在大約十歲左右。關鍵性的測驗並不在於弄清兒童是否知
道他有多少兄弟姐妹，而是他是否知道他的兄弟姐妹，這就需要
他改變觀點。人際關係的互惠和名副其實的合作是與青春期和成
熟期的**遵奉態度**相一致的，也就是說，是與不斷強調外部規則而
不是內部責任相一致的。由於所有的正常成人都能正確理解**兄弟**
這個詞，因此一些關鍵性的例子只能是智力遲鈍的人。他們在不
清楚**兄弟**這一詞意義的情況下能達到**良心階段**嗎？

　　最高自我水準的特徵是處理矛盾，包括處理矛盾的作用和義
務。正如皮亞傑反覆表明的那樣，年幼兒童沒有必要處理矛盾。
他對並列或者對無關的或矛盾的觀念的結合感到滿意。在大約七
至八歲時，自我中心主義下降，而相應地增強了對矛盾的敏感
性。但是只有在大約十一至十二歲，兒童逐漸能夠形式推理，並

且能夠辨別和調和矛盾的觀念（皮亞傑，1928）。在這一階段的特徵中間，皮亞傑所討論的是形式推理的可逆性，促使邏輯發展的能力，以及對那些違背自己信念的假設進行推理的能力。所有這些特徵是以前各個階段或多或少缺乏的。諸如雖然這個詞，它是一個把不一致連接起來的詞，比之較含糊的但是這個詞來，部分地代表了該階段的智能。因此，這類條件句可以看作**自主階段**智力的一個先決條件。

上述的思考，雖然是以皮亞傑的研究爲基礎的，即便不直接產生矛盾，也是與他的某些思想相違背的。皮亞傑反覆強調在智力的成就量表上驅使兒童的是社會壓力，與上述的討論相比較，這裡所說的智力成就是指受到智力水準限制的自我水準和社會反應。在皮亞傑看來，兒童意識到這種需要，即在與同伴爭論時，根據別人的觀點來解釋自己的意見。令人信服的是，皮亞傑的觀點像臨床觀察一樣，認爲人的智力發展遠遠勝過他的自我發展。處在**遵奉階段**或**自我保護階段**的大多數成人已經完全明白互惠關係和條件從句。柯爾伯格（1969）在其道德判斷的幾個階段裡也涉及到智力的先決條件。

結 論

爲了重溫一下自我發展與其他發展的關係，特別是智力發展和內驅力的發展，本章強調了方法論的問題和各種概念的正常特徵。統計上的相關幾乎不值得研究，除非在特殊的研究中作爲基礎比率。傳統的結構邏輯，由於它把相關網絡作爲一個測驗所測東西的定義，因此它在發展的變量範圍內未免太粗糙了，以致成爲心理測量方面不可知論的一種形式。還有許多問題有待於精通理論的經驗主義去研究。

第八章
劃定階段和類型的問題（編註）

182

一個明智的心理學家在讀了第五章裡有關顯然相同的發展序列或最起碼說是一組密切關聯的序列的許多看法之後一定會感到惱火。爲什麼不用經驗的研究來解決這些爭論的問題？如果階段眞的存在，並且構成了發展的序列，那就來證明它。如果階段的序列存在著差異，那就提出證據來解決它。學者們如果對階段的內容或某一跡象出現的時間持有異議，那就去觀察兒童，藉以決定誰是正確的。當人們從事某些有關的研究時，就有許多涉及到經驗研究的困難。我們可以從一些特殊的和具體的難點著手，進入比較抽象的哲學問題。看來，在具體描述的直覺呼籲和完成普遍性的抽象要求之間存在的衝突將是本章的主題。

劃定階段在方法論上的難點

183

第一，在特殊的行爲和潛在的特質或素質之間不存在一一對應。任何一種可以觀察到的行爲都能透過許多途徑來達到，也能

編註：此章爲作者與布萊西（Augusto Blasi）合著。在作者前言中曾提及，布萊西被看作是合作者之一，在原著的第8章標題下則直接標示：with Augusto Blasi。

由於種種理由而被接受或拋棄。或許有例外，但不能認爲任何一種行爲都與自我水準有明確的關係。不存在絕對確鑿的有關任何一種水準的跡象，只有可能的跡象。當然，有些跡象比其他一些跡象在一個特定的自我水準上具有較高的概率，這些跡象可以作爲測量的手段。這一點就是布倫斯維克心理學概念的基礎〔托爾曼和布倫斯維克（E. C. Tolman and E. Brunswik），1935；哈蒙德（K. R. Hammond），1966〕。

　　第二，人們希望了解自我水準，不然，就無法開展任何研究。一種既不是結構的測驗又不是非結構的測驗會得到最明顯的跡象。如果測驗是結構的，它投射的是測驗編製者的參照構架，而不是被試的參照構架。但是被試的參照構架卻是揭示他的自我水準的東西。大多數被試在選擇反應時，寧可選擇一個由最高的自我水準自發給出的反應〔雷斯特（J. Rest）、特里爾（E. Turiel）和柯爾柏格（L. Kohlberg），1968〕。由於這樣一些反應很少在無反應的情境裡產生，而通常是在多方選擇的情境裡被選出來的，因此測驗的這兩種類型是不相等的。然而就一個非結構的測驗來說，人們無法控制一個人將選擇能揭示他自我水準的東西。測驗者能成爲一個解釋最低限度跡象的專家，但是被試總是有機會把一切隱藏起來，比如透過選擇、偶發事件，或者爲了某種原因用某種方式反應出一個不同的自我水準的特徵。一個常見的例子是在一個被試羣體引起敵意的情況下實施測驗；在這種情況下許多被試會給予反應，這些反應通常只出現在自我水準較低的被試的材料裡。

　　第三，各種發展在兒童身上是同時發生的。一種行爲可能反映不只一種發展；確實，人們必須假定，在一般情況下，點滴的行爲在某種意義上反映著整個人。在將各種發展分類時，無論是理論的發展還是行爲的發展，不存在完全無誤的方法。自我發展與兒童時期和青少年時期的智力發展及心理性慾發展有著相互關

係。甚至可能沒有心理測量學家所謂的「局部獨立」；也就是說即使一羣同齡人也可能在自我發展和智力發展或心理性慾發展之間有著關聯。如果這種關聯存在，它會導致變化的混亂，以致全部資料無法解析它的組成的來源。如果我們全部依靠經驗的方法，那就完全受混亂的變化所擺布了。理論必須指導同時蒐集起來的資料，而資料可以用來澄清理論。

第四，在辨別自我水準的可能跡象和相關的可能跡象時，不存在完全無誤的方法。正如第一點裡宣稱的那樣，只有可能的跡象而無絕對肯定的跡象。關於另外一個與自我發展相關的發展變量，在第四點僅僅重複了第三點，有點相關不是發展的，例如社會經濟狀況或可能的調節。在最低的社會經濟水準中自我水準低的人要比自我水準中等和高的人似乎爲數更多。例如，讓我們來檢驗一下諸如粗鄙的和猥褻的反應等行爲，這些反應在自我水準低的被試材料裡要比在自我水準中等和高的被試材料裡更爲常見，儘管這些被試都處在較低的經濟水準的社會。我們該怎樣來決定這些反應是否應該被作爲自我水準低的跡象？如果這些反應的出現僅僅是因爲那些被試是低級階層的成員，而不管他們的自我水準，那麼事實上，把這些反應作爲自我水準的一種跡象是錯誤的。這就意味著變化的混亂，並且它是一般的規律而不是特殊的事例。實用主義者只想預示或識別自我水準低的被試，他們可以不顧第四點，因爲它意味著稍低的概率，然而，爲了了解這些水準的主要特徵，這些考慮是關鍵性的。

第五，通常每個人不只在一個水準上表現行爲。每一個行爲樣本———一個測驗是一個行爲樣本——必須被假定不止在一個水準上表現。在把變化轉化爲單一分數時，不存在獨特的心理測量策略。連續階段的不同情景可能是由於不同的心理測量策略造成的。然而，不同測量所選的不同的行爲樣本可能比心理測量的差異更要緊。

185

第六，爲任何發展水準指定一個行爲跡象時遇到的內在困難恰恰是因爲潛在的連續一直在發展。一個在嘗試階段或胚胎時期表示某一水準的跡象，當它在日益清楚和明瞭時期就會表示較高的水準。什麼時候我們應該說一個小孩學會了走路？當他在別人幫助下邁開第一步或自己走第一步的時候呢？還是當他蹣跚行走不願爬行的時候？還是當他信心十足掌握走路技能的時候？對於較難捉摸的道德生活和人際生活來說也有類似的情況。

第七，一種行爲跡象也許只能從一個方面來進行辨別，既然這樣，在確定一種跡象爲某個特殊水準時就會存在模稜兩可性，雖然人們可以毫不含糊地說在有些水準通常找不到跡象。再藉走路來做比喩。走路的技能是幼兒時期身體發展的標誌，但四至五歲以後就不能以此來鑑別了。假使我們有一個身體完善的量表，我們將「熟練走路」這項目放在哪裡？如果我們把它放在三歲水準，則十五歲的兒童也處在這一項目的三歲水準上。我們能否折衷地把該項目放在八歲水準？那麼正常的三歲分數就會在該項目的八歲水準上。在一個有賴於發展里程碑的量表裡，這種困難是不可避免的。比納（A. Binet）在編製一個年齡量表時遇到了心理測量的困難，但是在自我發展的年齡量表裡所出現的困難，在MA量表不會出現。無論如何，沒有人編製過自我發展的年齡量表或有關的變量，也沒有提出過解決這個問題的心理測量的方法。

第八，當我們把一種跡象放在一個特定的水準時，就有兩組概率，透過這兩組概率，我們可以計算出錯誤的概率。一般說來，兩組概率決定一種跡象被置於不同的水準。第一組是以那些表現出特定跡象的被試爲基礎的；第二組是以樣本中被試的分布爲基礎的。在第一種情形裡，我們問：即便有這種跡象，被試來自一個特定水準的概率是什麼？或者，換一句話說：即使有這種跡象，被試反應的期望水準是什麼？就一個特定的樣本而言，這

個問題是容易回答的，但答案在很大程度上有賴於樣本的組成。
大多數樣本只包含極端水準上的少數事例。因此，人們也許會發
現遵照這組概率，沒有一種跡象能夠被置於極端的水準。

　　人們也許僅僅用這組可供選擇的概率來為安置跡象提供一個
強有力的事實。即使一個特殊的自我水準，表現這種跡象的概率
是什麼？跟隨這組概率會導致許多錯誤，因為極端的事例很少會
在繼後的樣本裡出現。而且，由於極端事例總是比較罕見的，由
於它們與其他事例在各個方面要比自我水準方面更不相同，因此
有關極端水準的特徵跡象的結論將不可避免地以少數事例為基
礎。即使由於其它聯合的變量而不存在系統的錯誤，我們也只能
受少數人的特性所支配。下面是一個有關系統錯誤的例子。為了
獲得大量的**遵奉階段**以下的成年人的例子，人們必須去監獄、教
養院和慈善機關，在那裡這些人約占四分之一或一半，而在其他
地方這些人所占百分比較小。然而，在某種意義上說，這些人是
失敗者或被捕者，他們能代表不在此類機構中生活的自我水準較
低的人嗎？這個問題幾乎是無法回答的。因此我們重新回到這樣
一個結論，特別是在極端的情形裡，理論是對數據的一個不可缺
少的補充。

　　第九，在第五章裡提到的大多數作者是臨床醫生。對大多數
臨床醫生來講，從第一點到第八點的概率思考或多或少是舶來
的。一個臨床醫生依靠他自己的頓悟，傾向於思考完全由病人的
特質和情況所決定的每一個行為。他可能把一個特定的自我水準
的概率跡象看作與自我水準無關，他的這一見解也許是正確的，
因為這不是一個明確的跡象。或者他可能把它看作是一個直接的
跡象，把特殊情境中的所有相反的事例都考慮進去了。當然，一
個臨床醫生能夠避免面臨的相反事例，而研究人員則不能。研究
一心理測量的參照框架本質上不同於臨床的參照框架（盧文格，
1963）。

　　爲什麼臨床醫生的直覺可能引入歧途，有其更深奧的原因。每一個發展水準都是建立在前一個水準基礎上的，是由前一個水準轉化而來的。在任何一個水準，其態度的無意識成分與早先水準的態度是一致的。由於臨床醫生對他的病人要比研究人員和日常同伴有更深的了解，因此他就可能誤判一個人的水準或一個特殊跡象的水準。一般說來，臨床醫生比較了解我們和人性水準，在這水準上個別差異降至最低限度。但是在自我發展方面個別差異恰恰是最大的。因此，雖然有了一系列頗具價值的證據，加之理論、測驗和實驗數據作爲適當的預防，臨床醫生的觀察還是像法院裡最後上訴那樣失敗了。

只有一個來源的假設

　　上述各點都涉及到這樣一個問題：假定第五章裡提到的階段設計的作者都眞正表明了他們的有關一個發展序列的觀點，爲什麼他們在細節方面會有如此不同呢？假設是對所有假設的發展序列和類型只有一個來源。要考慮的是一個作者和另一個作者之間在上述九點上解釋的差異，也考慮到即使一個調查者編製出兩種類型的測驗來測量他自己的變量，也會產生差異。

188　　　當然沒有什麼關鍵性的證據來支持一個來源的假設。考慮到各個解釋之間存在著差異，這也表明要反駁它是多麼困難。它不不能被看作是科學的結論，把它作爲心理學這一複雜領域中不可動搖的觀點也是愚蠢的。然而，它是一個起點，一個能起作用的研究假設。

　　如果這一假設是基本的，那就一定有某些可供選擇的論斷。已經提出設想的大多數作者，可以被看作是反對者，否則他們爲什麼要給自己的研究冠以道德發展、人際整合、認知複雜性等名

稱呢？當然，這個問題不只是一個名稱問題，而是道德品質或人
際關係的能力是否脫離自我發展而獨立發展的。

一種選擇是，在自我發展中包含著幾個或多或少自變量的方
面，**表 1** 提出的假設在早期的觀點中已流傳多年〔盧文格，
1966b；盧文格和韋斯勒（R. Wessler），1970〕。不同的研究者試
圖發現這些方面，但沒有成功〔例如蘭伯特（H. V. Lambert），
1972〕。但這不是反對解決這些方面的某種新方法的令人確信的
證據。

柯爾伯格和塞爾門（R. Selman，1971）也有一個可供選擇
的假設（1971）。他們認為至少有幾條有關發展、認知、人際和
道德的線索，而且它們彼此處在不對稱的關係上。對一個特定的
認知發展階段來說是必要的條件，不一定是人際發展階段的充分
條件，並且後者與道德發展處在同一關係上。自我發展不是一個
中性術語，也許它要比其他術語組織得更為鬆散或含糊不清。還
不清楚柯爾伯格在第五章的解說中分辨出多少這樣的發展線索。
怎樣來劃定對應的階段是個問題。把什麼作為兩個發展序列的對
應階段，取決於一個序列內的階段是對應於另一個序列內的階段
的假設是否為必要的但不是充分的，或者取決於這些假設是對事
物的可供選擇的測量還是對密切有關的序列的測量，因而在系統
上是關聯的。所以，在劃定對應的階段和對應的規則之間存在著
迂迴性。

189

類型問題

有關一個來源的假設的一種激進的選擇是把自我發展的階段
或類型以及所有其他方面說成是空想的，或者是統計的結果，或者
是年齡差異的產物。根據**特性學說**（Doctrine of Specificity，第 10

章），只有特殊的行爲，而沒有潛在的素質。個別差異的類型和
範圍是心理學家的研究對象而不是自然學家的研究對象。上述九
點表明，滙集證據來支持這一觀點是多麼容易。確實，它們是證
據，是對特殊觀點的眞實描述。但**特性學說**導致我們把兒童發展
看作爲是一系列無定形的事件和偶聯，於是本書的主題就所剩無
幾了。

另一方面，心理學的最古老的研究方法之一是尋找一個類
型，用某種簡化的方式表達人類性格的差異。特質是一個單一的
方面，每個人可以被安置和測量的，人們之間的差異通常能夠被
完全表達爲量的差異。通過對比類型，把每個人置於數量有限的
模式之中，每個模式由幾個彼此聯繫的量的術語來定義。我們希
望獲得的基本要素在量與質之間沒有區別，或者在連續的差異與
中斷的差異之間沒有區別，但是在單一的特質與特質的模式之間
存在區別。模式意味著幾個特質或其他一些特徵是有聯繫的。

達爾斯屈姆（Dahlstrom, 1972）曾討論過類型學和它們對
人格理論的涵義。他指出，有關類型概念的部分困難是**類型**這一
詞具有各種意義，有時意味著像分配方式那樣的東西，在其他情
況下意味著極值。目前，能夠接受的統計方法完全指向可以測量
的一維特質，以至於有點冒險，即把那些對劃定類型來說是至關
重要的變量排斥在外。

達爾斯屈姆繼續指出，類型概念是建立在對動力概念的類推
的基礎上的，這些動力概念來自兩個相鄰的訓練，即生物學上的
種概念和醫學上的症狀概念。生物學上的種類是由內部羣體的能
育性和跨羣體的無育性來分類的，但是知道了一個個體所屬的種
類就能傳遞有關大小、形狀、發展過程與環境的互相作用等大量
附加的信息。一個綜合病症包含病人的疾病、生理跡象和臨床發
現，例如實驗室實驗的結果或屍體解剖。凡是可以鑑別病源的地
方，例如病源有機體或特殊的化學不平衡，表面上不同的跡象的

190

相同方面是能夠被確立的。綜合症的概念還帶有附加的信息，例如預測能否治癒和治療時可能出現的反應。一個有機體只能屬於一個種類，這是無法改變的，但一個人可能有兩個或兩個以上的綜合症（「併發症」），並且一個綜合症是按一個典型的路線蔓延的，通常不是恆定的或不變的。

人格類型可以在種類或症狀模式之後來確定。蓋倫（Galen）、克雷奇默爾（E. Kretschmer）或謝爾登（W. H. Sheldon）關於心理的特質與體質的特質有著聯繫的經典類型學是接近於種類概念的。疾病分類的類型學是接近於症狀概念的。明尼蘇達多重人格調查表（The Minnesota Multiphasic Persoriality Inventory, 簡稱 MMPI）最初是建立在含蓄的疾病分類的類型學基礎上的；它的每一個原始病理量表是這樣編製的，把一個診斷類別裡的人和一般人之間的區別擴大到最大限度。以致達到這種地步，即可以把一個人描述成是一個體型。然而，在一個 MMPI 病理量表上獲得高分並不意味著在其他量表上也獲得高分。一個疾病分類的類型學是根據 N 空間來描述人的，而體型學卻把人置於 N 領域的表面。問題不在於連續的中斷。既然概念是結構的，就會出現中斷現象，因為結構通常不會混雜在一起。目前還沒有證據表明任何人格類型的中斷。由於任何類型都是可以測量的，因此它們是一個程度問題。表面相似的行為，例如過失，可能表明種類的一種性格類型或一種病理學的綜合症，在這些情形裡，適當的處理方式可能不同；所以達爾斯屈姆所做的區別是有價值的。

在第五章裡，有一些類型是以綜合症的模式為基礎的，有些類型則是以種類模式為基礎的。許多作者已經提供了詳盡的和相互排斥的類別，在這些類別裡，每個人都能歸納進去，雖然在這一點上還不是詳細的。佛洛姆時常提供一些新類型，他一定會提到臨床類型，也就是綜合症。謝皮羅（1965）的「神經病風格」

191

（neurotic style）是綜合症的極好例子，它使我們包括在自我發展領域內的許多東西具體化了。

有些類型在數學意義上是「退化的」，包括權力主義對非權力主義者，生源對死葬（佛洛姆，1973）。退化的類型是由兩個極端來定義的，雖然可能有許多或者甚至占優勢的中間事例。最後退化的類型與特質是一致的，即使它們被概括爲複雜的結構。

現在，我們來看一看有關類型的哲學問題，然後再轉向由假設亞類型所提出的問題，正如一些作者所做的那樣。

作爲認識論問題的類型和階段

在運用類型和階段時所出現的困難是顯而易見的。應該怎樣爲類型下定義？在了解心理現實時哪些類型最有用？能夠運用一個特殊類型的客觀範圍是什麼？諸如此類的問題只能由科學家慢慢地嘗試著回答。然而，有些問題，由於太普遍和太基本，以致超越了任何一門特殊的學科。這些問題無法由科學來回答，但適宜於哲學的領域。有這樣一個問題：類型和階段是統計的產物，還是理論家任意創造出來的？或者說，它們能有效地代表心理世界嗎？說明一個問題的性質和回答這個問題是不一樣的。然而，通過這樣做，問題被插入到恰當的前後關係之中，爭辯明朗化了，包含在每一種解法中的假設也暴露出來了，從而能夠分析每一組假設的一致性和非一致性。

一方面，在類型和階段之間有著基本的關係，另一方面，兩者之間存在著基本的概念。對前者的異議與對後者的異議本質上是一樣的。第一，事物是具體的和個別的，而階段和類型是抽象的。具體的東西是無法被描繪的，而且不同的事物可以被看作是相等的。第二，現實是連續的，在這個意義上說，各種變化可以

在客體中觀察到，也正是在這個意義上說，從一個狀態到另一個
狀態的變化是覺察不到的。類型和階段透過把連續和變動强加在
任意的類別和中斷上來改變它們。最終類型和階段用另外的方式
歪曲了現實，也就是說把那些透過知覺無法觀察到的東西硬塞進
去。由於類型和階段是以結構的解釋爲基礎的，所以它們不容易
接受經驗的證據。證據是經驗主義者和實證主義者十分喜歡的。

　　這些異議是普遍的，是一切科學都具有的，但它們又是古老
的，因爲構成它們的基礎的問題，即一與許多的問題以及一般的
概念問題，已被哲學家討論過至少二十五個世紀了。

　　一與許多的本體論問題，即構成事物差異的是否是一個基本 193
的統一體，在蘇格拉底以前的思想家中間占居著中心地位，它標
誌著西方哲學探究的黎明。解決的方法來自巴門尼德（Parme-
nides）的一元論。他認爲只有一是存在的，有和無之間不存在中
間狀況，在赫拉克利特（Heraclitus）的辯證法裡，他認爲沒有
兩件東西是相同的，即便同一件東西在兩個不同的時間也是不相
同的。蘇格拉底以前的學者並不直接關心認識論的問題，而是把
認識論的問題和本體論的問題交織在一起。如果我們所處的世界
本質上是赫拉克利特所說的世界，如果事物是不同的，並且在連
續不斷地變動，那麼我們的認識是特殊的，也就是說是非概念化
的，否則它是根本不適合的。

　　一般的問題幾乎與一和許多問題一樣古老，它使我們開始觀
察到我們的許多言詞是可以歸類的，並且用同樣的方式來論斷各
種含糊的客體。在具體與抽象，即個別與一般之間似乎有差距，
這就對該論斷的效度和我們的概念知識提出疑問。所建議的解決
方法有許多，從柏拉圖的極端現實主義（認爲一般的客體是眞實
存在的）到休謨（D. Hume）的極端唯名論（認爲不論在世界
上還是在頭腦裡沒有一般的東西，這是專門針對同一個詞可以表
示不同的客體這一論斷的）。然而，哲學家一般都贊同這些觀

點。第一，沒有一般的事物；事物是具體的和個別的。第二，論斷和科學定律是一般的，具有普遍的價值；沒有個別的科學。第三，這樣的論斷不是武斷，它不是以事物的性質為基礎，就是以我們頭腦的性質為基礎。

如果說類型和階段的有效性是了解人格的基礎，那麼我們認為科學的知識必然是概念的，也就是說抽象的和一般的。對我們來說這是唯一有效的一門科學。試圖去否認它的有效性或者對它的有效性表示異議，只能是自相矛盾的和武斷的，最後註定要被駁得啞口無言，落到激進的相對論和懷疑論的下場。如果推理的線索僅僅涉及到概念，這樣並沒有確切地證實類型的作用。然而，它解決了類型和階段所持的異議，同樣也解決了對所有概念思維所持的異議。

這些激進的異議來自以感覺為基礎的實證主義者的認識觀點。古希臘哲學家在他們討論一和許多以及一般的概念問題時已認識到這一點：巴門尼德關於真理和意見的區別，柏拉圖關於知識和意見的區別，以及承認和接受感覺印象、外貌、表面差異等同樣，現實只能在這一水準之外，即在形式、結構和觀念的水準上才能被研究。

亞類型和普遍性

第五章所討論的設想比較適合某些人，而不適合另外一些人。有些人不適合某些作者的類別，但適合另外一些作者所描述的類別，這裡，我們的問題解決了嗎？沒有一個作者擁護這種解決方法或者對他們的概念的應用加以限制。人們也許相信他們已經找到一個或多或少普遍有效的概念；之所以「或多或少」因為有些人不願意要求西方文化以外的普遍性。柯爾伯格（1969,

1971）直接討論過這個問題，並且爲他計畫中的跨文化的有效性
提供證據〔對我們在日本和庫拉索(Curaçao)的研究來說，庫塞
蘇（O. Kusatsu）和拉斯克（H. Lasker）已經發現了跨文化的
有效性〕。我們的自我發展概念明確指向或多或少普遍的有效
性，雖然我們並不感到我們必須取消一些東西，如果對根本不同
的文化來說修正是必要的話，有些人在一個特定的階段比其他人
更典型，但沒有例外的情況，因爲原則上人們不可能被分類在量
表的任何一點上。一個人可能隱瞞信息，或者我們可能從我們獲
得的信息裡做出錯誤的推論，但是我們是否能夠發現它，因爲在
把每個人適當地分類後，他在量表上只有一個位置。困難的案
例，即那些不適合的案例已由不同的作者用不同的方法處理了。
有些人擴展了階段的定義；有些人假設了亞類型。大多數人不顧
這一問題。讓我們看一看處理困難案例的一些方法。

　　最普遍公認的類型是**遵奉者**，最成問題的類型是嬉皮士（老
一輩人稱之謂頹廢派或生活放蕩不羈派）。漢恩（N. Haan）、
斯特路德（J. Stroud）和霍爾斯坦（C. B. Holstein，1973）的
研究發現，嬉皮士這類人在柯爾伯格的**第三階段**占優勢，或者在
過渡到**第三階段**或者在超出**第三階段**中占優勢。就**自我階段**而
言，嬉皮士經測驗顯著高於**自我保護階段**但低於**良心階段**。雖然
他們的反應並不是先前測驗過的任何一個組的典型反應，但是在
我們的計畫中，他們的最合適的位置在於**良心—遵奉**的過渡水
準。在這一點上重要的是他們基本上處在**遵奉**的位置。因此，對
那些生活風格是非遵奉的人來說，我們得出自相矛盾的結論。根
據自我發展的方案，他們可以歸入**遵奉者**，根據柯爾伯格的方
案，他們可以歸入**習俗**水準。許多人都注意到嬉皮士有時遵守反
遵奉的刻板準則。然而這種觀察並不排除自相矛盾，除非我們願
意詞不達意。非遵奉或反遵奉與遵奉或習俗並不是一回事，甚至
當它成爲一個刻板的準則時，根據具體的可以觀察到的行爲，至

195

少基本上稱作**遵奉者**。在某種抽象的水準上，這些行爲可能漸漸消失，但**遵奉**這一概念卻具有不同的更加抽象的意義。

恰恰在這一點上，爲了把維度轉化爲能使每個人毫無例外地分配在一個特殊的水準上，就需要給這一維度的各點以抽象的而不是具體的意義。爲了使嬉皮士—遵奉者自相矛盾的解決具體化，可以把**遵奉階段**解釋成包括這樣一些人，他們的生活中心問題是遵奉—不遵奉—反遵奉。一旦我們擴展了該定義，一種超遵奉就被確定下來了。典型的習俗的人僅僅是該階段的一種可能的類型或現實。

處理這些困難案例的一個可供選擇的方法是將每一階段和類型分成亞階段或亞類型。柯爾伯格用各種方法對他的六個階段進行了詳細的說明，不僅對過渡階段的人指定了混合的或中間的分數，而且還假設了亞類型。亞類型代表一個持續的特徵，該特徵無須與原始紀錄中的變異性或過渡有關。按照柯爾伯格的觀點，每一階段的人都能分在亞階段 A（根據規則或功利的結果來確定的)和亞階段 B（根據光明磊落或公正來確定的）。後者包括那些角色採擇的傾向或理想自我的傾向。亞階段 B 比亞階段 A 更爲複雜，更爲內在，更爲普遍，在 B 階段，每個人都已經歷過 A 階段，但不能逆推；人們可能從亞階段 A 到亞階段 B，也有可能到下一階段的亞階段 A。

在佩里的智力發展和道德發展的量表裡，從基本的兩重性通過相對論到承擔義務的這九種狀態中有一些是根據可供選擇的亞類型來定義的。例如在第五種狀態裡，可供選擇的是**相對主義的關聯**、**相對主義的競爭**、**相對主義的擴散**。人們可能以說理的方式詢問佩里，他把抽象搞得過分了一些，並且描述那三個概率中共有的東西，把它們作爲同一個狀態來構造。但佩里選擇了另一個方向，比其他研究者更直截了當地承認困難案例的問題。對他的九種狀態來說，他加上了三個概率：妥協、逃避和退卻（退

化）。當每一個學生處在原有量表的某一狀態時，後述三個類別只能應用於某些學生，並且有否定的涵義。因此，佩里所做的是概述一個種類的概念，包括對某些狀態來說可供選擇的亞類型，並且附加了三個綜合症類型。

有關自我亞類型的一個研究程序的主要例子是沃倫、帕爾默（T. Palmer）和他們的助手的研究。沃倫（1976）指出建立 I —水準的原則在於人知覺世界的方式，因此在 I—水準內建立亞類型的原則在於個體世界觀反應的典型方式。亞類型不是從理論中得出的，而是對過失者常見模式的觀察中得出的。在 I-2 的過失者（對應於我們的**衝動階段**）中間有兩種類型，它們是**自私的尋釁型**和**自私的被動型**，前者用要求和敵意來反應挫折，後者則用抱怨、訴苦或退卻來對待挫折。在 I-3 的過失者（對應於我們的**自我保護階段**和早期的**遵奉階段**）中間可以分出三種類型，它們是**不成熟的遵奉者、有教養的遵奉者**和**操縱者**。不成熟的遵奉者對權威表示服從；有教養的遵奉者其反應與過失者同等的羣體相似；**操縱者**試圖削弱權威或篡權。在 I-4 的過失者（在我們的方案中顯然是指良心—遵奉者）中間可分出四種類型，它們是*神經過敏做作型、神經過敏焦慮型、情境性情緒反應型*和*有教養的認同者*。兩個神經過敏的亞類型對潛在的犯罪做出反應。*情境性情緒反應型*對個人和家庭的危機做出反應，而*有教養的認同者*用不正常的價值系統來鑑定自己。雖然沃倫關於人際成熟的概念有其邏輯上的一致性和普遍的應用性，但這些亞類型在違法者或過失領域是特定的或特殊的。在這些亞類型裡，原概念的抽象性質消失了，因為沒有提供線索來說明一個水準中的亞類型與下一個水準中的亞類型是如何銜接起來的。例如，在 I-2 和 I-3 水準中有沒有神經過敏型呢？

柯爾伯格的亞階段是維度內的和不對稱的，佩里的亞類型是維度內的和對稱的，他還有像症狀那樣的亞類型。沃倫的亞類型

197

是維度外的和對稱的。這些亞類型試圖把過失者毫無例外地置於每一個水準上，但是沒有告訴我們它們與正常人的類型在相應的階段上有什麼關係，如果有關係的話。顯然，柯爾伯格和佩里是透過小樣本的縱向研究來達到他們的亞階段和亞類型的。沃倫和帕爾默已研究過大量事例，但是亞類型的定義在資料積累時沒有改變，他們沒有描述亞類型的原始資料。

運用柯爾伯格和佩里的方法，人們能夠形成簡單的理論，這些理論適用於手頭上的少量事例，但是對用於一般人的廣義定義的量表來說並無多大價值。而且，柯爾伯格主要依靠他自己的能力來推斷每一狀態的內在邏輯。沃倫（1969）與帕爾默（1971,1974）是經驗主義者，蒐集的形式資料是：對這一實驗條件下的亞類型來說，當測驗依據的是後來的逮捕的標準，而不是定罪的標準時，其結果是比之匹配的控制組更為有利。柯爾伯格方法的危險性在於它有可能成為事實不易滲透進去的教皇的披風。沃倫—帕爾默方法的危險性在於它有可能聚集起一堆茫然的事實而不是導致科學的歸納。在這些方法邏輯問題之外還有一個問題就是亞階段或亞類型到底能解決多少有關困難案例的問題。

第五章裡的概念是怎樣發現的？可能每個作者開始注意到幾個例子，即在看來完全不同的特質的整個模式中人們之間彼此相似。不同的作者也許是以那種方式的稍微不同的巧合開始的。逐漸地，每個人注意到一些可供選擇的模式，這些模式在邏輯上和經驗上是互相排斥的。然後，他觀察到他正在思考的概念的力量和廣泛的有用性。然而，如果他對資料和批評做出反應，那麼他肯定已經遇到過不易適合他類型的事例。如果他仍舊用綜合症的模式工作下去，那麼問題就不會打擾他。如果他已經轉向種類的模式，那麼他可以在類型或階段的廣義的定義，或者在定義亞類型或亞階段之間做出抉擇。我們並不反對運用資料反饋來修正這個方面。相反地，在下一章我們將提出我們自己規劃的程序。所

提出的問題是亞階段和亞類型究竟能解決多少階段和類型的概念
所提出的方法學上的問題。

　　亞類型的現實問題恰恰與類型的現實問題相同。不論有多麼
詳細的類型學，總是有困難的案例。亞階段，例如柯爾伯格的亞
階段，提出了階段的中斷問題，並對這個方面予以詳細的說明。
結果，它們提出了皮亞傑稱之為**差傾角**（ *décalage* ）的問題，那
就是一個人在不同的階段具有不同的問題或者甚至在不同的時間
具有不同的問題的傾向。維度內的亞類型，諸如佩里的亞類型，
揭示了許多問題，例如一個階段的亞類型與下一階段的亞類型之
間的關係，需要大量事例來回答。維度外的亞類型，諸如沃倫和
帕爾默的亞類型，提出了這樣一個事實，即自我的發展並不包含
每一個重要的特質，但這事實可以通過增加新的維度來處理，這
些維度是由原來的維度獨立地來定義的。因此亞階段和亞類型是
暫時的或可變的。

　　促使一些最積極的研究團體去求助於亞階段和亞類型的複雜
性和多樣性，如同第五章裡提出的許多概念一樣也是複雜的和多
樣的。唯有抽象才能把階段、類型和亞類型結合在一起。這樣的
抽象才是科學的東西。

特殊事例

　　在討論我們的概念的有效性時，經常會出現兩個特殊的事
例：具有特殊天賦或訓練的人和具有臨床案例的人。提出的問題
是，人在一個領域的活動水準，即他的特性或他的病理與他在其
他領域的活動水準是否不同。如果不同的話，那麼自我結構的概
念是否該取消或者至少在那些事例中需要矯正？作為答案，我們
一定要牢記自我結構不是特殊的具體的行為的屬性。它是一種結

200

構，一種抽象作用。同時，如果它與行為毫無聯繫，它就不會引起我們長久的興趣。

　　特別在一些有嚴重的情緒或精神病的人的案例中，他們在某些領域內的活動水準與其他領域內的活動水準之間有著顯著的差異。然而，在這些事例中，只有透過巧合，各線索才與**表1**的各項相對應。與衝動的控制，人際關係以及有意識的成見的不同水準相比，下面一些東西更有可能在不同的特殊的情形裡有不同的水準，例如：性生活對工作，與男人的關係對與女人的關係，與老闆的關係對與雇工的關係，或者一些甚至更加特殊的和更加特異的模式。壓力之下的退卻可能發生在**表1**定義的各個方面。在一個特定的階段把一個人進行歸納意味著那是他一貫活動能力的最高水準。在有些事例中〔見第5章艾薩克斯（K. S. Isaacs）討論〕，這種能力與其說是現實能力，還不如說是潛在能力，但通常這種對照理應接近。因此，自我結構的概念不需要矯正以便適合易受責難領域中作用較低的事例，也不會和任何階段的獨斷的觀念和衝動的行為的可能性產生矛盾。

　　有天賦的人是什麼樣的？難道一個道德哲學家的作用在柯爾伯格的測驗裡不會比他在生活的其他方面的作用更大嗎？難道一個詩人在造句測驗（即詩歌方面最高的反應）上的作用不比他在家庭關係方面的作用更高嗎？難道一個未受過教育但溫柔和直覺的婦女在人際關係方面的作用不比她在紙—筆測驗上的反應更高嗎？關於這些問題至今沒有研究結果，但是我們承認每個事例中的這些可能性。有沒有至關重要的東西被丟掉了呢？我們承認即便自我發展或道德發展的測驗也不是一無差錯的，在一些特殊的事例中，其錯誤要比一般事例中的錯誤可能更大些。

201　　　但那些異議畢竟只是猜測。那些提出異議的人可能認為他們的觀點是正確的，即人的行為在易受責難的領域或專業領域比他在生活的其他領域是不同的，但那是明顯的。然而，他們並不確

切地知道那些差異符合不同的可以測量的自我水準。也許，他們的非正規的印象要比標準化測驗更加容易受到蒙蔽。

　　即使差異明顯地採取不同的自我水準的形式，仍然有這樣一種可能性，即有爭議的行為不論是退卻的和症狀的或者是熟練地完成的，都可能帶有某種提示，標誌著這個人的最具特徵的水準。既然如此，水準的正確推論有賴於測驗打分者的敏銳。

結　論

　　我們已經推測過第五章裡概念設想的作者是透過綜合症的模式來指導觀察開始研究工作的，並且由於他們確實相信概念的普遍性，從而轉向諸如種類模式那樣的東西。然而在他們中間幾乎沒有一個人清楚地意識到這一點；於是造成了模式的混亂。而且，特殊的細節使得一幅肖像栩栩如生，卻降低了它的普遍性。為此，不得不憑藉亞類型來保留具體細節的活力而不犧牲覆蓋面的寬度。亞階段增加了差傾度，而注意力不再轉向潛在的連續，它們只做短暫的拖延，並未克服困難案例的問題。亞類型或亞階段的現實性問題與原先類型的現實性問題是一回事。

　　我們正在處理這樣一個假設，這裡所描述的大多數發展的和類型的變異性完全是由單一的來源造成的。糾正各種方案的欠缺和消除它們之間的分歧是一回事，但障礙重重。有些障礙在布倫斯維克的方式裡被看作是素質與活動之間內在的概率聯繫的東西。有些障礙在認識論上可能被看作是概念和事物之間具體的現實。

202

　　沒有概念和抽象，科學就成為一件可憐的東西，或者空洞無物。我們的自我發展的概念和其它一些評論過的方案這兩者之間的差異不是微不足道的，而是可以商榷的。我們的研究方法是與

衆不同的，而且我們提出的概念和科學的方法是不容商榷的。這
在下一章將會變得更加清楚，因為我們要概述我們的一些研究，
這些研究的目的是設計一個自我發展的測量和精煉概念。

　　我們承認有些人被某些作者充分地描述，其他人被另一些作
者充分地描述。這些差異說明描述的多重性，但它們並未證實概
念的多重性。也許最後一個問題是為什麼？究竟為什麼人們會形
成品格結構？為數不多的兒童渴望在道德哲學上占一席之地，但
是他們一定發現他們正處在困難的和混亂的世界之中。品格結構
是為這一目的並在其中形成的。一個人的品格在其成形初期，他
的品格結構可能起伏波動，他的行動時常與品格不相符合，但是
每個人只能有一個品格結構。一個駕駛員（或羅盤或地圖）就是
自我。結構是它的初級工作，在這個意義上說，一切概念只要它
們是結構的，就一定是自我發展的概念。可能有許多精神上的亞
結構，有些（例如公平和正直的概念）與自我結構密切相關，其
他（例如有理數的結構）則與自我結構毫不相關。那些亞結構也
許比特殊個體的自我結構甚至一般人的自我結構更為緊密地結合
在一起。但是，如果我們談到品格結構，我們實際上是在談自我
結構。

第九章
測量的問題和策略

203

長期以來，差異心理學的心理測量，給發展心理學蒙上了一層陰影。在皮亞傑的革新以前，發展心理學家一直滿足於用已經取得的成人狀況的部分來評估兒童。多年來，差異心理學的主要思想由桑戴克（E. L. Thorndike）概括如下：「一個事物如果存在，它就具有一定的量；也就可以被測量出來。」（1914, p. 141）這個觀點的不良後果，導致了特質名稱和測驗的猛增，其數量超過了對人性的合理的認識範圍。也許沒有誰說過，凡是可以命名的事物，都必定以某種意義存在。但是對這個假設，也未曾有過任何明確的反駁。因素問題成了差異心理學竭盡全力研究的中心問題。因素分析成了唯一的手段，從而導致了一系列技術上的關注。並且產生了一整套連大多數心理學家都難以理解的論述，但是卻很少涉及心理學的本質。

激進的發展觀與經典的心理測量觀是對立的，前者提出了針鋒相對的論點：存在於人性中的一切，必定是發展而成的，而且其發展可以被追蹤。這一論斷意味著邏輯極性作為特質理論和特質測量的傳統基礎，極少或表面上與發展蹤跡相符合。此外，發展的過程除了測量以外，既有趣又重要。為了測量個體在某個發展序列中的進展狀況，我們必須首先確定發展的過程。也許，差異心理學的這個武斷成分，即凡是可以命名的事物，都是可以測量的，能夠透過發展的現實而不是統計的分析來消除。對差異心

理學來說，一個激進的發展的方法，能夠對衆多的測量做篩選，使至今未能解決的因素問題不再成爲個體差異領域中的核心問題。

然而，一個新的問題又產生了。如果我們拋棄邏輯極性，熱衷於尋找發展的序列，那麼我們將如何回過來測量非任意杜撰的邏輯極性呢？這就是本章的論題。首先，我們要討論心理測量的基本問題，這些問題應該與每一個計畫的心理測量聯繫起來討論，但目前很少這樣做。在自我發展的概念中，這些問題與實質問題是相互聯繫的。其次，我們涉及當前的一些試圖，即測量自我水準以及與其相關的方面，這就產生了同樣的心理測量問題。在那一部分裡，假設基本構造的效度，並論及測量的策略。由於這方面的研究大部分是不完全的和尚未建立的，所以這一討論將會遇到阻礙。

基本的心理測量問題

205　　如果誰滿足於說，任意指定被試人數，或任意選擇測量結果，可以稱作心理測量的話，那麼在任意用什麼方法都能解決心理測量的策略問題了。但是，對於那些選擇不同測量模式的人來說，這是行不通的。我選擇的觀點是，嚴格意義上的測量，不可任意指定被試人數或任意選擇測量結果。排除任意的因素並不是一勞永逸之事，需要不斷地更新頓悟。我們關心的問題可以歸結爲一系列疑問：即使被試及其測量結果具有差異性，是否就存在一個與假設的變量相符的、分明可辨的模式或綜合症呢？即使假設的綜合症分明可辨，是否就比解釋行爲的可供選擇的方法更顯著呢？那些等級、階段或點是否就沿著維度正確地或最佳地排列著呢？這個維度是連續的，還是斷續的？各種客觀上有用的符號

是與這一維度不變地聯繫著的嗎？

綜合症。第五章中各個作者的描述集中表明，他們一開始就對標誌綜合症的各種問題或一系列與不同的階段或類型相符的綜合症感興趣。測量應該有助於解釋和闡明這些綜合症。

顯著性。任何一種訓練中的基本變量就是那些能夠用來簡潔地表達函數關係和規律的變量。相比之下，根據測驗的可靠性和有效性對測驗的傳統評估，就顯得微不足道了，許多變量能夠可靠地和有效地被測量，但不一定是基本的或顯著的。就個體差異的一個方面寫一本書、一篇專題文章或設計一個研究程序，意味著相信它的顯著性和重要性。本書就是強調自我發展的顯著性。凡是把自我看作是構成的人，就不會對自我作爲個體的一部分這一顯著性提出異議。但是，這裡所說的自我發展不是指所有自我功能的發展史。因此，提出自我發展的顯著性不可能只停留在自我的重要性上。一個變量的顯著性的產生，是在某種廣泛的定義範圍內縱觀所有證據的結果。那是因爲沒有什麼東西可以排除在外，也沒有什麼東西是具有決定性的。這些不完全的證據表明，自我水準是隨著年齡的增長而提高的，至少在成熟的早期是如此。此外，還隨教育、智力和社會地位的提高而發展。這是有關基本變量的提法的一種證明。

序列。自我發展的設計量表是序列量表。是否能找到一個相應的間隔量表的問題幾乎是無意義的，因爲沒有與增加或減少自我水準相對應的操作。有些研究人員認爲，確實存在階段，它們組成了一個有順序的量表。他們大體上同意對階段的描述，但是對階段的順序，卻仍然意見不一。C‧蘇利文、格蘭特（J. D. Grant）和格蘭特（M. Q. W. Grant）把他們的 I-3 階段分爲**反對階段**和**遵奉階段**。他們的 I-3 **反對階段**與帕克（R. F. Peck）的**權宜階段**、艾薩克斯的 **Delta 階段**和**表 1** 中的**自我保護階段**這三個階段的全部或實質部分極爲相似。**遵奉階段**要比上述三個階段都

高一點。另一方面，帕克和哈維斯特（R. J. Havighurst）不同意**非理性的良心階段**要比**遵奉階段**高。對**非理性良心階段**羣體的描述與蘇利文、格蘭特和格蘭特的 I-4 階段的描述也極為符合。因此，後者認為，**非理性良心階段**肯定高於**遵奉階段**。這些個體完全符合我們設計中的**良心──遵奉**的過渡，可能也包括我們的**良心階段**的某些個體。

　　表 1 中的序列是由理論推理和經驗數據得出的。例如，在造句測驗中，典型的**遵奉階段**與自主被試的相似程度就不及典型的**良心階段**與自主被試的相似程度。同樣，典型的**自我保護階段**與衝動階段被試的相似程度要超過**遵奉階段**的與衝動階段被試的原始紀錄的相似程度。

　　最有說服力的有關序列的論斷來自發展的研究，或是縱向的心理測量研究，或是實驗的研究。柯爾伯格（1969）透過各種縱向的和實驗的研究宣布了他的序列，這些數據尚未公布。但是，霍爾斯坦（C. B. Holstein, 1973）對她自己的縱向研究的基礎提出了疑問。縱向研究由於各種心理測量的困難，包括測量和測驗結果本身的不可靠性，而受到阻礙〔雷德莫爾（C. Redmore）和沃爾德曼（K. Waldman），1975〕。顯然，對階段的序列有不同看法，這些分歧既非瑣小，又非容易克服。

　　連續性。即便存在階段，即便階段的序列是可知的，那麼從一個階段過渡到下一個階段是跳躍的，還是連續的？因為每一個階段都含有它自己對世界的「認知地圖」（cognitive map），用托爾曼（E. C. Tolman）的話說，如果必要，你可以創設一個情境，把一個認知地圖馬上換成另一個認知地圖。目前還沒有一種足夠精細的測量儀器能斷定發展的過程究竟是跳躍的還是連續漸變的。按照一種測量方式，一個過程可能表現出非連續性，但是進一步的分析表明，它是透過連續的階梯發展的。進一步的分析可能揭示，明顯的連續性是一系列非連續性變化的總和〔特納

（ J. M. Tanner ）和英海爾德（ B. Inhelder ），1960〕。皮亞傑在談到他與英海爾德合作研究認知階段時說：「一方面我們發現了一些階段，這些階段在任何一個特定的年齡都具有一定比例的個體。另一方面，我們總是發現亞階段或中間階段，但是，當我們試圖控制這些中間階段時，我們就被許多亞─中間階段迷惑了，因為這些階段是不穩定的。其他一些有組織的階梯相對來講是比較穩定的，因而能夠稱之為『階段』的，正是這些階梯。」（ 特納和英海爾德，1960, p. 122 ）。第八章中談到的對亞階段和亞類型的看法不一致，證實了皮亞傑的觀點。

當人們把第五章中的不同方案綜合在一起時，就能發現，在一個方案中是一個階段，在另一個方案中卻是兩個可以認知的階段之間的過渡。因此，綜合各個概念之間的差異，可以認為階段是連續的，儘管由於被試的特徵或研究人員的偏見對這些差異可能有其他一些解釋。

單一性。人格特質必須被假設為具有極性和里程碑的表現形 208 式（編註）。如果把不同的變量看作是基本的或組織的構成物，那麼用來解釋人格領域的一種方法的極性或變量就是一個里程碑。遵奉作為一個廣為研究的變量，在自我發展的過程中是曲線型的。也就是說，它是一個里程碑。這些作為自發的變量（帕克和哈維斯特，1960, p. 88 ）和衝動的表示伴隨著一個互補的曲線〔韋伯斯特（ H. Webster ）、桑福特（ R. N. Sanfond ）和弗里德曼（ M. Freedman ），1957〕，該曲線位於自我量表的低和高兩個終端的偏高處。在若干高遵奉之間的偏低處。

區分里程碑順序和極性變量對我們的自我發展概念是必不可少的，也是測量過程的一個環節。既然自我發展具有極性和里程

編註：「人格特質必須被假設為具有極性和里程碑的表現形式。」這句句子的原文並非斜體字，下面的黑點乃譯者所加。

碑兩個方面，那麼不管測驗技術多麼不完備，都必須區分這兩方面，並運用適當的技術。心理學應該選擇極性變量作爲它的主要變量，這是無須爭辯的。我認爲，當自我發展被定義爲極性變量時，它的最容易觀察到的表現形式就是里程碑。正是那些里程碑被解釋成是極性變量，並且在人格研究的主要傾向中構成了主要概念。遺憾的是，迄今尚未有設計、程式或計算機能替代心理學家去確定什麼是主要的變量，什麼是這些變量的輔助的表現形式。有一個民間的心理測量學派主張用因素方法來區分和解釋這些主要變量，但是因素分析在這種情形裡是不起作用的，因爲這種方法只能處理像極性變量那樣的變量。因此，如果投入因素池的項目或分測試（subtest）包括許多里程碑，而不是自我發展的極性功能，那麼自我發展就不可能作爲一個因素出現。此外，人們也無法期待得到可感知的或明顯地可解釋的結果（盧文格，1965）。

　　雖然沒有一個統計方法能夠確定什麼是里程碑，什麼是極性變量，但是，只要有一個心理學家提出明確的設計，並且蒐集適當的數據，那麼就有方法或可能有方法來檢驗這些問題的假設。我們越是努力尋找在最低推理水準上能夠觀察到的自我發展的表現形式，並因此而適用於測驗項目，不論是自我報告或由他人做等第評定，我們就越是能趨向於里程碑，而不是極性的觀點。我們越是努力探求或編製作爲極性變量的自我水準的索引，就越會發現自己贊同推理的變量，而不是可以觀察到的變量。心理測量的基本原則是觀察，無論是觀察自己或是觀察別人。因此，適用於處理里程碑順序的心理測量技術是必須的。

209

評價技術

心理測量的兩個核心問題是定量策略和記分算法。定量策略是一種把質的觀察轉換成量的差異的方法。由於把單一的觀察作為一種將人羣分類的方法如同將其他任何事物分類一樣並不可靠，由於一組觀察肯定會有離差，因此就須有某種規則來縮小量的差異，使之成為一個分數或一個類別；這就是記分算法。

除了自我水準的研究人員和有關概念之間具有本質差異以外，在它們的構成物方面還存在形式上的差異。這些形式上的差異規定了不同的記分算法。一個概念類型有著與潛在能力相似的自我水準；與這種概念類型相一致，記分算法是最高的記分符號。為了達到一個特定的自我水準，人們必須已經通過所有低於該水準的水準。這些水準可能表現在行為上，甚至表現在包括幻想在內的比較顯著的行為上，但是行為不可能反映出尚未達到的水準。艾薩克斯的研究證實了這個觀點。

第二個概念類型是素質測驗圖。按照這一觀點，自我成長的涵義並不像前面那個觀點等級森嚴，對每個自我類型都能例舉一組在所有人類身上或多或少存在的素質或動機。表示每個人特徵的就是他的分數測驗圖，它反映了每一個獨立的水準。馬斯洛的動機種類的概念提供了這種形式，帕克和哈維斯特的測量方法遵循了這一模式。

第三個概念類型是根據一個有結構的或有組織的整體的核心功能來看待自我水準的。不少作者就是這樣設想自我水準的，蘇利文、J. D. 格蘭特和 M.Q.W. 格蘭特特別運用了**核心功能**這一術語。這個概念得到了精神分析概念的支持，梅洛—龐蒂（Merleau-Ponty）、蘇利文和另外一些學者的結構概念把自我

210

看作是一個組織（我也同意這種觀點），皮亞傑的守恆觀念也支持了這一概概念。可以觀察到的符號在核心功能水準的上方或下方呈離中趨勢，是符合這個概念的。遺憾的是，核心功能概念沒有轉換成獨特的記分算法。形式的功能水準是一個可能的形式，柯爾伯格就採納了這個形式。

在考察測量自我水準和有關變量的方法時，我們確定了解決概念類型問題的討論，定量策略的討論和記分算法的討論。我將簡要地討論其他研究人員採用的測量方法，以及我和我的同事在探究測量方面的兩條研究線索。我們之所以強調我們的研究，一方面是因為我們關於心理測量的問題要比其他人態度鮮明，另一方面是因為迄今為止讀者也許想知道究竟是什麼原因使我寫成了如此厚的一本書。序列是任意決定的，正如每個研究人員或小組似乎不受別人的影響而制訂出自己的評估技術一樣。不過，我們受到了格蘭特—沃倫小組的影響。

艾薩克斯：評定主題統覺測驗的相關性。艾薩克斯（1956）把他的人際相關的構成看作是一種潛在能力，即在一定程度上人際關係複雜化的能力。由於缺乏機會、情感阻滯或者其他一些原因，這個水準不可能表現在目前的功能中。他認為，能力在行為中表現出來之前，必定先在幻想中表現出來，因此他把主題統覺測驗作為一種能引導出人際關係幻想的手段。每張主題統覺測驗（TAT）卡片上的故事配備一個等第評定，並符合其中表現出來的相關性的最高水準。這樣，個體的最高水準是根據指定給他的故事來確定的。現由是，個體並不理解超越他本人的人際作用水準，因此，在任何情況下，也就不可能表現出高於他本人相關性的水準。個體不可能獲得過高的評定，除非等第評定本身有差錯。但是，當個體在一個特定的場合表現不出他的最高水準時，他就可能獲得過低的等第評定。

艾薩克斯的方法導致了一些困難。改變一個故事的分數，可

能改變整個原始紀錄的等第評定。然而，心理學家早就知道，無論是被試的變化或是評定人員的失誤，問題的不可靠性最好是通過增加個體分數賴以建立的觀察次數來解決。在實踐中，艾薩克斯用確定整個原始紀錄的等第評定的次最高分，而不是最高分來處理這個問題。一般說來，這兩個最高分是一樣的。另一個困難是，最大限度的等第評定受到長度因素的干擾，也就是說，個體在接受一個有著五幅圖片的主題統覺測驗之後，無論怎樣評定個體，他在接受一個具有五幅以上圖片的主題統覺測驗之後評出的等第，至少是一樣高的，也許還會高一些。在臨床方面，檢查者往往因為病人沒有表現出他們充分的潛力而增加圖片，也會因為病人缺乏感架力而停止測試。

　　相關性的概念是一個廣義的概念，涉及到自我功能的許多方面，但是記分方案只取決於一個方面，即上述的人際關係複雜性。用內化標準測量一個有關成就的故事，如果故事中沒有提及其他人，就會任意評出較低的水準，因為對這成就來說，其他人的讚許是一種指示。然而，按照我們的自我發展方案，前者是**貞心**水準的反應，後者是**遵奉**水準的反應。每一個測驗，至少是每一個持續的測試，必須有一個「省時循環性」(saving circularity)。艾薩克斯的測驗的省時循環性是這樣的：用最高的等第評定作為記分算法，只對那些最具診斷性和最明確的指示物進行評定，而不管概念中含有多少人格特徵。艾薩克斯可能已經發現，人際關係的複雜水準是一個有效的和可靠的指示物，雖然他對這一斷言尚未提供證據。對上述那些碰巧沒有提及兩人以上的故事作系統的偏低的等第評定表明，即使反應的其他方面可能表現出高的自我水準，只要單一的故事顯示高水準的相關性，也不會影響整個原始紀錄的等第評定（如果是兩個故事，則最高評定算法就被改作為次最高評定）。艾薩克斯的記分手冊一直沒有發表。在一些同事中傳閱的一個油印件是一個樣本手冊，它提供了不同

212

水準等第評定的實例。由於缺乏適當的記分手册，艾薩克斯的貢獻的價值無疑受到了限制。然而，這畢竟是有關潛在能力概念類型的最明確的例子。

帕克和哈維斯特：動機測驗圖。帕克和哈維斯特（1960）圍繞五種性格類型組織了他們的研究；每個類型代表一個適應的模式、一個動機模式和一個社會心理發展的階段，簡言之，代表一個「理想的類型」。同時，每一個模式是每個個體的性格的一個組成部分。他們與艾薩克斯不同，而是像大多數研究人員那樣，假設優勢模式是最能表示個體特徵的模式，並且把這一模式用在與其他變量的相互作用上。這樣，他們的基本定量策略就建立在動機測驗圖上。他們用主題統覺測驗、造句測驗、談話法、社會測量和其他手段以及等第評定，研究了正常的青少年，沒有用建立在單一手段基礎上的等第評定。他們的報告結果主要是建立在由他們的工作人員檢查了所有的有關材料後做出整體評價的基礎上的。為了使每個個案都獲得一組等第評定，對工作人員之間的差異做了調整。

他們研究的基本的定量策略，是把每一個性格類型看作為一個極性變量；每個評價者在十點量表上評估被試具有的動機模式占多少。事實上，評價者考慮了所有的數據，然後在對不同的測試、觀察、談話等作直覺加權的基礎上，編製個體動機模式測驗圖（其實就是自我水準）。由於把里程碑順序看作為一組極性變量而引起的模稜兩可的數據，在他們對評價者的訓練中是顯而易見的。當**權宜階段**的一個高的等第評定並不含糊時，他們就把在**權宜階段**等第評定低的被試描述為：「或者傾向於滿足一時的衝動而不考慮對自己或對別人的最終結果，或者因為內化的原則或考慮到他人和自己的利益遵奉道德規範……」（帕克和哈維斯特，1960，p. 231）換言之，該變量的低位意味著道德水準要嘛很低，要嘛就很高。評價者之間的差異在個案討論時得到調整。

這個步驟的結果是，每個被試有五個評定等第，它們代表了每個動機模式的多少，這是根據被試的行為或潛在行為的表現推斷出來的。

記分算法的問題在於把五個等第評定壓縮為一個分數或一個等第評定。他們的方法包括把每個個體的五個分數回復到一個分數，按這個分數，把個體置於八點量表上，這個量表是以個體的形式評定為基礎的。如果有一個或兩個以上大致相等的高分，只須調整一下，沒有必要求出平均數。八點中的五點，就是他們開始研究時的那五個性格類型，而且次序也與原先的一樣，餘下的三點插在這五個類型中間。這樣，他們就從原始的發展量表開始，把每個量表點轉換成極性變量，然後再用比原始量表稍微擴展的量表，把一組極性量表綜合起來。

這個程序也有問題：帕克和哈維斯特的評定人員是否如他倆所設想的那樣編製出測驗圖或分布表？要編製一個真正的測驗圖，各個等第評定必須在實驗上是獨立的。在一個真正的分布表中，等第評定的次數是固定的，以至於一個水準的等第評定次數越多，另一個水準的等第評定就越少，後者用於下面要提到的三十六個項目的造句測驗中，這三十六項目的等第評定總是分布到可能的等第評定的水準中間。用來達到一個真正的測驗圖的一個方法是讓被試回答一組獨立的項目，藉以評價每個水準反映被試特徵的程度。在他們的研究中只有一組觀察，無論這組觀察多麼複雜和多麼不同。在評估每一個被試的每一種動機水準時，所有的數據都要考慮到。原則上，每一個觀察都可能有差錯；當兩個等第評定或分數是以同樣的觀察為基礎時，則它們的差錯是相關的，邏輯上就不可能斷定這兩個變量之間的關係。誰要是斷言這個研究產生了動機測驗圖，誰就等於斷言他已經知道了這兩個動機水準的強弱關係，這個結論是與這些數據不一致的。既然這些數據不能構成真正的測驗圖，那麼它們也就不能構成真正的公

214

布。要是評定人員勉強把被試所有等第評定的總和定爲一個常
數，那麼這些等第評定肯定會直覺地構成某種分布。一個被試的
所有等第評定的總和是 十七，另被試的所有等第評定的總和是
二十六。這個差異導致了一個問題：不管是什麼種類的動機，是
否一些人比另一些人具有更多的動機？

測驗圖的應用揭示了一個重要事實，所有年長兒童和成人的
行爲，在自我水準方面表現出離差。從這個和其他應用測驗圖的
研究中沒有證據表明測驗圖除了中心傾向的測量外，還包含有效
的信息。在用不同的技術得出的測驗圖（或分布，或離差）之間
找不到相關。帕克和哈維斯特本身也只把測驗圖作爲一個方法來
確定優勢的性格類型，他們用這個方法來尋找該類型與其他變量
的所有相關。

**沃倫、格蘭特、帕爾默和其他心理學家：違法者自我水準的
評估。** 蘇利文、格蘭特和格蘭特（1957）的論文是有關發展類型
學的最早、最明確的一篇論文（第5章），它是多年來許多研究
人員在該領域研究犯罪的開端（沃倫，1969, 1976；帕爾默，
1974）。他們至少運用了四種不同類型的測量手段，包括談話
法、造句測驗、客觀測驗（自我報導）和行爲等第評定量表。

談話法的基本的定量策略是用不受限制的問題引出參照框
架，在這個參照框架中個體覺察和整合人際關係。任何談話內容
對評定來說都起作用，評定人員憑藉自己的敏銳穎悟進行推理。
不論是透過直接交談還是依據談話錄音，評定人員主觀地考慮離
差，並整合成一個有關個體功能如何的印象。概念類型是核心功
能；評定人員對談話結果確定單一的 I－水準的等第評定，由此
確定被試的等第。既然只有一個等第評定，因此也就沒有記分算
法。

在使用造句測驗中，他們只對整個原始記錄確定一個 I－水
準的等第評定。唯一可用的記分手冊〔傑斯尼斯（C. F.

Jesness）和韋奇（R. F. Wedge），1970〕描述了每一類型的個
體對每個項目的具有特徵的反應。他們似乎並沒有把從項目反應
到整個原始紀錄的等第評定編纂成規則。他們有逆向的手冊。如
果評定人員已經知道自我類型，就能從手冊中查到預料的反應。
但是，評定人員的任務恰恰相反，應該從反應中評估自我類型。
一個逆向的手冊儘管有助於評定人員對整個原始紀錄做直覺的等
第評定，但是它不適合於心理測驗的研究。

　　岡德森（E. Gunderson）、沃倫（M. Q. Warren）和其他
人曾經編製獨立的客觀測驗來評定每個被試的每個 I－水準的強
度，測驗中只需要被試控制他的反應。各個項目都是單一刺激類
型。在為每個水準編製不同的測驗時，研究者必須把每一個水準
看作是一個極性變量。每個個體在特殊水準上的分數是得分的項
目加上相應測驗的數目。在這一方式裡，由於不同的項目和不同
的反應，每個水準的分數在實驗上獨立於其他分數，因此，這組
分數就可以作為 I－水準的測驗圖來解釋。然而，他們所要表示
的目標是針對一個核心功能的概念類型，而不是測驗圖的概念類
型。最高分很可能被解釋為被試的特徵水準，但是並不明顯。基
本困難有兩個：第一，是否任何一個客觀測驗都能替代自由反應
測驗來確定被試的參照框架？第二，是否客觀測驗不會造成基本
上無意義的測量，從而把發展序列中的一個階段轉變成一個極性
變量？這問題與我們前面在討論帕克和哈維斯特等第評定中碰到
的問題是一樣的：當一個高分可能有意義時，低分就是含糊的，
表明不是高於自我階段就是低於自我階段。測量中哪怕摻雜了一
點點誤差，整個測驗就會一團糟。我們將會看到，傑斯尼斯改進
了這個方法，但是仍然沒有克服邏輯上的困難。

　　他們設計的另一個評定手段是行為等第量表，使用者熟悉他
們的被試，但沒有必要了解他們的概念。這些量表提供了對可以
觀察的或容易推理的行為的描述，假定這些行為能反映各個水準

216

的特徵。目前尚未見到有關這種記分算法的明晰描述，但是某種形式的或最高的分數也是可以假設的。大多數心理學家對行為等第量表頗為歡迎，他們樂意談論可以觀察的行為，懷疑諸如自我發展那樣的抽象概念。即使那些對自我發展感興趣的心理學家也要求見到編製的證據，見到諸如造句測驗和直接觀察行為的主題統覺測驗等思考樣本的手段的證據。行為等第量表為這種意圖提供了明顯的證據。傑斯尼斯也採用了這個方法。但是，僅就顯而易見而言，從理論上考慮就有三個困難（我和我的同事在對那些從事社會工作的大學畢業生進行研究時採用了這種手段，深深體會到這些困難）。第一個困難是：評定人員覺察的程度是不可知的，因為這個程度取決於他們自己的自我水準，而不是正在接受評定的被試的自我水準。第二個困難是，在任何一種行為和任何一種自我水準之間不存在一對一的對應關係，除了衝動性有可能之外。即使特殊的行為和其他的自我水準之間也很難找到概率的聯繫。第三個困難是：評定人員傾向於用社會性上期待的措詞來描述他們感到滿意的任何一個被試。

　　傑斯尼斯：統計分類（*Actuarial Classification*）。傑斯尼斯（1974；傑斯尼斯和韋奇，1970）按沃倫的九個亞類型整理並改進了違法青少年的分類（見第 8 章）。他運用了傑斯尼斯調查表，該表是一個自我報導的核對表。他還採用了傑斯尼斯行為核對表的兩種形式，即自我鑑定表和觀察人員評定表。雖然他編製過談話法和造句測驗的記分手冊（傑斯尼斯和韋奇，1970），但是這兩種手段都因為太費時而中斷了。傑斯尼斯調查表有一百五十五個眞—假項目，這些項目產生十種人格特徵的分數，量表是根據項目分析或羣集分析設計的（這些項目是由兩個以上的量表來提供線索的）。此外，量表中的線索經驗地取自每一個沃倫亞類型。這樣，傑斯尼斯所從事的工作就是一個測驗圖的概念類型。從大約兩千個已被歸入亞類型的受法院監護的青少年開始，

對 I－水準和亞類型做多項區別分析。分析的結果被用來建立一
個計算機程序，其用法如下：給男孩傑斯尼斯調查表和傑斯尼斯
行爲核對表中的自我鑑定表，把該男孩的反應輸入計算機，計算
機根據各個記分線索計算他的分數，並且從傑斯尼斯行爲核對表
中的自我鑑定表算出他與三個 I－水準和每個 I－水準的亞類型的
矩心的相對距離。在進行輸出時，首先按最大的概率確定 I－水
準，然後在那個 I－水準內，按最大概率選擇亞類型。爲了提高
這些概率的精確性，採用了附加的大樣本。

以下是一個效度的研究：顧問、社會工作者和教師用傑斯尼
斯行爲核對表（Jesness Behavior Checklist）的觀察形式對一
組男孩的行爲做等第評定。這個等第評定是作爲對觀察的行爲的
測量來使用的。七個 I－水準的專家，用 Q－分類技術，按期待
的九個亞類型中每一亞類型的出現頻率，對行爲核對表中的八十
個項目進行分類，從而獲得期待的行爲。對其中七個亞類型來
說，獲得實質性的效度系數，從 0.54 到 0.80。然而，**對未成熟
的遵奉和神經過敏的多動症**這兩個亞類型來說，效度系數大約是
零。困難在於似乎無法運用這些數據去改變或改進這種方法。在
繼後的研究中，對無效區別和高效區別似乎是同樣處理的。這
樣，這種極端的統計方法就和極端的前述方法一樣，沒有爲用數
據方法矯正概念或理論留下餘地。傑斯尼斯的目標是實用性的而
非科學性的，這種方法也許是令人滿意的，但是從理論觀點上來
講，其結果是令人失望的。

218

柯爾伯格：模式的道德推理。柯爾伯格和他的助手用各種不
同的方法測量道德成熟。柯爾伯格的道德推理測驗有三個連續的
記分手冊，至少有兩個附加的測驗是雷斯特（J. Rest）制訂的，
他曾經是柯爾伯格的學生。下一節將討論雷斯特的研究。柯爾伯
格關於個體完成整合的概念是與概念的核心功能的觀念相一致
的。他的主要手段是對不完整的故事提問。正如皮亞傑及其助手

在臨床詢問中一樣，特殊的問題可能做了改動，以便引發被試的推理。然而，目前的一個標準形式是設計問題。這個標準形式有時以書面形式呈現出來，柯爾伯格已經在他的文章中發表了他曾使用過的幾個故事，但是詳細的記分技術只見於油印形式，只有經過長期的監察的實踐，才能對此做出鑑定。個人之間的交流情況，目前尚未見諸科學文獻。

基本的定量策略就是使等第評定量表上的每一個記分單位對應於六個以質命名的階段。每一個道德問題，在每一個階段上都有相應的位置，問題的數量，或者說「問題系統」（issue system），並非每每相同，但大約是九個左右。其中最重要的三個問題是懲罰和約束、責任和義務，以及生活的價值。透過推理，一個特定問題的位置與一個特殊階段聯繫起來，雖然人們可以假設，對許多男孩做推理，其經驗有助於形成起始的觀念，然而這個推理原則上還是先驗的。過去一直沒有系統的程序，以便用更多的數據去改變記分方案，要設想出這樣一個方案，也不是輕而易舉的事。然而，有些觀點假設若干亞階段，試圖應付那些與原來階段並不十分相符的情況（見第 8 章）。

219　　最初的記分方案以「思維單位」（unit of thought）作為它的記分單位，多少相當於一個句子或一個有關的句子，例如，評論天氣將不予記分。這種方法只對屬於道德化的方面記分，只對明顯不符合一個特殊的道德規範記分，只對明顯不符合自我發展的其他方面記分。既然每一個被試完成若干故事，並對每一個故事做出若干可以記分的評述，那麼記分算法的問題就變得緊迫了。柯爾伯格認為，在大多數情況下，個體的核心功能水準將由他的等第評定的分配形式來表示。然而，在某些分析中，他按照任何一個反應是否在他的兩個最高階段上發生，將被試分類，在這方面，他實際上是用了最大限度規則，該規則與一個潛在能力的概念類型相符。

記分手冊的第二個方案是以故事或兩難推理作爲記分單位。按主要階段記分，即故事中推理用得最多的階段；必要時記小分，即通常比主要階段用得少的一個階段。手冊中也一定運用了諸如思維單位之類的其他記分單位。

至於目前的記分手冊方案〔柯爾伯格、科爾比（A. Colby）、里伯曼（M. Lieberman）和斯拜奇─杜賓（B. Speicher-Dubin），1973〕，分析單位就是討論問題中的「點」或「由被試詳盡闡述的觀念」。測驗形式有 A 和 B 兩種，每一種形式包含三個故事，每一個故事旨在說明兩個問題。對這些故事和詢問做了一定的安排，使每個記分問題出現在兩個故事當中。A、B 兩個形式是平行的，內含同樣的問題。被試在反應一個問題時通常只表達一個點或觀念，但是，也有可能對一個問題表達兩個點，或者對兩個以上的問題只表達一個點。一個觀念或點，只有出現在那個故事的記分手冊中，才被認爲是可記分的。

記分步驟大致如下：首先就一個特殊的問題尋找**階段二**的推理符號，如果出現一個，它可能在一個點上，就記一分；如果在兩個點上，就記兩分；在模稜兩可情況下，就記一分半，在兩個以上的點上，也記兩分。然後尋找**階段三**的推理符號，一直到被試的最高水準爲止。如有必要，回過來尋找**階段一**的推理。然後，對每個問題記一個階段分；這就是該問題的推理模式。次一形式的推理，只有當它超過該問題推理的 25％ 時，才能確定爲第二推理形式。用這兩種形式得出的分數分別爲全分（ major ）和次分（ minor ）。看來，記分問題的數目是可變的和可以任選的。

道德成熟分是取兩個以上問題的平均分作爲個體的整個原始紀錄分。已經記了純分數的一個問題加權三，主分加權二，次分加權一，**道德成熟分**的分子是問題分加權的總和，分母是加權數的總和，這樣，就把原始紀錄引入像階段量表那樣的關係，通常

220

是階段數目的一百倍；也就是說，一個個體的階段正好是三，那麼他的**道德成熟分**就是 300。把記分算法訂得如此複雜，其原因尚未說明，它的全部內容是如何把這一形式應用於求整個原始紀錄分的問題分和問題分的加權平均分。

柯爾伯格的心理測量有幾個困難。首先，他並不研究任何一個單一的概念類型。確切地說，當他研究核心功能時，有時就用適合於潛在能力和測驗圖概念類型的方法，把這形式作爲基本的算法，是與核心功能的觀念相一致的，正如求**道德成熟分**的平均值一樣。他說（1969, p. 387），人們傾向於把大約一半時間用在對他們的優勢階段的推理，而把另一半時間的大部分留著，用於對高一階段或低一階段的推理。他的意思是指思維單位分散在整個原始紀錄的評定等第的周圍嗎？否則，他的意思是指點的評定等第分散在問題的評定等第的周圍嗎？

221　　有時，柯爾伯格把分數的分配似乎看作是一個測驗圖（人們無法斷定這些分數到底是問題分數還是「點」的分數），把每個階段的分數頻率看作是表示該傾向強度的一個分數。這樣，他把一個圖表稱爲「階段使用測驗圖」（1969, p. 387）。有時，他把不同階段的頻率聯繫起來，從而像處理分數一樣處理頻率，這就進一步證明他把分配和測驗圖混淆起來了。然而，目前在那個研究小組裡，**道德成熟分**已經用測驗圖代替了推理。里伯曼（1973）進一步運用定量邏輯設計了一個方法，把道德成熟看作是一個能用若干故事或問題來評估的潛在能力，他在這個基礎上探索著改進記分參數的可能性。

在目前的記分手冊中，各個獨立的問題分數是否在實驗上獨立，尚不清楚。有些評定人員可能轉向與被試交談時的一段話，並在聯繫不同的問題時，不只一次對那段話做等第評定，對一段話重複記分會產生不眞實的一致性和同質性。只對一個與設計的問題有關的問題記分，似乎才是可行的方法；因此，對同一段話

就不會兩次記分。但是，由於記分時考慮到上下文，存在著複雜的、捉摸不定的相倚，這樣就可能產生某種有意識的光環效應。

　　雷斯特：客觀的道德判斷測驗。雷斯特（1973, 1974）設計了幾個可供選擇的道德判斷測量。第一個可供選擇的測驗是理解測驗，把柯爾伯格概念中隱含的潛在能力引發出來（雷斯特、特里爾和柯爾伯格，1969）。他認為，個體應能理解他自己階段的推理，理解所有低於該階段的階段的推理，以及某種程度上高於該階段的一個階段的推理。雷斯特自發地運用了柯爾伯格測驗中的那個階段來判斷個體的階段。作為道德理解測驗，他提供了若干柯爾伯格的道德兩難故事，伴以可能的解決方式，要求被試用自己的話複述論據。對每個階段都提供論據，藉以支持每一個可能的選擇。例如，一個貧困的男子，為了救妻子的命，要嘛偷竊藥物，要嘛讓她去死。對一個特定的故事來說，不同階段的論據導源於同樣的問題，例如動機、規則或生活的價值。被試在論證中正確複述某一階段的推理，其論證的比例決定他在這一階段的分數。這個形式比之柯爾伯格的測驗有個優點，那就是對被試的每一個反應都能直接記分，而不參照他的其他任何反應。雷斯特就是這樣做的。一般說來，柯爾伯格的階段邏輯已經得到證實，即被試在回答低於他們自己階段的問題時，往往有 50％以上的正確率，而在回答高於他們自己階段的問題時，正確率低於50％。

　　雷斯特認識到柯爾伯格測驗的某些心理測量上的弱點，例如，記分的主觀性和不可靠性，學習如何記分的困難，以及提供測驗和為測驗記分費時較長。理解力測驗保持著自由反應的程式，因此同樣受到這些困難的干擾。為了解決這些問題，雷斯特（雷斯特和其他人員，1974）設計了一個客觀測驗，即**問題定義測驗**（Defining Issue Test），其程式如下：給受試者一個道德兩難故事，然後讓其在兩個選擇中任選一個，例如，是去偷竊藥

222

物，還是眼睜睜地看著妻子因缺藥而死去。要求被試做出選擇，
或者說明他一時決定不了。接著被試翻到下一頁，看十二個與抉
擇有關的問句或問題，在五點量表上記下對受試者來說具有重要
要程度的每一個問題，在該頁的末尾，按其重要程度，依次記下
四個最重要的問題。在爲測驗記分時，只用最後一組數據。每一
個問題用來代表柯爾伯格的一個階段的重要事件，從**階段二**開
始，包括**階段五**的兩個亞階段，是以社會契約爲基礎的道德。**階
段一**的推理對雷斯特研究中的各組受試者來說，是相當簡單的，
因爲他們是九年級學生和大學畢業生。針對某一特定階段的兩個
問句或問題，傾向於對原來的兩難做出相反的選擇，例如，一個
傾向於偷竊，另一個傾向於不偷。雷斯特得出四個分數，代表了
階段二、三、四和所有原則階段，因爲原則階段證明加上一個合
成分數後，在一定程度上是不易辨別的。一個階段的分數是代表
該階段問題的重要性等級序列的百分數。第一級加權四，第二級
加權三，以此類推，不評級的問題加權零。**階段二、三、四**和原
則階段的分數之和必須是 100％。至於合成分數，**階段二**的分數
加權一，**階段三**的分數加權二，**階段四**的分數加權四，原則階段
的分數加權八。顯而易見，把和除以八就得出標準因素。對這一
系列加權的理論基礎，尚未闡明。分配在原則階段的分數，其分
數值從 0 到 95，儘管忽略了開頭四個階段的全部效應而在直觀
上缺乏說明力，但是它與作爲一個全面測量的合成分數的效應大
致相同。在一個樣本中，由於年齡方面的差異，柯爾伯格測驗的
整體分數與**問題定義測驗**的原則分數的相關達 0.68。在一個成人
樣本中，**問題定義測驗**的原則分數與雷斯特的道德判斷理解測驗
的相關是 0.52。在年輕人的樣本中，由於年齡關係，兩個變量的
變化甚大，從而出現更高的相關（雷斯特，1974）。
　　問題定義測驗的基本假設是：個體把符合他們自己水準的問
題看成是最重要的。然而，他們自己的水準究竟是什麼，卻是一

223

個含糊的觀念。雷斯特（1976）認為個體首先是根據愛好，其次是根據理解，最後是根據自發來採納一個道德判斷階段的。愛好和理解可能與自發一樣，也是隨之發生的，例如在選舉中。

雷斯特（1976）討論了各種記分算法。他偏愛的算法是應用原則推理的頻率。他按照最高階段的實質性應用，放棄低階段，以及特殊應用等三種方法，探索了階段類型的劃定。第一種方法當然是對極限算法的矯正，第二種方法沒有被明顯採用，第三種方法假設某些階段的推理永遠不可能占優勢。當一個人的推理或愛好最符合某個階段而不是有關愛好的其他階段時，他就被認為是屬於該階段的。這樣，這個過程就是對算法形式的一個矯正。雷斯特根據各種定量策略和記分算法所做的實驗，將鼓勵新的測量方法，促使人們更周密地思考有關該領域域的測量。

盧文格，斯威特和恩哈特（Ernhart）：權力主義家庭態度的客觀測驗。我最初像其他許多研究人員一樣，試圖劃出人格特質的一般範圍，特別是探究那些由精神分析理論所預示的特質。我的研究範圍是母親對日常家庭生活問題的態度〔盧文格，1962；盧文格和斯威特（B. Sweet），1961〕。斯威特和我綜合了一組項目，使這些態度盡可能廣泛些，項目內容涉及到各年齡的各種活動。我們牢記假設的各種性格類型，它們符合各個心理性慾階段，也符合有關懲罰—許可和其他特質的共同感覺或折中的臨床假設。

在以前的研究中有不少發現，它們指導著我們的研究工作，其中有心理測驗方面普遍存在的各種形式的反應偏見（盧文格，1959, 1965）。我們的項目是精心編製的，用以控制反應偏見。每個項目表達了有關家庭生活某個問題的兩種對立的觀點，盡可能運用持這一觀點的個體的語言，這樣，就不會老是出現邏輯上或語法上的矛盾。被試的任務是選擇更接近於他本人的那個觀點。由於每個被試選擇同樣數量的陳述，因此作為反應偏見的默

224

認這一問題就被排除了。被試並不表達他們的讚許程度。可以假
設，極端的態度會在標誌著一個特定方向的大量的項目中表現出
來，許多臨床測驗人員不相信這種概率推理，不願意放棄潛在的
有關感覺強度的信息。然而，這些表示讚許程度為「信息」
（information）所包含的誤差與信息本身一樣多，因為這些信
息受到了反應偏見的污染。我們試圖用兩種方法來縮小「社會性
願望」（social desirability），所謂社會性願望，就是根據社會
上可以接受的外表做自我描述。第一個方法是，對一個項目做出
兩個可供選擇的贊同的措詞；第二個方法是，尋找中等程度的通
俗性項目，這些項目的兩個可供選擇的被選次數大致相等。儘管
預先做了這些安排，但是開頭的一些結果似乎還是反映了被試的
社會性外表。我們在設計測驗方法時已經注意到，我們所尋找的
不僅僅是測驗情境的人工製品，而且是有關個體反應的真實情
況。此外，開始的幾組被試是學校護士，公立學校母親組的成員
和范薩爾學校的畢業生。小組之間有很大的差異。這也使我們相
信，我們正在探究的特質並不完全是人工製品。

　　盧文格、格萊瑟(G. C. Gleser)和杜波依斯(P. H. DuBois)在
一九五三年用同質方法分析了由兩百零二個婦女組成的非同質樣
本的反應。這個方法基本上是因素方法，但是卻產生了若干同質
的項目羣集，這些項目具有最大的區別作用，而不是假定的因
素。雖然設計同質的方法產生各種獨立的大致同樣重要的項目羣
集，但是在五個項目羣集中，有一個是基本上一般的因素。透過
分析這些包括的和沒有包括的項目的內容，揭示了該研究的主
題，即**權力主義家庭意識**（Authoritarian Family Ideology,
AFI）。然而，直接涉及到懲罰的一些項目與**權力主義家庭意識**
沒有關係，而那些具有權力主義內涵，但沒有直接涉及到懲罰的
項目，則是項目羣集的一部分。

　　拉佩里爾（K. Laperriere, 1963；盧文格，1962）在一個新

樣本的交叉效度研究中，證實了 AFI 的同質。對一個原始樣本中 AFI 的二十九個項目的修訂，KR20〔庫德─里查森（Kuder─Richardson）第 20 號公式〕的同質的相關係數是 0.83；在交叉效度樣本中，運用同樣的記分方法，KR20 的相關係數是 0.85。同質增強可能是由於更大的離差之故。在交叉效度的樣本中，另外三個項目羣集有較小的同質的相關係數，這是預料中的回歸效應；而最後一個項目羣集在交叉效度上沒有同質。

　　後來對一千多名婦女做了研究，其中大約 20％是黑人婦女。從另一個重要的意義上講，恩哈特（恩哈特和盧文格，1969）證實 AFI 的堅實性。把同質方法用於修訂過的項目，AFI 像以前那樣，再次作爲中心羣集出現，這個中心羣集具有實質上相同的內容和大多數相同的項目。在九百三十四個個案的關鍵樣本中，AFI 有四十九個項目，KR20 的系數是 0.89。在一百零四個個案的獨立的交叉效度樣本中，系數是 0.88。還發現了四個附加的但較小的項目羣集。關於它們的內容及其與其他變量的關係，恩哈特終於發現了在心理上似乎有理的描述和解釋，這跟我們以前研究的**家庭問題量表**（Family Problems Scale）一樣。但是那四個次要的項目羣集無法複製以前研究中的任何一個項目羣集，只有 AFI 可以令人信服地被複製。

　　從 AFI 的項目中獲取的綜合症是複雜的，但又是可信的，它是無法用任何一個簡單的詞語所能說明的。一個在 AFI 上評定等第高的個體，「在兒童教養的許多方面採取懲罰和管制的態度；她體會不到兒童的內心世界；她認爲家庭生活旣具有等級觀念，又是感情用事的。如果我們假設這位母親在相關羣集上也得高分，那麼我們認爲她還具有以下這些特徵：她對婦女的社會地位持有僵化的習俗的概念；她不信任別人，從而感到焦慮；她把日常生活安排得井井有條；她也許還對婦女的生理功能有些『相反』的看法」（盧文格，1962, p. 113）。從數據中反映出來的這

226

個羣集的顯著性，與懲罰--許可的特徵不符。然而，其他一些研
究兒童教養思想的作者，通常就是這樣表示相似特質的特徵的，
這就使該特質在他們的研究中必然成為顯著的特質。懲罰的概念
和許可的概念無法解釋有關兒童內心世界的項目的顯著性，也無
法吸引有關情感的平庸表達。這個綜合症與權力主義的人格相
像，儘管我們的研究並不涉及政治的或宗教的信仰，也不涉及種
族偏見，而阿多諾、弗倫凱爾—布倫斯維克、萊文森（D. J.
Levinson）和桑福特（R. N. Sanford）卻是以此為起點的，我
們的研究對象主要是婦女，而他們的研究對象絕大多數是男子，
他們的研究結果受到兩個反應偏見的干擾，一個是讚許的程度，
227　另一個是默認，而我們卻避免了那兩個反應偏見。

　　鑑於上述這些情況，拉佩里爾、奧蘇里歐（A. Ossorio）和
我假設：AFI 能夠測量自我發展。我從拉佩里爾和奧蘇里歐那
裡知道，雖然不成熟的個體可能具有極端的權力主義標記，但
是，不成熟的結果卻無法用極端的權力主義來標誌。低極端的特
徵表現為混亂的、衝動的和極端自我中心的生活風格。一個真正
的權力主義性格是尊重和符合一個權力主義的序列，它代表了一
個值得重視的進程。概念上的極點是一個發展的中點。

　　為了檢驗有關 AFI 的發展假說，拉佩里爾測驗了生育過的
婦女樣本，以胎次（頭胎、二胎或三胎）、宗教信仰（天主教、
基督教、猶太教）和受教育程度（小學、中學、高中畢業、大
學），把她們分層。每個層次有五個個案，除了沒有讀完高中的
猶太婦女之外。總共有一百個個案。AFI 的分數隨著胎次、受
教育程度和年齡的不同而明顯不同，但與宗教信仰無關。婦女中
的權力主義隨著他們年齡的增長、胎次的增多和受教育程度的提
高而減弱。在拉佩里爾的樣本中，AFI 與年齡的相關是負
0.28，這裡指的年齡是與胎次和受教育程度混合在一起的。而
且，在保持年齡不變的情況下，做了協方差分析，即使除去年齡

因素，教育和胎次的作用仍然明顯。

　　恩哈特（恩哈特和盧文格，1969）再次研究了方差分析，把胎數擴大到四個水準（一個孩子、兩個、三個和四個），把受教育程度擴大到五個水準（小學、中學、高中畢業、大學、大學畢業），宗教信仰不作爲分層的依據，只是繼續去探究有關它的變異性，並且把白人和黑人作爲分層的變量。恩哈特再次表明：AFI 隨年齡的增長和受教育程度的提高而明顯減弱，她證實了拉佩里爾的發現，即在白人樣本中，AFI 隨胎數的增多而減弱，但是在黑人樣本中，胎數不起作用。AFI 與年齡的相關仍然是負 0.28。在協方差分析中，所有的作用，包括種族與胎數間的相互作用，在年齡不變的情況下仍然明顯。至於恩哈特方差分析樣本中的白人亞樣本，與她的解齊次方法的樣本部分重疊，恩哈特發現，AFI 的齊次系數是 0.87，在相應的黑人婦女亞樣本中，相關系數是 0.82。恩哈特設計了一個方法，在分層變量保持不變的情況下，來確定同質或相關，這些變量包括種族、受教育程度、胎數或它們的任何組合。用傳統的方法計算整個樣本，同質的相關系數是 0.88；當所有分層變量不變時，小組之間的同質系數是 0.80。這個發現進一步證明了 AFI 的穩定性。

228

　　恩哈特用自己設計的統計技術檢驗了一個假設，這個假設存在於很少承認的全部因素分析研究之中，即假設項目與被試之間或測驗與被試之間不存在相互作用的影響。因素分析的力量和價值基於這樣一個假設：在一般的範圍內，不管選擇什麼樣的個體樣本都會出現同樣的因素。中心問題是應該使因素擺脫所測樣本的偶聯，但是這僅是一個信條，而不是一個已經證明的命題。因素是由測驗之間的相關模式決定的。如果誰能證明，在一個廣泛的、相當典型的樣本內，對亞羣體的選擇，並不取決於量值，而是取決於相關的模式，那麼這也就證明了因素分析的基本假設是站不住腳的。恩哈特就是這樣做的。項目與被試之間和測驗與被

試之間的相互作用無法直接測驗出來，但是恩哈特表明，在亞羣體與項目或亞羣體與測驗之間具有明顯的相互作用；毋須置疑，與被試肯定具有相互作用。這個結果給人格測量和個體差異的整個特質—因素方法帶來了問題（第 10 章）。

229　　　把 AFI 作爲自我發展的一種測量，讓我們來注意一下它的特徵。基本的定量策略是去發現一組二元的或二分的項目，這樣，自我水準越高，在一個特定的方向上的標誌就越少。記分的反應就是選擇兩個陳述中指定的一個。記分的單位就是二分項目。記分算法就是得分項目的數量。項目的內容涉及到權力主義的家庭意識和家庭生活中的其他問題，從經驗上看，這些問題與明顯的權力主義項目相關甚高。爲了提供一個測驗的自變效度，這裡所說測驗是指自我水準的測量，納特爾（E. Nettles）研究了 AFI 和對自我水準做直覺記分的造句測驗之間的相關，發現了適度的相關系數 0.39（未發表的研究，華盛頓大學，1963），這個研究導致了下一節將要描述的一系列研究。

　　從上面的研究中可以得出一些一般性的結論。第一，認爲從那個由心理性慾階段的精神分析理論派生出來的差異心理學中可以得到某種指導看來是錯誤的。有關心理性慾階段的測驗沒有一個是很成功的。在家庭問題量表的研究中，沒有一個項目的子集能夠進一步證實有關心理性慾階段的假設。也許心理性慾階段不是那種透過測驗能弄清的事情。首先，精神分析是一種探索我們共性的研究，儘管表面上我們可能具有差異。另一方面，心理測量是一種整理我們差異的方法。當我們把精神分析看作性的研究時，分析本身就轉向自我心理學了，正如我們自己的數據促使我們也那樣做一樣。

　　我們犯的第二個錯誤，就是假設因素的方法能夠劃定人格的範圍，從廣義上講，包括同質方法。因素的方法在測驗結構、測驗同質以及其他一些問題方面有其價值，但是在發現來龍去脈方

面，它們無法替代心理學家。唯有心理學家才能綜合許多證據線索，從而構思一個新的假設，或者發現一個新的物質或綜合症。因素的方法尤其不能處理變量之間的非單一相關的問題，該問題是測量人格發展的要點。

盧文格、韋斯勒、雷德莫爾和其他研究人員：用造句測驗對自我發展做等第評定。有關自我發展的概念的大致輪廓一旦成爲中心，我們就把它看作是別人已經分辨清楚的概念，而沒有對它進行可以接受的測量。以前一直運用造句測驗的方法，但缺乏一個記分手冊。我們的記分手冊的編製❶是隨著我們的概念的發展而不斷改進的，它是我們的特殊貢獻。因此，我們對心理測量的方法學做詳細論述並不脫離本書的主題。指導我們的規則包括記錄每個情況，對每個反應做等第評定，以及爲每一個等第評定提供理論上和經驗上的證據。

第一條規則就是盡可能記下每一個細節。我們企圖避免建立一種具有專職評定人員的機構，他們在科學文獻中沒有留下他們業已獲得的適當的技術資料，正如那些受過嚴格訓練的對權力主義人格（ *The Authoritarian Personality* ）進行評定的骨幹人員一樣。當然，在每一個判斷中，都有一個不言而喻的成分，並且任何一組指導都可以用不受意圖干擾的方法逐字記下。寫下規

230

---

❶過去數年中，改進和整理了我們的造句測驗記分規則的主要是納特爾、拉佩里爾和德查姆斯（ H. G. deCharms ），他們得到沃爾德（ V. I. Word ）的協助。此外，還有一些已出書的作者（盧文格、韋斯勒、雷德莫爾）。還有許多人作爲評定者也參加了這項工作，他們中有男有女，黑人白人，已婚、未婚和離婚者，信奉天主教、基督教、猶太教或無神論者，新老移美居民，各種社會經濟背景和不同地區的人。他們每個人幾乎都在我們概念的某一點上留下了標記；各種各樣的背景爲我們概念的普遍性做出了貢獻。

則而不是口頭交流，會促使規則的書面化。另一方面，為評定人
員寫而不是口頭交流，會促使規則的書面化。另一方面，為評定
人員寫下規則和指導有許多好處。第一，給予指導的人在落筆
時，首先要思想明確；有些矛盾在口頭上不易察覺，但在書面紀
錄上就一目瞭然。第二，當評定者或記錄員混淆不清時，或碰到
有旁註的個案時，可以提供紀錄給予指導。第三，一份詳細的、
經簽署的紀錄對於撰寫報告和論文是極有價值的。最後，書面指
導要比口頭指導產生的誤解少。

　　另一條基本規則是：對每個反應都得記分。令我們驚訝的
是，兩個評定人員對沒有做出反應的被試人數難以做出一致的意
見，他們對兩百個個案一個項目一個項目地進行了記錄。遺漏是
明顯的，而且對一個不完全的反應怎樣記分持有不同的意見。事
實上，有些評定人員為了弄清遺漏的主題，準備對所有遺漏的項
目記分。我們沒有發現對遺漏項目的任何一種記分有什麼用處，
我們整理了一個不完全的反應怎樣記分的情況。當一個主題被遺
漏，或者反應不完全，或者由於其他原因無法給予記分時，我們
就在**遵奉**水準打分。因此，在某種程度上，這是一個「廢紙簍類
別」（wastebasket category）。我們的一個「省時循環性」
（saving circularities）是：我們希望得到每個原始紀錄上**遵奉**
水準的分數；給**遵奉**水準的某些反應記分並不妨礙對整個原始紀
錄記任何其他的分數。因此，整個原始紀錄的等第評定不會因為
對遺漏的或無法評定的反應隨意給予**遵奉**的評定而過分受到影
響。

　　我們因為制訂了對每個反應進行等第評定的規則而受到批
評。理由是：有些反應不含有自我水準的信息。有許多種反應，
雖然我們看不到它們與自我水準有什麼關係，但事實證明，它們
與我們希望診斷的反應類別一樣有效，甚至更好。要是我們對我
們以為無關的反應不予評定，那麼我們就不會有如此多的小發現

了，正是這些小發現充實了我們的觀念。對每個反應進行等第評
定的另一個好處是：每個原始紀錄都有相同數量的項目評定，也
就是三十六個，因為我們總是運用三十六個句子主題。

　　我們的記分手冊已經發展成三種類型，它們是樣本手冊、分
類手冊和合理分類手冊。當我們開始設計手冊時，我們運用了四
種記分水準，I-2、I-3、I-4 和 I-5，藉助於蘇利文、格蘭特
和格蘭特的體系，大致相當於我們現在所說的**衝動**、**遵奉**、**良心**
和**自主**四個階段。每個評定人員把反應直覺地分為這四個類別，
然後我們協調不同的意見。**樣本手冊**（ *exemplar manual* ）是由
每一個I- 水準的一系列反應組成。但是這個手冊從未用過。相
反地，把每一個水準的例子組合成類別，從中刪除明顯的或不必
要的例子。這種方式有助於評定人員注意到反應的特徵，該特徵
決定了反應在量表上的位置。類別本身不是目的，它們無法對有
用的信息編號。它們為等第評定提供了方便，它們對手冊的修訂
來說也是至關重要的。修訂手冊是我們整個事業中的核心操作。
分類手冊在若干研究中被運用。當我們在闡述和解釋這些類別
時，我們編製了**合理分類手冊**（ *rationlized category manual* ）
試圖從經驗上和理論上為每個記分決定提供證據。只要該目標未
達到，它就構成了我們整個事業的具體內容。這個目標是達不到
的，因為反應一個主題的每個樣本總會包含一些獨特的反應。當
樣本被擴大時，有些反應會重複出現，但是，隨後又會出現新的
獨特的反應。只有當一個反應重複出現，或者重複類別中的一個
部分，才能從經驗上去研究該反應的記分是否正確。如果一個反
應僅僅是一個個體做出的，我們就無法斷定他的整個原始紀錄的
水準就是指定反應的水準；該水準對他來說可能過高或過低，因
為每個個體都表現出變異性。在已出版的手冊中，對幾乎每一個
主題的記分水準都有簡要說明，指出內容中我們能夠分辨的基本
原理，該內容包含在對那個主題的那個水準之中。有關其他造句

測驗和其他投射測驗的大多數記分手冊屬於樣本類型。

在我們開始編製記分手冊時，我們以爲在不同的水準上所討論的內容將存在明顯差異，但結果表明這只是部分正確。不同水準的人討論同樣的事情，常常具有不同的側重點，並且意思上也有細微的差異。此外，隨著我們技巧的提高，我們懂得了區分比原先的四個水準更多的水準。因爲一個水準與毗鄰水準之間的反應，其差異是細微的，所以需要有一個精細的計算操作。這個操作就是我們的手冊修正計畫。這個計畫有某些小變化，採取了以下形式。

一開始，我們把測驗的表格發給一個大的非同質樣本，被試全是同一性別的。早先，我們的樣本全是婦女和女孩，最近我們採用了男子和男孩樣本，也有幾例採用男女混合樣本。在某個具有不同長度的測驗的實驗之後，我們從大多數測驗中確定了三十六個項目，這些項目證明，它們足以揭示出被試的合理形象，並且不會使被試感到厭煩。只有打字員才能看到原始紀錄，他們在打字時，刪除了所有等同的信息，如有必要，還刪除了有些反應的部分內容，使之簡明。例如，在一個特殊的研究中，如果年齡差異是令人感興趣的話，那麼所有有關受試者年齡的參考必須刪除。唯一能識別的，就是一個隨機的編號。如果有若干亞樣本，就隨機地把它們分散在整個樣本中。這在比較樣本時是極爲重要的，對預試和後試或者對實驗組和控制組也同樣重要。接下來，把被試對單個項目的全部反應打成一列，除了樣本名稱和編號外，但不包括信息。對三十六個項目，都一一採取這個步驟。兩個評定人員對項目的每一個反應進行等第評定，記下類別和該反應被評定的水準。在完成了對一個項目的所有等第評定後，討論並協調任何一種差異。對三十六個項目，按此逐個進行。在對全部項目的所有反應進行等第評定之後，由三位評定專家對整個原始紀錄進行等第評定，每一位都記下他自己的評定，然後協調他

們之間的差異。在整個原始紀錄上最終取得一致意見的評定，就是該原始紀錄的標準評定。

　　接著，打字員開始編製我們稱之爲譯碼單（*decoding sheet*）的東西。對每一個項目來說，樣本中的所有反應是按照它們在手冊中的位置被打印出來的，而不是按照隨機的編碼次序被打印出來的。也就是說，對每一個記分水準，都列出類別名稱，並且在每一個類別名稱下，列出評定人員放在該類別中的那個特定樣本的反應，在手冊中不寫例子，並且把做出反應的被試的編碼和他的整個原始紀錄的等第評定集合起來。在類別中，各反應按照原始紀錄評定的遞增次序打印。這樣，一眼就能看出在一個特定的類別裡被試做出反應的標準評定與已被安置的類別水準的相符程度。現在手冊編製者著手編製工作。對每個類別，必須做以下決定：該類別是否應該安置在現在這個水準，還是應該向較高水準或較低水準移動位置？該類別是否應該分成兩個或更多的類別？如果在內容裡存在與被試的標準評定差異相對應的差異，那麼這就證明把該類別做分割是正確的。同樣，也有合併類別的可能性；被認爲能夠辨別自我水準的細微意思，可能經不起新樣本的交叉效度。在這種情況下，可以合併類別，從而減少評定人員的辨別次數。評定人員偶爾也會誤解類別的名稱，尤其是在較高水準上的類別名稱；當手冊編製者看到反應不恰當地歸入該類別時，這種情況就確定無疑了。這樣，就得修改手冊的簡要說明，或澄清該名稱了。最後，在先前沒有歸類的反應中，可能發現新的類別。

　　這個程序是一種依靠自己力量的操作。只要我們一開始就不依靠碰巧，我們就能通過重複運用這一過程，去發現我原先預料到的各種水準的信號，促進先前注意到的信號的分類。只要改進項目的等第評定，我們就會對後來項目的全部原始紀錄做出更好的等第評定。原始紀錄的等第評定越是精確，這就爲我們改進項

234

目的等第評定提供了更好的標準。

在完成記分手册之前，布萊西（A. Blasi）和我各自按水準查閱了三十六個項目的類別名稱，目的是對每個階段和每個過渡水準做修訂。一些大的改動必須得到我們兩人的確證。例如，我們以前一直稱之為**機會主義**的那個階段，事實上很少有明顯的機會主義反應（正如我們的許多評定人員一直告誡的那樣），而較多的卻是自我保護和素樸的享樂主義反應。因此，這就誇大了那個水準的概念。另外幾次在概念中出現了許多變化，第二章所闡述的就是擴大微效過程的結果。這個用數據來提煉和闡述基本概念的過程，使我們的概念在有爭議的階段細節方面具有權威性。

基本的定量策略是把每一個評定過的項目與一個等第評定的量表相匹配，該量表由若干點組成，每個點都以性質術語來定義。原則上，同一個定量策略可以應用於其他的思維樣本或行為樣本，或者應用於個案史。任何一個行為樣本都能採用，只要它在允許被試去投射時，以及讓評定人員去察覺被試的參照框架時是非結構的。量表上的每個點代表了一個性格類型和知覺風格，按發展順序排列。在實踐中，大多數評定人員能夠在記分手册中發現大多數反應，這一事實並不影響基本的邏輯；當一個反應以任何一種方式偏離了手册中記載的反應，就要求憑藉這個邏輯去判斷那個偏離是否影響所給予的等第評定。起決定作用的不是特殊的內容，而是由該內容揭示出來的思維結構。

由於制訂了評定每個反應的規則，因此記分算法就成了一個把三十六個項目的評定轉化成一個總的原始紀錄評定的規則。我們最初查閱了整個原始紀錄，試圖憑直覺重新確定留下紀錄的被試的類型。在這個步驟中，項目評定只用作大致的依據。然而，為了弄清楚每一個評定的規則，我們不停留於此。接下來的一套規則是描述各階段中的典型個案。我們仔細研究了典型個案，但是對那些與任何一個階段的描述並不完全匹配的個案，提供的指

導實在太少了。

　　一個明顯的可供選擇的算法是把每一個記分水準轉化成與它的順序位置相對應的一個數。用分數來表示每一個項目評定，項目的評定之和就是整個原始紀錄的等第評定。留下的問題就是對每一個記分水準指定一個攤派分數，以便最大限度地適應直覺的原始紀錄的等第評定。項目的累積記分在許多研究中已證明是有價值的。例如，在研究人員的贊同或測驗—複測的效度等方面，並不一定需要攤派分數。儘管項目累積算法很有用，但是對它仍然有直覺的和邏輯的異議。這就意味著，不僅需要一個順序，而且還需要一個間隔的測量量表。對自我量表的這個要求，不但沒有理由，而且很可能是無意義的。邏輯上的困難是：原始紀錄中一定量的原始材料沒有必要與高水準的等第評定相悖，一方面是因爲被試一定已經透過了前面所有的階段才達到目前的階段；另一方面是因爲各種衝動的靈活性和可用性可能就是高的自我水準的標誌。在實踐中，高水準原始紀錄中的低水準反應並不會達到歪曲高分的程度。有可能發生的情況是：衝動的表示做出諸如反映被試的自我水準的調節形式或者由於在較高水準上給許多反應評分而對偶爾的低水準反應評分過高。

　　目前已經設計出一種算法，像項目累積一樣，運用反應的全部分配，但是不用間隔量表。由於它用了累積的分配，所以叫做遞加規則（ *ogive rules* ）（盧文格和韋斯勒，1970）。它不用典型個案，而是用攤派分數表示不同水準的特徵，所以對每個個案都得進行分類。在有些研究中，遞加規則表現出較佳的結果；在有些研究中，項目累積算法表現出較佳的結果。

　　最後，從我們如何處理一個反覆出現的問題，可以看出方法與理論的關係。該問題是：對混合的反應應該怎樣評定？所謂混合反應是指那些具有兩個以上部分的反應，每個部分又是一個可以評定的反應。對這種相倚，我們總是有規可循的，並且我們始

236

終認為，經過對這些規則的每次討論，我們理解了這些規則，並且彼此間意見一致。有一次討論後，我們要求一位助教寫下這些規則。為此，他花費了好幾個星期。由於我們對他寫的不滿意，次年，另一位工作人員嘗試了這項工作。幾年中這個過程重複過好幾次。從最後寫成的規則可以看出，為什麼闡明這些規則是困難的，為什麼這項工作是有價值的。

　　評定人員首先必須判別假性複合反應，它們或者是陳詞濫調，或者是重複。陳詞濫調的例子如：「一位婦女──當她衣著整潔時──感到舒心」，「一個好母親──具有愛和理解。」這類反應在**遵奉**水準上被評定，除非對它們來說在另一個水準上存在一個特殊的類別。一個重複的假性複合反應有：「我的主要問題是──有時我太羞怯，自我意識過強。」這類反應常常組合了在同一類別裡被評定的兩個反應，這兩個反應應該分別予以評定。真正的複合反應包含兩個以上對比的觀念，或者涉及到對一個情境的兩個以上的選擇。當這種組合產生一個更為複雜的概念水準時，該反應就比最高成分評高半級。兩個階段之間的過渡稱為半級。這個規則只適用於**遵奉階段**以上的階段。偶爾在**遵奉階段**可能有兩個對比的觀念，它們產生一個**良心─遵奉（自我意識）**水準的反應，不過這種情況並不常見。**良心─遵奉**水準上的兩個對比觀念經常產生一個**良心**水準的反應。三個對比觀念，至少有一個處在**良心─自主**的過渡水準，就產生一個**自主階段**的反應。一個例子是，「我是───一個快樂的人，但不時感到氣餒」，便在**良心階段**予以評定。「我是───一個快樂的人」是一個處於**良心─遵奉**過渡的反應。「我──不時感到氣餒」將在同一水準但不同的類別上予以評定，即屬於「為生活感到憂慮，為未來感到憂慮（含糊不清，一般化）」這個類別。一個人可能是基本上快樂的，但有時也氣餒，這種觀念使反應提高到比單個反應更高的複雜水準。有關複合反應被歸類於**良心─自主**過渡的一

個例子是：「如果我得不到我想得到的東西，那麼——我設法忘了它，自我安慰地說，沒有它我也行，或者我設法得到它而不損害他人。」第一個想法（設法忘了它）可以歸類於**戾心—遵奉**水準，其他兩個想法歸類於**戾心**水準。當複合反應中觀念的組合並不產生較高的概念複雜性水準時，反應就根據低頻選擇或高水準選擇來評定。通常這兩種考慮是一致的。如果高水準高出**遵奉**水準，就一直運用它。當一個要素被評為**遵奉**水準，而其他要素被評為較低水準時，**遵奉**水準的要素常常是較經常發生的要素，就做較低的評定（常見的類別在手冊中已標明）。以低頻應為主，是因為原則上它包括更多的信息。在疑惑不解的情形裡，才運用較高的評定（詳細說明盧文格和韋斯勒的第 5 章，1970）。

這一討論說明等第評定工作的複雜性和利用書面形式使每條規則清晰的法則變式的重要性。組合一個水準的兩個不同的反應產生出一個位於高水準的反應，我們所以會有這個頓悟，是因為在編製手冊的過程中經常遇到這種類別。若要條理清楚地寫下這些評定複合反應的規則，的確是相當困難的。但是在力圖寫明這些規則的過程中，我們也隨時注意新的類別的出現。最終的規則既不是任意的，也不是單憑先驗的推理；這些規則反映出以大量的數據為基礎的經驗，並且改進了測驗的辨別力。最後，這些數據表明了一個可能的理論，即個體怎樣從一個水準發展到高一水準的理論。從**遵奉階段**開始，個體頭腦中會共存兩個相反的或相對的觀念，每一觀念與個體自己目前的水準相一致，這可能就是一個途徑，透過這個途徑，個體獲得了看到下一個更複雜水準的能力。

結 論

我們的概念是：自我發展中質的變化是以有順序的準數量變

239 量或方面為基礎的。測量自我發展的問題，就是確定個體在該方面發展的情況。從邏輯上說，主要的定量策略就是尋找與最低水準（或者在邏輯上等同的最高水準）相符的信號，並且把質的反應與量表上所有可辨別的點的質的描述相匹配。第一個策略導致了累積測驗，並直接轉化成項目累積的記分算法。對**權力主義家庭意識**記分的**家庭問題量表**和雷斯特把原則的反應用作**問題定義測驗**中道德成熟的測量就是兩個例子。

當定量策略把反應與用質定義的點組成的量表相匹配時，記分算法的問題就成了中心問題。量表的主要原則必須事先提供，作為觀察的框架。至今還沒有誰提出過一個客觀的技術去達到這樣一個概念上的框架。當我們編製一個造句測驗記分手冊的方法是一個使量表更為精煉的、編纂的和準客觀的方法時，這個方法不起作用，除非先有一個大概的輪廓。

讓我們來思考一下每個被試的反應樣本，每個反應對應於自我量表上的某個點。我們怎樣才能最好地表明被試所處的地位的特徵呢？主要的可能性就是使用分配模式，採用最大值或整個分配中的某個參數。艾薩克斯採用了修正的最大值算法，柯爾伯格採用了修正的模式作為他的主要算法。造句測驗的遞加規則似乎提供了一個新的算法，這個算法運用了被試的反應分配，但是對每一個水準有一個不同的攤派分數，而不用中值作為它的代表值。

把為原始紀錄中分數的分配看作是代表了個體自我結構的特徵測驗圖，看來是錯誤的。任何人都想使之有效的分配參數是測

量某個中心的或最大的傾向。沒有一個人在個體測驗圖或變異性等方面就他的手段尋找過獨立的證據。變異性很可能是手段的功能而不是個體功能。任何個案中，在反應的記分規則和從反應評定的分配推知整個原始紀錄的評定的規則之間，有個「省時循環性」。

240

　　儘管遞加算法在直覺上引人注目，但是經驗表明，用項目累積分也能得出大致相同的結果。項目累積分是以間隔量表的假設為依據的，柯爾伯格的**道德成熟分**就是如此。在證實該假設的過程中，它得出了與其他方法同樣令人滿意的分數，幾乎不產生大的偏差。系統誤差的變化，諸如社會階段和言語流暢，才是造成研究結果偏差的根源。

　　有些測量性格發展的方法在這裡未做評論，但是它們很可能是上述技術的變式或組合。既然發展變化的測量有許多困難，那麼上述的不少看法就有許多缺陷。它們並沒有把概念類型與記分算法協調起來，而是混淆了分配與測驗圖，並且應用變化莫測的規則和參數。測量作為科學原則的先鋒，必須具有理論解釋，必須具有明確的結果作為修正理論的反饋。大多數方法在理論、方法和數據之間缺乏充分聯繫。

　　儘管人們對效度問題感興趣，我還是迴避了它。關於自我發展或有關變量的測量效度，其證據構成的問題進一步涉及到方法學的問題，例如，順序性、結構效度的相關研究以及實踐性預示等方面的相對重要性。注重特殊研究將陷入諸如樣本的可靠性、隨機性和非同質性、動機等問題的迷津。因此，並不要以為是在肯定或批評上述一系列測驗的效度。

　　綜上所述，沒有一個測驗像基本構念那樣可信。然而，作為探索該構念和研究與此有關的關係網絡的手段，這些測驗已證明是有用處的。

第十章
結構模式的選擇

241

　　我們的自我發展概念的特殊要求在於，它既是一個發展的序列，又是個別差異的一個方面。本書大部分涉及到發展心理學，但最後一章和本章則涉及到差異心理學。把我們的課題看作是個別差異的一個亞領域，便能允許我們把我們的方法和建立在其他模式基礎上的道德發展和自我發展的測量相對照。這裡，如同把有關發展的方法進行對照那樣，不同的方法代表著對人類性質和科學性質的不同看法。因此，在某種程度上，它們所產生的模式和數據就不一定相稱。不過，我們可以考慮，可供選擇的模式是否提供了有關它們數據的一致的和簡約的描述。

　　個別差異的領域開始於智力研究。雖然對人格理論家來說，這是一個聽起來似乎很簡單的、無須思議的課題，但對那些可供選擇的模式卻有過熱烈的爭辯（盧文格，1951）。當注意力轉向人格的個別差異時，用於研究智力的方法是從外國引進的，有時並沒有考慮到客觀材料的差異是否可能需要方法論的差異。

242

　　桑戴克的學說認為，存在於人性中的任何事物一定具有某種數量，這種數量是能夠被測量的（第9章），這就導致了困難，因為它含糊地意指許多可以測量的特質。為了尋找最經濟的方法，用以說明一系列測驗上個體樣本的分數，曾設計了各種因素分析的方法。有些方法，傾向於分析數據，藉以找出差不多同樣重要的各組因素；其他一些方法傾向於找出等級排列的因素，也

就是說較一般的因素包含著較特殊的因素。

因素分析家對因素的解釋各不相同。有的分析家把它們看作是將難以概述的一系列測驗分數使之成規，這裡，分數是眞實的東西。其他一些分析家則强調測驗分數的任意性質，並把因素看作是解釋的變量，所以是更爲眞實的。在因素解法上所做的努力，意味著要尋求眞實的、非任意的方式；因素現實性的問題與類型、階段和概念的現實性問題基本上是一樣的（第 8 章）。

桑戴克用他的特性學說對因素的非現實性採取極端的立場。當他編製一種智力測驗時，他稱之爲「**智力 CAVD**」，規定的任務如下：填充、算術題、詞彙、領會指示（桑戴克和其他人，1927）。他斷言，能力測量只是存貨報表或已經完成的任務。有些心理學家仍然堅持像桑戴克那樣的立場，哲學家稱之爲**唯名論**（*nominalistic*）。例如，勞德（F. M. Lord）認爲，一個測驗的全面效度不是一個基本的心理測量學的概念。「一個特定的被試對一個特殊決定的問題的測驗的辨別力才是眞正的基本概念。」（勞德，1955, p. 509）

243　　　　特性的假說被湯姆遜（G. H. Thomson, 1939）和特里洪（R. C. Tryon, 1935）做了不同程度的扭曲。他們深深陷入因素的統計方法，因此有幾分專志於若干行爲現象的看法。在他們看來，一般因素或羣體因素都是所採用的統計法的產物。他們所發現的、可以接受的、解釋的構思不是假設特質而是特殊的要素，諸如基因、神經弧，或經驗的各個部分，正如特里洪（1935）所指出的那樣，是心理學的組成部分而不是數學的組成部分。按照這一理論，每次測驗要抽取大量的要素，而測驗之間的相互關係反映出大量重疊的要素。因素是由機會或假定來說明的，這裡的假定是指基本的決定因素或多或少被組織到重疊的「智力分庫」（subpools of the mind）中去（湯姆遜，1939, p. 50）。在任何一種基因或神經弧和測驗工作之間從未建立過聯繫，所以這些

解釋像任何一種假定的能力一樣是假設的；此外，現代神經病學
使這樣一些假設無法接受。

上述這些思想曾首先被應用於智力測量，並擴展到人格測
量。自我發展的測量看來是一個晚近的觀念。皮特爾（ S. M.
Pittel ）和孟德爾松（ G. A. Mendelsohn, 1966 ）曾回顧了早期
的道德價值測量。他們發現了三個時期。在第一個時期，道德價
值是藉助紙和筆測驗來測量的，大多數測驗被設計用來區別正常
兒童和青少年罪犯。這些測驗傾向於道德知識的測驗；關鍵答案
或正確答案是事先就提供的。在這些研究中，最傑出的研究屬於
哈桑（ H. Hartshorne ）和梅（ M. A. May ）。第二個時期具有
更加廣泛和更爲理論的特徵，將道德問題安置在更大的行爲和人
格的來龍去脈上，不管觀點是屬於認知的、行爲主義的。還是精
神分析的。他們將皮亞傑所著《兒童的道德判斷》列入這一時期。
在第三個時間，採用投射測驗，通常是故事填充。然而，皮特爾
和孟德爾松所引證的例子主要是根據超我的強度、投射的內疚強
度等來解釋的；他們沒有包括柯爾伯格的認知發展方法。所以他
們的解釋對第九章所討論的測量提供了歷史背景。 244

本章的其餘篇幅將討論以兩種心理測量的模式爲基礎的測量
和研究程序：通常在米歇爾（ W. Mischel ）的著作中作爲例子的
桑戴克的特性論模式和道德發展或自我發展轉變爲一組或多或少
獨立的物質。我們的目的是用對照來突出結構概念，不是對可供
選擇的模式做出一個完整的調查。

特性模式

道德發展的第一個主要的經驗主義研究是哈桑、梅和其他協
作者的研究（ 1928，1929，1930 ）。他們的研究一直是重要的，

因爲他們是小心謹愼地在大量的兒童身上進行研究的。他們試圖
去發現構成五年級至八年級學齡兒童道德行爲測量的單一因素。
他們的第一個研究，而且是最常被引證的一套研究（哈桑和梅，
1928），是有關在學校、家庭和集會等等各種情境裡抵制欺騙、
說謊和偷竊等引誘。一般說來，他們發現在欺騙與學校或家庭的
環境之間具有較低的正相關，相關的大小取決於任務的類似性和
容許欺騙的時尚。在同一環境的相似情境裡，相關約爲 3，數值
越低，情境和環境的差異越大。他們發現，這些相關屬於同一量
值，正如智能特徵測驗之間的相關一樣，也按照任務的類似程度
而有所不同。在他們的第二套研究中，有關服務和自我控制的測
量，也得出相似的結果〔哈桑、梅、馬勒（M. S. Maller），
1929〕。

　　在他們的最後一套研究中，涉及到品格的組織〔哈桑、梅、
舒特爾華斯（F. K. Shuttleworth），1930〕，他們發現了一個並
不經常引證的高相關。爲了測量欺騙，他們進行了兩次測驗，一
次是有機會偷偷摸摸的欺騙，例如，讓兒童給他們自己的考卷打
分，一次是不給機會的欺騙測驗。假設是，如果兒童在複試卷上
得分較低，那麼第一次他給自己考卷的打分一定是欺騙的。第一
次分數超過第二次分數被認爲是對欺騙的測量。分數是標準化的
和正常化的，所以量表在從一次測驗和情境到另一次測驗和情境
是相同的。從事整套誠實測驗的每個兒童獲得誠實分數的分配，
其標準差是他的整合分數。總體上，他們對誠實與整合之間相關
的估計，經修訂得出 0.78（他們給出一個未經修訂的值 0.52）。
他們考察了人爲的各種可能的根源，並得出結論認爲這種聯繫是
眞實的和具體的。他們認爲誠實通常是一個綜合的特質，但不誠
實常常是隨情境而變化的。

　　這些研究幾乎總是被引證作爲對特性學說的支持。作者們是
意識到這種解釋的（桑戴克是他們的直接監督）但他們也有一種

245

概念，在更廣泛的意義上，獨特的行爲和品格的組織之間存在差異。他們研究的主要目標，籠統的名稱是「品格教育調查」，所表明的乃是當時流行的道德品質的教學方法。全日制學校的學生和加入男女組的學員接受品格敎學，對兒童的誠實分數沒有一貫的影響。他們得出結論認爲，把誠實或道德的敎學作爲一套淸規戒律對品行沒有影響。

在那些回答特性研究的人中，有奧爾波特（G.W. Allport, 1943）和柯爾伯格（1971）。奧爾波特指出，靑少年在許多小型遊戲和測量中涉及到最低限度的自我捲入，類似的研究已經被引證用以支持特性的觀點。事實上，奧爾波特支持心理學中自我概念的重要性是以此爲根據的：當人們深深地捲入自我時，他們表現得更爲一致，正如克萊因（G. S. Klein）和熊菲爾德（N. Schoenfeld, 1941）的研究所表明的那樣。哈桑、梅、馬勒（1929, p. 446）提出過相似的觀點。柯爾伯格認爲，並不存在所謂道德行爲和不道德行爲這類事，存在的只是那種或多或少符合活動者道德原則的行爲。他指出，他自己的一些實驗，可以根據他對被試的說謊和欺騙來解釋，因爲他欺騙他們，把實驗的眞正目的瞞著他們。然而大多數人不會從這類事件中得出結論說他缺乏道德品質。同樣，不付所得稅可能是企圖欺騙政府或者說是一個高度的道德原則問題，正如威爾遜（E. Wilson）或梭羅（H. D. Thoreau）正在做一件有關良心的事情一樣。

一個提倡特性觀點的近代人物是米歇爾（1966，1968）他有關道德行動或順應社會行動的典範，是抵制即時的小報酬而期待更大的延緩的報酬。他特別喜歡的課題是實驗事件對更大的、延緩的報酬做百分比選擇的影響。米歇爾放棄了這樣一種願望，即創立另外一個特質或個別差異的類型學，他的興趣在於證實特殊情境相倚的重要性。他把他的數據連同別人以前的發現解釋成是支持「自控行爲不同方面的特徵……而不是任何一個潛在的單一

的道德媒介」（1966, p. 115）。那麼，爲什麼米歇爾和他的學生要花上幾十年時間去研究這樣一些特性呢？在下一頁，他透過假定與心理病態、色情、受虐狂、抑鬱和性虐待狂等方面的發展有關的重要性證明他研究的正確，把所有這些都解釋成是對己對人都是不適宜的獎懲規則，他顯然把這些與不適宜的自控等同起來。米切爾似乎用耐性這一術語來證明他研究的正確性，而耐性的存在意味著該研究要遭到非難的。一個近期的發現是〔米歇爾和埃勃生（E. G. Ebbesen），1970〕，托兒所的兒童能容忍延緩的報酬，如果他們分散注意要比經常向他們提醒報酬爲好，正如米切爾所指出的那樣，這一發現既不牴觸常識，也不牴觸精神分析理論〔但它可能牴觸赫爾（C. L. Hull）的學習理論的一個要素，即「期待的目標反應」〕。我們能得出結論說，當兒童等待著吃飯時讓他們看電視就能促進道德發展嗎？

247 　　米歇爾把他的反對者稱之爲「狀態—特質理論家」。他所謂的特質理論主要指本章所稱的特質理論；他所謂的狀態理論，主要是指心理動力的和精神分析的理論。提倡特質和精神分析的人一般並不認爲自己是同盟者。他們的共性表現在，把可以觀察到的反應作爲信號，而不是單單作爲推斷行爲傾向的實例，因而也就成了米歇爾攻擊的眞正目標。科學的標誌就是避免除了最明顯的和低水準的理論推斷之外的所有推斷嗎？這是一個違背當代自然科學的觀點，並與本書激勵的觀點直接相背的。

　　爲了回答情境—特性觀點，鮑威士（K. S. Bowers, 1973）指出，實驗的方法在其性質上著重情境效果，正如相關的方法著重個別差異一樣。他引證吸煙、同性戀和我向思考等是屬於不易用情境的操縱來矯正的。凡在被試相仿而情境大不相同的地方，行爲將是情境的一個函數，反之亦然。鮑威士將一套運用變異分析的研究列表來估價情境和人的變量的相關影響；它們表明在個別差異方面有稍大的影響，但由於人與情境的相互作用，其影響

則更大。在講授相互作用的較大影響的理論涵義時，鮑威士指出，人在某種程度上創造了他自己的環境，部分是透過他怎樣來解釋環境（正如我們在本書中所看到的那樣），但也因為他給別人創造了一個環境，別人也相應地做出反應。鮑威士為最後的聲明引證了許多經驗性的原始資料，作為一個例子，凱利（H. H. Kelley）和司太赫爾斯基（A. J. Stahelski, 1970）的研究採用了一個抓俘虜的兩難遊戲。合作者當他們的搭擋採取合作策略時，他們也採取合作策略，而當他們面臨一個競爭的搭擋時，便採取競爭的策略。競爭者採取一個競爭策略，不論他們的搭擋做什麼。而且，競爭者把他們自己看作是現實主義的，因為他們發現的只是競爭搭擋。所以，人們不僅透過如何察覺別人來維持他們的行為，而且他們也真地喚起了符合他們性格的行為，這是瓦切特爾（P. L. Wachtel, 1973）提出的觀點。所以環境對性格結構的一致性和穩定性是有貢獻的，這一課題我們將在第十二章討論。

米歇爾（1973）曾改變他的立場來承認認知因素對反應的影響，當然他從未否認過個別差異的存在，正如他批評過的那些人從未否認行為主要是由情境來決定的一樣。可是米歇爾仍然是一個特性論者。這可以從他自己的早期作品中隨便摘幾句話來加以證明：「與其談論『行為』，毋寧將各個行為相倚單位（*behavior-contingency unit*）概念化更為有用，行為相倚單位是把特殊的行為模式和可能預期它們的條件聯繫起來。」（米歇爾，1973, p. 278）有關自己和別人的含蓄的人格理論可能處在最穩定的和處境自由的結構之中，這是他承認的。本書的要點是，道德發展與這些因素緊密地聯繫在一起；因此，承認這一點，也就大大削弱了他對道德發展的處理方法的攻擊。

特質模式

　　霍根（ R. Hogan, 1973 ）提出一種道德發展的維度觀點；對他來說，道德成熟包含五個獨立特質的成熟和最佳化。其中三個特質是社會化、神入和自主，他認爲這三個特質基本上是發展的，但最後兩個特質不是發展的，它們是道德知識和在一個方面對他來說是獨特的，即良心的倫理觀對責任的倫理觀。霍根認爲社會化先於神入之前發展，神入又先於自主；但一個發展序列的結果並不繫於下一個發展序列的開始，正如皮亞傑的階段序列那樣。柯爾伯格的道德發展階段在霍根看來是獨立的事件。霍根選擇的手段是一種客觀測驗或一種用客觀測驗的方式來記分的半投影測驗，也就是說計算特殊信號。他的道德成熟測驗是透過計算有多少涉及個人尊嚴的項目來記分的，注重精神（ 而不是法律條文 ）、社會的幸福，或觀察問題的正反兩方面。他的被試通常是大學生，數據在測驗之間通常是相關的。

249　　　霍根的特別興趣在於良心的責任方面，爲此，他曾設計了一個測驗，即「道德態度的調查」。霍根看到兩種主要的道德理論，這些道德論假定一種更高的法律，用以對付一個特定的社會法律，而法律的條文和社會的權威不能對之提出上訴；他把前者稱之爲良心的倫理觀，後者稱之爲責任的倫理觀（ 不免有些偏見 ）。道德態度的調查是由一組認爲與這些道德論的每一個理論相一致的陳述構成的；對每一個陳述來說，被試在一個五點量表上表明他的同意的程度。霍根引證了下列項目作爲有代表性的：「 (1)所有民法應按照一個更高的道德法律來判斷；(2)正確與錯誤只有透過法律才能有意義地被定義；(3)一個不公正的法律就不會被人遵守；(4)沒有法律，則人的生活將是卑鄙的、獸性的、短缺

的。」（1973, p. 225）雖然霍根把責任倫理觀的分數打在他的量表上的高的一端，但他自己的數據則認爲艮心倫理觀更成熟。他報告道德態度的調查與神入的相關爲負0.2，與自主的相關爲負0.3，與道德判斷的成熟性相關爲負0.4。只有社會化，即另一個有關社會遵奉的測量，與之具有正相關。這問題看來是一個小問題，只須把有關道德態度的調查的打分倒過來就可以解決的。相比之下，我認爲，正是在這一點上，他的整個模式倒塌了。

　　艮心對法律的問題使許多人爲柯爾伯格和我們的自我發展的最高階段所吸引；我們的方案是把艮心倫理觀放到比霍根稱之爲「責任」的法律和秩序的倫理觀更高的階段。確實，他把艮心倫理觀看作比遵奉倫理觀更成熟的相反看法深深地置於他的基本理論之中，這種基本理論起始於「人作爲一個制訂法律和奉行法律的動物的概念」（1973, p. 217）。霍根承認，最成熟的道德可以在艮心對責任的問題上找到某個中間的或折衷的位置。但是他的模式，即把道德成熟分解爲一組特質的模式，如果一個特質不是單義地與道德成熟建立聯繫，則該模式就大大地被削弱了。正是在這一點上結構模式應運而生：爲了它自己而信奉法律，並直覺地反對不公正，被最終和最理想地整合到一個更加複雜的結構之中，堅持公正的抽象原則透過對結果的現實估計而受到鍛鍊。霍根的模式既未概念化，也不允許對那些複雜的整合進行評估。

　　另外一個方法來自霍普金斯大學的一個小組，他們一直從事於心理社會成熟的測量〔格林堡（E. Greenberger）和其他人，1974, 1975〕。他們的理由是，在所有的社會中，心理社會成熟包括有效地起作用的能力，與人適當相處的能力，對社會做出貢獻的能力，總之，要具有**個人適應、人際適應**和**社會適應**的能力。在**個人適應**下面，它們包括自信、工作態度的確立和同一性；**人際適應**包括社交技能、明確的信賴，以及扮演主要角色的知識；**社會適應**包括對社會所承擔的義務、對社會政治變革的態

度，以及對個別差異和文化差異的容忍程度。在這些論題中，每
一個論題還可以再分成幾個亞題，每一個亞題由各套獨立的項目
組成；然而，記分的亞量表與上述九種特質相對應。項目爲一致
性的程度，被試根據一個四點量表做出答覆。例如，有關同一性
的亞量表是：「我經常改變我的感覺方式和活動方式，以至於我
有時搞不清誰是『眞』我。」對此打否定分。他們的大多數分析是
根據九個亞量表來進行的。

他們還在測驗的 B **形式**的一百八十八個項目上實施了層次
因素分析。如果他們的模式被完全證實，該分析將得出每個亞量
表的第一級因素和一個與**個人適應**、**人際適應**和**社會適應**這三個
主要類別中的每一個類別相對應的更高級的因素。第一個分析，
強使得出九個第一級因素，由於不適合他們的結構，終於被拋
棄；第二個分析也是爲此，強使得出六個第一級因素。第三個分
析做完，並未強使其得出第一級因素的數目，除了一個有關最大
251 殘差的技術要求之外。該分析得出一個僅僅適合**社會適應**的模
式。沒有一個第一級因素能支持這些假設的個人適應的亞量表，
第二級因素素最緊密地符合**個人適應**，包括那些來自社交亞量表
的項目。**人際適應**並不作爲一個因素出現（格林堡和其他人，
1974）。這些結果對他們的模式來說並不像他們所聲稱的那樣順
利，尤其是因爲頭兩個分析由於不適合該模式並無明顯的理由就
被摒棄了。正如第八章和第九章所回顧的幾個作者那樣，他們似
乎沒有任何計畫來利用他們的數據去修訂他們的模式。

喬塞遜（R. Josselson）、格林堡和麥克康諾契（D. Mc
Conochie, 1975）與一組十一年級的男孩和女孩進行交換，這些
孩子代表了心理社會成熟的極端，並用**個人適應**和**社會適應**的量
表進行測量。學生來自一個穩定的白領和藍領居民區。他們的目
的是想選取水準最高和最低的二十五名學生，但水準最高的大多
數人是女生，最低的是男生。所以他們分別挑選十二名水準最高

和最低的男女生。提供的數據總共是四十一名被試。他們發現，成熟水準較低的女生類似於我們的**自我保護**和**遵奉階段**，而成熟熟水準高的女生則類似於我們的**良心階段**。由於他們對男生沒有做出這樣的陳述，讓我們來看一看他們在男孩身上發現了什麼。

　　成熟水準低的男生是非內省的，只顧眼前，關注的是娛樂、汽車、摩托車、女孩子、對他們叫嚷的成人、不介入麻煩，尤其是不介入酗酒、吸毒、違規駕車等麻煩。他們多數提到打架，一副強硬、火冒三丈的樣子，然而這些男孩又是比較被動的，上大學或找工作依靠別人來決定。在他們的空閒時間裡，他們就等著事情的發生。他們一心想著受到別人喜歡，大多數人早有比較可靠的女朋友。他們重視自制，感激管理他們的人。他們把父母看作是軟弱無能之輩或是暴君（這也許反映了他們自己的概念結構和他們父輩的性格，這一點是作者未能指出的）。他們當中大多數人覺得他們已經使父母感到失望。他們重視朋友，因為「他們幫助你」。他們的目標是有一個好工作，有一個家庭、一所房子、一輛汽車、許多錢；他們並不關心將來會成為什麼樣子的人。

　　對成熟水準高的男生來說，學校是比較重要的，同樣，個人嗜好和宗教興趣也是比較重要的；他們很少把注意力放在過分的男子氣概的追求和名望上。他們認真對待未來，關心將來成為什麼樣子要甚於他們將有什麼。他們的自信來自他們做什麼和希望做什麼，而不是來自夥伴的讚許。他們要比成熟水準低的孩子更現實地評價自己，更懷疑自己。他們承認成熟水準低的孩子更現實地評價自己，更懷疑自己。他們承認和容忍個別差異。大多數人還不夠踏實。對他們來說，一個朋友就是一個可以交換的人，他理解你，他動情地幫助你擺脫困難。他們不大善於控制衝動，雖然有些人談到他們過去曾努力去克服過衝動。他們把自己看作是變化的和發展的。他們有著跟父母不同的觀念，包括對他們父

親行爲的心理因果的思索，正如作者在報告中指出的那樣，這在
成熟水準低的孩子身上是不會發生的。然而，這些孩子缺乏反抗
精神，據作者說，他們過分注重善艮。

因此，成熟水準低的孩子似乎在**自我保護階段**占支配地位，
具有毫不含糊的**衝動階段**的殘餘，而成熟水準高的孩子似乎在**艮
心一遵奉**水準占支配地位，具有明顯的朝向**艮心階段**的可能性。
與他們們期望相反的一個結果是，成熟水準低的孩子比成熟水準
高的孩子更易捲入異性關係；在這方面兩組女生沒有差別。這一
發現無法從他們的假定中來預示，該假定是：心理性慾成熟和心
理社會成熟是並存的。也無法從我們的假定中來預示，我們的假
定是：心理性慾成熟和心理社會成熟大體上是獨立的。雖然它更
接近於我們的觀點。看來，最好還是用**遵奉**和**艮心**階段的比較嚴
格的衝動控制特徵來解釋。

253　　　　總之，格林堡小組並沒有證實他們自己的模式。他們有關成
熟水準高和成熟水準低的青少年的畫像倒是證實了我們的階段描
述。所以，即使他們開始用了九個方面的概念，他們也沒有跨出
我們的一個方面的概念。這就支持了本書的主要要求，即自我發
展的單一變量爲大量數據提供了簡要說明。

另一個方面，貝拉克(L. Bellak)、赫維切(M. Hurvich)和
吉迪曼（H. K. Gediman, 1973）也提供了有關自我發展的觀察
資料。他們的一覽表有十二個自我功能，包括現實測驗、判斷、
世界和自己存在的現實感、內驅力、情感和衝動的調節和控制、
客體關係、思維過程、在爲自我服務時適當退讓、防禦作用、刺
激障礙、自主作用、整合作用，以及精通─勝任。他們提供了一
個談話的程式和一個在七點量表上評定每一個自我功能的編碼方
案。他們的重點放在偵察和測量由我們的量表表明的病狀：對極
端的病狀有一個等第評定，對正常的或平均的病狀有六個等第評
定，對最佳的功能有七個等第評定。不管他們是否對病理的程度

感興趣，尤其是精神分裂症，他們的功能一覽表與格林堡及其同事的功能一覽表相重疊，在某種程度上與霍根的功能一覽表相重疊；可是，人們必須走到標籤的前面去看特殊的內容和引證的例子以便建立對應。為了我們的目的，應注意到這是一種精神分析的方法，其中自我發展被想像成十二個或多或少的獨立的方面。

在試圖把自我發展進行維度研究的人中間還有帕利林格（E. Prelinger）和齊默特（C. N. Zimet, 1964），他們像貝拉克一樣，也是根據精神分析理論。還有赫斯（R. D. Heath, 1965），他的主要維度是圖式、技能和動機。問題在於是否任何一組維度都能明顯地加到我們的自我發展的一維的解釋力或預示力上去。

結　論

假定我們從布倫斯維克（E. Brunswik）的透鏡模式的觀點，他的有關知覺方式的共同形式的概括描述和托爾曼（E. C. Tolman）有關行為的描述來看個別差異〔哈蒙德（K. R. Hammond），1966；托爾曼和布倫斯維克，1935〕。對托爾曼來說，一個有機體用來達到目的的行為方法是多種多樣的和可以替代的，像赫爾的習慣—家庭（habit-family）的等級一樣。對布倫斯維克來說，一個有機體用來重新構築客觀世界的知覺線索也是多種多樣的和可以替代的，即一個線索—家庭（cue-family）的等級。由於運用概率性結構，特別是由其他有機體提供的環境；由於行為是整個有機體的一個功能；由於一種傾向有著各種各樣可以相互替代的表現形式，所以只有在極其偶爾的情況下，一個特殊的行為才是一個特殊傾向或目的明確指數。特殊的行為和特殊的知覺線索的模稜兩可的意義是布倫斯維克透鏡模式的精髓。該模式的透鏡是可供選擇的行為和可供選擇的知覺線

254

索的外殼。對知覺來說，透鏡的焦點是環境中的物體和理解的知
覺。對行為來說，目的和一個人的傾向集中在有機體內部的一些
方面，而成就是透鏡的另一個焦點。布倫斯維克（1952）認為，
心理學理論的焦點應該位於發生在有機體和環境之中的心理事
件。

　　個別差異的特性理論研究透鏡模式的透鏡，也就是說研究各
種可供選擇的行為，不外乎是素質的模糊線索。由於在素質的可
供選擇的表現中只發現低相關，特性論者就錯誤地做出結論說只
有微不足道的素質因素，而沒有看到特殊素質與特殊指示物之間
的關係是概率性的。所以有關個別差異的特性觀點不同於特質理
論和結構理論，正如布倫斯維克所說，在結構理論方面，我們的
理論和柯爾伯格的理論把注意力放在不同的階層。我們不妨來考
慮一下特性方法的一個例子，該例子是布倫斯維克追隨懷海德
（A. N. Whitehead）的結果，稱作「誤置具體的謬誤」（the fallacy
of misplaced concreteness）。它似乎不是代表一個眞實的理
論，而是一個廢除理論的觀點。

　　米歇爾在對柯爾伯格研究的批評（米歇爾和米歇爾，1976）
時指出，柯爾伯格的道德推理形式的序列發展是由有關的認知能
力和社會化實踐相互作用的序列來扼要地解釋的。米歇爾貶低柯
爾伯格在欺騙和道德成熟之間具有顯著相關的證明，因爲處在低
階段的那些人有一半並不欺騙（很明顯，他們歸咎於柯爾伯格相
信**原罪**）。有些道德行爲可以從柯爾伯格的測試中來預示，他們
說，具有約 0.3 的係數，恰好是預示這種行爲的其他測量所發現
的值。所以，米切爾宣稱，他的觀點與結構的和特質的觀點之間
的差異是一種經驗的差異，他幾乎在有關的經驗研究的論文和書
籍的每一段落都強調這一點。然而，更仔細地看一下，該研究只
針對要求很高的幾個方面，例如道德推理的成熟可以透過認知成
熟加社會化來解釋，但數據卻未能支持這一點。柯爾伯格對其測

255

量的結構效度的要求並不取決於與任何特殊行爲的高度相關；他的注意力放在道德判斷上，而不是放在行爲上。行爲的情境特徵是和柯爾伯格的理論相一致的。如果用柯爾伯格的測驗來預示道德行爲跟用其他測驗（這些測驗明顯地指向預示）來預示道德行爲一樣好，那就是一個有關道德判斷概念的顯著的和有力的證據。

　　另一方面，米歇爾和米歇爾批評柯爾伯格的推理如下：一個來自較低的社會經濟階層的十二歲的少年犯和一個名牌大學的教授在測驗上無疑會被不同地打分。一方面是因爲教授的高級認知和語言成熟促使他更清晰地闡述他的理論。另一方面，「對於教授來說，道德推理顯然朝向博得別人的讚許和信奉傳統的權威，這樣他就不可能會獲得獎賞，不可能受到重視，因而也就不可能被採用」（1976）。恰恰是因爲他想依賴社會讚許，所以教授的所作所爲聽來好像他不是那樣的！動機的轉變被定義所排除了。無論教授的動機看上去是怎樣的，它畢竟是一個社會讚許的問題。這就是我稱之爲本體論謬誤的例證（第 17 章）。

256

　　把道德發展和自我發展分解成一系列或多或少獨立的特質、功能、維度，正如霍根、貝拉克、格林堡等人的研究一樣，事實上是對我們的有機體觀點（整體論）的否定。因此，這要比實際爭執更危急。在把特質模式和結構模式相比較時，我們必須回過來區分級性變量和里程碑順序。事實上特質是極性變量，這是根據它們的極端來解釋的。結構的發展序列是一個里程碑順序。根據結構的觀點，特質是作爲結構的線索來解釋的，而不是作爲個別差異的基本實體來解釋的。有些特質，諸如自發性和適應性，可能表明對結構改變的維度具有曲線的關係。一旦我們承認在某些特質的分數和自我發展的維度之間具有多價的曲線關係的可能性（有關它們的意義和性質，我們正在調查研究），我們就能看到爲什麼因素分析無法發現這樣一些維度。整個傳統的心理測量

理論是建立在這樣一種假設之上的，即看到的測驗分數是與基本的潛在的決定因素有著線性的關係。這種假設是與所論證的曲線關係不相容的。所以，接受特質理論的心理測量方法，連同「一般的線性假設」〔科亨（J. Cohen），1968〕和線性分解的手段必須被拋棄或在該領域加以修訂。特質模式無法充分地代表更高階段的複雜整合。

在結束時，根據結構的轉化檢查我們的論題，我實際上是反對用一組較小的特質或一組較大的環境—有機體的相倚來檢查的。充其量這些是科學範式方面的差異（第 12 章），它們無法由進一步的研究來解決，因為不同範式的支持者承認不同的數據。這些測量手段對結構概念的建議是有不足之處的（第 9 章），部分由於該領域固有的困難（第 8 章），但是特殊手段的不足之處不應該被解釋成對結構模式的反證。不同的模式反映人性的不同看法、不同的科學哲理，和個體氣質的差異。

第三部分　理　論

　　除非可以斷言說人類一無所知，直到邏輯學家教導他們……
應該承認，甚至創造力、敢冒風險、獨立思考等等，比起對前輩
思想家和人類集體智慧的尊重來，不是哲學特徵的一個必要部
分。人類有哪些看法，也即他們對一切性格和氣質、一切偏見和
成見，以及在不同的地位、教育、觀察和探究的機會中一切變化
的看法；沒有一個探究者能包羅這些看法；每個探究者或是年輕
的或是年老的，或是富有的或是窮苦的，或是患病的或是健康
的，或是已婚的或是未婚的，或是沉思的或是活躍的，或是一位
詩人或是一位邏輯學家，或是一個古人或是一個現代人，或是男
人或是女人；如果是一個好思考的人，還具有他個人的思維方式
的附屬特徵。每一種環境給一個人的生活帶來性格，伴隨著特殊
的偏見；爲察覺某些事物，忽視或忘卻其他事物提供了特殊的手
段。但是，由於觀點的不同，察覺到的是不同的事物；他看不到
的，別人極容易看到，而別人看不到的，他卻看到了。

　　　　　　　　　　　　　　　　　　——彌爾（J. S. Mill）

　　　　　　　　　　　　　　　　　　《邊沁》（Bentham）

第十一章
早期理論：前精神分析

261

　　對自我發展的動力理論來說，三個主要的問題是：自我是如何起作用的？它是怎樣保持穩定的？它是如何改變的？在每個問題當中都有從屬的論點；例如，改變提出了方向和動力這兩個問題。自我作用的問題似乎和穩定性或改變相似，還沒有學者對這兩個問題做出較為重要的貢獻。

　　作為第一個近似的解法，自我發展理論的形式要求是那些在形式上並非完全相同的序列的連續事件，假定的事件序列是由內在邏輯來聯繫的。這些要求使概念有別於理論，而同時又把它們聯繫起來。序列的連續事件之所以不完全相同，意味著某種階段的觀念，雖然階段這一術語應該怎樣嚴格地解釋並無說明。事件的序列由內在邏輯來聯繫是為了說明階段的概念本身並不構成一個理論。理論必須有主語和述語；階段的序列就是主語。

262

　　本章的目的之一是重建第五章已經提出的那些概念之前的歷史。由於這一課題沒有被看作為具有它自己的歷史，因而有許多觀念一代接一代地被重新發現，並作為新觀念提出。第二個目的是描述精神分析的部分背景，即當代自我理論的主要根源。

十九世紀的哲學心理學

　　在十九世紀末和二十世紀初心理學作爲一門科學從哲學中分化出來之前，我們的論題主要列入倫理學的範圍，很顯然，它是作爲道德發展來研究的。十九世紀的倫理思想有兩大學派：直覺主義者和功利主義者。功利主義者起源於英國聯想主義學派。一般說來，功利主義者認爲心靈中什麼也沒有，除非透過感覺而輸入的東西和由準機械的感覺材料的聯想演化而成的東西，感覺的材料包括環境和感受兩者信息。

　　我們所關注的是明白的或含蓄的心理學，而不是功利主義的道德學。邊沁是一個著名的功利主義者，在第一章中我們已領教過他的學說，那就是「活動的原動力」完全可以用快樂與痛苦來描述。邊沁的「享樂主義演算」現今仍存在於以獎勵—懲罰和刺激—反應爲基礎的心理學中，我們對它的看法是有選擇餘地的。

　　最著名的直覺主義者是康德（Immanuel Kant）。康德把有前提的命令與絕對的命令區分開來。有前提的命令告訴我們必須做什麼才能滿足我們的願望；屬於科學的領域。絕對的命令屬於道德領域，告訴我們作爲一個有道德的人必須做什麼；主要是良心。一種絕對的命令是指每個人應該從事的活動，這樣他才能使自己的活動符合人類的法則。這就是道德的全部內容。決定道德的不是活動的後果，而是它所承擔的善意。善意像一顆珍珠，憑自己的光發亮，即使當它追求的目標不能完全得出良好的結果時，情形也是如此。行爲的效用不能增減其道德價值。無論對康德的哲學和心理學有什麼別的說法，我們必須承認他正在恢復人的概念，他不但是環境力量的馬前卒，而且在某種程度上是他自己選擇的根源。現在讓我們轉向道德行爲的某些發展的觀點。

263

　　亞當・斯密（A. Smith），一個以經濟學家著稱的蘇格蘭人，一七五九年出版了一部論道德的專著《道德情操的理論》。他寫道，良心或道德意識發展的第一個階段是能使自己站在別人的立場上看問題，以己之心度人之心，體會別人的感受。當一個人能像別人所做的那樣做出反應，就會贊成或同情別人。有了這種體驗，一個人就能認識到別人對他也是做出同樣反應的。這樣，一個人就學會了像別人看待自己那樣看待他自己。最終，一個人在自己的心中形成了一個眞正的社會標準或成爲一個「公正無私的旁觀者」，這就是良心。如果一個人置身於社會之外，他就不可能判斷他性格的善或惡，正像他沒有一面鏡子就無法判斷他尊容的美或醜一樣。社會給了他一面鏡子，即別人是怎樣來看待他的鏡子。在對自己做出判斷的過程中，一個人既在評判別人又被別人所評判，或者說他既是旁觀者又是當事人（斯密，1759）。

　　培因（Alexander Bain, 1818～1903）是第一部標準心理學課本的作者，該書在十九世紀後半葉曾被廣泛使用。他有關責任感發展的觀點在當時是人盡皆知的。培因（1859）的第一個階段是兒童只對直接的、立刻施加的愉快或痛苦做出反應。在第二階段，兒童不僅對保護自己的利益做出反應，而且對保護他所愛的人的利益做出反應，他的責任感因而轉化爲自發的良心。它是一種內在的和理想的權威，是內部的政權制約著外部的政權。這一種轉化也導致義務感，所以它還涉及到法律的意圖和意義，而不僅僅是從事某些特殊的行爲或不從事某些特殊的行爲。

　　彌爾（John. Stuart. Mill）自認爲是功利主義者，但他是從廣義上來解釋功利的，是以發展自身的長期利益爲根據的。在第一章，我們看到他對邊沁的「享樂主義演算」的批評；良心和憑自己的智能臻於至善的願望是列入這些要素之中的，他發覺這些要素在邊沁的活動源泉中是缺乏的。彌爾在其論自由的文章中，他〔（1859）1962, p. 188〕補充道：

264

在有關人生正確地用於完善和美化的著作中，最最重要的是人自身。假定憑藉機器人——人形機器人——有可能建造房屋、播種、打仗、審案，甚至建築教堂和做祈禱，那麼用那些現在居住在世界上較文明地方的男女，以及由於自然的原因和人為的原因而產生的忍飢挨餓的樣本來交換這些機器人將是一個很大的損失。人性並不是從模子裡壓出來的機器，精確地按照工作指令去做，而是一棵樹，需要在各方面生長和發展自己，按照內在力量的傾向使之成為有生命的東西。

彌爾把個性看作是一種積極的善行，而把習俗的壓力看作是專制的形式。他說，大多數人是遵奉者；他們並不問自己喜歡什麼，即使在私事方面也亦如此。他們問自己的僅僅是那些適合他們地位和環境的東西。「我並不是說他們選擇的是在適合他們自己的傾向之前的習俗。他們從未想到有什麼傾向，除了遵奉習俗外……味覺的嗜好、行為的怪僻，是同犯罪一樣被迴避的：由於不能遵循自己的本性，直到再無本性可言：他們的天賦才能因此枯竭和餓壞了。」（p. 190）

在基於良心的道德和基於大多數人的幸福的道德之間，彌爾認為沒有矛盾。良好是對責任感的內在制約，而不論其內容如何。良心來自同情、愛、恐懼、宗教感受、兒童時代的回憶、自尊、希望別人尊重、自卑等等，並與之聯繫；這種複雜性導致神秘的性格，直覺主義者歸之於良心。彌爾認為良心是獲得的，而不是與生俱來的，不過它是自然的，在某種意義上不是每個人都有的，它是人類官能的一種自然派生。人類的社會感受，希望成為其他人當中的一員，在彌爾看來，是良心的一個重要基礎，雖然他並沒有把良心縮小到同情。

彌爾指出，正義感的一個要素是對這樣一種人施以報復或報

仇的願望，這種人曾經傷害過我們所同情的人。然而，這種報仇的願望無道德可言。僅僅在它成爲社會利益的從屬部分這一程度上，它才成爲正義感的一部分，從而富有道德意義。

促使哲學和心理學發展的動力起因於史賓塞（H. Spencer, 1820～1903），而不是達爾文，或者不妨說是史賓塞和達爾文的貢獻的巧合。史賓塞在他的早年，即在《物種起源》（ *Origin of Species* ）出版之前，就提出了發展的觀點。進化或發展的思想促使他把發展的觀點作爲生命的普遍原則。他看到進化從不明確的、不連貫的同質透過連續的分化和整合發展到在結構和功能上明確的、連貫的異質。他在生物學、心理學、社會學和倫理學等領域應用了這一原則，並發現了有關例證。只有他的倫理學適合我們的討論。

杜威（Dewey）和塔夫特（Tufts, 1908, pp. 358～359）把史賓塞的倫理學概括如下：「責任的意識——獨特的道德意識——是由遙遠的目標來控制近期的目標，由複雜的目的來控制簡單的目的，由理想或典型來控制感覺或表象。一個未充分發展的個體或種族只顧眼前；成熟的個體或種族則是由對未來的預見所控制……智力和文化的每一步發展，不論對個體來說還是對種族來說，都取決於將眼前的、簡單的、自然方面現實的傾向和目標從屬於遙遠的、複合的、僅僅是理想方面現實的傾向。」道德的約束是從約束的形式中發展起來的，約束的形式並不就是道德。原先，人被外來的權力所制約，不得不對遙遠的結果存有戒心。一個特定過程的長期的內在的影響，原先只與直接的外在約束有關，最終成爲決定他行爲的支配力量。在這一點上，人就按道德行事。最後，德性發展得甚至更遠，以致責任本身成爲樂事。對史賓塞來說，所有這些是由自然律產生的。對他來說，進化本身就是一種力量。

史賓塞是進化論發展的哲學家，十九世紀還有一些變革發展

266

的哲學家，最傑出的人物之一是黑格爾（1770～1831）。黑格爾
的發展公式是辯證的：對每一個論點來說都有一個對立的論點，
矛盾的解決達到一個更高的綜合。這個綜合依次成為一個論點，
為一個對立的論點所反對，並且又由一個新的綜合來解決予盾。
這個公式是他的邏輯，是對亞里斯多德三段論推理的一種選擇，
但它也是一種形而上學和歷史理論；歷史的每個階段破壞、保留
和改進前一個階段。黑格爾的觀點讀來好像他在描述類似自我發
展的某種東西。然而，他的描述風格過於晦澀，不能為我們提供
多大的幫助。

孔德（A. Comte, 1798～1857）提供了一個理論或人類智力
發展的三階段規律。它意味著一種歷史的描述和一種智力發展的
規律。這三個階段為神學的，形而上學的和肯定的或科學的。在
第一個階段或神學的階段，自然現象是透過萬物有靈論地和擬人
地與人類心靈的類推來想像的。現象被人格化；事物被看成是有
靈魂或意志的，賦予事物以生氣，以便能像他們一樣有所作為。
在神學階段裡，第一個亞階段是拜物教。在這一階段，物質對象
被認為是有生命的，具有它們自己的目的和感受。第二個亞階段
是多神論，認為或多或少存在一些看不見的神在統治著各種現
象。第三個亞階段是一神論，認為只有一個神創造和統治著宇
宙。在第二個大階段，即形而上學的階段，替代靈魂的是這樣一
種情形，即宇宙被一些精華、傾向或潛力所充斥。神、「理智」
或「大自然」提供了事物的最終原因，它們作為自然現象的原因
和理由而操作。由於現實主義者和唯名論者對抽象概念的爭論，
導致這一階段的結束。在最後的或肯定的階段，拋棄了對絕對原
因的形而上學的探究，人們轉而尋求描述事變規律性的法則。這
最後的階段是一個固定的階段的痕跡。個體發展的時期符合同樣
的階段。「我們每個人都意識到，如果他回顧一下自己的歷史，
在兒童時代是一個神學者，在青年時代是一個形而上學者，在成

年時代是一個天生的哲學家。」〔孔德，（1842）1956, p. 126〕

本世紀初的美國心理學

鐵欽納（E. B. Titchener），出生於英國，受教於馮特（W. Wunt），在本世紀初是美國心理學的一個重要人物。他的思想學派稱之爲**結構主義**（*structuralism*）；它涉及到概括化的成人的心理。其方法是內省；試圖發現心理的內容。根據感覺和表象所做的心理分析是藉助聯想來聯結的，這是對英國聯想主義心理學派的元素主義和德國傳統的內省分析的繼續。一些心理學家，他們的研究成爲自我發展理論的歷史先驅，是與鐵欽納的結構主義相對立的。

典型地說，二十世紀初的美國思想學派稱作**功能理論**（*functionalism*），相對於鐵欽納的結構主義。詹姆士（W. James）是功能論學派中衆所周知的成員。雖然他在《心理學原理》（1890）一書中寫了好幾章論述自我和與此密切相關的論題，但只涉足我們課題的邊緣。他嚴謹地描述了自我的等級：物質自我、社會自我或自身，以及精神自我。他有關意識流的描述，其中沒有一個觀念能精確地重複前一個觀念，是一個反駁結構主義要素的論點。

功能論學派可以用安吉爾（J. R. Angell, 1907）在「美國心理學會」所做的理事長講話來總結和解釋。按照安吉爾的觀點，機械主義作爲心理學的一個學派有三個概念：第一，它可以被看作是與心理操作而不是心理要素有關的心理學；這一觀點與結構主義相對照。第二，功能論可以被看作是與意識的效用有關的心理學；根據這一觀點，心理學或意識使有機體適應環境，尤其是適應一些新的環境。第三，功能論的最廣義的觀點是作爲整個心

268

身有機體的心理學。安吉爾反對把功能心理學限制在這些定義中的任何一個；相反地，這三個領域是相互依存的。

在確立功能論觀點中最重要的文章是杜威的〈心理學反射弧概念〉（1896）。要理解這篇文章，我們必須首先重建其論題，即反射弧。元素主義者的傳統鼓勵把行爲分解成各個要素；新的進化論運動鼓勵把行爲追溯到原始的本源，通常與動物具有同一本源。反射活動是早就知道的，作爲行爲激發和基本單元這兩種形式的反射弧觀點，顯然出自十九世紀後半葉出現的合成的複雜行爲。大約在一八九〇提出的神經元理論，認爲有三個神經細胞爲反射弧的先驗代表，一個是傳入神經元，一個是中央神經元，一個是傳出神經元。根據這個方案，刺激作用於感覺器官，感覺器官作用於傳入神經元；另一個神經元把刺激輸送至中央；於是，傳出神經元引起肌肉或腺體的適當反應。

在杜威看來，這種情景是不眞實的。行爲的要素不是由一個反射弧聯結起來的刺激和反應；它們從一開始就是共濟的官能，而不是彼此獨立的刺激和反應。反應有助於構成和創造「刺激」。而且，反射活動不是彼此獨立的；一個活動的結束是下一次活動的開始。眞正發生的東西是循環的反應。把活動拆成感覺和反應忽略了活動的功能；功能是活動的來龍去脈。

杜威的共濟官能已經成爲皮亞傑的感覺運動圖式（第12章）。皮亞傑曾詳盡闡述了杜威的頓悟，即刺激是由反應構成的，有機體在反應之前並不存在刺激，循環反應的概念也是如此。說來奇怪，杜威的功能論是稱自己爲結構主義者的現代觀點的鼻祖〔皮亞傑，1970；梅洛—龐蒂，（1942）1963〕。當時，杜威的共濟官能被解釋爲行爲結構，不過，增加了不少內容（見第3章）。儘管杜威的文章色彩鮮明並具有直接的衝擊力，但是把行爲還原爲反射的心理學繼續成長。條件反射的思想學派首當其衝，甚至佛洛依德稱反射是行爲的基本單位。從反射活動的發生

到承認它們是行動的方式，這是一大進步。與此相對應的心理學
（來自英國聯想主義學派）認爲，心或意識是行爲的消極的旁觀
者，它必然起源於感覺。本書的主題是根據杜威的論文展開的。
當代的反射論後裔把心靈描述成是對輸入的消極的接受者或者是
別人程序的加工者。

鮑德溫：個人成長的辯證法

270

　　鮑德溫（ J. M. Baldwin, 1861～1934 ），心理學的偉大理論
家之一，他在二十年代初出版的有關心理發展和社會與道德發展
的書中例證了進化論觀點。鮑德溫（ 1897 ）把「個人成長的辯證
法」作爲他的自我發展理論的核心。首先，嬰兒學會把人同其他
物體分開，鮑德溫稱之爲（這種用法跟流行的用法不同）投射階
段。其次兒童學會把自己看作是許多人當中的一員，但是，他不
能從別人身上觀察到特殊的感受；鮑德溫稱之爲自我意識發展中
的主觀階段。然後，兒童學會了把別人看作是也具有他在自己身
上覺察到的那些感受；鮑德溫稱之爲射出階段。由於這些過程的
連續重複，即從別人身上覺察到的光環來看待自身，並從自身所
能感受到的東西來推斷別人，他的自我發展進入到兒童期和青春
期。作爲一個結果，自我的內容和改變幾乎是一致的；一個人想
像自己如同跟他想像別人一樣。

　　年幼兒童的行爲顯示出一種極性；他模仿強者並欺侮弱者。
他對那些有權勢的人，看來是利他主義的：這是他的順應的自
我。但對比他小的弟妹，他就會表現出攻擊和自私；這種態度成
爲他的習慣的自我。然而，逐漸地，他建立了理想的自我，最初
是模仿周圍的人物，尤其是父母，但逐漸地透過智力的操作，形
成原則，對這些原則來說，即使是他的模仿也需要堅持。模仿，

作爲一種本能，是發展的動力。鮑德溫評論道（ 1897, p. 42 ）：

> 這裡，最初的大量限制爲個人的自由設置重重障礙，
> 只有「複製」的形式才是他的個人權力或法律。這是「投
> 射的」，因爲他無法理解它，無法預期它，無法在自己身
> 上找到它。他只有透過模仿把它複製出來，從而獲得一種
> 知識使他明白它是什麼。所以它是「模仿的複製」……它
> 並不是我，但我得適應它。這裡是我的理想的自我，我的
> 最後的榜樣，我面前的「應該」形象。我的父母和老師都
> 是理想的，他們雖各有不同，然而在默認這一法律上似乎
> 是一致的。只有這樣，我才習慣於像他們那樣依法行事，
> 使我的性格塑造成與之符合，唯有如此，我才是好樣的。
> 因此，像所有其他模仿功能一樣，它只有透過刺激活動來
> 教授它的課程……但是正如我這樣做時取得進步一樣，我
> 永遠發現有新的榜樣擺在我面前；因此，我的道德悟性必
> 須總是發現其深邃的表示，在這種表示中渴望預期，但不
> 能超過理想。

當孩子能把自己看作是兩極的時候———一會兒是放肆的和自
私自利的人，一會兒是無私的和隨和的小學生——他看到別人同
樣也有兩種可能性。有了這種認識，他學會了把活動歸類而不是
把人歸類，然後使自己適應時機。人們不能說是自我本身還是利
他主義本身更爲眞實；眞正的自身是兩極的自身，是社會的自
身，是集複雜性於一身的自身。隨著一個理想的自我的產生，已
經增加了某種新的東西。兒童學會服從命令，即使他不願這樣
做。這種態度不同於與人方便的自我，那是樂意模仿別人。新的
自我爲舊的自我訂出法律；這樣就產生了遵奉的自我和良心的開
始。雖然兒童一直在學，並且只有透過模仿來學，但他複製一個
摹本的試圖有著發明的成分和解釋。兒童對社會確認和對力量意

識的需要的相對強度各有不同，前者導致適應性，後者導致創造力。

　　社會判斷和私人判斷在鮑德溫看來實質上是相等的。鮑德溫在〈選擇思想〉的標題下寫道：每當個人的態度涉及到一個判斷時，「個人自身的組織是選擇真實的獨特的思想的基礎」（ p. 130 ）。社會因素影響這種選擇；需要社會認可是隨著個人成長的辯證法而來的〔這些觀念在蘇利文的有選擇的忽視（ selective inattention ）和一致的有效性（ consensual validation ）中得以重視〕。

　　人的一生，其道德意識大部分為社會的。社會贊成導致自我贊成，社會反對導致自我反對，不管它們正當與否。這種反應不單單是對公眾判斷的反映。相反地，由於自我和改變的相似性，另一人的判斷必然喚起全部道德意識。

　　按照鮑德溫的觀點，動物生活中的精細的直覺在人類身上並不存在。人的遺傳素質是可塑的。然而，他堅持動物和人的連續性。例如，在狗身上可以觀察到同情甚至妒忌。在狗和嬰兒身上可以觀察到的有機同情不同於反射同情，反射同情是與自我意識共生的，是從自我和改變的相似性中派生出來的。然而，從有機同情到反射同情的發展是有連續性的。

　　鮑德溫說，直覺主義的道德學派是以心理學上虛偽假定為基礎的，因為他們忽略了人和動物的連續性。功利主義的道德學派，他們的邏輯有賴於將同情的衝動縮減到利己的衝動，也是虛偽的，因為同情的衝動和利己的衝動都擴展至動物。而且，道德意識不是根據同情而是根據公平；這兩種需要並不一致。道德的或理想的意識克服了反射的同情和明智的追求私利之間的對立。道德的理智發現，純粹地追求私利或純粹地利他主義都是非自然的和沒有道理的，因為自我和改變是相等的，只有自然的和合理的才是盡職的。

　　鮑德溫發現了這裡稱之爲自我發展的許多結果。他說有三個劃時代的行爲，即自發的，理智的，理想的或倫理的。在那些時代裡，行爲的許可依次爲衝動、願望和權利。第一個脫離衝動的許可是趨向愉快和痛苦的享樂的許可，作爲一種對純粹衝動的抑制。在願望的時代中，行爲的動機和許可是相等的；理智活動的許可是抑制衝動的許可。客觀地講，行爲的許可是這一時代的成功。在大約二至四年的時間裡，活動是由攻擊的自我來控制或批准的。當兒童初次知道他是有智慧的，並能運用智慧來做對自己有利的事時，「他就會欺騙比他小的孩子，愚弄他的侍者，想法誆騙他的長輩」（p. 395）。有些成人就是這種類型的人，利用他們的社會環境爲個人謀私利。但是，對處在這一時期的正常孩子來說，他的天性的另一方面也繼續控制他的品行，導致了同情的、無私的品行，這種品行也是通過其成功來認可的。由於這一時代的發展，兒童認識到作爲事實的事情和作爲願望的目標的事情之間的區別。於是，快樂本身成爲願望的目標。因此，在這個時期有一個眞正的「享樂主義的演算」。模仿的適應和發展傾向於思想的統一和組織，導向倫理時代，在這一時期，認可成爲良心所絕對必要的，這是準衝動的，正如鮑德溫精闢地指出的那樣，它預示了佛洛依德的超我概念。

　　由於鮑德溫如此側重於把模仿作爲動力原則，我們就不難推測，他在處理超過**遵奉階段**的自我發展階段時要比討論早先的階段困難得多。他曾承認這種可能性，即一個人可能逐漸形成一種跟他的社會實際觀點相衝突的道德情操，但原則上，良心始終是社會判斷的一個內化的看法。「人的倫理觀代表了他個性的基本的和最高的成果……社會的確認代表了人的集體活動的最高成果……如果這兩者之間有矛盾，那麼有什麼辦法呢？沒有辦法！……這是最後的和難以迴避的社會矛盾。」（pp. 566～567）然而後來，鮑德溫（1906～1915）在一個不太知名的認識論的研究

273

中表現出對更爲成熟的階段的某些方面的深刻理解。

庫里：反省的自我

274

在社會關係中，自我的起源是一個與庫里（C. H. Cooley）有聯繫的論題，他在《人性與社會秩序》（1902）一書中用了「鏡中的自我」（the looking-glass self）這一術語。庫里說，沒有相應的你的意識，我自己（mself）也就沒有意義。而且，在大多數情況下，一個人的自我感覺是由他想像他在別人眼中的形象來決定的。這種自我觀念有三個主要因素：「我們的形象在別人的想像中怎樣；他對那種形象的判斷的想像；某種自我感覺，諸如驕傲或屈辱。與窺鏡相比簡直不能提出第二個因素，即十分基本的想像的判斷。」〔（1902）1968, p. 90〕

而且，「作爲社會的人，我們是把眼光放在我們的反省上生活的，而不相信我們所看到的水域的平靜。在巫術時代，通常認爲如果有人秘密地做成別人的蠟像，並用針去刺它，則那人就會遭受病痛，如果把蠟像融化，則那人就會死去。這種迷信差不多在私人本身與其社會反省之間的關係中實現。它們看來是獨立的，但冥冥中是統一的，一個人的所作所爲，對另一個人發生影響」〔（1902）1968, p. 141〕。

自尊意味著一種較高的或理想的自我，這是每個人所追求的。理想的自我是在社交中由想像一個人如何看待受人羨慕的人而建立起來的。這些人不一定是眞正的同伴，但他們自己可能是理想化的英雄。別人的花園比自己的花園更爲有趣，一個人總感到自己的花園需要改進；這對自我也是一樣。關於這一種自尊，庫里把它與歌德（J. W. Goethe）的術語自敬（self-reverence）和愛默生（R. W. Emerson）的術語信賴自己（self-reliance）等同起

來。顯然，這種理想自我的概念是公衆領域的一個組成部分。

道德的發展

在二十世紀的初期，道德發展引起極大興趣，以出版霍布豪
斯的兩卷《道德的發展》(1906)和韋斯特麥克(E. Westermarck)
的兩卷《道德理想的起源和發展》(1906，1908)爲頂點。這些著
作有著許多相同的來源；如果不是由於許多人追求一種興趣，它
們是不可能出現的。這些著作出自文化人類學的新領域，大部分
是一種達爾文後發展。人類制度不可避免的進步的觀念是十八和
十九世紀的特徵，把道德看作是歷史地被調查的自然現象是一種
新的看法。現代人類學對這種興趣已略有消褪，它至少部分地是
探索性的和軼事性的，這些論題可以用更嚴格的方法來處理。兒
童的發展和人種的發展之間的類比，用十九世紀的口號來概括，
即「個 體 發 生 重 演 了 種 系 發 生」(ontogeny recapitulates
phylogeny)這一說法已被否定。而且，把原始人看作像兒童般
天眞已被誣爲是種族中心主義的。然而，根據我們的觀點，忽略
這條思路喪失了某種重要的東西。無論如何，它可以把其歷史上
的重要性包括在內。

作爲這一觀點的代表，我們將提出杜威和塔夫特的《倫理學》
(1908)，這是那時一本很普及的課本，大多數大學生都選修倫
理學課程。該書取材於鮑德溫、霍布豪斯和韋斯特麥克的第一
卷。讓我們追隨他們的討論。

ethos 和 *mores* 這兩個術語，按照習慣，是倫理學(ethics)
和道德(morals)這兩個詞的詞根。在原始社會，習慣與道德標
準之間是沒有差別的。原始社會中的品行大部分是由集體的習慣
和一個人在集體中的地位來決定的。當有人違法時，整個集體都

275

負有責任。品行有三個層次。第一個層次來自本能和基本需要。
它可能導致符合道德規則的行動，但這一層次並不是由道德判斷
來指導的。它的動機是位於道德目的之外的。第二個層次是由社
會標準來控制的。這是習慣和社會動機的層次。行為只含有第一
個層次的品行的社會是不存在的。即便在野蠻人的生活中，社會
動機也是占優勢的。使用體罰來執行標準在原始社會是一個例
外。禁忌、宗教儀式和公眾的意見就足夠的。第三個層次是良心
層次。在這一層次裡，品行是社會的和理性的；它是要受到考察
和批評的。為滿足我們的需要，我們必須做的事情導致了合理化
和社會化的努力；它們不一定是道德的，但它們是必要的先行
者。預見能力、衝動的控制、目的的連續、建立習慣等等開始都
是為了去實現非道德的需要，然後形成道德的基礎。

隨著更為複雜的社會形態的進化，有許多因素需要和導致社
會協作，諸如勞動的演變、藝術和手藝，甚至戰爭。戰爭導致了
勇敢、效率、權力意識和成就。藝術和手藝把秩序或形狀的概念
用看得見和聽得到的方式體現出來。分工走向合作，這使家庭生
活增添了同情與和睦。有些情況表明集體標準的重要性，並使集
體控制自覺化。它們包括青少年的教育、調節衝突的利益、約束
集體中難以駕馭的成員、危機和危險的偶發原因。

道德進展的發生是權威和集體利益與個人的獨立性和私利之
間衝突的結果。道德成長的原因是秩序與發展之間的張力，習慣
與改革之間的張力。個人主義發展的最先結果可能是標準的破
壞，但個人主義是道德發展的條件。導致個人主義發展的力量是
經濟力量。農民不像獵人，必須為遙遠的未來種植；因而需要預
見和計畫。與別的集體的貿易導致了交換貨物，也導致了交換思
想，使集體中的成員有可能擴展活動的範圍。科學通過對一些以
習慣為基礎的信念表示懷疑而導致個人主義的發展。藝術和工藝
不僅創造可能導致變化的有用製品，而且由於鼓勵技術可能進一

步促進個人主義。在導致個人主義的許多心理力量中有著對性生
活的要求和興趣，有著對占有物和私產的要求，有著對榮譽和社
會聲望的慾念，並且有著爲了掌權或爲了自由而進行的奮鬥。而
宗教在其效應方面通常是保守的，爲了宗教自由而鬥爭是由宗教
成員來進行的。

　　希伯來人和希臘文化均對現代世界的道德發展有所貢獻。在
希伯來人的文化中，良心是與上帝的意志相聯繫的，在希臘文化
中，良心是與理性標準相聯繫的。猶太先知者讚美公道，而希臘
哲學家則頌揚測量與和諧。智慧或頓悟是柏拉圖和蘇格拉底的主
要德性，而在猶太《聖經》中，對上帝的敬畏是智慧的開端。

　　上帝與以色列之間的契約代表了一種超越習慣的道德進步，
成爲道德準則的根源。宗教準則成爲個人神性的指令；因此，過
失是個人不服從，不是家庭或集體的倒運或責任。上帝的指令不
是武斷的而是公道的。贖罪與和好的觀念引出了一個新的原則：
公道不僅是遵奉一套規則，而是一個精神問題。精神要不斷地重
建，並有更新的可能性。公正、愛情、和平成爲猶太人的社會理
想。看到他們的統治者一方面是宗教儀式的熱情奉行者和傳統宗
教的保衛者，另一方面卻貪婪、壓迫、土地壟斷，這就導致了更
爲抽象的和經過驗證的、超越了宗教儀式和習慣的道德。

　　在希臘人導致衝突和道德成長的許多事情當中有上帝的故
事，體現了從沒有宗教信仰到凶殺的各種人類罪惡。看到暴君統
治許多希臘城市也引起了非宗教的權力問題。一旦什麼是好的或
公正的問題被提了出來，單憑傳統的說法已不能成爲答案。

　　讓我們隨著杜威和塔夫特來看柏拉圖的《共和國》。我們發現
了該論題的一個早期觀點，即個人內部力量的擬人化，這在米德
和佛洛依德的理論中得以重現。柏拉圖不斷比較個人與國家。在
理想的國家中應有三個階級：監護人或地方行政長官，宰輔（包
括戰士）和生產者。與這三個階級對應的是人的心靈含有三個原

則：慾望原則或稱獲得慾，精神原則或稱榮譽慾，理性原則或稱
智慧慾。公正的國家是由這三個階級的和諧來達到的，公正的人
按公正的國家來塑造自己，爭取慾望、精神和理性的和諧。如果
說在任何一個人的心靈中慾望代表最大部分，理性代表最小部
分，那麼在公正的人當中理性必須占優勢。理想的國家可能永遠
不會到達，而是作爲一種形式存在於上帝心中，雖然實際上並不
存在，但可以作爲一個模式。

　　當我們拋棄作爲眞理的最後檢驗的傳統，而把它與自然對比
時，引出了一個問題，自然是什麼？有些希臘哲學家，犬儒學派
和克蘭倫學派（Cyrenaics）或享樂主義者，感到社會是人爲
的。這種觀點當然是個人主義的一種形式。對享樂主義者來說，
愉快就是好的，一個聰明人以找到最純粹的和最強烈的歡娛爲目
的。然而，對亞里斯多德來說，任何事物的眞正性質，包括人在
內，不是在它的粗糙的開端中找到，而是在它的完備的發展中找
到。政體的存在使生活美好；所以國家是一種自然機構。人是一
種政治動物，他的最高的和眞正的性質是在社會中造就的。

　　對眞理和理想之間的柏拉圖和亞里斯多德進行比較，代表了
對道德思想的貢獻，杜威和塔夫特步其後塵。這種對比在他們身
上打上了永久的烙印，因爲官方對柏拉圖的教師蘇格拉底的處死
使他們不可能把存在的國家與理想的國家等同起來。柏拉圖和亞
里斯多德都有一種人類向理想發展的觀念，並認爲國家應促進這
一發展，但實際的國家可能不這樣做。

　　在希臘詩人當中，良心最初主要被看作是復仇女神（神罰的
一種外部象徵）和愛杜士神（Aidos，尊重公眾意見和敬重神的權
威）兩者的混合。後來的詩人加上了類似於性格與責任的見解，
認爲一個人不應該拋棄他眞正的自我，也不應該做違背良心的
事。

279

　　現代社會是從希臘和希伯來傳統加上其他因素進化而來的，

羅馬文明提供了政府、法律和權利的概念。基督教產生於傳統，同時反映了其他一些傳統，諸如日耳曼的傳統和凱爾特（Celtic）的傳統。大學的興起，即使最初它們是受宗教研究支配的，導致了辯證討論的興趣，這對個人主義的良心發展頗有貢獻。公民自由和政治自由的戰鬥是由於社會的各種因素在不同時期打響的；在道德上具有重要意義的是把自然權利的概念作爲一種明顯的有吸引力的道德原則。

商業和藝術都具有把價值問題提高到一個明確程度的作用，要求人民自我反省什麼東西對他們最有價值。在十六世紀基督教改革運動時期，權力的衝突導致了一個對教條的看法問題，正如在文藝復興時期科學的發展所做的那樣。十八世紀啓蒙運動的動力是針對愚昧、迷信和教條的。在十七世紀、十八世紀、十九世紀，哲學採取了反省，使其本身與人類的理解聯繫起來，因而也與人自己對知識的貢獻聯繫起來。普遍的教育、印刷的發明、把《聖經》譯成拉丁文，所有這些，在人民中都有普遍提高選擇和判斷的作用。知識和智慧是良心不可缺少的因素；在希臘文或拉丁文裡，正如在法文中一樣，良心這一詞跟自覺一詞是無區別的。

當自覺的道德由習慣的道德進化而來時，其中具有深意。在經濟領域，人們不但掂量價值，而且還把自己看作是價值的尺度和出售的價值。這一見解導致每個人對自己有一種觀念，認爲自己的價值要比能使他滿足的事物爲高，因此導致對性格本身的估價。在司法領域有類似的深意。按照杜威和塔夫特的說法（1908, pp. 182～183）：

> 在公立學校和法庭裡，人學會了談論和思考權力和法律、責任和公正。用這些道德術語代替法律術語，所需要的第一件事就是我們把整個過程作爲一種內部過程。人必須自己確立一個標準，認定它就是「法律」，用來判斷他的行爲，使他對自己負責，並行事公正……單單一個人就

280

能兼立法者、法官和陪審員，也可以是原告或被告，這表
明他是一個複雜的人。他是具有激情、慾望和個人利益的
人，但他也是一個具有理性和社會性的人。作爲社會的一
員，他不但感覺到他的個人利益，也承認社會利益。作爲
一個有理性的人，他不但感覺到激情，也反應法律的權威
和服從職責的呼聲。像一個民主國家的成員那樣，他發現
自己在德行的範疇內不僅是一個臣民，而且是一位統治
者，他感到做一個人的莊嚴。

　　由於來自習慣道德的反省和道德的成長，個人在道德水準上
的差距大大地增加了。由於生活的道德因素是從風尙、商業、政
治和其他領域分離出來的，由於道德需要在更深的意義上反省，
由於反省的道德導致了與社會的衝突，由於所有這些因素是綜合
地起作用的，因此不僅在創造性的預言家身上，而且在無節制的
男人和女人身上也顯示出差異。後者認爲可以蔑視道德法律，法
律是約束庸人（Philistines）的，而他們覺得自己要優越得多。
因此個人主義和道德進步的影響的把有些人提高而把另一些人降
低。

　　犯人的罪惡和粗俗的利己者的所作所爲是違反其他人的目的
和意願的；利己主義者和每一個站在利己一邊的人的罪惡是忽視
其他人的利益；議會改革運動的鼓吹者和慈善家的罪惡是試圖
「促進社會福利，但其方法未能利用積極的利益和其他人的合
作」（p. 303）。只有在現代，這種精神上的自私自利才被認
識，例如，在易卜生（H. Ibsen）晚年的幾齣戲劇中可以看到。

　　杜威和塔夫特批評了直覺主義的倫理學和功利主義的倫理
學，直覺主義的倫理學只根據善意或動機而不是根據後果來判斷
道德，功利主義的倫理學只根據後果而不是根據動機來判斷道
德。他們認爲這兩種觀點都不能達到一致。眞正的善意要求考慮
後果，要想在沒有意圖的情況下做出好的結果，也就是說，要想

281

在沒有善意的情況下進行那些能帶來理想的活動，那簡直是不可能的。因此，每個傳統學派只體現最高倫理理想的一個部分。他們用自我實現來定義最高的倫理的美德，自我實現「是與自身的才能和願望相和諧的，是使它們發展爲一個合作的整體」（p. 314），是回到亞里斯多德的一個理想。自我實現不是一種靜止的狀態，而是一個連續的重建的性格。在一個人業已完成的東西和可能的東西之間總是存在著一種張力。自我實現既非由自作主張構成，也非由自我犧牲構成，而是在道德活動中自我發現的，同時透過自己以道德活動的目的自居而失去自己。

霍布豪斯（1906）甚於杜威和塔夫特，提出思想的結構，社會制度和它們的關係。他根據倫理概念、性格、社會制度探究了道德發展。制度不能高於或低於該制度下人民的性質。對原始人來說，他們相信幻術和魔鬼，只有報應的道德是可能的。隨著因果關係概念的發展，神首先成爲具有人類弱點的另一個人類社會，於是向更爲理想化的形象發展。從具體的偶像發展到抽象的實體，爲抽象的倫理原則鋪平了道路，或者可以說兩者都需要同樣的智能。唯靈論的宗教導致了矛盾——例如，一個至高無上的上帝怎能容忍罪惡？——於是鼓勵批判和哲學思想的發展，它爲最高最普遍的倫理思想做好準備。霍布豪斯提出的倫理發展的可能性超過了他已完成的或能夠預見的東西。

282

由於霍布豪斯關注社會和觀念的結構，他提出了一個社會發展的異說：從原始社會到文明社會的發展是朝著社會羣體的功能的分化和整合前進的。進步的一個影響是帶來了奴隸制度、婦女屈服、階級和氏族的其他區別，這時受害者更爲嚴酷，而且，比起原始社會的平均主義來，在道德上更引起我們的反感。在最高倫理階段，霍布豪斯的一個關鍵概念是人格，他把權利也包括在人格之內，權利是一個人生來就應享有的。在這個意義上，承認人格是與把個體作爲一個窮苦階級的成員加以制服不相容的。由

習俗和禁忌來控制的原始羣體是不知道人格概念的。霍布豪斯的概念是在雙重意義中發展的。他不僅把道德看作是發展的，而且他看到自我發展的最高理想。所以，像杜威和塔夫特一樣，霍布豪斯看到了作爲倫理學的最高階段類似於我們的自我發展的最高階段。

麥獨孤：本能心理學

麥獨孤（W. McDougall）早期學醫，作爲人類學者工作了一段時間，建立了一所實驗室，對實驗心理學做出了貢獻。可是，我們這裡要敍述的貢獻是哲學的理論而不是實驗室的傳統。正如我們將要看到的那樣，比起佛洛依德來，在他的資料和經驗與他的理論之間的聯繫並不是很明顯的。

麥獨孤認爲，他對性格發展的描述是最新的和獨創的，儘管他忽略了他的大作《社會心理學》的有些部分，該書一九〇八年出第一版，後來已經修訂和增補。他說社會心理學的基本問題是德性。倫理學，連同社會科學，是以兩個主要類型的虛僞的心理假設爲基礎的。一個類型認爲良心是一種特殊的官能、本能或直覺，諸如康德的絕對命令。另外一個是心理學的享樂主義，該學說認爲追求快樂和迴避痛苦是唯一的和普遍的動機，它是以功利主義爲基礎的。至少有三種不同類型的心理享樂主義，往往會混淆不清。如果過去的快樂和痛苦提供動機，則這理論可能是一個機械主義的理論。如果未來的快樂和痛苦提供動機，則這理論包含目的。另一個選擇完全取決於當前的快樂和痛苦。麥獨孤否定所有形式的享樂主義。飢餓的人渴望牛排，情人渴望他的伴侶。這兩種願望都不是快樂本身；相反地，快樂乃是實現他的願望的副產品，正如痛苦是願望受挫的結果一樣。而且，享樂主義混淆

283

了快樂與幸福，或者說混淆了幸福與快樂。只有兒童、發展停滯
者和人格不完善者才會完全受一時的快樂和痛苦的支配。高度發
展的人和更為整合的人格，更能承受愉快過程中間發生的痛苦，
就像潮水表面的邊漣一樣。對這種特殊官能的良心學說進行反駁
的意見在於它幾乎不考慮發展，它引出了一種在動物行為中並無
對應的品行的解釋。麥獨孤像佛洛依德一樣，轉向本能或直覺的
衝動（Triebe），藉以尋找各種解釋，容許動物行為和人類行為
之間的連續性。

麥獨孤把動物的本能和人類的本能都看作是有目的的行為
（這一定義是與有些現代生態學家的定義相似的）。每一本能包
括一種知覺的傾向、一種獨特的情緒，以及一種反應的模式。情
緒和目標是相對固定的，但其他因素在為目標服務時是可塑的，
因而從屬於學習和改變。他的本能表隨時變化，但包括再現、逃
避、愛羣居、好奇、吵架、獲得的本能等等——他認為所有這些
都是特殊物種目標定向的行為。人們做這樣或那樣的事，因為這
是他們的天性。因此，在喚起本能時有一種循環的行為解釋，但
也許不會超過享樂主義的解釋。麥獨孤批評鮑德溫關於模仿本能
的解釋。被模仿的動物幾乎可以是任何一種東西；因此，沒有特
定的目標的模仿就不可能是一種本能。麥獨孤贊同佛洛依德把本
能作為行為的主要原動力，並且看到所有行為的目的，甚至夢和
神經病症狀。可是他抱怨說佛洛依德把性本能和愛情混淆了。對
麥獨孤來說，情操和本能是分開的。他遵循桑特（A. F.
Shand）的說法，把情操定義為「一種集中於某個目的的有組織
的情緒傾向系統」〔麥獨孤，（1908）1928, p. 105〕。情結是一
種與病理學相似的東西。情操是作為人格的半永久性部分來構造
的。

麥獨孤概略地描述了道德行為透過的下列階段(p. 156)：

284

　　(1)本能的行為階段只有透過痛苦和愉快的影響來改變，痛苦和愉快是在本能的活動過程中偶然經歷到的；(2)在這一階段中，本能衝動的操作是由獎勵和懲罰的影響來改變的，獎懲或多或少是由社會環境來決定的；(3)在這一階段中，品行主要是由預期社會的讚揚和譴責來控制的；(4)最高階段，在這個階段中，品行是由行為的理想來調節的，它使一個人按照他認為是對的方式行動，而不管他眼前的社會環境的讚揚或譴責。

個體的發展或多或少概括了人類社會的進化。麥獨孤還考慮到發展的結果導致了一定範圍的個別差異，雖然他並未強調這一事實。關於最低階段，他說（ p. 154 ）：

　　毫無疑問，即使在文明社會，在不利的環境中成長的低類型的個體，他的行為很難升到這一水準之上。不論達到怎樣的概念思維能力，為眼前的慾望所服務的僅僅是直接地從某種原始的本能衝動到另一種原始的本能衝動；他可能在追求他的目的時表現出某種狡詐，可能在為這些衝動服務時形成某種習慣，也許當著陌生人的面表現出習慣性的謹慎，而對他不怕的人表現出習慣性的粗暴。他沒有責任感或義務，沒有自我理想；他對自己或別人只有起碼的感情，沒有特性，無論好或壞，用恰當的字義來說，不能真正決斷。

285

麥獨孤從人類社會的比較神秘的較低水準中看到了較高水準的起源。非常強烈的本能衝動怎樣才能通過較弱的理性和道德理想來控制呢？他拋棄了能賦予愉快和痛苦的良心或學習這種特殊功能的解決辦法，並根據本能衝動和組織感情來制訂他自己的解決辦法。

　　在進入德性的要素中有自我的觀念和各種本能。自卑本能和相應的屈從情緒在解釋羞愧和扭怩時是必不可少的，這可以在兒童甚至狗身上觀察到。具有仁慈情緒的父母的本能是一切利他主義的根源。柔情不能與同情混淆，同情是一種分擔情感的願望。積極的同情基本上是利己的，尋求自己的滿足。它不是利他主義的根源，正如培因和其他人所宣稱的那樣，但它在形成利他主義和刺激社會合作方面是柔情的一個有價值的附屬品。而且，隨著權威的影響，同情解釋了從獎懲控制的階段到贊成和不贊成控制的階段的轉化；毫無疑問，自卑和羣居的本能是起作用的。

286　　父母保護孩子是柔情與生氣聯合的願望，生氣是從愛吵架的本能中派生出來的，是一切道德義憤的萌芽。道德上的義憤，連同復仇的情緒，是正義和民法的根源。

　　一個人要達到最高的道德水準需要他的居支配地位的情操，即關心自己的情操，它是從突出自己的本能中派生出來的，類似於積極的自私情感。自尊總含有希望別人贊成的混合願望，部分因爲我們的自我觀念總是在社會關係中發展的。關心自己的情操發展到一個人的家庭和較廣泛的社會羣體，諸如社團或國家，導致準利他主義，這是人的道德特徵的一個重要部分。它導致情感生活的豐富和個人動機的控制。

　　一個兒童一旦超越自己的家庭限制，他就遇到贊成和不贊成的衝突標準，這在受刻板習俗控制的原始社會是不會發生的。像杜威和塔夫特一樣，麥獨孤發現了在這種情況下傑出人物的道德進步和芸芸衆生的某種道德退步的可能性的原因。德性在其最高水準並不根據同我們生活在一起的那些人的贊成或不贊成，而是根據對抽象道德原則的忠誠，我們關心自己是和它結合在一起的。利他主義還是不夠的；自我批評也是性格最高水準的一個不可缺少的組成部分。利他主義和利己主義的情緒和情操是在最高的道德層次上達到一致的，即爭取實現諸如正義等抽象的理想。

嬰兒的活動在某種幾乎機械的意義上是由本能引起的。只有
到他能夠描述他自己的目的，他的行為才能由那些目的來指導。
最初，目的是即時的，並且往往是相矛盾的。「隨著統一人格的
發展（即清晰的自我意識、始終如一的理想行為，以及為這種自
我和為這個理想的強烈的情操），這些越來越為一個單一的強有
力的最後原因即自我理想所取代和控制。」（ p. 226 ）因此，人
類性格的最高類型表明，它們是從與動物分享的本能傾向中發展
而來的。

米德：社會行為主義

米德是芝加哥大學的哲學家，一八九六年和杜威一同進入芝
加哥大學。他對心理學的不斷影響大部分是透過他對社會的影響
而來的。他的思想也似乎直接或間接地影響了蘇利文（H. S. Sul-
livan），蘇利文在米德任期時是芝加哥大學的醫科生。由於米德
的著作，像蘇利文的著作一樣，大部分是死後才出版的，所以他
的影響並不總是易於追踪的。

雖然米德受到鮑德溫的影響，特別是把自我的起源作為社會
心理學的核心問題，但他並不接受鮑德溫關於模仿本能的解釋。
米德認為（ 1934 ），假定我們有一個現代的對別人活動的方式所
做的反應，這種反應是透過看到別人同樣的行為來觸發的，那是
荒謬的。他也不同意把中樞神經系統看作是類似於電話交換台；
這裡也是追隨了杜威有關反射弧論文的辯論。神經系統作為一個
整體而活動，即使我們不知道整合在哪裡。而且，有機體在相當
大的程度上選擇他自己的環境，也就是說，憑藉他的敏感性來選
擇他的「刺激」（ stimuli ）。米德的主要動力是反對這種觀點，
即每個人囚在他自己意識的牢籠內，叩著牆壁來跟犯人通話。

米德對模仿行為的解釋是基於循環反應的觀念。社會行為對心理、自我或意識來說是先行者。社會活動可以用來分析一個人（或動物）的姿態，與別人的調節，所有這些都與使活動具有意識的某種結果有關。當傳遞者對姿態進行反應時，一個姿態是一個有意識的符號，接受者也同樣如此。用語言表達的姿態獨特地適合於成為有意義的符號，因為我們能像別人聽到我們的聲音一樣聽到自己的聲音，反之，我們卻不能像別人看到我們一樣看到我們自己。模仿尤其是語言姿態的特徵，從性質上適合於循環的反應。

當我們學會了用別人的觀點來描述我們自己時，心理和意識就產生了。這樣，行為、社會活動，都邏輯地和暫時地先於意識。意義不是一種獨立於社會的觀念或意識狀態，而是在經驗中構成的。符號化構成客體；語言並不僅僅代表已經存在的東西。符號化的結果是自我，它在一個人具有自我意識時出現。

人們可以在兒童身上看到自我的演變。在遊戲時，年幼兒童有時交替地扮演幾個角色；有些兒童有想像的遊戲夥伴。在任何情況下，兒童不停地進行著跟自己的「手勢會話」。在有組織的遊戲時，即較後階段的特徵，兒童必然含蓄地採擇遊戲中每個人的姿態。不同的角色相互之間必然有一定的關係。規則是享受遊戲的一個部分。所以，在自我的演變中，一個孩子首先採擇別人的特殊觀點，後來採擇**概化他人**（generalizd other）的觀點。社會過程或社團把行為看作是概括化的別人形成的一個控制因素。「遊戲中做的事情影響著孩子的一生。他繼續採擇他周圍那些人的態度，在某種意義上特別是那些控制他和他所依賴的那些人的角色。」（米德，1934, p. 160）

當然，兒童不可能把父母的全部人格體現出來。他只扮演相應的角色，因為父母的人格變得更為複雜，雖然它們也是在遊戲的基礎上逐漸發展的，但由於後來的社會生活相互影響，因此其

本身結合了各種角色。幼兒本身還沒有那樣的複雜性，也不了解
他的父母存在這種複雜性。當孩子用父母的方式對待洋娃娃時，
他的初生的和剛出現的父母態度是由他自己的依附需要激發起來
的，正如父母的反應是由他的需要激發起來的一樣。因此，所謂
模仿，在這種事例和其他一些事例中，是自我激發而已。

289

　　米德用賓語的我（ me ）來代替傳統的、習慣的、體現了其
他人觀點的自我，因而主要類似於鄰近社會的其他成員的自我。
所以，主語的我（ I ）或自我（ ego ）總是存在某種無法預言的和
自發的東西。由於這個緣故，也因爲每個人用他自己的標準來闡
述概括化的其他人，因此米德要比鮑德溫更有效地容許個別差
異。

　　米德的觀點認爲在社會經驗之前已存在一個自我，這是難於
理解的，因爲自我中心來自對別人觀點的採擇。米德說（ p.
223 ）：

　　　　在捍衛心理社會理論中，我們捍衛一種機能的觀點，
　　它對立於任何形式的實質的或本質的觀點……我們反對一
　　切大腦內或表皮內的觀點，正如反對它的性質和地點一
　　樣。因爲從我們的心理的社會理論出發，心理的領域必須
　　是同……社會關係的策源地和個體之間的相互作用共同發
　　展的，這是由它預先假定的，並從中崛起或問世。如果心
　　理是社會化地構成的，那麼任何特定的個體心理的領域或
　　地點必須伸展到構成它發展的社會活動或社會關係的機
　　構；因此個人有機體的皮無法限制它所屬的那個領域。

結　論

儘管自我發展的概念作爲發展序列的性格學的踪跡是現代的，但成分是舊的。大多數觀念是這樣的，如果一個人說他是許多人當中的第一個，那未免莽撞。性格學至少可以追溯到柏拉圖；理想自我的概念和道德發展的概念可以追溯到柏拉圖和亞里斯多德；道德發展的階段可以追溯到亞當‧斯密、培因、鮑德溫、霍布豪斯、杜威、塔夫特和麥獨孤。具體的階段—類型爲各個學者生動地描述：彌爾的遵奉說、鮑德溫的自我保護階段、麥獨孤的衝動類型。

290

亞當‧斯密和培因的同情、鮑德溫的模仿，被作爲解釋自我發展的動力原則。後來的一些學者爭論說這些描述是過於簡單或錯誤的。彌爾承認某種同情作用，但是正如麥獨孤和霍布豪斯一樣意識到戾心起源的複雜性，包括和復仇願望相異的一些因素。所以，戾心部分地發源於和其本身相反的因素。

發展的模式來自十九世紀哲學和生物學，後來受達爾文發現的影響。社會現象和心理現象的進化爲史賓塞所預料，並且也爲十八世紀不可避免的進步觀念所預料。黑格爾的辯證的發展模式特別適用於心理的和社會的進化，而且完全不同於生物的模式。究竟是根據分化與整合的發展模式來考慮自我發展，還是以革命的或辯證的成長模式來考慮自我發展，至今仍是一個爭論的焦點。

循環反應的觀念可以在鮑德溫、杜威和米德學說中找到。鮑德溫的個人成長的辯證法爲亞當‧斯密所預料，並且爲米德詳盡闡述。自我的社會起源至少可以追溯到亞里斯多德；斯密、鮑德溫、庫里和米德是這一概念的主要根源。由於庫里和米德兩人影

響了蘇利文，蘇利文特別把麥獨孤的關心自己的情操作爲他的自
我系統的根源（蘇利文，1925），因此，本章的歷史直接導致了
第五章的概念。

　　人與國家之間的類推，言外之意也即個體官能的人格化，是
從柏拉圖開始的；杜威和塔夫特明確地把它看作爲個人複雜性的
根源。在米德看來，官能的人格化與鮑德溫的個人成長的辯證法
的結合成爲角色的對話。在第十四章，另一種官能人格化的觀點 291
在佛洛依德的晚期著作中發現，它是被批評爲特別不科學的精神
分析的一個方面。歷史的觀點表明佛洛依德的理論的這一個方面
缺乏獨創性，較爲深奧，而且比起他的批評家的觀點來更爲正
統。同樣的思路將表明精神分析要比蘇利文願意承認的更具人際
關係。

　　在二十世紀早期，麥獨孤爲本能內驅力對行動的影響辯護，
杜威和米德爲環境的影響辯護。杜威、塔夫特和霍布豪斯提出大
量的歷史力量的影響，這些影響今天是不大談到的，即便是那些
代表環境論者或情境論者觀點的人也不大談到這些影響。

　　從一九○○年到一九二○年，至少有四個心理學學派與我們
的論題有關：自我理論、本能理論、反射理論，以及建立在愉快
和獎勵基礎上的學習理論。鮑德溫、杜威、米德代表自我理論。
麥獨孤代表本能理論。反射理論以巴夫洛夫（I. P. Pwlov）和華
生（Watson）以及其他人爲代表。庫（Z. Y. Kuo, 1921）是巴
夫洛夫和華生的支持者之一，認爲本能的概念是多餘的，因爲本
能僅僅是反射的連接。桑戴克，擁有他的效果律，是聯想主義學
習理論的代表人物，該理論以愉快─痛苦和獎勵─懲罰爲基礎。
享樂主義的聯想主義和反射理論是元素論和還原論，而自我理論
和本能理論則是非還原論的。

　　上述思想學派中的每一個學派都把自己與其他學派區別開
來，雖然麥獨孤討論了性格發展，正如自我理論家所做的那樣，

鮑德溫假設了一種本能，也即模仿。麥獨孤批評了庫，認爲作爲
反射連接的本能即便在低級動物身上也不存在；本能總是有目的
的行爲。低級動物行爲的刻板是由於它們缺乏智慧，並不是由於
它們受本能的支配。麥獨孤批評了佛洛依德，認爲他假設本能的
存在，同時又假定了一個享樂原則。如果有本能的話，他們的滿
足自然產生愉快，那就不需要作爲一個外加的原則來假定。

　　對一個思想學派一開始就假定反射弧是行爲的基本單位，加
上享樂原則，認爲所有的行爲都是由本能激發的，認爲自我控制
了達到能動性的道路，對此我們將怎樣想呢？所有這些元素，來
自四個相互對抗的方法，能在佛洛依德的文章中找到，雖然他從
未嚴格地試圖把它們組織成一個連貫的描述。雷帕普特（D.
Rapaport, 1960）試圖把所有這些作爲元素來構思一個系統，但
他或其他任何人都未能完全滿足。這些不一致使得受佛洛依德很
大影響的蘇利文爲他的精神病學理論創造一個新字彙和新的立足
點。

　　不像美國的行爲主義者，佛洛依德和他的同事從未經歷過這
樣一個時期，那時自我（ego）和自己（self）的術語是受到禁忌
的，那時還沒有這種概念。然而，精神分析的最初動力竟廢黜了
自我，並重新強調本能，把無意識作爲行爲的決定因素。在佛洛
依德和阿德勒分裂時，他宣稱阿德勒是一個自我心理學家，認爲
回到那個觀點就等於放棄好不容易才獲得的無意識心理學。後
來，佛洛依德大力強調自我，提出新穎的自我活動和自我成長理
論，但他的信徒對這一轉變的反應很慢，許多人從未對他的自我
發展理論予以充分的承認。有關佛洛依德的思想總是有分歧的，
因此允許可供選擇的觀點。

　　與佛洛依德相比，麥獨孤是一個在邏輯上體系一致的嚴肅的
理論家。當然，佛洛依德知識淵博並富有創造力，他也比較接近
於現代科學的精神，對此，他的貶低者並不承認。麥獨孤創立的

社會心理學是跟他廣泛的實驗室研究分開的。精神分析學的基本
要素是，或者可以構思爲，科學範式在某些重要方面可以和現代
最好的科學理論比較。佛洛依德從未嚴格地綜合他的理論，他死
死纏住反對的理論到了荒謬的要求。另一方面，他有一種意識，
即把他的理論與他的實驗室研究和他的臨床實踐結合起來，使心
理學和精神病學達到一個新的複雜水準。然而，人們必須透過表
面才能看到這一意識。

　　在根據這一觀點評論精神分析之前，我們將討論某些發展的
理論，並在這樣做時探究一下現代科學中範式的觀念。

　　我在爲本章選擇哲學心理學的有關內容時，曾考慮了爲當代
自我發展的問題進行預示或打下基礎的學者和片段。儘管有些學
者在撰寫階段或者甚至撰寫成人類型時，仍舊保留了兒童期的正
常階段，但充分發展的階段─類型概念是找不到的，也沒有任何
學者貢獻出一種研究的技術。早期的學者要比許多現代階段理論
家更關心發展的動力，這種關心直接來自精神分析。我們沒有必
要全盤接受哲學前輩的所有見識，以便承認我們的原始資料有多
少是從他們那裡借來的，或者看一看他們要比我們同時代人甚至
現在的人聰明多少。

293

第十二章
範式：穩定性問題

294

如果一般的發展規律足以解釋自我發展，那麼也就無須揭示新的規律，這倒是非常省力的。因此，在著手探討我們的課題的理論方法之前，還是先來看一看皮亞傑關於一般發展的思想，特別是智力發展的思想，以及孔恩關於科學發展的思想。

皮亞傑論發展

在前幾章，我們已經就皮亞傑對心理學的貢獻做了部分闡述，第四章涉及他的階段概念；第七章就認知發展做了零星的觀察；第五章則討論他的有關道德發展的概念。本章將著重研究他的有關智力發展的觀點。

295

根據皮亞傑的觀點（1936），嬰兒的行為是透過一些基本的反射模式的練習而得以精確起來的。一些比較完備的運動模式，諸如吮吸反射和抓握反射，並非與生俱來的，而是在出生後幾天或幾星期才出現的。在此期間，吮吸和抓握反射開始與噴嚏和哈欠反射區分開來，並使之長久地保持不變。吮吸和抓握反射是皮亞傑用來描述活動圖式〔簡稱圖式（ *scheme* ）〕的例子。兒童把每一種圖式都用於他力所能及的每一件事情中去：凡是能夠吮吸，能夠抓握，或者能夠注視的，他都想做一番嘗試。因此，每當圖

式用於新的活動時，圖式本身也受到影響，從而不斷變化。

　　如同反射轉化為感知運動圖式一樣，感知運動圖式又逐步轉化為智力。感知運動的協調是兒童智力的起源和核心。兒童的智力是一種適應，其間包含了同化與順應兩種互補的方式。皮亞傑把圖式的運用稱作**同化**，意指簡單地重建和運用新客體的關係。他把圖式的改變以適應新的現實稱作**順應**。在某種意義上，它們是截然相反的過程，但在圖式的真正實施時，它們又是同時發生的。同化與順應描述了圖式和世界的關係；圖式的內部結構是它的組織。同化有三種類型：再造性、概括性和再認性。**再造性同化**是指用同一圖式構成同類事物；**概括性同化**旨在擴展圖式的適用範圍，例如吮吸拇指或玩具等。**再認性同化**則指嬰兒開始能在重複的動作中加以區別，例如，在感覺飢餓時拒絕吮吸手指。

　　透過練習，圖式日漸抽象並得以內化。當幼兒吮吸或抓握更多的不同的物體時，便獲得一種與可吮性和可握性的概念相等的感知運動。於是，刺激和反應的概念不再彼此孤立地存在，感知運動圖式作為一個整體而進行運算，除非有機體有一個為反應做好準備的結構，不然的話，就無法對環境或刺激做出反應。因此，首先，對嬰兒來說，不存在新的客體；存在的只是他的圖式裡具有的客體❶。對他來說其他客體並不存在。

　　對皮亞傑來說，圖式的存在表明它們的重複；當一個圖式活動時，它脫離了一種真空狀態的覺醒，藉助它本身的重複，開始汲取知識。由於重複終究不是原先的翻版，所以兒童總是在不斷

296

---

❶我遵循弗什（H. G. Furth, 1969）的做法，把皮亞傑的 *"schème"* 譯成圖式（*scheme*），而不是運用英文 *"schema"* 的譯法。弗什之所以這樣做，是為了維護皮亞傑在 "scheme" 和 "schema" 之間做出的區分，因為 "schema" 一般用於圖解或圖示等特殊的情境。因此，在特殊的情況下，運用 "scheme" 是比較妥當的。

地變化著的。每一個圖式試圖同化它周圍的每一樣東西。這樣，就有了幾種圖式並存的可能；運動的物體可能引起吮吸、抓握和觀察。最初，這些活動只是在不同的圖式裡同時進行的，但久而久之（起先，可能純粹出於偶然），幾種並存的圖式開始相互同化，並且有機地協調起來。隨著不同的圖式的協調，兒童逐漸為自己建立了獨立於他的活動之外的客體世界。皮亞傑透過兒童尋求被手指遮蓋的玩具這一實例證明，即使沒有看見或觸摸到玩具，他也開始知道玩具依舊存在。

在兒童出生後的第六個月，即皮亞傑稱之為第三個感知運動階段（ *third sensorimotor stage* ），兒童開始了「使有趣的景象得以延續的過程」，在這之前，他們似乎並不表現出對新奇事物的興趣。然而，到了這一階段，新穎的東西對兒童來說具有吸引力，他試圖進行延遲模仿。不過，他的反應仍舊使用原有的圖式，也就是說：不管什麼東西，他都要抓握一下，吮吸一下，或踢打和注視一下等等。這一反應表明內部活動的開始。皮亞傑稱之為真正智力的東西需要向意圖邁進一步，即手段和目的之間的逐漸分化。這樣，到了第四個階段，兒童就能運用一個圖式以便激活另一個圖式，例如：移動某個物體，以便獲得另一個可以擺弄或吮吸的物體。

從感知運動階段向實際的智力活動過渡的一個基本要素是，兒童能夠呈現並不在眼前的事物（皮亞傑，1937）。典型的實驗可以採取這樣的方法：兒童看見玩具或其他什物被裝進一隻盒子裡，接著，把這盒子放置於一遮蓋物背面，再空著取出來。於是，他就挪開遮蓋物，拿到了要找的東西。現在，兒童眼見玩具被置於盒中，又由遮蓋物 A 處移到 B 處再移至 C 處。我們暫且把這三處假設為貝蕾帽、睡枕和手絹的背面。他是去 A 處，即最先發現玩具的地方，還是直接去 C 處，即最後被放置的地方？一旦他學會了去 C 處尋找玩具，皮亞傑認為，他知道了客

297

體的永久性，而不管空間的轉移，請記住，兒童只看見裝置玩具
的盒子的移動，而沒有看見玩具的移動。

順應的原型是模仿；同化的原型是遊戲（皮亞傑，1951）。
從模仿現有的榜樣到模仿記憶中的榜樣，這一模仿的發展表明，
兒童逐漸形成了心理表象。在遊戲過程中，兒童很容易將當前的
情境同現有的圖式聯繫起來；這樣盒子就有可能被同化到床、卡
車之類的圖式中去。於是，遊戲就有了象徵性意義。當同化和順
應達到相對平衡時，也就產生了有意義的活動。

客體的建構只是解決世界的客觀性和自我知識的第一步。後
者的不變性包括空間的、時間的、物質守恆的、重量的等等。與
這些成就相對應的是，兒童日漸擺脫自我中心的束縛，也就是
說，他學會了用別人的觀點來看問題。

298　　　皮亞傑認為，智力是圖式協調的整體，它是隨著不斷的練習
而得以發展的。廣義地說，感知運動圖式是運算，但是從另一意
義上說，它們先於眞正的運算，並爲眞正的運算提供準備。實際
的智力是前運算的，並且經具體運算而逐步演化爲形式運算的。
在某種意義上，感知運動圖示是連續統一體的一端，而形式運算
是連續統一體的另一端。然而更廣義地來講，運算又隸屬於圖
式。同樣，運算可以視作一個一般的術語，而感知運動圖式則可
以視作一個基本實例。

兒童的大多數知識是透過偶然的智力練習而不是直接的傳授
獲得的。對於他處的國家或州的首府名稱，他可以透過死記硬背
的方式來學習，但這與涉及到州的性質等問題的整個知識結構相
比卻是微不足道的，因爲從後者可以推出這樣的結論：阿爾巴尼
是紐約的首府，巴黎是法國的首都。我們很少教兒童把今天說成
是昨天的明天，但是，一旦他們掌握了時間的結構，這問題也就
迎刃而解了。詞的理解先於相應的不變性。一個三歲的兒童知道
相同和不同的意思，但時隔幾年，仍不能正確地反應質量守恆的

問題。例如，向兒童呈現兩隻用橡皮黏捏成的球，然後，將其中
一隻搓成又長又細的條狀，他將得出這樣的結論：它們不再相
等。他或許因為那球「長些」而認為它大，或許因為那球「細
些」而認為它小。只有當他把這兩種因素同時考慮，構成一個更
加複雜的運算，才有可能意識到守恆的涵義。

皮亞傑的平衡（*equilibration*）這一術語同心理學體系中的
體內平衡基本相符。它是一種內部調節的內在因素。平衡這一術
語涉及到內在的邏輯，涉及到階段的深層結構及其穩定性和演化
的邏輯。這一術語意味著某些發展時期包含了一個自我維持的內
在一致性；這些時期可以分別用階段來加以劃分。其他一些時期
則具有內在的可變性，只能是過渡時期。平衡往往出現於感知運
動階段的結束和具體運算階段的時候；然而，完全的平衡只有到
青春期方才得以出現，也就是說，當兒童可以進行形式推理時方
才出現。在這一點上，他的思維是形式運算。他能夠做出假設的
觀點，而一個年幼的兒童是不會對一個自己也不置可否的事實加
以推理論證的。

縱觀皮亞傑的觀點，我們對智力發展中的幾個漸進因素已有
所識別。圖式根據它們的性質被要求去練習，並且在練習過程
中，透過同化來概括，透過順應來改變。兩種不同的圖式的協調
也可能產生一種新的圖式。在兒童出生後幾個月，新穎的事物會
對兒童具有特別的吸引力，然而，新奇的程度又必須是適中的。
如果某種事物過於新奇，對兒童來說，它就等於不存在，因為他
們無法利用已有的圖式體系來加以同化。圖式的守恆是透過同
化，透過概括、組合和順應的逐步演化，這在皮亞傑的著作中得
到相當明確的闡述。圖式要求不斷的練習，至於它是不是接受
的，還不完全清楚。對皮亞傑來說，正如對佛洛依德來說一樣，
無論如何有某種「反覆的強迫」。至於什麼時候順應會導致新圖
式的產生，皮亞傑卻沒有給我們明確的答覆。學習和發展是透過

299

難以察覺的步子發生的。是否也存在獨特的跳躍現象呢？

孔恩論科學的發展

讓我們來探索一個不同的思想領域，即孔恩（1962）關於科學理論發展的討論。孔恩對一些得到廣泛支持的科學概念提出質疑，特別是對那些急於把自己視作科學家的心理學家提出質疑。

300　這一科學觀點是以觀察的和實驗上證實的事實爲基礎的。孔恩並未提出假設—演繹的模式，在這一模式裡，抽象的理論是透過這些事實來檢驗演繹而得到證實的。他提出的科學模式以難題的解決作爲其中心環節。

在一些成熟的科學裡，科學家對他們認可的理論總是持一致的觀點，他們採取聯盟，對已發現的問題、一系列可以接受的辦法、適當的方法和合理的數據等等採取統一的態度。一些科學的經典提供了這樣一些科學的範式，如牛頓的萬有引力、富蘭克林的電學、拉瓦錫（A. L. Lavoisier）的化學、萊爾（C. Lyell）的地質學等等。許多科學家都是這些經典的信徒，同時也留下了大量有待解決的問題，也許開發一個新的研究領域能解決這些問題。

孔恩運用範式這一術語包含兩種涵義，一是作爲訓練的模式，一是作爲樣板的實驗（1970b）。訓練的模式是理論、數據、方法、指導研究的價值等綜合。樣板則是典型的或基本的實驗，或者說是一系列觀察，許多繼後的實驗或觀察是在這一基礎上變化的、發展的和運用的。實驗的樣板典型地成了教授新科學家的實驗室練習。他們的許多先進的訓練就是學習更多的方法，用樣板或更多的領域去同化練習。

現在，我們無法期待像孔恩所說的標準科學（normal

science），並且標準科學也無法處理新的、與大衆觀點相背的任何結果。當範式用於解決更多的更新的難題時，它就需要精心製作。總是有某些難題無法或沒有完全解決。一般說來，人們要嘛擴充或改變範式，藉以適合異常的結果，要嘛把問題擱置一邊，留待以後考慮。然而，絕不能以此爲理由來放棄範式。只有在可供選擇的情況下，有更好的範式出現時，才能放棄原來的範式。

最後，異常的結果和無法解決的問題積累到這樣一種程度，以至於越來越多的人感到不易解決。這種普遍的心理壓力構成了一種危機狀態。處在這種危機狀態，其方法是開拓新的可能的範式，其特徵是對那些自以爲完滿無缺的範式提出基本假設。然而，當競爭的範式被提出時，卻沒有明白無誤的可供選擇的標準。每一個範式都有它自己的標準。提出競爭範式的人運用不同的語言，或者至少在字義上意味著完全不同的東西。

最初，每一個提出的範式在解釋由此產生的實驗時是最有效的，但是比起那些解釋實驗資料的競爭者來卻很少成功。這樣，要在這兩者之間做出選擇就沒有一個絕對的標準。而且，構成一個範式的資料不能解釋另一範式的資料。一塊懸在一根繩子上的石頭對伽利略來說意味著鐘擺，但是對早期的科學家來說卻沒有鐘擺的規律，因爲他們還沒有意識到鐘擺這一類事物。一塊懸在一根繩子上的石頭在當時是作爲非強使性的落體來歸類的。一個範式的資料是根據其他範式的不同類別有規則地重建的，但它們也可以作爲簡單的而不是科學的觀察來分類。

起先，一個範式通常涉及到對它們本身感興趣的資料，但是大多數科學研究關心的資料並不是內在的興趣，而是它們和範式的關係。一些實驗器具如雲室、X光管是由科學家發明出來的；他們得出的資料不是必須解釋的日常生活的事實。

在成熟的科學中，競爭性的範式時期不長；一個範式得到確

認後，許多有識之士便會忠實地遵循它。在某種意義上說，這一闡述是孔恩理論部分的同義反覆，因爲他從不認爲個體能從事科學研究，以便創造一門科學。相反地，科學的創造需要團體協作，相互參照，潛心探討。孔恩對物理、化學、天文和其他當代的科學做了一個有效的社會性觀察。在某種程度上，一個範式得到公認嚴格地說並非由於科學的標準，因爲科學觀點應該是爭論性的〔拉卡托斯（I. Lakatos）和馬斯格雷夫（A. Musgrave），1970〕。

　　範式的交流導致了科學改革，並使之有別於標準科學。孔恩關於標準科學的觀點不同於一般科學的模式，他關於科學革命的觀點和培根（F. Bacon）的經驗主義模式甚至相隔了一大段距離。他問道，如果他的觀點是正確的，或者幾乎是正確的，那麼培根的拼板式的科學觀點能獲得如此廣泛的影響嗎？如今，教科書幾乎是清一色的範式。雖然它們也提供了一些史料，但這些史料並非按當時的史實出現在課本中的，而是按當今流行的範式來表達的。來自完全不同範式的早期研究的指導思想就這樣經常性地流失了，心理上和人際上的分歧使得範式換了一個又一個。大多數科學家竭力反對改變範式的任何建議。在某種意義上，這種對抗是不幸的，因爲當一個更趨完善的範式提出時，他們的態度便成了事物前進的絆腳石。另一方面，反對範式的改革也是需要的，因爲科學需要相當穩定的範式以便研究，一些看似異乎尋常的現象最終表明與範式相一致。孔恩認爲培根無範式的思想是與科學不相容的；而且，任何一種不受理論上前概念影響的觀察，從心理學角度講也是不可能的。

　　孔恩關於範式和改革的觀點，既影響了宏觀科學，比如熱力學或量子力學；也在小規模內，比如由二十五人組成的用同一方法解決同一問題的同盟，產生了作用。後者有時是「無形大學」（invisible college），他們保持聯繫，以通訊或互換油印材料

等方式，組成一個共同體。孔恩對他的解釋做了詳盡的闡述，但它們涉及到物理、化學，或有關的領域，與我們要討論的內容關係不大，故大都被省略了。

下面兩章我將討論佛洛依德的《夢的解析》（1900），這是一部偉大的科學經典，創造了一個範式。孔恩不同意這樣的觀點，他認爲一門成熟科學的標準很快或隨後即被有學識的人接受並舉爲範式。對精神分析來說，這種接受不可能發生，也不可能產生大規模的心理學理論，其理由我們將放在本書的最後一章來討論。

其他一些科學哲學家，承認孔恩所闡述的科學史，但對其中的大量細節提出了反對意見（拉卡托斯和馬斯格雷夫，1970）。哲學理論上的一些細微區別非我們的視野所能及，對我們來說，出現一些爭議是十分重要的，這些爭議涉及到心理學和其他分支科學內科學範式的應用，也涉及到我在科學發展與自我發展之間所做的類推。主要問題是，標準科學和特殊科學或變革科學的區別是否眞像孔恩所說的那樣大。在科學中存在著許多小型的革命，產生了一系列不同程度的概念修正〔圖爾明（S. E. Toulmin），1970〕。科學家們不可能像孔恩有時所建議的那樣一味地接近可供選擇的構架，這樣就會毫無疑問地忠於他們的範式，科學勢必無變革。有時新範式從容形成，但它不是由危機引起的，而是由新範式導致了危機〔沃特金斯（J. W. Watkins），1970〕。即便在提出基本的哲學信奉的非常時期，也存在著正常的和哲學的科學成分〔費耶爾阿本德（P. Feyerabend），1970〕。長期以來，競爭的範式要比孔恩所認爲的更具發展的科學特徵〔巴柏（K. R. Popper），1970〕。當孔恩追溯科學的早期歷史以提高我們對科學的理解時，他將無範式階段、複雜範式階段、兩種競爭性範式階段等這三個獨特的階段合併起來。複雜範式的科學，原則上像心理學一樣，除了它的各個分支必須被看作

303

爲一個獨立的領域外，它是一門成熟的科學。孔恩提出的許多範
式的定義，可分爲三種類型，哲學的或形而上學的、社會學的、
人爲的或工具主義的範式。如果我們不問一個範式是什麼，而是
問它有何作用，那麼很清楚基本意思是人爲的，也就是說只有用
人爲的方法才能解決難題。

　　一些社會科學家採用孔恩範式中的概念，卻誤讀了他的書
（孔恩，1970a）。一旦誤解了意思，他們便會將信奉、方式或
參照構架作爲一個範式的實質性東西。一些不可思議的誤解有時
竟會使人把成熟的範式，看作是能夠透過隨意的贊同或說服就能
達到的某種東西。孔恩認爲成熟科學的基本標準是用難題的解決
來代替問題的解決。一般說來，一個問題是可以理解的，比如通
貨膨脹或住屋問題，但沒有單一的、明確的、決定性的答案。一
個難題所涉及的範圍狹窄得多，也許只有在一個有限的小圈子裡
才有意義，比如像棋遊戲或橋牌遊戲。解決一個難題，正如解決
數學中的一個問題一樣，可以是完善的、最終的，可能使所有的
有識之士都能信服。當代自然科學在難題的解決中起著重要作
用；聯盟之間透過發表文章交流各自的發現。社會科學家則在一
般問題的解決中起著重要作用，他們的有意義的貢獻則是發表一
些包含新概念構架的書籍。

　　孔恩（1974）放棄了社會科學家的範式概念，把它降爲共同
的信條，就像那些達達主義者或創作十二音調的作曲家的信條一
樣。但我相信，能將一羣藝術家聯在一起的共同信條，肯定不同
於將研究道德判斷的柯爾伯格和他的助手或當代精神分析運動聯
繫在一起的信條，因爲任何一者都具有人爲的性質和難題解決的
方式。每當我上這些課時，我的眼前總會浮現孔恩的科學改革藍
圖，我希望至少能對其中的科學哲學感興趣。

作爲知識的一門分支科學

305

　　皮亞傑關於智力和知識發展的理論，最初是以對嬰兒和年幼兒童的觀察爲基礎的。事實上，他堅持認爲，他對生物學的早期研究使他的思想傾向於把同化和順應作爲適應的兩種基本形式，並且他自由地把他的概念用於幼兒和動物。相反地，孔恩的論著旨在描述高度發展的人類智能。但是，如果我們用皮亞傑關於智力起源的模式來解釋孔恩關於科學改革的結構模式，則結果就會驚人地好。

　　在皮亞傑看來，智力與知識是幾乎相同的概念，兩者都包含一系列運算；只有相當小的一部分知識即他稱之爲圖形表現（ *figurative* ）的知識，才涉及到特殊的環境。我們所知道的許多東西是由規則和模式構成的。科學不是由一大堆一成不變的事實構成的，或者至少不是這樣；大多數科學就是一系列運算規則和模式，也即孔恩的範式和樣板。在孔恩的理論中，標準的科學包括把樣板實驗的運算用於新的問題；而在皮亞傑的理論中，標準科學是用原有的運算圖式同化新問題。標準科學的方法促進科學範式的發展，就像一個嬰兒透過練習不斷擴大感知運動圖式，相互同化等等一樣。

　　當原有範式不再適應發展的新事實時，科學改革將產生巨大的變化。皮亞傑認爲，一個主要的適應可能導致一系列新運算的發展，也就是一個新的範式。新的範式再一次運用，如此周而復始，同化更多的新問題，使之適應某些新問題。最後，當適應反覆過大時，它又會被推翻。

　　對孔恩來說，一個範式的核心是它的實驗樣板，也即一系列運算，正如對皮亞傑來說運算是智力的核心一樣。像皮亞傑一

306 樣，孔恩並沒有把產品和方法分開。孔恩的科學和皮亞傑的智力
一樣也不是靜止的。它的所有作用必然導致自身的革命。

皮亞傑的平衡概念導致了自我保持階段的假設。這些階段也
許只有在智力發展的過程中才能看到。事實上，孔恩的科學範式
的概念是一個更爲令人信服的平衡的例子。在一個特定的科學範
式裡進行操作的科學家盡可能用他們的範式中規定的術語來解釋
世界。如果有可能，排除那些並不符合的東西，不把它們作爲科
學資料的組成部分，例如，對兒童來說，他沒有刺激的運算圖
式，因此刺激也就不是他環境的組成部分。

當然，科學的發展和科學家的行爲適合皮亞傑所概述的智力
發展的結構，這是意料之中的事。在某種程度上，皮亞傑並沒有
把他的視野的意圖局限在他理論中的最高智力活動上。孔恩應該
爲有這樣一位著名的心理學家〔皮亞傑把他自己稱之爲發生認識
論者（ *genetic epistemologist* ）而感到高興，因爲他的科學史的
觀點得到了心理學的描述。孔恩把皮亞傑的一些代表作進行了排
列，雖然我們在這裡並沒有列出影響他思想發展的一些著作。然
而，孔恩並不認爲自己創造了一個可以廣泛地用於其他領域的模
式。相反地，傳統界限的階段思想雖然受到激進的變革階段的衝
擊，但它仍然存在於藝術、政治和文化領域內，並且他把那個模
式用於科學領域也是一種新的嘗試。由於比起藝術、文化和政治
來科學被描述是爲累積的漸進的，因此，可以在科學和其他領域
之間做出一種對比。這樣，孔恩（ 1970b ）對我們怎樣才能挽救
他模式中的某種科學發展的概念進行了冗長的討論。

凱利論人是科學家

我們已經從皮亞傑的觀點中看到了智力的發展，從孔恩的觀

點中看到了科學的發展，現在讓我們來看一看作爲一門智力練習
的科學。在討論自我發展這一課題之前，一個新的課題被提了出
來——人是科學家。這一「個人構念心理學」的課題是由凱利提
出來的（1955，1970）。凱利（Kelly）注意到，心理學家談論
他們的被試顯然不同於談論他們自己，他們把自己看作是科學
家。他提出，假定我們像讚美自己一樣來讚美我們的被試，而不
是僅僅把他們看作是研究的對象，用他的話來說，假定我們「把
科學的行爲作爲人類行爲的一個範式」（凱利，1970, p. 7），
則情境將大爲不同。

　　凱利的基本假設是：「一個人的過程是透過他期望事件的方
法而在心理上被開闢出來的。」（p. 9）因此，像皮亞傑一樣，
他從一個人的過程開始。他不需要內驅力或動機的概念，而沒有
內驅力或動機，一個人將毫無活力。「一個人透過構念他的反應
來期望事件。」(p. 11)即便根據定義和一個事件不可能發生兩
次，作爲一個反應所構念的東西仍取決於這個人如何構念情境。
所有這些構念的總和是他的個人構念（ *personal construct* ）的系
統。一個人形成的個人構念系統不可能和另一個人的構念系統完
全一樣。一個人的構念是有層次地被組織起來的，但這並不是說
每個人可以在他自己的構念系統裡解決所有的矛盾。

　　在凱利看來，人們做出選擇就是去發展和擴充他們的構念系
統。決定一個人行爲發展方向的是對他預示的證實和不證實，而
不是獎勵和懲罰或內驅力減弱。對凱利來說，經驗的單位是：
「預期、探究、遭遇、證實或不證實，以及構念的修正。」(p.
18)然而，能力不同的人在改變他們的構念時獲得的經驗是不同
的，他把這種差異稱之爲滲透性（ *permeability* ）。這一術語不
是指構念的可塑性，而是指他們對新事件或層次的適應性。

　　凱利堅持認爲，每個人的構念是可以二分的；在任何一個特
定的時間，一個人可以被看作是好的，另一個人可以被看作是壞

的，儘管在後來的比較中好的可能證明是壞的。凱利有關構念系統的這一假設是有爭議的，而且，對他的基本邏輯來說也不是必要的。如果說一個人選擇的唯一依據是擴展他的構念系統，從而把凱利的頓悟看作是重要的依據，看來這是沒有必要的。凱利的觀點是完全的定向過程，但它缺乏發展的基礎。他的一些闡述可能已經透過對嬰兒和幼兒的注意得到改變。

凱利將他的觀點進行了一個範圍廣泛的理論上和臨床上的應用，在這個應用過程中，一個關鍵概念是他的角色修正：「一個人解釋別人的構念過程已經到了這樣的程度，他可能用一個包括別人在內的社會過程來扮演一個角色。」（p. 22）一個人在解釋別人的過程以便扮演一個與他有關的角色時並不需要精確，但他必須把別人看作是具有他自己的觀點，而不是簡單地把別人看作是一個行為有機體。

我們的目的並不在於對凱利的理論做一個全面的回顧或評論，而是使它符合皮亞傑和孔恩的框架。人們可能很容易把同化和順應置於凱利的系統之中。他關於層次的概念要比皮亞傑關於階段的概念和孔恩關於範式的概念少得多。滲透性必須具有變化，而且凱利認為一個人只有改變他的核心構念才能提出問題。然而，他並不具有像平衡或範式那樣精確的思想。

嚮　導

丹姆伯（W. N. Dember, 1965）概述和解釋了某些有關動機的實驗研究，這些動機涉及到各種實驗動物，包括人類。這些研究表明它們和生理需要狀態的降低所看到的動機不是一回事。它們反對用反應來表達。動物，特別是人類，是由於刺激物的新穎性和複雜性而被激發起來的，至少部分是如此。隨著客體複雜性

的變化，人類處理這些複雜性的能力也在發生變化。對每個人來　309
說，都有某種理想水準，既不過於簡單也不過於複雜。一個人總
是在和他自己相匹配的複雜水準上選擇刺激物。他選擇這些刺激
物，觀察它們，研究它們，學習如何去獲得它們。這些活動是典
型的指示器，因為適應刺激本身就是一種獎勵。由於一個人的能
力決定了他探究的複雜水準，因此他傾向於在高於或低於他的理
想水準上選擇刺激物。在大多數情況下，總是在一個比理想水準
稍微複雜的水準上選擇刺激物。這些刺激物稱作嚮導（pacers）。
當一個人接觸嚮導並掌握嚮導時，他的複雜水準就得到發展，同
時也為選擇一個新的更加複雜的嚮導做好了準備。

　　嚮導的概念和皮亞傑的最適新穎性的思想幾乎一致，雖然丹
姆伯所概述的實驗過程與皮亞傑所概述的實驗過程是一個完全不
同的類型。嚮導的概念也和凱利的思想密切相關，凱利認為人們
做出選擇是為了擴展他們的結構系統。

　　看來，嚮導是一種非常變革性發展的程式或模式。它和自我
發展的重要關係，特別是和良心發展的重要關係，我們將在後面
幾章討論。

自我理論的涵義

　　我們從智力發展的理論和科學理論的發展中，而不是從我們
自己領域的思考中，究竟發現了多少有關自我發展的理論呢？穩
定性的問題，即自我功能如何隨著時間的推延，不管環境和心情
的變化，繼續保持一致的問題，是由同化來恰切地描述的。事實
上，這就是蘇利文的理論和梅洛—龐蒂的理論。蘇利文（H. S.
Sullivan）的自我系統和梅洛—龐蒂的行為結構是與皮亞傑的存
在於運算中的行為恆常性的模式相一致的。自我的思想，作為一　310

個完美的或明確的東西，對第四章提出的觀點來說是基本的。菲
加利特（H. Fingarette）把自我的討論作為對意義的研究在這裡
也是適當的，雖然像人類自我那樣複雜的東西是無法用一個特徵
來詳盡地描述的。如果我們真地把自我的觀點作為對意義的研
究，那麼紐伯格（H. Nunberg）稱之為自我的綜合功能的東西
就不是自我要做的東西，而是自我是什麼的性質〔如果可供選擇
的話，我們遵循馬斯梯爾曼（M. Masterman）關於孔恩範式的
看法，認為專業性的問題（*proper question*）不是自我是什麼，
而是自我做什麼〕。

　　自我是穩定的，因為一個人有效地察覺周圍環境的運算只按
那些已理解的資料，從而與當前的自我結構相一致。不一致的情
境是由於不適應先前的預期，也就是不適應同化，或者說不願先
前的預期。在皮亞傑的術語裡，後者意味著客觀情境的有些部分
對一個人來說並不存在。鮑德溫的選擇性思維、阿德勒的傾向性
統覺（*tendentious apperception*）、蘇利文的選擇性忽視都是與
此相似的思想，並且是皮亞傑同化思想的一個亞集。

　　根據凱利的觀點，即把科學行為看作是人類行為的一個模
式，我們可能要問，究竟到何種程度自我發展才能作為一系列範
式發生，這些範式的互換導致心理紊亂。另一個可供選擇的觀點
是，自我發展可能是一個連續的過程，在這過程中，質變導致逐
漸的量變，或者至少是很小的變化，就像智力發展一樣。這一問
題是該領域中尚未解決的問題。當然，我們不應該誇大它的程
度。相對於宗教轉變來說，真正的發展必定是隨著時間逐漸發生
的。至於在自我發展過程中出現的變化的性質已經超出了這個問
題。也許，只有當這個問題發生時，才能看到它是否有損於發
展。

　　有關自我發展的一個間斷的或似範式的模式的初步證據來自
這樣一個獨特的事實，即在成人生活中每個階段都是可以被描述

的。當成人生活中存在許多智力的等級時，大部分成人達到了皮 311
亞傑所認爲的最高階段，也就是形式的、可逆的運算階段。在較
低階段有某種平衡，但完全的平衡需要達到形式運算。因此，在
正常情況下，發展是朝著這一階段進行的。然而，關於自我發
展，大多數人穩定在遠遠低於和他們的智力和其他發展高度一致
的某個階段上。這一事實意味著平衡使他們穩定在那個階段上。
也許，最具破壞性的是，一個階段的平衡在很大程度上突然在一
個較高的階段上發生。而且，事實上，人們並不朝著更高階段發
展，也沒有意識到朝著更高階段發展的需要或可能性。因爲產生
這種思想，對他們進一步的變化來說要付出昂貴的代價。

　　爲什麼正常的人穩定在遠遠低於他們假設的最高水準的自我
水準這一問題，相比認知水準的發展傾向來說，還沒有得到充分
的研究，甚至討論。嚮導和平衡的概念提供了下面這些假設：自
然現象充當了認知發展的嚮導，因此最高的平衡要求達到形式運
算。自我是預期的一種結構，但這些預期不是指自然現象，而是
指人際現象，只要兒童在一個和他的預期不一致的環境裡進行運
算，並且在某種程度上無法證實這些預期，則他就有進一步發展
的潛力。當兒童關於人際環境的觀點和現實存在的事物相一致
時，當他的預期和他周圍人的行爲相匹配時，平衡就有可能達
到，並且變化的可能性最小。例如，在損人利己的環境中，自我
保護的兒童很難產生變化。只要兒童的環境主要是他的家庭，則
他的自我發展就會受到明顯限制。當兒童進入社會，如果社會向
他提供較高的模式，則他就有可能在一個較高的階段達到平衡。
在某些情形裡，離校或工作提供了一個類似嚮導的較高的自我範
式。集體宿舍的氣氛或軍隊生活可能爲某種水準提供了一個強大 312
的力量，然而，不幸的是，這種水準通常是較低的水準，而不是
青年人業已達到的水準。這可以用來解釋柯爾伯格和其他人在大
學早年觀察到的明顯的退化現象，也可以用來解釋一些年輕士兵

聲名狼藉的行為。根據理論和有效的觀察，這種退化一般來說是
可逆的。按照這一假設，父母的人格模式的效應和兒童潛在的自
我水準不是由直接的教誨、模仿、強化、自居作用等等引起的。
對兒童來說，當父母證實了兒童的預期時，父母的人格模式的力
量是最大的。然而，父母不是一個永久的嚮導，他們只是一種平
衡的因素。鮑威士（K. S. Bowers, 1973）和瓦切特爾（P. L.
Wachtel, 1973）（見第 10 章）認為，人格基本上是一致的，因
為我們每個人產生的行為是和他自己以及低於潛力的有助於平衡
的因素相一致的。在培養自我發展的過程中，家庭這一獨特的場
所是最重要的部分。其他人可能把青年人看作是平庸之輩，從而
助長了穩定性。唯有父母才是利他主義的，因而也就在最大程度
上透過提供嚮導和對孩子的期待促進了變化。從這些考慮可以推
知，在成年生活中自我變化相對罕見，並且，人們也看到為什麼
教師或治療發瘋父母的醫生要為成年生活的發展提供獨特的環
境。羅傑斯（C. R. Rogers）關於「無條件的積極注意」的思想
是治療的條件，它和父母的內在價值一樣在理論上證明是正確
的，因為它具有潛在的嚮導效應。而且，柯爾伯格〔柯爾伯格、
夏爾夫（P. Scharf）和希基（J. Hickey），1972〕關於學校裡和
監獄裡道德發展的基本思想，即創造一個「公正的社會」，也導
源於平衡和嚮導的概念。

　　最後，選擇性注意的概念可以用於其他一些有關人格的心理
學理論，藉以解釋我們在本書多次提到的但容易忽視的許多現
象。由於缺乏知覺這些現象的類別，也難以劃定標準，因此人們
並沒有把它們看作是心理學領域的組成部分。

　　當科學家埋頭於他們的研究時，他們實際上是在把自己的科
學範式和自我結構結合起來。因此，孔恩關於科學革命的有些觀
察至少可以作為自我發展現象的一個結果和一個亞集，儘管我們
在其他方面運用了這些觀察，但它仍然不失為自我發展的一個模

式。孔恩的觀察在於，新的範式通常出自年輕的科學家和新的科學領域。老科學家有時不願放棄他們習慣的範式，即便當社會變革要求新範式時，也是如此。這樣，一旦科學要求變革時，個別科學家就難以適應，他們像成年生活中的一般成人那樣不可能變化，因此，也就不可能促進自我水準。

第十三章　精神分析：
從催眠術到戀母情結

314

　　自我發展理論的主要部分導源於精神分析，尤其是佛洛依德的著作。然而，人們不能簡單地陷入精神分析的自我理論，而不首先處理有關精神分析的許多流行的錯誤概念。同時，即便對精神分析做一個基本的介紹也需要冒險精神，它超出了本書的範圍❶。

　　佛洛依德從未得到過既公正又嚴苛的評論。有些人把他所說的一切都當作真理的根源。如果向他們指出佛洛依德學說中的一個謬誤或一個矛盾，他們就會像真正的信徒一樣，更加虔信這個學說的深奧。然而，也有一些人抱著訴訟的態度來看待佛洛依德：如果他們能夠發現一點瑕疵或一個荒謬的論點，就會把佛洛依德所說的一切都拋棄，好像它只是官司場上的一個案子或一個碩大的、邏輯上一致的三段論。另有一些讀者是折衷主義者，他們從佛洛依德學說中汲取他的無論什麼東西，並把它們和其他體系或理論中他們所喜愛的東西拼湊起來。但是這麼一來，卻攪亂了佛洛依德貢獻中的前後一致的精髓。

　　有關佛洛依德的學術著作包含著其他一些錯誤。在那些承認

315

---

❶本章所用資料，凡未另外註明者，均取自佛洛依德的著作、埃倫伯格（H. F. Ellenberger, 1970）的《動力精神病學史》、瓊斯（E. Jones, 1953）的《佛洛依德》第 1 卷。

佛洛依德持有矛盾觀點的人當中，有許多人聲稱他的本意是隱蔽
的。他們的意見分歧，有些人覺得佛洛依德的本意是他們希望頌
揚的真理；有些人認為佛洛依德的本意乃是他們感到需要與之論
戰的謬誤。還有一種態度斷定在佛洛依德的重要發現裡，除了他
讀過從希伯來神秘教義到讓內（P. Janet）的某些新版著作外，
別無他物。佛洛依德體系中的許多成分取自民間，這些是他的某
些信徒遠遠不能理解的。然而，正如瓊斯所指出的那樣，既然佛
洛依德不得不超越他的思想來源去創立精神分析，那麼從其他地
方獲得的觀念就不僅是一種利益，而且也是一種束縛。

　　精神分析包括一整套基本理論；其中幾乎每一個理論都未曾
倖免攻擊，甚至遭到那些自以為是精神分析學家的人的攻擊。佛
洛依德認為的一些東西與他的思想傾向要嘛無關，要嘛相矛盾。
重要的倒是作為一個思想體系的精神分析的邏輯結構。要認識這
一點，我們必須循史而行，以便尋找他的思想起源與發展。

　　我認為，佛洛依德採用了在某些方面接近於孔恩思想的一種
科學範式，即把調查方法、理論派系和一組相互聯繫的資料結合
起來。以往還沒有一個精神病學家那樣做過。即使在這裡，佛洛
依德也不是前後一致的，他的一些思辨著作如《圖騰與禁忌》
（1913）、《摩西和一神教》（1939），以及《超越快樂原則》（1920）的
後半部分是全然相反的，最糟的是他幾乎把本人的玄思當作觀察
資料來看待。然而，精神分析學家並不以這種方式來對待他們的
病人，精神分析的基礎要比那種玄思更為堅定。同時，佛洛依德
之所以偉大，其關鍵之一是能夠容納這種矛盾。要是一個人因為
一種觀念顯然是荒誕的就斷然加以拒絕的話，那麼他就不會發現
戀母情結。

作爲神經病學家的佛洛依德

　　佛洛依德自述因爲聽聞了歌德論自然的文章而決定他的醫學生涯的；理解他思想上終生存在的矛盾，理解他對科學既浪漫又執著的態度，這是一條線索〔霍爾特（R. R. Holt），1972〕。他在一八七三年開始學醫，爲了能在布呂克（E. Brücke）的生理實驗室繼續其研究又延長了學習。他發表了許多生理學和神經解剖學方面的專題論文。不過，他對觀察研究比對實驗研究有更濃厚的興趣，取得的成績更大，這預示著他後來更重視對病人做被動的觀察，而不是主動的控制。他從研究轉向臨床僅僅是因爲他需要維持生計。

　　布呂克，這位使佛洛依德拜身受業，後又忍痛離開其實驗室的老師，是許多青年的物理學家和生理學家中的一員，在這些青年人當中大多數是繆勒（J. Müller）的學生，他們成立了柏林物理學家協會，摧毀了繆勒所鼓吹的活力論教條。在這一代人中間，這個包括有赫爾姆霍茲（H. Helmholtz）、杜布瓦—萊蒙（E. DuBois-Reymond）和路德維希（C. Ludwig）的團體成了德國生理學和醫學界中占統治地位的學派。這個學派的精神可以用布呂克和杜布瓦所做的旦旦誓言來例證：「機體內除了一般物理—化學的力在起作用外，別無他力。在那些目前尚不能用這些力解釋的事例裡，人們要嘛藉助物理的和數學的方法去尋找它們活動的特殊方式或形式，要嘛假設存在著與物質內部固有的化學—物理的力具有同等地位的，並且可以還原爲引力和斥力的一些新的力。」（瓊斯，1953, pp. 40～41）這樣，儘管這一時代的精神是還原論的決定論，然而正是「同等地位的力」這個概念裡的模稜兩可性使得佛洛依德無拘無束地變成了一位心理學家。

317

　　佛洛依德對生理學和神經學的貢獻足以使他從事令人羨慕的科學職業。他寫過一篇有關可卡因（cocaine）的專著，對各個發展階段不同種類的神經系統的組織學做過大量的研究。那時還不知道神經系統的基本結構，而佛洛依德的研究對神經系統的進化和發展的知識做出了貢獻。他發現了神經元理論的某些成分，以後不久，這些成分就得到了明確的闡述。在他的《論失語症》（1891）一書中，佛洛依德和當時流行的理論，即用損傷定位方面的細微差異來解釋不同種類失語症的理論發生了爭論。他提出了一種功能理論用以取代上述那種理論。這個功能理論基本上應用了傑克遜（J. H. Jackson）的學說，即在更為基本的能力被破壞之前，損傷的是新近獲得的和並不重要的能力。佛洛依德關於失語症的看法，與其說是他那個時代較為普遍接受的學說，不如說是更接近於現代的觀點。最後，佛洛依德還出版了現今仍然被認為是有價值的有關小兒痲痺症的幾部專著或若干長篇論文。

　　佛洛依德對神經學所作的貢獻表明他是一位地道的科學家。然而，我們所關心的卻是他在神經學方面的研究對精神分析的影響。例如，他在神經系統的實驗室研究中發展起來的方法成了他思想中一個永久的有價值的特徵。傑克遜的神經病學模式，即嚴格分層的功能和導致退化的損傷，深刻地影響了佛洛依德的精神病學理論。

　　另一方面，布呂克和佛洛依德的另一位導師梅納特（T. Meynert）運用赫爾姆霍茲學派的決定影響了佛洛依德。正如阿瑪切爾（P. Amacher, 1965）表明的那樣，這兩個人都深信反射弧是行為的基本單位。這種信念不純是神經學的假說，而且是建立在由聯想心理學派生出來的一個心理學的假定之上的，即心是被動的旁觀者，它接受和聯結各種感受以及它們對反應的轉變性。這種信念很適合柏林物理學家協會的宣言。佛洛依德經常引用這一學說，即反射弧是行為的基本單位，好像這是一個毫無異

318

議的發現（比較杜威的著述，第 11 章）。由於佛洛依德剛剛做出神經元理論的發現，因此他可能把這也看作是對心理活動反射觀的強化。

阿瑪切爾明確指出，布呂克和梅納特的神經學觀點的另一個方面也影響了佛洛依德後來的理論。和反射的觀點相一致，但在發現神經元是神經系統的基本單位前，他們認為神經系統的功能是把興奮從周圍神經系統傳遞到中樞神經系統，再傳遞出來達到肌肉。在這個過程中，興奮的量被認為是不變的。心或意識並不決定興奮的過程或改變它的量。興奮可以在某些時候積累起來，直到它足以沿著特定的通路前進為止。神經系統如此活動，正如笛卡兒（Descartes）曾經認為的那樣，就像一組相互聯繫的中空管子，而聯結的法則是和流體動力學相似的。佛洛依德在從神經學轉向心理學以後的很長一段時間裡，繼續認為神經系統的活動在於消除自身的興奮，心力是以某種流體動力學的方式來操作的。

歇斯底里症、催眠術和暗示：某些背景

當佛洛依德開始行醫時，他的病人多是患有神經質的，尤其是患歇斯底里症的婦女。為了了解佛洛依德的研究方向，我們需要知道有關歇斯底里症的心理治療的一些背景。催眠術和暗示，或暗示易感性，這兩個表面上不同的問題歷來和歇斯底里症糾纏混雜，這是因為歇斯底里症和其他神經病長期以來是用人們在今天分別稱之為暗示或催眠術的方法來醫治的。

十八世紀初葉，心理治療採用信仰法的形式，治療是以對救世主的信仰為根據的。那些接受治療的大多數人是我們稱之為歇斯底里症患者（*hysteric*）的人；那時，這種虛幻的診斷用之於

319

婦女，換句話說，用之於歇斯底里症，是司空見慣的。最後一個
也是最偉大的信仰療法專家是加斯納（Gassner，1729～79），
他是一位牧師，也是一個驅魔師。他透過激發危象也即症狀的一
種急性形式來開始治療過程的。然後，他會暗示這種症狀消失
了，結果往往是靈驗的。他的這種療法是宣洩的（cathartic）；
當代的「行為矯正治療」（implosion）與其一脈相承。

麥斯麥（F. A. Mesmer, 1734～1815）以不科學為名反對信
仰療法，他所謂的科學方法卻是「通磁術」（magnetism），即
一種建立在類似於當時電學和磁學新發現基礎上的理論。麥斯麥
是一名醫生，當時另有一些醫生也在用磁石來治療一些小病。麥
斯麥讓病人喝下含有鐵質的水，然後用磁石在他們體內產生一種
「人工潮」（artificial tide）。他很快就知道這些效應並不完全
是由磁石造成的，在某種意義上是由他本人發射出來的；於是他
把這些效應稱作「動物通磁術」。他認為，在每個人的身體內部
都有一種微妙的液體，它也確實遍布在宇宙之中。人體內這種液
體的分布搞亂了，人就會生病，如果使它恢復平衡，人就康復
了。為了動用技術把這種液體從一個人身上引導或傳送到另一個
人身上，他激發各種危象，再將其治癒。現在用於醫生和病人之
間的關係的**情感協調**（*rapport*）一詞，最初就是指身體的接
觸。麥斯麥認為，加斯納像他本人一樣擁有高度的動物磁力，它
才是信仰療法的真正工具。有些病人在接受麥斯麥的治療時觀察
不到什麼效果，而另一些病人則出現痙攣或某種「危象」，還有
許多人聲稱它們自己治癒了各種紊亂。這裡，江湖醫術的成分有
多少，對病理上易受暗示的病人施用暗示的良性作用又有多少，
是頗值懷疑的。有時，麥斯麥被當作名流看待，有時又遭到醫學
界同行的反對和排斥。一七八四年，一個皇家委員會奉命對麥斯
麥的方法進行調查和評價。他們不問麥斯麥是否治好了病人，卻
一意評價他發現了一種新的物理流體的聲明。在對磁流缺乏任何

320

證據的情況下，他們把麥斯麥的醫療成果說成是「想像」，還對接受磁力的年輕婦女和發射磁力的男子之間是否存在性吸引的危險而憂心忡忡。另一方面，麥斯麥已經把**麥斯麥術**（*mesmerism*）這個術語和磁力人格的概念留給了我們。有關這一歷史的兩個特徵是顯而易見的。治療者與病人的關係所產生的力量是早已皆知的，而每一個新概念總是宣稱自己是科學的，原先的概念是不科學的。

麥斯麥有一個學生叫布依希格爾〔Amand-Marie-Jacques de Chastenet, Marquis de Puységur（1751～1825）〕，是個貴族，也是一個在電學方面做過一些實驗的軍官。他的一些發現與一個名叫雷斯（Victor Race）的病人有關。雷斯出身農民，其家族有好幾代人爲布依希格爾家族幹活。這一史實的另一個常見特徵是催眠對象社會性地服從催眠師。雷斯是很容易通磁的，但是布依希格爾注意到在他的危象中有某些獨特的特徵。通磁後，他沒有發生痙攣性抽動，而是進入一種睡眠狀態，在這種狀態中他比清醒時更警覺。他善於接受通磁師的暗示，但一旦清醒過來他對剛發生的事情又很健忘。布依希格爾把這種狀態稱之爲「良性危象」（perfect crisis）；不久，他發現這種狀態很像夢遊症，於是就稱其爲「人工夢遊症」。從雷斯那兒，布依希格爾了解到這種病人在催眠期間能夠滔滔不絕地談論他在正常狀態下難以啓齒的事情，即便這些事情是受意識支配的。採用這種方法，治療者就能爲處理各種生活問題提出實際建議。布依希格爾相信，這種療法的作用來自通磁師的意志，而不是什麼體液。

布雷德（J. Braid，約 1795～1860）杜撰了**催眠術**（*hypnotism*）一詞。他是反對「麥斯麥術」的，並試圖揭露它的欺騙性，然而，儘管他拒絕動物通磁術這個含混的解釋，後來卻也承認這種現象是真實的。起先，布雷德強調感覺固戀的生理伴隨物是造成催眠性睡眠的原因；後來他承認這是在引發催眠現象時暗

示的效應。由於人們對催眠的興趣隨著布雷德的研究而降低，但十九世紀七○至八○年代又活躍起來，尤其是在法國。對佛洛依德的發展具有重要意義的是沙可（J. M. Charcot）領導下的薩爾伯屈里哀學派（school at Salpêtrière）和南錫的伯恩海姆（H. Bernheim）領導下的一個較小的團體。在一八八六至八七年，佛洛依德獲得了一筆旅行獎學金，跟著沙可學習了幾個月，然後回到維也納把催眠術用於精神病的治療。由於發現很多病人完全不能被催眠，或者達不到足夠的催眠深度，一八八九年，他又花了兩個月跟著伯恩海姆學習。

巴黎附近的薩爾伯屈里哀醫院和診所是法國精神病學最重要的中心。沙可（1835～1893）像從前調查器質性神經疾病那樣，從細緻入微地描述症狀著手來調查歇斯底里症。他指出，歇斯底里症的症狀在不同的時間和地點都是相似的，並且和中世紀報導的著魔中邪的症狀相像，沙可認爲這是歇斯底里症的一種形式。如同當時許多精神病學專家一樣，沙可認爲「心理退化」是歇斯底里症的根子。他把催眠狀態看作是一種變態現象，表示一種歇斯底里症體質。雖然心理退化無法在解剖上看到，但可以透過各種症狀的聯繫而得到證實。

鐵路的出現導致了大量的意外事故，創傷性麻痺的數量也增多起來。但是，這種麻痺雖然是事故造成的，卻不能表明有一種器質的原因。它們被認爲是由於神經系統的損傷造成的，儘管這還不能證明這一點。沙可認爲，這種麻痺的症狀不同於器質性麻痺，但與歇斯底里症麻痺相像。他對催眠狀態下的病人暗示這種症狀；而顯現出來的症狀就像那些創傷性麻痺或歇斯底里症麻痺一樣。這樣的症狀可以透過類似的方法予以消除。於是，歇斯底里症麻痺，催眠麻痺和創傷麻痺就構成一組「動力性麻痺」，以此與器質性麻痺相對照。沙可假設，受了創傷後，出現一種催眠狀態，該狀態透過自我暗示助長了神經障礙的發展。

322

根據沙可的建議，佛洛依德（1893）研究了歇斯底里症痲痺和器質性痲痺之間的區別。他指出，它們有三個方面不同。首先，歇斯底里症痲痺完全可以發生在身體的一肢或一個部分，而不影響其他。相反地，如果是嚴重的器質性痲痺，則會蔓延開來。其次，歇斯底里症的感覺變化（感覺缺失）比運動變化（痲痺）更爲明顯，而器質性痲痺恰好相反。第三，也是最重要的，器質性痲痺的分布與神經系統的走向一致，而歇斯底里症症狀卻不超出通常所說的器官範圍。這篇論文成了有關該課題的決定性論述。

李厄保（A. A. Liebeault, 1823～1904）是南錫的一個鄉村醫生。在催眠術聲名狼藉的時候，他是少數幾個敢於對病人進行催眠的醫生之一。他用催眠術治療患者時全然不顧症狀的性質；治療就是讓受催眠的病人確信其症狀會消失的。

一個名叫伯恩海姆（1840～1919）的大學教授和上流社會的醫生轉而接受了李厄保的觀點，並於一八八二年在南錫加入了李厄保一派。伯恩海姆在催眠術實踐方面更爲精細，在催眠術的理論方面更爲老練。他承認，比起地位較高的病人來，催眠術對習慣於被動服從的人如士兵和工人來說是極爲有效的。伯恩海姆認爲，催眠是一種正常現象；他相信，其效果和清醒狀態下透過直接的暗示所獲得的效果是一樣的。伯恩海姆還做了催眠後暗示的實驗：在一個受催眠的對象從迷睡中清醒過來後的一個特定的時間裡要求他從事某種行爲，被試就會在受暗示的時間裡執行這個行爲，而且是清醒的，完全意識到他在做什麼，但是卻記不得催眠者曾經對他做過暗示。這些實驗給佛洛依德留下了有關人未意識到觀念所具的力量的深刻印象。由於伯恩海姆嫻熟的詢問技巧和病人的注意集中，能使病人記起他在催眠狀態下所經歷的事情，這也使佛洛依德對伯恩海姆的論斷，即催眠狀態和正常狀態之間的區分完全不像以前所假定的那樣，有著深刻的印象；這

樣，催眠後的遺忘就不是絕對的了。伯恩海姆越來越少地使用催眠，而是傾向於更多地對清醒狀態下的病人進行暗示。他對沙可的歇斯底里症和催眠的理論提出了質疑。伯恩海姆認為，許多假設的歇斯底里症狀態都是杜撰的。由於沙可是一個有名望的神經病學家，加之他與受人尊敬的醫生伯恩海姆的公開論爭，遂將催眠問題提升到令人崇敬的科學領域。

讓內（1859~1947）在某些方面是佛洛依德的前輩；在某些方面超過了佛洛依德；在某些方面他們又旗鼓相當。在他們同時在世的中年時期，讓內也許是更為知名。如今，讓內已不為一般人所知，他的一些主要著作也難覓有英文版的，他的追隨者更是屈指可數。他起先是哲學家和心理學家。他的第一部著作是《心理的不自主運動》（1889）。不自主運動的現象與催眠現象有關；它們包括不自主寫字、不自主說話、水晶球占卜術等等。在一個典型的例子中，用某種方法集中被試的注意，將一支鉛筆塞在他手上，並用耳語給予暗示，使他寫下某個話題或問他一個私密問題。許多被試都能這樣做，而且所做的回答、所寫的文字，都是在意識狀態或聚精會神時所不及的。讓內常對無法催眠的人使用這種「分心法」（method of distraction），這種方法可以和佛洛依德使用的自由聯想法媲美。

324 　　考慮到病人作為被試的重要性，以及他的工作的治療意義，一八八九年，讓內為取得醫學學位而開展研究。在布洛伊爾（J. Breuer）和佛洛依德探討《歇斯底里症研究》（1895）的案例報告的同一時期，讓內也在處理類似的病例並撰寫成文。讓內的歇斯底里症理論集中在於病人的心理虛弱（*insufficance psychologique*）所造成的「意識域狹隘」上。心理虛弱是對當時流行於法國的「心理退化」這一概念的譯述，它包括體質虛弱、身體創傷的效應和身體疾病，在讓內看來，歇斯底里症症狀可以追溯到潛意識的固定觀念，它們是人格中的自主部分，具有自己的生命和發

展，即一個有助於意識域狹隘的過程。它們起源於創傷事件。當這些固定觀念被發現，帶回到意識中來，並被驅散後，歇斯底里症症狀也就治癒了。但是，在其他病例中，治療只會把潛意識的固定觀念轉化爲有意識的固定觀念即強迫觀念。讓內把暗示、誘導分裂再教育作爲測量來處理先前發現的固定觀念。在催眠狀態下，他向病人暗示創傷事件沒有發生過，或者創傷事件所造成的某些不愉快的現象是虛假的。在讓內看來，潛意識的固定觀念，如同榮格後來所說的**情結**（complexes），雖是心理虛弱造成的，但也是進一步引起心理虛弱的原因。

讓內理解催眠術中親善關係的重要性，並把親善關係的選擇描述爲病人總是對一個人即催眠師產生受暗示性。由於這種暗示性是在知覺世界時產生的一種歪曲，讓內認爲它是感覺缺失的一種形式。儘管受暗示最高的病人表現出最佳的療效，但他們也最依賴於治療者或對催眠術最有癮癖。由於這樣的病人具有內在的心理虛弱，所以治療者應該首先照顧病人的精神，然後逐漸拉大兩次療程的間隔。

作爲一個學者，讓內發掘出催眠史和歇斯底里症史上的很多東西，指出了被沙可和伯恩海姆發現的新現象實際上已爲許多早期的調查者所知道。他認爲，在催眠下會出現兩種完全不同的行爲，即被試爲取悅催眠師而扮演的角色和能夠自發展現出來的人格的未知一面。讓內給他的方法取名爲**心理分析**，他還打算在這個方法之後採用「綜合法」。後者是一種教育形式，即要求病人完成一項他能夠成功地完成的任務，然後再給予稍微難一點的任務，如此等等。

在讓內的後期著作《歇斯底里症的主要症狀》（1907）和《心理治療》（1925）中有兩組觀念與佛洛依德的某些觀念並駕齊驅，雖然這兩個人似乎並不相互影響，特別是在自我心理學方面。

讓內指出，歇斯底里症症狀是變化多端的；它們會僞裝成許

325

多其他的疾病。單一觀念的夢遊症是自發的夢遊症，它總是涉及特殊的觀念情結。在發病時，病人完全沉浸在對某一創傷事件的記憶再造之中，而不顧及他的真實環境。他會產生幻覺和非同尋常的能力，例如一種對他來說在平常生活裡不具有的活動能力。一俟清醒後，病人又恢復了對他現實生活的意識，而忘記了夢遊症發作期間的事，包括他曾再現的創傷記憶。讓內假定觀念的情結及其記憶是從意識人格的其餘部分分裂出來的。他把這種分裂情結看作是一切歇斯底里症現象的原型。

就情結的規模而言，複雜觀念的夢遊症與單一觀念的夢遊症是相似的，但卻包含了不只一個的觀念情結。在失憶症（fugue）中，病人會假設一個新的同一性，藉以得到解脫，開始新的生活。不過他們雖然能忘記先前的同一性，卻不會忘記母語和其他的日常技能。結果，一旦出現某些令他們想起家庭、住屋或諸如此類的東西時，他們就會回到先前的同一性，並忘記失憶期間發生的事情。在雙重或多重人格的病例中，病人會反覆地在兩種同一性之間來來往往。多重人格的一個特徵是遺忘只有一種方式，如人格 A 意識不到人格 B，而人格 B 卻完全能意識到兩種人格。夢遊症的全部現象可以透過催眠術的方法再現。在雙重人格中，第二人格看上去往往是更為正常的。讓內假定，病人曾經有過一個正常的人格，而他現有的狀態卻是病態的，催眠術使他恢復真實的、健康的狀態。在這些病例裡，催眠治療的目的在於延長第二狀態，而把第一狀態降到最低限度。最理想的是，消除所有遺忘症，使病人恢復所有的記憶。

讓內描述了局限於身體特定部位的催眠症狀，例如局限於中央凹周圍區域的視野，這顯然是為他的意識域狹隘的解釋性概念提出的模式。他提出，催眠症狀可能意識著兩種完全不同的東西，即通常的症狀跡象或恆常的特徵。在嚴格的而不是通俗的、模糊的意義上說，易受暗示性是催眠的恆常特徵；在沒有意識的

干預和沒有心向的參與下，一個觀念向一個行為的迅速轉移。暗示的這一涵義與固定觀念的分裂和意識綜合功能的有關虛弱是密切聯繫的。讓內斷言，這種易受暗示性會隨著歇斯底里症的治癒而消失。

讓內在其晚年的著作裡估計到，在大約四分之三的病例中，創傷性事件是性的事件，並指出，佛洛依德認為全部都是性的事件的說法是錯誤的。但是，讓內是在比佛洛依德更為狹隘的涵義上使用性這一詞的。讓內反對佛洛依德的壓抑概念，這顯然是因為他的病人沒有任何關於這類事情的意識，所以他把這個概念看作是沒有根據的推斷。

讓內始終給被佛洛依德竭力拋棄的各種附加療法保留一席之地，可是在他的晚年，他發展了類似自我發展的觀念，它們是從屬於休息療法和功能訓練的。人類的行為可以根據從原始衝動到最複雜的和充滿思想的行動這樣一個傾向性層次來描述。讓內把「較高的傾向」描述成需要較高的緊張，這是一個略有混淆的術語，因為日常生活所說的焦慮緊張是和他稱之為「較低的傾向」的東西有關的，或者說使一個人處於這種較低傾向。

在讓內的精神經濟學中，另一個概念是力（force）或者是心理能（mental energy）〔像佛洛依德一樣，讓內沒把來自牛頓物理學中的力的概念和能這個熱動力學概念區別開來。力是一個矢量，具有方向和數量，能卻是一個標量，有數量而無方向（見霍爾特，1967）〕。凡在力大而人處於較低傾向的地方，行為往往紊亂無章。大的心理能與高度緊張有關，即與按照較高的傾向進行活動的能力有關。當高度緊張的人缺乏足夠的力時，他體驗到衰竭，需要休息。在其他情況下，則需要刺激。讓內認為，對某些人來說，長期地限制環境的刺激價值所具有的重要性甚至會達到這樣的地步，這些人可能需要永久地摒絕享樂或成功的任何希望。從他這種兼價平衡的治療觀中得出的就是這些處方。

　　一個創傷性的固定的觀念被說成是一個未完成的動作，或者一筆需要結算但又尚未還淸的債務。要完成它，取決於在創傷的事件和其他意識人格之間建立起聯想的聯繫，這就需要運用自由回憶，同時又不能變成夢遊症。讓內似乎並沒有眞正認識到這個觀點和佛洛依德關於發洩和不斷地工作的觀念更爲相似。

　　總之，沙可的催眠術實驗直接證實了這樣一個事實：觀念能夠引發，也能夠消除諸如感覺缺失和麻痺等歇斯底里症症狀。有關歇斯底里症和器質性麻痺之間的區別性硏究也進一步支持了這一點。伯恩海姆關於催眠後暗示的實驗表明無意識觀念能夠激發活動的模式，以及無意識記憶能夠原則上回復到意識中來。沙可認爲創傷是神經病的先決原因。當沙可把催眠和歇斯底里症扯到一塊認爲是病理的時候，佛洛依德以其對心理退化的否定和有關正常人與神經病患者受同樣一組心理規律的支配的信念而包容了所有這一切。衆所周知，催眠師對其病人的關係的重要性，已被佛洛依德改變爲移情的關鍵問題。讓內向我們顯示了一個有才華的但不是革命的頭腦在處理這些材料時應該做的事情。

歇斯底里症的硏究

　　由於《關於歇斯底里症的硏究》（布洛伊爾和佛洛依德，1895）的出版，可以看到佛洛依德在探究類似科學範式或原始範式的某些東西的工作。該書的第一個病例是安娜・О，她在大約一八九〇至九二年期間是由佛洛依德的老師和朋友，一位傑出的維也納醫生——布洛伊爾治療的。當布洛伊爾在治療安娜的時候，佛洛依德仍在硏究神經解剖學，但不久他就得知了這個病例。當佛洛依德在和治療歇斯底里症患者時所遇到的困難做鬥爭的時候，他腦子裡總是記著這個病例。而布洛伊爾方法的生動與

精緻，以及這一病例的最終公布則歸功於佛洛依德的創造性。

長期以來，由於罹患嚴重的不治之症，安娜・O容易陷入各種夢遊狀態。這時，她就想起已經發生的各種症狀，追溯引發每一種症狀的最初的創傷事件。當伴隨著原始的強烈情緒回想起這麼一個事件時，她就從相應的症狀中解脫出來。布洛伊爾在一天一次，甚至一天兩次爲她看病時，常常誘導深沉的夢遊症藉以幫助安娜回想起這些事件。

在十九世紀的八〇至九〇年代，許多精神病學家運用了催眠術。最典型的是用催眠術使病人接受有關他或她的症狀將會消失的暗示。催眠狀態本身是一種休息療法，特別是當延長它的時候，被認爲具有某種治療的效果。布洛伊爾的用法則不同；催眠只是一種手段，用以誘導發洩的再生或發洩（ *abreaction* ）一個創傷的事件。布洛伊爾和佛洛依德寫道：歇斯底里症患者因爲回憶往事而遭到痛苦。當激起的強烈情感不恰當地表現在行動或語詞裡時，一個單獨的嚴重的創傷或一系列小的創傷就會導致一種症狀。由於這種創傷的反應並不明顯，例如家人的死亡，或者由於創傷本身引起的一種阻礙反應的麻痺性情感，例如恐懼，所以這種情境是有可能發生的。病源性記憶從意識的殘餘部分中分裂出來，因此沒有一個被試受到記憶力的正常侵蝕。

當時許多精神病學家由於器質性觀點的定勢，對那些患歇斯底里症的婦女態度急躁或不屑一顧。他們知道這些病人沒有明顯的器質性創傷，也不會因其精神不安而死亡。由於這些症狀會自動緩解，它們就會被說成是由「想像」所造成的而不予理睬。布洛伊爾、沙可、讓內和佛洛依德與大多數同行不同，他們樂意傾聽病人的抱怨，就像布洛伊爾頻繁地訪問安娜・O的例子所表明的那樣。不過除了誘發深沉夢遊之外，布洛伊爾似乎還以其在這種診療中所扮演的被動的與接受的角色而預示著醫生在精神分析學所起的作用。

　　如果把布洛伊爾—佛洛依德的歇斯底里症理論和其先驅相比較，我們可以追溯到與伯恩海姆、沙可和讓內的聯繫，就像這些作者本身所做的那樣。如果說沙可認爲有些歇斯底里症是身體創傷的直接後果，那麼佛洛依德卻認爲所有歇斯底里症是身體創傷，尤其是性創傷的間接後果；而布洛伊爾雖然在許多病例上都贊同這一觀點，卻不承認這一公式的普遍性。這一理論與讓內相似。由於布洛伊爾在讓內開始學醫之前就已經在治療安娜・Ｏ了，所以他無疑是獨立地得出這一理論的。讓內亦如此，他在這一理論的問世方面也有一定的優先權。這兩種理論的一個共同因素是把創傷事件看作像未完成的劇幕。

330　　主要的不同在於，佛洛依德早就對妨礙病人恢復創傷性記憶的東西感興趣了。他觀察了病人在聯想時發生的行爲；病人會變得緊張或不安，他會說他什麼也想不起來，他會很快地改變話題等等。病人的行爲好像是在防禦病原性記憶，或者在他心中好像有什麼東西在抗拒著這種東西——記憶。於是佛洛依德取得了一個重大的飛躍：他認爲，最初壓抑記憶的能力就是阻礙記憶不被意識到的力。（防禦和抗拒兩個術語）可以互用，而壓抑是一個表述性術語）。讓內譏諷佛洛依德的壓抑觀念。

　　讓內和沙可各自強調的有關心理虛弱或心理退化的觀念遭到佛洛依德和布洛伊爾的攻擊。他們聲稱注意到歇斯底里症患者的智力成就、教養和道德感與心理退化或心理虛弱相悖。他們曾和沙可一起假定催眠狀態是研究歇斯底里症症狀起源的條件，但佛洛依德在其後期著作裡卻拋棄了這一看法，認爲這種假設只是布洛伊爾提出來的。

　　由於布洛伊爾發現了宣洩法，佛洛依德始創了精神分析理論，所以人們對布洛伊爾撰寫理論章節，而佛洛依德撰寫療法章節可能會感到驚訝。但是三思之後可以知道，恰恰是這種分工的結果預告了未來，在布洛伊爾撰寫的章節裡，包括了有關催眠狀

態和約束能量對自由能量的思考，前者是一個很快就被拋棄的概
念，後者卻爲精神分析學家所津津樂道。佛洛依德撰寫的章節描
述了他所運用的方法，即一種既引導出精神分析的本質，也產生
準科學範式的成見。

　　在佛洛依德敍述的五個病史和有關療法的篇章裡，他提到了
動用各種不同的輔助療法，包括微電電擊、飲食、休息、水療和
按摩。雖然並非每個病例都採用催眠，但它卻是很廣泛採用的。　331
佛洛依德曾下結論說，催眠術並無害，但幾年之後他又收回了這
個觀點。他的主要手段是根據這樣一個基本法則而採用自由聯想
法的，即過於麻煩的，過於離題的或過於瑣細的心念是無法抑制
的。佛洛依德通常輕按患者的前額，使她相信他這麼做的時候，
某些有意義的東西將會浮現在她的頭腦裡；如果有必要，他會反
覆地這麼做。如果聯想的意義不明顯，那麼當聯想所引起的一連
串思緒接踵而來時，它就會明顯的。

　　心理治療這一章，也是這部書，是以佛洛依德討論抗拒和移
情（即一種特別困難的、依附於醫生個人的抗拒形式）的問題而
結束的。那些與病人的成長史直接聯繫的記憶經常作爲指向醫生
的衝動而闖入意識。這些新的症狀如同病人當前發作的症狀一
樣，是治療的障礙和必須被分析的。

　　佛洛依德論及心理治療的一章在轉變這一問題上方法獨到。
他捨棄了無效的電療。佛洛依德感到不能容忍的是，當醫生和病
人事實上都知道病人正在遭受某些病狀的折磨時，還暗示病人說
他沒有遭受症狀帶來的折磨。佛洛依德在理智上的正直，這種正
直成爲他自我分析的工具，使他放棄了使用依賴虛假和自欺欺人
的方法。

　　至此，佛洛依德的理論判斷表明了治療中的抗拒和創傷性記
憶的原始壓抑之間的關係；自由聯想是一種克服抗拒，恢復失去
的記憶的手段。由於輔助療法和理論之間沒有聯繫，它們被放棄

了。暗示、輕按前額以誘發回憶，以及催眠顯然是最後被拋棄的
東西。佛洛依德之所以反對催眠，是因爲他不是一個天才催眠
師，也因爲許多患者不能催而眠之。此外，即便催眠引發出忘卻
了的創傷，療效也常常令人失望，因爲處在正常的清醒狀態下的
病人不得不接受和同化他過去予以拒絕的致病的因素。催眠迴避
332 了抗拒，但是病人只有在抗拒本身被逐漸克服時才能從症狀中解
脫出來。佛洛依德不用其他技術而越來越依靠自由聯想和夢的分
析，同時向患者指出他在自己的陳述裡根本不會注意到的遺漏、
矛盾，以及令人難以置信的細節。佛洛依德指出，這些遺漏和矛
盾表明無意識力量的作用。正是理論和治療的結合，對精神分析
的發展起著關鍵的作用。

佛洛依德的兩項計畫

　　一八九五年，佛洛依德寫了一部無標題的手稿，寄給他的朋
友弗里斯（W. Fliess），後來克里斯（E. Kris）稱之爲〈建立一
門科學的心理學計畫〉（1954），該手稿試圖建立一個囊括常態
心理學和心理治療學的主要事實的神經生理學和神經解剖學的模
式。佛洛依德決定不發表這部手稿，並且果斷地離開神經學而轉
向心理學，儘管事實上他更有資格成爲一名神經學家。〈計畫〉一
文的主要意義在於它能夠使我們追溯到佛洛依德後期思想的某些
根源。人們可以看到早期神經解剖學的局限和錯誤；例如佛洛依
德不時把每一個觀念和單個神經元對應起來。

　　根據阿瑪切爾(P. Amacher, 1965)的研究，霍爾特（1965）
提出的論點是，在佛洛依德的後期理論中有許多最晦澀而又漏洞
百出的部分都導源於該〈計畫〉的模式。在《夢的解析》第七章，該
模式又一次出現，不過這次卻採取了一種特殊的否定態度，即這
一模式並不涉及解剖定位或結構。雖然物理學和生理學的語言變

成了心理學的語言，但其他方面並無多大改變。在〈計畫〉中，神
經系統排除了與反射弧模式相一致的物理能；在第七章，物理能
已變成心理能。當神經心理學的發展明確地駁斥反射弧模式的時
候，精神分析卻遲遲沒有變化，部分是因為神經學的觀念早已轉
換成掩飾它們本來面目的心理術語了。**精神投入**（ *cathexis* ），　333
這個佛洛依德用以表示心理能的術語以及派生的「反精神投
入」、約束的精神投入和自由的精神投入等等，始終保留在佛洛
依德的理論之中，儘管他一直迴避給出明確的定義（霍爾，
1962 ）。

　　大約在佛洛依德完成這個〈計畫〉的時候，他開始了另一項計
畫，即他的自我分析，這項計畫主要透過分析他的夢而得以完
成。由於精神分析的理論和實踐要求每一個精神分析學家首先把
自己作為一個面對另一個分析者的病人，因此人們就會問：誰是
第一個精神分析學家呢？精神分析學家的作用包括三個方面的功
能：當病人重視童年時候的創傷事件和問題事件時，充當病人的
目標或對象；指出患者故事和聯想中的遺漏和矛盾，藉以尋找無
意識抗拒的作用；為患者的聯想和記憶提供解釋。對佛洛依德來
說，第一個功能是由醫生弗里斯來完成的。在佛洛依德的自我分
析時期，他和弗里斯保持著積極的和親密的合作。弗里斯似乎一
點也不具備後兩種功能。至於後兩種功能，據我們所知，佛洛依
德在最關鍵的幾年裡沒有得到外界的幫助。他的自我分析是值得
注意的，因為批判了自己的思想，揭露了他自己的無意識遁詞和
自我欺騙。甚至在這一分析的前景如何或初期嘗試的後果怎樣等
一般的指導都沒有的條件下，佛洛依德走了一條從未有人走過的
路。

　　在自我分析時期，佛洛依德認識到，病人告訴他的，而他也
信以為真的（病人本身並不總是信以為真）童年時代的許多性誘
惑故事是幻想的而不是真實發生的事情。由於治療結果令人失

望,例如,對無意識沒有現實的標準,這些記憶並不出現在精神病人的妄想之中,所以他對所有的父親都縱情於性反常的行爲的說法感到驚訝,這就是佛洛依德懷疑童年時期性創傷的眞實性的理由。然而,瓊斯認爲佛洛依德的自我分析可能是決定性的因素。

334 　　當創傷理論的這一基本要點被打破時,佛洛依德的第一個反應是認爲精神分析被整個地推翻了。但他很快就認識到精神分析的大多數東西是可以被利用的,並且將建立在一個更爲堅實的基礎上,如果在許多病例中並沒有發生性誘惑的話,那麼這些誘惑就是幻想的東西。在決定一個兒童的創傷經驗方面,幻想的東西似乎具有和現實一樣的力量。如果這些誘惑不是由成人引起的,而是在兒童的幻想中產生出來的,那麼兒童就一定有性的衝動。由此產生了佛洛依德的主要發現之一,即嬰兒性慾。儘管這也許是眞的,但正如埃倫伯格(Ellenberger,1970)所指出的那樣,一門特殊的兒科學在這個發現之前就已經產生了,也正如佛洛依德所說的那樣,每一個保姆都知道這門兒科學,可是佛洛依德本人在一八九五年肯定不知道這門兒科學,並且嬰兒性慾的觀點也激起了很多反對意見。

創傷的範式

　　現在,讓我們來概述一下佛洛依德在早期精神分析中的地位。事實上,他的著述並沒有明確使用我稱之爲「創傷範式」(trama paradigm)的一組觀點,這是我根據他不再相信嬰兒性誘惑的眞實性時所集中思考的問題的邏輯結構而重新構築的。

　　佛洛依德的基本假設是,行爲和思想是有規律的。心理學的規律對於精神病患和正常人,對於精神病學家和病人都適用。在

心理退化中找不到神精病的解釋。佛洛依德的自我分析術語來自這一假設，正如他努力所做的那樣，去解釋各種症狀和其他一些顯然是無意義的行為。

心理決定論是佛洛依德的第一個重大發現，它本是一個結論，但也是一個與後來的研究有關聯的假設。心理決定論認為，觀念可能引起身體病狀，因此也可能治癒身體症狀。這一發現不是閉門造車，而是從多年的科學研究和臨床研究中得出來的。布洛伊爾對安娜·O 的治療表明，恢復創傷性記憶能夠消除症狀，佛洛依德和讓內在許多病例中進一步證實了這個發現。運用催眠術，沙可藉助觀念既創造了症狀，又消除了症狀，伯恩海姆關於催眠後暗示的實驗強化了這一結論。佛洛依德本人有關歇斯底里症性麻痺的研究表明，觀念可以引發酷似身體病痛的症狀。 335

一個有關的原則是動力無意識，它是佛洛依德的所有發現中最著名的一個。不過這個原則也許不完全屬於佛洛依德，因為讓內也有一個類似的概念。它指出，無意識觀念有點像意識觀念那樣影響行為，但是這個表述過於軟弱。另一個表述是，行為的最重要的決定因素是無意識，這個表述過於強烈，儘管它是一種流行的觀點。一種觀念認為，一個特定的觀念當它是無意識的時候要比它成為有意識之後更有力地影響行為。最精緻的，也可以說是極為正確的觀點是，意識和無意識觀念都影響行為，但是行為的結果只影響它的意識根源。這裡還不包括由無意識願望派生出來的意識現象，潛意識壓抑和其他併發症。如果這個陳述能夠成立，那麼治療就成為不可能的了。它只是關於意識和無意識的決定因素對行為的短期關係的一個圖解式的看法。行為的無意識根源是不能用普遍的獎勵和結果來標誌的；因此，這是一個「無效法則」（盧文格，1966）。

根據佛洛依德的看法，歇斯底里症的突發過程總是內部的衝突；衝突的雙方是性的願望和個人的道德準則或自我。內部衝突

引起神經症已是一條永久的原則，但是當時人們更多注意的是罹患神經症的素質，這種素質在佛洛依德看來是一種心理創傷，特別是童年時代的性誘惑。正如佛洛依德當時認爲的那樣，由於兒童沒有性感受的能力，因此青春期對誘惑記憶的恢復成了致病的原因。使一個事件成爲創傷事件的原因是一個人在當時沒有充分地和恰當地做出情緒反應；壓抑這種記憶使它成爲致病因素。治療的目的是恢復被壓抑了的對創傷事件的記憶，徹底發洩被抑制的情緒，以便在這些記憶和其他的意識自我之間建立聯繫。

336

治療的方法是自由聯想，尤其是夢的分析。由聯想、夢、遺忘症狀等等組成的資料還沒有像從前一些心理學家處理資料那樣被概括。妨礙治療進展的主要因素部分在於病人抗拒去追憶被壓抑的記憶，這已爲病人中斷回憶和其他一些對病人來說雖不明顯，但對治療者來說卻是很清楚的跡象所證實。這個概念是新的；它把治療期間的觀察與病原性壓抑聯繫起來。一種形式是把病人對親屬的症狀遷移到對治療者。這樣，抗拒和移情是作爲對被壓抑的創傷性記憶的恢復進行干預的過程而出現的。

另一項有意義的發現是情感移置。一種適合於某種觀念的情感能夠聯想到另一種觀念，看來這是佛洛依德的一個具有獨創性的發現，儘管這一發現的原材料來自亞里斯多德。情感移置是解釋症狀或夢的一個必要前提。

自我概念是作爲一個來自民間的術語而應用的。主要過程和次要過程的術語出現在那部〈計畫〉中，但後來這些觀念卻是以不同的涵義提出來的。理論的一個方面是把特殊性的創傷和特殊的精神性神經病聯繫起來，但結果證明不行。然而佛洛依德知道他已經發現了一種治療方法，這種方法不僅對於歇斯底里症有特效，而且具有更爲普遍的應用性。

當神經病記憶，創傷性誘惑中的共同成分不是共同的經驗，而是共同的幻想時，這個範式就倒塌了。然而，合乎規律的假

設，動力無意識、自由聯想、抗拒、移情和情感移置等概念卻毫
無損傷。由於幻想在導致病原性記憶時具有與現實同樣的力量，
因此心理決定論給人們的印象比以往更加深刻，對內部衝突作爲
神經衰弱的原因這樣一些病例來說也是有說服力的。兒童感到他
應該對自己的願望和幻想負有責任，因此壓抑就成爲更有理智的
了（瓊斯，1965, p. 285）。佛洛依德在下一個時期的中心特色
是發現「戀母情結」，用以取代創傷性誘惑的虛偽催眠。

佛洛依德的思想來源

　　佛洛依德是一個學識淵博的人，人們容易忽視他的思想的一
些重要來源。當我們在比較他的那些偉大發現時，應該如何估量
他的那些錯誤的根源呢？佛洛依德的思想來源有三個方面。首先
是羽翼豐滿，發展成熟的科學。其次是與他的思想的某些方面很
相似的哲學和文學作品。第三是他本人的經驗和臨床研究以及他
的那些導師。

　　在第一方面，有熱動力的科學發現，進化論和傑克遜的神經
學。這些範式只是透過類比的方式影響他的思想；沒有一個範式
直接與他的工作密切相關。熱動力學的影響常常被誤解。赫爾姆
霍茲學派的名言，即在有生命的物質裡只能找到以物理、化學或
諸如此類的方式活動的力，促使佛洛依德接受了物理決定論的信
條，然而，在赫氏名言和熱動力學的理論之間並不存在邏輯的聯
繫。能量及其守恆是熱動力學的基本概念，它們成了上世紀初到
本世紀末心理學家和精神病學家非同尋常的科學結構的模式。例
如，斯皮爾曼（C. Spearman）斷言，"g"因素，即能力測驗中
的一般因素，最好被看作是心理能。讓內的心理概念也接近於自
我概念。在佛洛依德看來，心理能或「情感強烈」（charge of

337

affect）是某種產生於自我之前或之外的東西。正如艾瑞克森所說的那樣，即令是最偉大的頭腦也受時代神話的影響。能就是佛洛依德時代的神話。正如通常所轉化的那樣，在佛洛依德假設能量移置或「宣洩」之後所做的可靠的觀察是與情感移置這一不朽發現相關聯的。

精神分析心理學的最重要的來源是佛洛依德的研究，以及與佛洛依德一起在實驗室和診所裡工作的其他人的研究。儘管佛洛依德極力反對催眠術，但催眠術在佛洛依德早期的發現中起著不可或缺的作用。這樣，即便是最有價值的源泉也會成為障礙。佛洛依德在生理學和神經解剖學的研究方面做出了巨大的貢獻，但也給人們留下了這樣的印象，即精神分析陷入了複雜難解且又一無成果的心理玄學的境地。在這一背景下的另一個明顯的結果是佛洛依德的理論把焦慮性神經症看作是由於令人不滿的性行為如手淫和性生活中斷所造成的。佛洛依德關於焦慮性神經症的最初理論有各種不同的說法（佛洛依德，1895），有時候他幾乎要說焦慮是由於一種毒素的積累而造成的。有時候他又用性慾的身體因素和心理因素的分裂這個意思極為不同的觀點來談論焦慮的根源。總之，這一理論後來被取代了。

在佛洛依德提出他的觀點之前，在哲學家的著作裡已經有許多爭論，特別是有關無意識問題的爭論。赫爾姆霍茲根據無意識的推理撰寫知覺的問題；赫爾巴特（J. F. Herbart）有過壓抑的概念，不過在他看來，强有力的意識觀念壓抑著較虛弱的無意識觀念；有鑑於此，佛洛依德不能不解釋無意識觀念，雖然哈特曼（E. Von. Hartmann）在一八六九年出版了《無意識哲學》，但在叔本華看來，意志是統治宇宙的一種盲目的、無意識的驅力，現象世界只是它是一個表現（或觀念）。人類的存在，特別是一個無理性的存在，在它身上意志力採取兩種本能形式，即求生本能和起著繁殖功能的性本能；後一種本能更為重要。從叔本華和

其他哲學家的形而上學的思考中，佛洛依德也許只是得到與他的治療神經症的工作關係甚稀的片言隻語、假設和類比。

瓊斯強調指出，佛洛依德有關無意識的解釋是與他對兩類心理機能的描述聯繫在一起的，即服從不同規律的主要過程和次要過程這一佛洛依德的新概念。「如果任何人要說他（佛洛依德）是從別人那裡得到無意識觀念的，那麼，這話裡面包括的極端荒謬是無法由這話裡面包含的一丁點真理所抵銷的。」（瓊斯，1953, p. 379）另一方面，埃倫伯格卻花了幾百頁的篇幅來談論佛洛依德的先驅「對無意識的發現」。這兩位都是學者，並且都為他們的觀點提出了有力的證據。

佛洛依德是有史以來最富想像力和獨創性的思想家，但是若無任何背景的話，沒有一個人能夠創造出完整的思想體系。心靈必須有某種東西才能發揮作用。精神分析學家和精神病學家之所以崇敬佛洛依德，不僅是因為他發現了無意識，而且也因為他發現了自我、快樂原則、心理創傷的致病效應，以及病人對治療者依戀的重要性。所有這些思想源遠流長。充斥於常人頭腦，充斥於許多心理學教科書，甚至充斥於諸如《佛洛依德的發現》之類的精神分析手冊內的東西都是一種具體的、半圖像的和各因素之間缺乏聯繫的像夢一樣原始化了的翻本。這種原始的觀點描述的是佛洛依德從民間獲得的東西。而他所補充的屬於獨創性的東西卻是細節、差別，總之是因素之間的聯繫。正是這些東西使得許多人學不會精神分析。

結　論

如果本章看來有點離題的話，那是因為在早期自我發展被作為好像是一個遊魂那樣來描述的。自我是個體所在地，但是完整

的個體是複雜的，既是身體的，又是生理的，也是本能的和社會的。心理治療可以被看作爲旨在促進自我內驅力的協調；在這些意義上說，精神分析是信仰治療和催眠術的，而不是器質性精神病學的繼承者。但是佛洛依德是一位神經學家，不是一個正統的治療者，精神分析的基本原則是從多年的醫學研究中發展出來的。

內驅力和無意識，即在病原性衝突中作爲自我的對立物的非我（ *non-ego* ），最先引起佛洛依德的興趣。他所採用的自我的常識性意義後來被同樣植根於防禦、壓抑和抗拒等概念中的一個技術性的概念所替代。沒有精神分析，我們關於個人（ *person* ）的概念依然是單薄的和過於理性的。沒有精神分析的歷史，精神分析的自我概念就是一個武斷的甚至令人迷惑的東西。在下面兩章，我們將像佛洛依德和其他分析者試圖糾正他們對內驅力、衝突和無意識的片面觀點一樣，探索他們是怎樣回到我們的主題上來的，使它成爲一個比前述任何理論更豐富、更深刻、更有獨創性的理論。

第十四章　精神分析：
從內驅力理論到自我理論

341

　　精神分析的歷史可以分爲三個階段。每一個階段都含有一個
關於人類本性的不同觀點：人作爲其環境的對象（與「心理退
化」的早期學說相對照）、人作爲其內驅力的對象，以及人作爲
其環境和內驅力的對象和主人〔希金斯（ J. W. Higgins ），
1961〕。第一個時期在上一章提及創傷範式時已經討論過了。本
章我們想透過描述內驅力的範式來說明第二個時期的主要特徵。
第三個時期由兩個交疊的傾向組成，在第一個傾向裡，內驅力的
範式涉及到自我發展和自我心理學的有關方面，這將在本章的最
後一部分描述。第二個傾向提出了一個新的或自我的範式，包括　　342
內驅力心理學和自我心理學的主要特徵；這將是下一章討論的主
題。如果不是逐字運用孔恩關於科學範式的模式，則這些術語引
起了一種比較。至於適應於科學標準的精神分析的方法將在下面
一章討論，儘管這種討論並不是徹底的或定義明確的。

　　佛洛依德在他充分鞏固創傷範式之前，在他獲得同盟者之
前，描述了創傷範式。本章將提出內驅力範式，重點放在內驅力
範式和我們課題的關係上。我們將緊緊追隨佛洛依德，但範式思
想的產生是爲了探究邏輯的現實而不是逐字的表達。

　　一九〇〇年，佛洛依德出版了他最偉大的著作《夢的解析》。
他根據對自己夢境的分析，根據對有些病人的夢境的分析，根據
對其他正常人的夢境的分析，建立了精神分析理論的基礎。《日

常生活的心理病理學》（1901）、《性之三論》（1905b）、《玩笑
及其和無意識的關係》（1905a），這三部著作進一步建立了作為
正常生活的普通心理學的精神分析。在這期間，精神分析的臨床
理論進一步得到發展，佛洛依德記錄了所有典型的病史。他贏得
了許多追隨者，同時也失去了一些追隨者。《精神分析導論》
（1916～1917）是對這一時期的總結，它包含了對內驅力範式的
一個充分的現實的看法。下面一節我將主要討論這一看法的論
據。

內驅力範式

「釋夢是一條理解人腦無意識活動的捷徑。」〔佛洛依德
（1900）1953, p. 608〕無論從表面上看來夢這種現象如何荒誕隱晦
怪異，但它總是具有意義的。要想解釋它們，必須追溯其顯意部
分，再推衍出其隱意來。它是由一個人對夢境要素的自由聯想決
343　定的，其意義在於願望的實現。在幼兒身上，夢境中的意義是一
個無法實現的願望，但在成人身上，有時會由於日間一些瀰散的
並不經意的事件喚起長期來壓抑的嬰兒形態的夢。透過夢境的偽
裝，人們發現了無意識思維的規律，也就是主要過程。主要過程
包括各種要素凝聚成一個單一的夢境，以及情感移置使一個要素
適合另一個要素。在夢中，抽象的觀念如同畫謎或象形文字一般
栩栩如生地具體地再現。夢境的要素在明顯的夢中可能被省略，
特別是那些要素之間的聯繫。那些把潛在的內容偽裝起來的心理
稱作夢的操作（ dream work ）；精神分析的任務便是揭開這層
偽裝的面紗。

每個人都有夢；這就產生了對日常生活和正常心理加以精神
分析的需要。日常生活的精神病理學包括小的過失、錯誤以及常

令我們頭疼的健忘症。像做夢一樣，誤解具有意義，它揭示的要嘛是一個人不想公開的某種東西，要嘛是一個人沒有意識到的某種動機。動作倒錯〔*parapraxes*（*Fehlleistungen*）〕這一術語是佛洛依德用來描述口誤、筆誤、過失以及對新近發生的重要事情的遺忘而引進的一個新概念。在此之前，這些現象還沒有被概括為心理學和精神病理學的材料，玩笑和動作倒錯是透過類似於夢的操作那樣的過程構成的。

　　精神性神經病的症狀基於一個相似的模式；它們或表現為不得要領的動作，或表現為無意義的，或是兩者兼而有之，但在過去的某些情境中，其思想是合乎情理的，其動作也是有的放矢的。過去的經歷必然是有意識的，但症狀行為的最初意識卻不一定是有意識的。歇斯底里症典型地表現出對經驗和意圖的記憶缺失；患有強迫性神經病的人，其症狀賴以存在的經驗仍為記憶所及，但其症狀的聯繫，也即症狀的意圖卻被抑制了。要想治癒這兩種症狀，可以透過解除壓抑、恢復記憶和聯繫來實現。這樣，一些在成人看來微不足道的問題就可以透過意識自我來處理，從而使患者的症狀消失殆盡。那些構成症狀基礎的經驗是創傷性的經驗，它在患者心理打上了很深的烙印。創傷的解釋是定量的，或者像佛洛依德所說的「經濟的」，創傷是這樣一種體驗：短時間內增長的刺激過於強烈，以至於難以適當地應付或處理。

　　在移情性神經病中，也就是說在焦慮性歇斯底里症、轉變性歇斯底里症和強迫性神經病中，症狀替代了性慾的滿足。與自戀性神經病、早發性癡呆和抑鬱症相比，移情性神經病構成了這樣一個領域，在這領域裡，精神分析作為一種療法是頗為見效的。移情性神經病患者之所以得病，往往是由於他們性慾在現實中受挫。症狀的顯現無非是一種調和，既發洩了被壓抑了的性慾，又施行了自衛的措施。

　　這裡的性慾是一個廣義上的性概念，它包括各種性變態的行

344

為和孩子氣的肉慾，比如嬰兒身上顯而易見的吮吸。唯其如此，才能用來解釋日常生活的許多事實。性慾並非出現在青春期。早在孩提時代，它就以各種不同的形式呈現。在青春期，這些形式依附於繁殖，儘管在許多情況下並非都是如此，也不完全是性反常行為，在某些情形下甚至不涉及生殖器官。性的恐懼、幻想、兒童的願望，特別是男孩對閹割的懼怕和女孩希望成為男性的渴望，在正常人的性格形成、神經病患者的症狀形成，以及在精神分析治療的抗拒中起著舉足輕重的影響。正常人的性反常、亂倫以及殺人的夢境向我們表明，神經病患者的戀母情結僅僅是對正常人發展的普遍特徵的一種誇張的說法。

345　　　壓抑這一概念與性慾沒有內在的聯繫。它是一個動力的或地形的概念，地形（ *topography* ）涉及不同的精神體系，如無意識、意識和前意識體系。壓抑必須與倒退區分開來，倒退是一個從高級階段向低級階段發展的術語。在性的發展中，各階段（口腔階段、肛門階段、生殖器階段）或多或少有規則地出現固戀現象。由於受挫，慾力——即性的內驅力——就可能倒退到早期的階段，尤其是那些固戀較強烈的階段。有許多途徑可以釋放這種剝奪而不至於歇斯底里。無壓抑的倒退導致性變態而不是神經病。而且，性的衝動是可塑的，取決於目標與對象。昇華（ *sublimation* ）是用有價值的社會目的代替無法實現的性慾目的的一種術語。由挫折導致神經病，其間必然經歷性慾內驅力與自我內驅力的衝突或自我與性慾之間的衝突。

導致神經病及其症狀形成的孩提時代的事件包括窺視父母的性交、成人的引誘以及對閹割的恐懼。這些事件一俟發生，例如性交，它就可能要比實際觀察到的更為詳細地被描述。對年幼兒童來說，幻想如同真正發生的事情那樣有著心靈上的現實性（這些具有共同內容的幻想的再現使得佛洛依德推測它們是種系發生（ phylogenetic endowment ）的一部分。他總是錯誤地相信特

徵獲得的遺傳學說）。

　　歇斯底里症的症狀是以病人的幻想爲基礎的；在強迫性神經病裡，反應的形成構成症狀。在妄想狂裡，妄想是以夢的理論的「次級修正」的形式來構成的，也就是說，它們是圍繞一個無意識的核心而產生的文飾作用，以便在一個似乎有理的關係中呈現它。在創傷性神經病裡，特別是在戰時的創傷性神經病裡，自我正在探究保護和利益，除非再現當時的眞實情境，否則的話很難有治癒的希望。因一度患病和久病不癒而獲得的動機也會在所有其他神經病患者中出現，但遠遠不及由於戰爭而引起的創傷性神經病。相應地，其他一些無意識的和孩子氣的病因在戰爭引起的創傷性神經病中也得以體現，但遠遠不及其他情境下引發的神經病。

346

　　佛洛依德指出焦慮是精神病理學中的一個核心問題；在撰寫《導論》期間，他繼續認爲不完整的性刺激導致焦慮。然而，這一理論是一個更爲廣義的概念的組成部分。當記憶受到壓抑時，這一觀念的內容與它在意識狀態下和在無意識狀態下的情形是一樣的。佛洛依德並不認爲一種無意識情感的觀念能持續很久，那些被壓抑了的觀念，不論它們屬於何種性質〔焦慮、憤懣、狂怒，或是積極的慾力（libido）的興奮〕，其情感都會變成焦慮。焦慮導致症狀的形成。壓抑則是自我從具有危險性的慾力的感受中掙脫出來的一種嘗試。對恐懼症患者來說，就是把內在的危險轉變爲外在的危險。

　　精神分析的治療在患者身上激起強烈的感受。積極的感受促使他們產生取悅於醫生的願望，從而幫助它們完成治療。然而，不論是消極的感受還是積極的感受，這兩種傾向遲早都會給治療帶來不利，且有悖於他們的天性。要想治療持續下去，需要對這種關係本身加以分析。醫生必須告訴病人，這是一種移情的感受，它導源於早期的生活經歷。在重複這一模式的過程中，病人

能夠回憶起它們的根源。這一過程是精神分析療法的核心所在。這樣原本作爲治療過程中一大障礙的移情變成治療的一種主要手段。

佛洛依德認爲，伯恩海姆、讓內和其他人所使用的提示和催眠的精神分析法，無論對病人還是醫生都提出了最低限度的要求，而對抗拒和移情的分析則需要花費更多的人力和物力。但是，我們沒有理由期望病人能夠耗費小而收效大。不論是在施行催眠術還是當主要症狀已經消失之時，精神分析學家都應努力幫助病人克服其抗拒，以免再度發病。

347

以上概述了二十世紀早期的精神分析，即內驅力範式。內驅力（*Trieb*）是把症狀理論、夢、動作倒錯、玩笑、自由聯想和移情等等聯繫起來的紐帶。用來表達正常生活、神經病和治療的這些原理是相互聯繫的。

這裡，讓我們看來看一看這一期間最具代表性的反對人物，然後再來看一看佛洛依德的思路，這條思路一方面成功地擴展到自我心理學，另一方面又削弱了內驅力範式的基礎。

反對者：阿德勒與榮格

一九一一年，阿德勒和其他一些維也納精神分析學者率先和佛洛依德脫離了關係。一九一三年，榮格和瑞士的一些精神分析學家與精神病學家也相繼退出了以佛洛依德爲代表的精神分析陣營。阿德勒和榮格最初都曾經是佛洛依德精神分析學派中的佼佼者。在此，我無意去介紹他們作品中一些在旁人看來至關緊要的部分，而只想將其在病理學、治療和自我發展方面的觀點與佛洛依德和讓內的觀點做一比較。

阿德勒和其他一些脫離佛洛依德陣營的分析學家都是社會主

義者。他的思想要比佛洛依德更強調環境的重要性。正如 H・
安斯巴赫和 R・安斯巴赫（R. R. Ansbacher, 1956）所指出的，
許多新近的對精神分析持有異議的學者，比如佛洛姆和霍妮
（K. Horney），他們也同樣注重環境因素與情境因素，與其稱
他們為新佛洛依德派，還不如稱他們為新阿德勒派。

　　阿德勒未曾出版過大量的病史，所以要想重新整理他的療法
還頗有些困難。阿德勒把自己的理論稱之為個體心理學，其治療
方法稱之為「個體心理治療」，阿德勒和他的病人相對而坐，兩
人椅子大小和形狀也一模一樣；醫生不應使患者產生一種卑下的
感覺（與此相反，佛洛依德的病人則躺著治療，他自己坐在一
邊，這樣，他可以觀察到病人，而病人卻無從觀察到他）。

　　個體療法的第一步是簡潔地；對醫生而言，他必須充分理解
患者，包括他的生活風格（ life-style ）和想像中的生活目標
（ fictitious life goal ）。阿德勒也將「生活風格」和「想像中的
生活目標」用於正常人身上。醫生必須去發現患者在思考問題和
確定目標時的錯誤。如同正常人一樣，病人也在為統一性和一致
性而奮鬥。於是，他就有可能推說自己病魔纏身而不得不推卸生
活交付給他的責任。醫生可以問病人，一旦他治癒了，他將做些
什麼，這時，病人可能會如實地道出他原本最想逃脫和推卸的生
活責任。

　　第二階段可能持續時間較久，也許長達幾個月，醫生要幫助
患者喚起對其生活風格和想像中的生活目標的意識，使其明白它
們與他的現實情境之間的矛盾。在最後階段，必須由患者自己道
出他在這些方面的改變措施。在佛洛依德看來，阿德勒的療法是
由對前意識的探究構成的，儘管它與精神分析在理論上的判斷大
相逕庭，但與精神分析治療的早期階段還是有很多相似之處的。

　　阿德勒對抗拒和移情有兩種可供選擇的解釋。抗拒是病人向
醫生表明他的優越性和不滿的傾向。這種傾向是神經病患者對付

348

別人的一種恆定的方法，也是他們有待於醫生指正的錯誤的生活風格的一個組成部分。積極的移情是由醫生透過指出被壓抑的性的因素而人為地引發的。病人缺乏勇氣，也沒有足夠的社交興趣，他們需要一個良好的人際關係來鼓勵和激發他們潛在的社交興趣。

　　如上概述，只是對阿德勒理論的簡潔說明，它表明在佛洛依德看來，阿德勒已經放棄心理學和無意識的分析，儘管在他們的材料中，仍舊保留了這些詞語。阿德勒的「個體心理學」不能稱之為精神分析的一個流派，因為它有悖於精神分析的實質，特別是對抗拒和移情的分析。

　　當阿德勒從無意識的研究中退出，朝向一個有關常識的心理學時，榮格（1943，1945）卻更深地致力於無意識領域的探究，從中發現了一個「眾神」（pantheon），或性格的穩定性，人格面具（*persona*）被定義為類似於一個門面或面具的某種東西，定義為意識自我和無意識自我的總和，定義為集體精神的部分。人格面具在世界面前表現出來的這張臉，適合於他在生活中的職能與地位，主要受到社會的制約而非他自己的個性所決定，但又是為他的自我所接納的。與此相對的是人的陰影（*shadow*），亦即他消極的人格特質，難以為他的意識自我理解和接受。他的無意識有兩個截然不同的組成部分，即個體無意識與集體無意識。個體無意識與他自己的歷史有關，並包含了原則上能意識到的一些要素。由於精神分析的缺乏和壓抑的提高增強了無意識，那就是集體無意識。集體無意識包含著先天的意象，典型的有：男性中的阿尼瑪（*anima*）與女性中的阿尼姆斯（*animus*），也包含諸如智慧老人、魔術師、出現在歷代社會的神話與宗教之中的魔鬼等形象。

　　在與佛洛依德結識之前，榮格已開始致力於詞語聯想技術的研究，以此作為探討無意識活動的一種方法，並提出了種種複雜

的情結。**情結**這一術語，榮格最初取自齊亨（T. Ziehen）；但他知道這類似於讓內和佛洛依德的觀點，也知道在治療歇斯底里症的過程中無意識情結的涵義。

　　榮格與佛洛依德的分歧大體在於嬰兒期性行為的看法，特別是對戀母情結的看法。榮格把慾力（libido）多看作是心理能（*psychic energy*），不一定具有性的內涵。而且，他有時把心理能意指魔力。他說，心理能需要一種相反的壓力；因此，榮格的心理能和佛洛依德不一樣，它沒有熱力學的涵義。榮格在佛洛依德稱之為潛伏期的地方找到了性慾的起始。

　　當一個病人企圖逃避面臨的責任或困難時，神經病便發生了。榮格的這一觀點類似於讓內和阿德勒。佛洛依德認識到在戰時神經病患者身上這些因素的重要性，但他認為在大多數情況下，由疾病所引起的神經病是次要因素，雖然它們有可能經常出現。榮格治療了大多數病人而無須對患者的無意識進行探究；然而，他的許多理論只適合很小一部分病例。

　　榮格分析無意識的方法，他稱之為分析心理學，是透過對夢的分析來進行的，這種分析甚至要比精神分析涉及範圍更廣。他主要根據普遍的象徵主義來解釋夢，而不是像佛洛依德強調的那樣根據個體的聯想來解釋夢。對榮格的夢的解析來說，它可以分為三個階段。第一個階段是對人格面具和陰影的分析。患者需要分解他的人格成具，並且承認，接受和同化他人格中的消極方面。第二個階段涉及阿妮瑪或阿尼姆斯的問題。男性對女性有一種理想的想像，這種想像來自他的母親，那就是阿妮瑪。女性對男性也有許多理想的想像，這種想像和阿尼姆斯結合在一起。除了理想之外，阿妮瑪和阿尼姆斯還是一種第二自我；因此，兩者都會歪曲一個人對異性的知覺，並決定了一個人的行為。它們必須作為心理功能來理解和同化。在第三階段，諸如智慧老人或偉大的母親等意象出現在夢境中，並且必須被處理。

一九一三年，榮格在與佛洛依德徹底決裂後，他出版了一部關於類型學的最負盛名的著作（1921）。他的主要區分是內傾（*introverts*）與外傾（*extraverts*）的區分。現在這兩個術語已成了人們的習慣用法，雖然在榮格的精確的定義中並不是這個意思。內傾這一術語是指從內部的或主觀的因素來發現一個人的動機，外傾則是從外部因素推衍其動機。一個人可能從一種態度轉變到另一種態度，但如果他羈留在某一級上，我們就可以將他描述爲那一種類型的人。榮格設想佛洛依德是外傾的，因爲他把主要價值歸因於一個人過去的經歷和客觀上的原因，而阿德勒則是將其歸因於目標和意圖，這是主觀的，因而是內傾的。榮格認爲他的「分析心理學」綜合和汲取了佛洛依德與阿德勒的理論，他並沒有忽視兩人的方法，相反地，認爲它們具有同等的重要性，特別對青年問題具有價值。

在榮格的治療過程中，人格面具，包括意識自我和無意識自我，是被分解的，而且要求一個人緊緊抓住他的無意識問題。個體無意識被同化到這樣一種程度，以致患者的視野開闊了，並接近自我實現的理想或個性的形成。問題在於這種分析可能會繼續深入到集體無意識，從而使患者重新回到他的起點，或將自己與意象等同起來自恃尊大，把自己看作是神明先知，或成爲精神病患者。所以，必須努力避免集體無意識這一危險。

如同佛洛依德和阿德勒在治療中遇到的問題一樣，榮格在對青年患者進行治療時，也會涉及到性衝動和權力慾望等問題。對中年人和老年人來說，則會不可避免地遇到哲學和宗教的問題；一般說來，年長的患者已經克服了父母的移情和青年人的幻想，而這些在對青年患者的治療中是必須加以處理的。

儘管榮格關於自我實現的概念看來意指自我發展，但他的類型學卻是按不同的線索組織而成的。這些功能具有內傾和外側兩種特徵，從而產生八種心理類型。病人往往有意識地選擇自我感

351

覺較爲良好的一種功能來左右自己的意識行爲；因此，爲了達到
精神上的平衡，醫生可以建議病人從事一些有關其他功能的活
動。例如，可以鼓勵一位數學家（思維）念念詩（感受），或作
作畫（感覺），這樣，儘管在某些方面，榮格派的分析不像阿德
勒的分析那樣直接地與精神分析相對立，但他的分析者比起精神
分析者來扮演了一個更爲主動的和直接的角色。

在榮格的理論中，抗拒與移情的概念是較爲模糊的。儘管在
人格面具的標題下，他必須處理抗拒，討論它。在討論移情時，
他也看輕了佛洛依德對它的強調。他指出，在一些病例中，移情
最好由它自己表現出來，而不是把它作爲主體加以分析。然而，
精神分析的標誌不在於承認移情。催眠師和磁學家通常承認催眠
師與其病人之間的愛慾關係。對佛洛依德來說移情是治療的舞
台，在這舞台上，舊的衝突可以爲新的結果所扮演。這一思想看
來並不是由榮格提出來的。最後，雖然佛洛依德相信特徵獲得的
先天因素，但這不是他的範式中的實質部分；後來的一些精神分
析學家並不分享這一信念。集體無意識的概念是榮格範式的核
心；如果眞想從集體無意識中勾畫出意義來，那必須根據特徵獲
得的先天因素的錯誤學說來做。

內驅力範式中的自我發展

內驅力範式是一個變革性的成就，因爲它涉足了前人從未涉
獵過的生活心理學領域。由於心理現象大多數是根據內驅力來解
釋的，因此如何把內驅力心理學和自我心理學結合起來就成了一
個問題。兩者是彼此獨立的學科，還是相互包容的學科？榮格和
阿德勒繼續潛心於夢與動作倒錯的研究，在某種程度上，他們的
心理學是內驅力心理學。阿德勒認爲佛洛依德過分強調內驅力，

352

而他自己的解釋則是根據自我方面；榮格的內驅力已經沒有性的特徵，對他來說個體無意識與集體無意識幾乎完全獨立於意識自我。正因為他們的前提如此相異，所以榮格和阿德勒並未影響佛洛依德及其追隨者的研究方向。儘管最初佛洛依德把自我（或道德衝動）和性內驅力對立起來，但後來他的研究表明自我是內驅力派生的。

費倫齊（見第 5 章）認為，當兒童適應現實時，他的自我就得到發展，不是因為趨向發展的自發的努力，而是因為客觀環境要求他完全放棄本能的滿足。費倫齊的解釋停留在自我形成的最早階段。

佛洛依德〔（ 1914 ）1957〕在有關自戀的文章中提出了自我發展的內驅力派生的觀點，這無疑是具有突破性的重要一步。他根據各種證據把自戀的傾向看作是性心理發展的一個組成部分。自戀的性反常行為只表現出一種極端的和典型的症狀。佛洛依德假設了孩提時代一個初級自戀的階段，這時兒童會對各種物體均表現出真愛。人們對他的這種自戀概念地的主要爭論在於，這種愛一旦受挫，慾力便回到自戀的位置上。這種回歸稱作次級自戀。這一廣義上的自戀不再是一種反常的行為，而是「慾力（libidinal）對自我保護的本能的利己主義的補充」（ p. 74 ）。在精神分裂症患者身上，其興趣脫離現實，而妄想狂患者可能是因為慾力脫離現實造成的。一個患有器質性疾病的人，其興趣脫離外界，只關心他自己。而疑病症患者也像器質性患者一樣，具有為自己的身體徵兆感到痛苦的特徵，其慾力脫離外界。

認為在兒童和古代人的精神生活中，其思維和願望全能的觀念，也是一種自戀。「一個孩子的魅力在很大程度上有賴於他的自戀，他的自我滿足和難以實現性。」（ p. 89 ）父母往往過高地估計了他們的子女，而忽視了其缺憾之處，非但不對他們施加規則，相反卻為他們爭取種種特權和優惠。他們期望那些由於現

實的原因本身無法兌現的夢想能在自己子女的身上得以實現。　354
「父母對子女的愛如此之深，如此之稚氣，無非是他們的自戀轉
化成愛物體，從而無疑地表現出它最初的性質。」（p. 91）

　　關於費倫齊的早期自我發展理論，佛洛依德進一步做了如下
探討。一個自以為至善至美的孩子，當他順應了家庭和社會的需
求，就會拋棄自負的感受。只有將這種自我轉化為理想的自我，
他才能獲得自己不再擁有的至善至美。**自我理想**（*ego ideal*）
（在本文中，這一術語可以和**理想的自我**（*ideal ego*）和**良心**交
替使用）的產生其實也就是回歸自戀。因此，自我理想的產生，
既是一種進步，也是一種回歸。

　　經常為佛洛依德援引的自我理想的概念，早在他有關自戀的
文章問世之前，就已被杜威、詹姆斯（W. James）、鮑德溫和
麥獨孤所運用（第 11 章）。我們甚至可以追溯到柏拉圖和亞里
斯多德時代。最初的觀點把這種自戀的回歸假設為它的起源的動
力，把進步看作是透過回歸產生的。對內驅力派生自我發展的觀
點來說，這是一次力的遠足（*tour de force*）。

　　這時期的精神分析為雙重的本能理論所擾。佛洛依德反覆重
申有兩類本能即自我保護的本能和性本能，這兩種本能是在飢餓
和愛慾之後形成的。有時，他又把客體慾力與自我慾力相比較，
並且該理論有賴於從一種慾力轉化為另一種慾力的經典事例。分
析家的反應與事態相符。回想起來，我們可能會問：雙重本能的
理論，也即性與自我內驅力的分離，是否真的以精神分析的觀察
為基礎，是否在任何方面與作為一種方法的精神分析有關。佛洛
依德在關於自戀的文章中談及了這些問題。在他看來，性本能與
自我本能之間的區別是生物上的，而不是心理上的。就精神分析　355
的方法而言，單從假定的雙重本能的起源來看，是很難將這些本
能的願望區分開來的。因此，被捨棄的並不是該範式的基本部
分。

　　有關自戀的文章一開始就沿著這樣一條思路，即從根本上削弱了內驅力範式的基礎，如果一種內驅力能夠透過理想或意識的確立而得以滿足，那麼它是否會像佛洛依德（1915）定義本能時所說的那是一種「身體上的需求」呢？是否就是那些定義內驅力的滿足呢？在這個意義上說，自我發展的內驅力派生論的巨大成功是以內驅力範式的削弱為開端的。

　　在〈哀痛與憂鬱症〉一文中，佛洛依德（1917）開始了日後成為自我理論主要貢獻的一大主題。在這篇文章中，像其他許多文章一樣，他往返於精神病理現象和日常生活現象之間。他指出憂鬱症在很多方面與正常人的悲痛，諸如情緒低落、對客觀世界喪失興趣、愛的能力的喪失、活動能力的降低，以及徹夜失眠等等有相似之處。一個重要的區別在於，憂鬱症患者降低自尊，但這種降低並不具有正常人悲痛的特徵。他們喋喋不休地談及自己的缺點，但和正常的自責不一樣，也就是說，他們在別人面前缺乏羞恥心。因此，一方面，憂鬱症患者似乎已經喪失愛的對象；另一方面，又將自身的所失報告出來。而且，他的自責通常適合於旁人或自己曾經愛過的人。綜上所述，佛洛依德重新建立了如下一個模式：一個人先是愛上別人，繼而又失去了自己所愛的對象，於是，他便透過將自己與失去的那個人等同起來控制這一損失。自我與失去的愛之間的衝突現在透過自戀回歸而得以內化。因此，他的自責是指向先前那個所愛的對象的。通常，此人不是他直接環境中的一個成員，便是那些深受鬱鬱寡歡、情緒低落之苦的人中間的一員。在《自我與本我》（1923）、《文明及其不滿》（1930），佛洛依德採用了相同的方案，並將其用於孩子對父母的自居作用及其正常的自我發展。

　　這期間的另一篇文章，即〈本能及其變遷〉（1915）就愛和恨這兩個問題展開了討論，它具有兩個與本課題有關的特徵。在佛洛依德看來，愛和恨並非像乍一看時那麼對立。即便人們經常看

356

到彼此相愛的人旋即反目成仇，但冤家主要不是來自性生活，而是來自自我尋求自我保護而進行的鬥爭。就此而言，不能說愛具有內驅力和客體的關係特徵，只能說它是自我和客體的關係。也許，不能把性本能說成是愛它們的對象；「愛」這一術語的可用性首先是從生殖器開始的。顯然，在這篇文章中，佛洛依德爲阿德勒的從屬於自我的內驅力的觀點提供了某種基礎。

佛洛依德的自我心理學

　　一九二○年，佛洛依德在精神分析理論中開闢了一個新領域。在《超越快樂原則》一書中首次提出了「自我功能」的原則。佛洛依德把人對最大快樂和最小痛苦的追求看作是在臨床上無可辯駁的眞理；他認爲該原則和費希納（G. T. Fechner）的原則一樣，費希納認爲人對心理緊張的追求保持在一個恆定的低水準上。緊張的出現被解釋成不愉快。人們可能爭辯說這些原則是不相等的；它們甚至沒有必要與精神分析理論本身相一致，也沒有必要與今天的心理學事實相一致。所有這些爭論都在反駁這篇文章。然而他們中沒有一個人能貼切地駁倒佛洛依德的論據。那麼人爲什麼沒能生活得更愉快些呢？佛洛依德回答了這個問題，認爲生活中的眞正困難在於用現實原則代替快樂原則。而且，有些本能和人格有著不同的和衝突的願望，以至於這些願望的滿足可能引起自責或內疚。但是快樂原則無法解釋某些顯著的觀察。人在他們的夢境中重複著曾經蒙受的精神性創傷，也即他們生活中歷經過的最痛苦的體驗。這一模式不是簡單的固戀，因爲在他們清醒時是不會詳細談論這些事件的。這一模式也違反夢的特徵，夢的特徵是願望的實現。

　　一個決定性的觀察涉及到佛洛依德的孫子，他常扔掉自己心

357

愛的玩具，大叫著：「滾開！」有時他把繫著繩子的玩具扔到看
不見的地方，然後拉著玩具的繩子興奮地大叫：「在那兒！」這
類遊戲重複著出現和消失；確實，這是那個孩子的唯一遊戲。佛
洛依德把遊戲的涵義解釋為在他力所能及的範圍內再現許多痛苦
經歷，比如他無法控制母親的消失和出現。母親的消失這一世界
性的問題在捉迷藏這一世界性的遊戲中得到反映。這個公式便
是：痛苦的經驗是透過兒童主動重現他曾經蒙受過的痛苦而被掌
握的。同理，看過牙病的孩子回家後就玩牙醫的遊戲，把更為年
幼的兒童當作犧牲品。兒童就是在重複他過去經歷過的事件的活
動中獲得經驗的。佛洛依德在後一個例子中看到兩個其他的動
機，一是藉代替者為自己報仇，二是表達「一種願望，即希望支
配自己，希望成熟，希望做成熟的人所能做的一切」〔（1920）
1955, p. 17〕。很明顯，佛洛依德認為這種顛倒的表達和用希望
成熟和希望報復來表達的快樂原則不完全是對抗的解釋，但兩者
都被要求去說明遊戲。

與佛洛依德相反，我認為，兒童希望成熟和希望報復的願望
揭示了快樂原則的空虛這一說法是錯誤的。操作原則可以解釋該
願望的起因，事實上這些願望尋求的不是滿足，因為這說明不了
它們的存在。這兩種願望是否表達的都是希望掌握從一個被動的
角色到一個主動的角色的變化？如果是這樣的話，那麼快樂原則
的解釋和顛倒表達的解釋就可以歸結為一種解釋；像內驅力一樣
推動著去掌握操作，並在許多可供選擇的方法中尋求滿足。

佛洛依德斷言，存在著一種強迫重複的似內驅力，這種重複
要比壓倒一切的快樂原則更原始和更基本。除了性創傷神經病的
夢境和兒童的遊戲之外，他還引證了其他兩條明顯的線索。一條
線索是有些人老是在一些不愉快的事情上屢次重複，就像那些和
酒結下不解之緣的女人一樣。然而，對精神分析來說，更為重要
的是，它的治療完全依賴於這樣一個事實，即病人不變地重複著

早年生活中和他們父母的最不愉快和經常遭受挫折的體驗，並藉助移情方式將這些反應轉向治療者。因此，他們問題的原因肯定會在治療過程表現出來，儘管病人本身並沒有意識到這些原因。

在同一篇文章中還包含了其他一些重要的思想。由於在治療期間抗拒最初是無意識的，因此相比之下，與其說是意識對無意識，還不如說是自我對壓抑。抗拒產生於自我，而自我大部分是無意識的。這一過程預示著結構圖式（自我、超我和本我）代替了心理圖式（意識、潛意識、無意識）。導致這一替換的一個問題似乎在這裡：如果壓抑是在意識系統的支配下產生的，那麼我們為什麼意識不到它？如果壓抑這一事實本身被壓入無意識，那麼必定還存在著一種壓抑，能這樣無限地重複下去嗎？如果真是這樣的話，那麼就沒有什麼佛洛依德要說的問題了。有關自我是一致的但主要是無意識的假設究竟是解決了這個問題，還是在迴避這個問題。

另一條線索來自佛洛依德早期的文獻，並預示他後來有關焦慮的論文。神經系統的功能是保護有機體免遭極度的刺激。一旦這種保護作用遭到破壞，有機體將要承受遠比他在較短時間內能夠同化的更多的刺激，創傷由此產生。受傷的機體狀態是驚恐，焦慮可以消除驚恐。夢境中創傷的再現是一種對創傷事件和驚恐的追溯性控制的試圖，這種驚恐是無法透過期待的焦慮來減少的。

在《超越快樂原則》中，假設了兩個眾所周知的新本能，生的本能和死的本能。精神分析學家普遍反對死的本能這一概念。他們的發難超過了文章中無法接受的部分，他們有時忽視了自我心理學的上述一些貢獻。在死的本能這一概念中，困難和矛盾已經由他人討論過〔見實例，里古（P. Ricoeur），1970；洛華德（H. W. Loewald），1971b〕。其實只要注意那些最初的衝動是來自佛洛依德的原始的性本能和飢餓本能就行了，也即另外一種內驅

359

力範式的解釋。

在《自我和本我》(佛洛依德，1923)這篇論文中，提出自我的任務是控制。自我是一個組織，圍繞著它的有三個方面：現實的環境、本我、超我，它必須努力控制每個方面。這裡運用了兩個新的術語，一是相當**自我理想**(ego ideal)的**超我**(superego)，一是**本我**(*id*)，本我這一術語來自格羅迪克(G. Groddeck, 1923)。意指非人力所能感受到的無意識的內驅力。且不管標題本身，自我和本我在某些方面和內驅力範式的關係要比自我範式更密切。本書大部分篇幅涉及到發洩理論，並根據心力(psychic energy)及其傾向解釋自我成長。

在《抑制、症狀和焦慮》(*Inhibitions, Symptoms and Anxiety*)一書中，佛洛依德〔(1926)，1959〕把重點放在焦慮問題上，因為在他的三個範式中，他對每一個範式都提供了不同的解釋。在創傷範式中，焦慮實質上是一種對未發洩的性緊張的中毒反應。在內驅力範式中，焦慮被看作是釋放屬於壓抑觀念的感情。這種壓抑導致焦慮。在這一新的觀點中，因果的序列是顛倒的，即焦慮產生壓抑。

儘管佛洛依德沒有把分娩的創傷歸因於他的信徒蘭克(O. Rank)的研究，但他認為在焦慮的自然跡象中有著作為生理體驗的結果的與生俱來的同樣的模式。因此，對後來的焦慮體驗來說，分娩可能是一種原型。在嬰兒期，創傷是因為沒有適當的反應機會，並由於短時期內的過度刺激導致驚恐而引起的。在嬰兒期自我的虛弱是很容易導致它被克服。「這種情境(一個嬰兒)被看作是一種『危險』和希望受到保護的反抗，這種保護是非滿足的，即由於需要而引起的緊張，所以這種反抗是無助的。」〔(1926)1959, p. 137〕嬰兒害怕母親消失是由於他不了解客體的永久性，母親的暫時消失被看作是喪失。「這一變化是促使嬰兒為自我保護而採取的措施的第一步，並且有時代表著一種從無

意識的和不自覺的焦慮向一個具有危險跡象的有意識重現的焦慮過渡。」（p. 138）「讓我們把這種實際上體驗到的無助情境，稱之爲『創傷的情境』……一個危險的情境是一種無助的再認、回憶和期待的情境。焦慮是在創傷中對無助的原始反應，以後在危險情境中作爲一種求助信號而重現出來。過去曾消極體驗創傷的自我，現在用一種虛弱的變式，在指向它的過程的願望中積極地重複這種創傷。」（pp. 166～167）

焦慮就這樣爲雙重目的服務。由於有了準備，嬰兒開始迴避恐懼和體驗過的創傷。這一理論就是衆所周知的**焦慮信號理論**。焦慮是一種在內驅力的壓力下防止受創的自我活動。在這一理論中，中心概念來自於三個範式：創傷、內驅力和自我，它們是統一的。

引起焦慮的情境在不同的生活時期是不同的，每一情境都以先前的情境爲基礎，兒童害怕孤立，害怕失去母親的愛，這一焦慮在女孩身上比較典型。從這一害怕出發，閹割的焦慮開始出現，這一形式在男孩身上比較典型。例如；小漢斯（佛洛依德，1909a）對馬的恐懼或殘暴成性的人對狼的恐懼（佛洛依德，1918）是對閹割恐懼的僞裝表達。男孩害怕父親知道他對母親的深情以及（典型地）對父親的敵意，他把後者的報復想像成是透過閹割的方法來實現的。所有這些恐懼被抑制起來，表現在意識中的僅僅是對動物的恐懼，也許動物的咬嚙意味著閹割。兒童在其幻想中缺乏一種現實的信息，那就是父母並沒有透過閹割來懲罰他們的兒子。隨著戀母情結的消褪，自我尋找迴避的危險以及產生焦慮的迫急感是爲它的超我所不容的。佛洛依德在《文明及其不滿》（1930）中用這一方法證明了他常引證的這一陳述，即超我是對戀母情結的進一步解釋。

佛洛依德經常表示，在科學的理解有了充分發展的那一天，質的或意義的描述將被純量的描述所替代，那時人們所了解的精

362 神分析是一些經濟的觀點。這是一個簡化的程序；佛洛依德是絕不會拒絕的，因為他在《夢的解析》發表時，已認識到自己完全投入到這個有意義的競爭中去了。在這篇有關焦慮的文章裡，所發生的事情是和假定的發展方向相矛盾的：「在一段時間裡，我把主要精力放在這一觀點的某種重要性上，即導致焦慮解除的是那種在壓抑過程中退縮的發洩，今天，對我來說，已經沒有多大興趣了。原因在於，我以前認為焦慮是透過一個經濟的過程不變地無意識地產生的，因此，我把焦慮的概念作為一個影響愉快和不愉快的能量的自我給予的信號，而排除了對經濟因素的必要性的考慮。當然，這並沒有反對這樣的觀點，即它是一種透過壓抑由退縮釋放的能量，這種壓抑是為自我所運用的，目的在於喚起影響；但是，為這種目的而運用的一部分能量的重要性是不會長久的。」（佛洛依德，1926, p. 140）當焦慮被理解成為一種有意義的信號時，經濟的觀點不再令人感興趣，而是透過有計畫的簡化期待著將這一順序顛倒過來（這是佛洛依德不斷提倡的）。

佛洛依德在《文明及其不滿》中宣稱，良心的發展是文化機構中的一個核心問題。在《超越快樂原則》中，佛洛依德用攻擊性的內驅力代替了崇高的死本能，這是一個簡單的無須推理的構念，雖然也引起爭論。他把攻擊的內驅力解釋成是死本能的一種表現形式，但這一解釋似乎不是他的論據中的本質部分。他說過，攻擊和毀滅的傾向是原始的和本能的；他還注意到他所不願承認的那個事實，即自己早年時曾被激起攻擊的內驅力，毫無疑問，這涉及到他和阿德勒的爭論。在精神分析理論中佛洛依德提出了一種新的觀點，即內驅力的建立完全來自攻擊內驅力的轉化，而不是來自慾力。讓我們來了解一下他的觀點。

363 兒童最早的和最熱烈的衝動是由他的父親來抑制的。兒童為這種強加的抑制而想報復他的父親，但這是不允許的；而且，這樣做將危及他所需要的父愛。於是，他就透過報復自己來控制這

一情境，也即在父親面前做出錯誤的衝動。另外就是透過自居作
用，扮演父親的角色，用父母對待他的衝動方式來對待自己和自
己的衝動。透過這兩種方法，他建立了對自己衝動的控制。這一
模式特別說明了這一觀察，即兒童可能比父親更嚴厲地對待自
己。於是，兒童在自身內部重建了服從權威的關係，作爲一種控
制其他挫折情境的方法。這種內化的權威就是超我，超我監督自
我，就像父親監督孩子一樣。

在這一解釋中，佛洛依德運用這樣一個原則，即經驗是透過
積極重複一個人消極經受的東西來掌握的。另一個原則是指一個
人和他人的關係會形成和促進內在的區別。在〈悲哀和抑鬱症〉
中，佛洛依德的原則似乎適用於成人；在這裡，用於兒童和父母
的早期關係，不僅是有可能的，而且在理論上也是强有力的。這
裡是戀母情結和至少是良心的開端之間的聯結。按這個公式，它
是戀母情結中對父親的投射和以父親自居的攻擊因素，而以父親
自居產生了良心。

新精神分析的自我心理學

在佛洛依德逝世的那一年，即一九三九年的最初一些日子
裡，哈特曼(H. Hartmann)出版了《自我心理學和適應問題》一
書，那時「新精神分析的自我心理學」像貼標籤一樣經常出現在
克里斯（K. Kris）、洛文斯坦（Loewenstein）和雷帕普特等人
的著作中。我們在佛洛依德的後期著作裡已經發現了有關自我心
理學的許多貢獻。在佛洛依德時代，賴克（W. Reich）、克里
斯和安娜‧佛洛依德的貢獻在於，他們爲精神分析的自我心理學
補充了實質性的要素。

賴克在其《性格分析》（1933）一書中發展了精神分析理論。

364

他說過，症狀相對來說是容易分析的，因爲它們是由自我來體驗的。然而，抗拒是和自我結構相一致的，並且是和自我結構結合在一起的，因此難以分析，這是因爲自我本身並不和分析者相關聯。而且，有症狀的神經病顯然是以神經病的性格結構爲基礎的，雖然神經病的性格不一定導致明顯的症狀。在一些病人中，性格的「盔甲」使得精神分析異常困難，例如：有些病人非常服從，表示友好和信任；有些病人總是認爲自己是正確的，有些病人情感缺失；有些病人在其感受和表達中申訴說缺乏眞誠，也就是說，他們遇到的是破損的人際關係，一味的僞裝，以及永遠是「內心的微笑」（inward smile）。在賴克看來，對從事分析的分析者來說，適當的技術不是病人所要操作的內容，而是病人進行操作的方式。如果分析者只注意性格的盔甲，那麼它就會成爲某種異常的東西，甚至像一種症狀。因此，在使精神分析的技術適應於自我心理學方面，賴克是一位先驅者。

安娜・佛洛依德（1936）在《自我和防禦機制》一書中聲稱，這種精神分析不僅僅是一種深蘊心理學，分析的價値不僅僅在於探索無意識。自我、本我和超我在精神分析中都是値得注意的問題。自我具有兩個顯著的特徵，一是爲其他心理機構的觀察提供媒介，一是使分析的目的得以重建。在佛洛依德的前分析時期，催眠術作爲一種技術是有價値的，因爲它爲了揭示無意識而繞過了了自己。但恰恰是這種理由，其治療結果是無法長久的，並最終被拋棄。最低程度的自由聯想、夢的分析，以及象徵的和動作倒錯的解釋是被試主體所反對的。自我在催眠中是不穩定的，但這一基本法則，即病人在沒有潛意識的壓力下說出發生的每一件事，是與病人自我的暫時沈默相同的。然而，在移情分析中，分析者達到的不僅是本我的滿足，還有自我的防禦。在理論上承認自我大多數是無意識的，這可以加強自我分析的重要性。但自我的本質卻抗拒著分析工作。儘管分析的目標是針對無意識的，但

自我的目標卻總是控制著本能的生活，並在短期內這些目標是衝突的。

在《自我和防禦機制》一書中，特別注意的是防禦的兩種類型，它闡明了從被動到主動的控制原則的操作；這些防禦是以攻擊者自居（identification）的，也是一種利他主義的類型。我們可以從兒童身上看到以攻擊者自居的形成過程；兒童能夠模仿攻擊者，假設他的特徵，或者簡單地仿效攻擊活動。比如，兒童透過反覆削鉛筆，不斷折斷削好的筆尖，來表示他對牙醫的厭惡。以攻擊者自居是超我發展中的一個正常態度。孩子理解違背準則就會受到懲罰，在這一點上，他將自己的內疚投射到別人身上，於是他期望懲罰的這個人就轉向反對那些為了使自己得到承認而蠻橫逞凶的人。兒童能夠內化這種批評，但他是把這種批評和自己的內疚分離開來的。真正的意識開始於內化的批評成為自我的批評，這是有些人永遠達不到的階段。這些人由於對受害者過分嚴厲而感到十分內疚。

在利他主義中，或者至少在利他主義的一種形式中，一個人放棄了他自己的一些願望，為此他必須面臨願望的挫折。在「薩林娜和柏格拉斯」（Cyrano de Bergerac）這一故事中，傳說獨身女人喜歡做媒人，這便是一例。在促成代理人的滿足時，強烈的興趣暴露了利他主義的自私根源。這種利他主義的解釋有兩層意思：一是透過自居（認同）作用來滿足替代挫折；二是把遭到拒絕的被動角色換成恩人的主動角色。

「自我服務中的倒退」這一概念來自克里斯（1934）。在令人陶醉的夢中，在精神變態中，自我放棄了它的最高權力，而由原始過程來替代。相比之下，在機智、幽默和漫畫中的原始過程就其自身的目的而言，是透過自我來運用的。掩飾的幽默允許攻擊性傾向的表達，這些傾向是社會上不能接受的。在為自我目的服務中，幽默作為原始過程的思維方式，這種形式的倒退不是唯

366

一的，但它滲透在生活的許多方面。例如：審美的體驗、神話和
宗教。

　　且不管前述的早期表現和精神分析的心理學的有關貢獻〔例
如，韋爾德（R. Waelder），1930〕，哈特曼在一九三九年發表
的論文還是引起了一場轟動。他寫道，精神分析最初與病理學有
關，並從專注於衝突開始。哈特曼認為自我和本我有著不同的發
源，而不是把自我看作是從本我中分化出來的。我們生來就具有
適應可期待的環境的潛能。諸如知覺、思維和運動技能那樣的功
能有著它們自身的學習和成熟的過程；它們是原始的自主裝置，
因為它們並不明顯地依賴內驅力，也不是生來就有的衝突。它們
是自我的先驅和功能。一種自我功能，例如好奇心或文飾，可能
作為一種反對內驅力的防禦機制而出現，但可以為適應服務，甚
至成為一種目的；這就是說還有次級自主。佛洛依德在正統的心
理學和精神病理學之間架起了橋樑，甚至當他關心正常人時，他
也在尋找內驅力、衝突和無意識的表現形式。哈特曼曾堅持要求
精神分析在廣義上作為一門普通心理學，認為對現實的適應、學
習、知覺和智力的裝置也屬於精神分析的範圍之內。這篇論文對
作為治療的精神分析是否具有直接的涵義還不清楚。但不管怎
樣，精神分析不再明確表示內驅力導致自我發展的觀點。

　　哈特曼的方法是繼續和克里斯和洛文斯坦合著文章（1945～
1962）。他們認為，自我不僅用來自內驅力的能量來操作，而且
也用中和的能量來操作。中和（neutralization）是對佛洛依德
有關攻擊和性內驅力的昇華概念所做的概括。由於這些文章包含
了許多有關自我發展的臨床知識和有關主題，因此這些文章的部
分影響在於許多精神分析學家不願放棄這樣的觀點，即成立一門
作為內驅力心理學的學科。

　　雷帕普特（1960）從事了一個有學者風度的、明確的精神分
析的系統化工作。他把主要精力放在內驅力的緊張—減弱的概念

367

上，從該模式中推出這一理論的許多組成要素。自我結構被描述
為抑制內驅力宣洩的防禦系統。自我是一種透過反內驅力宣洩產
生的結構；反宣洩是一種相對宣洩或內驅力的能量負荷的能量分
配。雷帕普特提高到主要精神分析原則的許多觀念事實上不是專
指精神分析的：「精神分析的論題是行為」（ p. 39 ），「所有
的行為是完整的不可分割的人格」（ p. 42 ），並且「一切行為
的最終決定因素是內驅力」（ p. 47 ）。這些原則從好的方面
看，已為其他一些心理學派所分享，從壞的方面看，它們是極其
空洞的。佛洛依德只是在一九二〇年才剛剛開始提出自我發展的
原則。

　　我們在新精神分析的自我心理學這一節裡提及的一切精神分
析學家，都把新精神分析的自我心理學看作是精神分析範圍擴展
的一個新領域。他們當中沒有人清楚地認識到佛洛依德晚年在自
我心理學方面要求加強一個新範式的思想傾向，在這個新範式中
內驅力範式的一些要素必須被拋棄或根本改造。其他人卻看到了
這一點。在下面的一章我們可以看到兩位心理學家和一位哲學家
對自我範式的精神分析的貢獻。

368

基本術語

　　在理解精神分析的理論時，一個困難是無法給基本術語下一
個一勞永逸的定義。有時，佛洛依德運用了和他的範式不一致的
或改變了的方法。有時，譯文從根本上改變了原來的涵義〔勃朗
特（ L. W. Brandt ），1961〕。下面我們將考慮四個術語：內驅
力、本我、自我和精神集中。

　　內驅力範式的核心概念是 *Trieb*（ 德語，指本能 ），在佛洛
依德的著作中英文的標準譯法為 "instinct"（ 本能 ）。大多數學

者更愛用內驅力（*drive*）或本能的內驅力（*instinctual drive*）
這一術語，因爲佛洛依德是用德語 "*Instinkt*"（本能）來表示的
（我認爲兩種用法要比固定在一種用法更爲精確）。佛洛依德在
不同時期內對基本內驅力的不同描述有：與自我或道德價値相對
照的性內驅力，與自我內驅力相對照的性內驅力，與死本能相對
照的生內驅力，與攻擊相對照的性慾。但是，這些基本內驅力的
變化要比其他內驅力的簡單變化更爲深刻。它們涉及到一種內驅
力或本能是什麼東西的概念的變化。當今的用法已經傾向於把性
和攻擊作爲基本的內驅力。霍爾特（R. R. Holt, 1976b）主張恢
復佛洛依德早期使用的願望（*wish*）一詞，從而拋棄內驅力這
一術語。洛華德（1971b）則捍衞本能（*instinct*）這一術語，指
出它不需要生物學的涵義，因爲它是用日常用語來代替生物學的
一個術語。

　　佛洛依德幾乎難得使用這個來自拉丁語 "ego"（自我）的術
語。他有意識地使用那些來自共同語言的術語。"ego" 在英語中
經常出現，但是他使用德語 *ich* 或 *das Ich*，這些術語和英語中
的 *I* 或 *the I* 或 *the me* 的涵義是一樣的，和法語中的 *le moi* 的
涵義也是一樣的。所以，佛洛依德用的詞是除了最年幼兒童之外
的幾乎所有人皆使用的字彙，他的翻譯選擇了一些成人生活中很
複雜的詞。這裡，**自我**意味著一個人們必須證明和解釋的假定的
實體，即 *the I* 是最明顯和最直接的體驗。這種對比意味著在翻
譯佛洛依德觀點時有些東西被遺漏了，應該承認，即使有些東西
能保留下來，也無法很好地翻譯（例如，本書的論題不能簡單地
稱之爲 "*I development*"，也不能把「良心」說成是 "*Super—
I*"）。

　　本我的術語也來自拉丁語，並缺乏英語的涵義，但是在精神
分析的用法上要比自我更完整。佛洛依德的術語 *das Es* 就是指
它。勃朗特（1966）指出，病人有時用 "*it*" 來表示本我，但是

這種本我經常在他們的談話中作爲一種被動語態被誘導出來，就像他們對某種發生的事件毫無感受一樣。佛洛依德爲精神分析理論提出的這個術語，用來取代正在使用的無意識的意識這一術語，通常被翻譯成：「本我所在之處，便是自我生存之地。」〔佛洛依德，（1933），1964，p. 80〕根據勃朗特的觀點，緊扣原文的翻譯應該是：「它在此，我就可以成立。」（勃朗特，1966, p. 374）這不僅保留了韻味，而且在情感上更接近佛洛依德原句（"Wo Es War, soll Ich werden"）。在翻譯中引入變化可以促進一成不變的過程的具體化。

　　上述一切術語，可以由那些對作爲一種思想體系的精神分析好感的人來解釋，對初學者來說，掌握起來比較困難。翻譯和使用上有不一致現象，甚至像霍爾特的願望用法和洛文德的本能用法同樣存在差異，不過這些術語在上下文的關係中運用時並不妨礙彼此的理解。這種爭論儘管在理論上沒有多大收穫，但卻阻止了精神分析變成無生氣的問答，提醒我們去注意隱藏在業已被證明的事物背面的一些詞。對精神集中和心力我說不了多少。

　　精神集中（*cathexis*）沒有英語的涵義，它是從希臘語引申出來的一個特定的詞，佛洛依德的術語稱之爲 *"Besetzung"*。在軍事上，*Besetzung* 意味著對一種地位或國家的占有，但它還有許多其他的涵義，而其最一般的涵義是把某種東西放入某地（勃朗特，1961）。本書有意省略的一種自我發展的理論是有關精神集中這一術語的原則，也沒有發現一個如何反精神集中的可以引證的觀點來解釋自我的發展。

　　精神集中被解釋爲一種心力（*psychic energy*）的負荷，儘管這一術語引進了公認的英語詞彙，但是這一措詞仍舊難以理解。物理能是一個有意義的概念，但是心力是什麼呢？從霍爾特（1915）到拉什利（K. S. Lashley, 1957）的批評家對心力的攻擊似乎就在這個術語的矛盾上。拉什利曾聲稱如果心力的概念被

370

摧毀，則精神分析的理論就被推翻了，但精神分析中的許多權威
已經批評了精神集中的概念和心力的概念，並發現它們和精神分
析的治療或理論不相干〔吉爾（ M. M. Gill ），1975〕。庫比（ L.
S. Kubie, 1947 ）對此首當其衝。霍爾特（ 1962 ）僅在佛洛依德
著作中已經找到有關**約束能量**和**自由能量**等術語的上打的不同用
法。

　　而且，正如我們已經看到的那樣，同一個術語或相似的術語
在不同的學者身上具有不同的涵義：斯皮爾曼主張把心理能假定
爲一般智力 g 因素的本質；榮格則認爲心力是無性慾的慾力，
是一種不可思議的力或緊張；讓內認爲心力代表了自我發展的某
種東西。這種使用上的差異足以造成對這一概念的理論價值的懷
疑。

　　回顧佛洛依德神經病學中的精神分析理論的起源，看來，用
心力內投來表示的動機或內驅力不過是心理功能的反射弧模式的
一種殘餘，現在已被證明是不能成立的，並且也不像佛洛依德所
認爲的那樣是使人非相信不可的。滲透在佛洛依德理論中的緊張
減弱的動機模式是同一概念結構的另外一個方面〔瑪切爾（ P.
Amacher ），1965；霍爾特 1965〕。作爲一種動機模式的緊張減
弱是否必然意味著精神分析的內驅力範式，或者和其一樣，目前
還不清楚；然而，歷史地來看，它們是纏繞在一起的。當內驅力
範式爲自我範式所取代時，並不存在精神集中理論和緊張減弱模
式過時的問題。能量，如果你願意用心力的話，作爲一種原始的
東西，是對人類感受的描述，不需要量的意義或高水準的解釋能
力。

371

結　論

在孔恩看來，《夢的解析》引起了一場科學革命。它記載了人
類精神方面的一個巨大的成就，即佛洛依德的自我分析。它可能
是透過創傷的原始範式產生的，這種創傷的原始範式是探究心理
決定論和一般心理學法則的前提，它導致佛洛依德用分析病人的
術語來分析他自己。他對夢的分析遵循著早期範式的原則，例如
簡約和移置作用，導致他拒絕把兒童中誘姦的重要性作為神經病
的恆定的基礎。兒童期的性慾，特別是戀母情結，成為神經病的
基礎，但也是正常發展的基礎。對夢的解釋，即夢是對壓抑了的
慾望的偽裝的表示，這一公式是對日常生活的許多方面和症狀的
展開。佛洛依德就他的範式在夢、症狀和誤解中找到了他的前輩
始終未能找到的資料。作為治療的精神分析與作為理論的精神分
析，這種基本方法是建立在對夢、症狀、誤解、手勢、自由聯想
等分析的基礎上的。孔恩稱之為科學範式的許多要素就是這樣介
紹的。

佛洛依德的老師和前輩們的成就在內驅力的範式裡獲得了重
新解釋。催眠現象是根據倒退和移情來說明的(費倫齊，1909)。
催眠達到的治癒是移情的治癒，由於它容易獲得，因此比起精神
分析來療效要短，精神分析的治療不僅需要歸納，而且需要移情
分析。

包括自我發展現象在內的精神分析理論的擴展導致了新原則
的發現，首先是內驅力範式的顯著擴展。很顯然，在這種情況下
新概念是需要的；不能把自我簡單地想像成是從內驅力中派生出
來的。

我曾試圖介紹讓內、阿德勒和榮格關於治療方法和正常的發

372

展與病理的發展之間的相互關係的觀點。就我能夠發現的而言，
他們中沒有一個人的主要成就能與佛洛依德的自我分析相比。他
們沒有把經驗的領域全部引入具有新資料的科學範圍。佛洛依德
的核心概念是抗拒和移情，他試圖把這些概念和神經病的產生和
治療結合起來，這要比讓內、榮格或阿德勒的任何一種相應的觀
點更有力和講究。下面一章我們將看到這些概念是怎樣和正常的
自我發展聯繫起來的。

第十五章
精神分析：自我範式

　　新精神分析的自我心理學，藉助初級和次級自主性和自我功能等概念，擴展了內驅力範式，以闡釋自我發展的許多現象。但是，擴展該領域的代價，定然是犧牲了簡潔。內驅力的作用和明智之處，在於只用一種程式（凡看似無意義的東西，一旦被解釋為無意識願望的喬裝表現時，就變得有意義了）就把許多先前無法解說的行為問題帶進了心理學領域。確切地說，構成自主性自我功能的那些特徵都不是這一程式所能包容的，佛洛依德後期的許多發現亦如此。

　　關於把精神分析的自我心理學的精闢之見和內驅力範式協調 374 起來的問題，已有大量的文獻，我們沒有必要重加評述。不過，亨德里克（I. Hendrick, 1942）關於嬰幼期控制的本能的論文、懷特（R. W. White, 1963）關於獨立的自我心力和動機的重要性的論據，以及夏菲（R. Schafer, 1968）有關心力內投、結合、自居(認同，表同)作用和內化的討論，乃是其中的上乘之作。

　　洛華德表述了另一種看法：「現代精神分析的自我心理學遠遠不是對那種主張本能性驅力的精神分析理論的補充。在我看來，它是一種更為全面的關於心理結構的動力組織理論的詳盡描述，因此精神分析也處在把我們在其歷史的早期階段上所獲得的，關於本能性驅力的知識整合到這樣一種心理學理論裡去的過程中……雖然自我心理學並不涉及心理結構的另一個部分，但它

為作為整體的心理結構的概念提供了一個新的領域。」（1960,
pp. 16～17）我建議把洛華德所說的內容稱之為精神分析的自我
範式（ *psychoanalytic ego paradigm* ），以便和囿於內驅力範式
的精神分析自我心理學區別開來。這一觀點的三個代表人物，艾
瑞克森、洛華德，以及里古，已對精神分析這一門分支分別做出
了貢獻，但是，我們認為它們是一致的。

艾瑞克森：遊戲和同一性

　　艾瑞克森以其心理性慾發展和心理社會發展的圖式化表述而
聞名於世（在這第 7 章已討論過）。不過，在他的著作中，這些
具體形象的方面倒不如更抽象、更系統的方面那樣與自我發展相
連接。他不僅模仿了心理性慾發展的模式，而且建立起心理社會
發展的模式。他還指出（1956）這兩個程式是榫接卯合，本質上
不可分割的，儘管如此，艾瑞克森在討論中還是明確表示他對自
我發展和心理性慾發展在概念上是做了區別的。

　　根據佛洛依德關於個人是透過對被動經驗到的東西做積極的
反應來獲得控制的原理，艾瑞克森（1950）為兒童心理分析治療
的一種技術，即遊戲，奠定了理論基礎。在這麼做的時候，艾瑞
克森從一開始就明確表達了隱含在佛洛依德著作中的另一個觀
念，即圖式是從一個領域向另一個領域轉換的。兒童生活中的三
個領域是：遊戲與玩具的領域、與他人的現實關係的領域和他自
己身體的領域。透過圖式轉換，在一個領域裡產生的問題可以在
其他領域裡重演。在最理想的情況下，這種轉換乃是兒童構念計
畫、進行探究和實現成長的手段。但是在一個壓抑的、創傷性經
驗的逼迫下，這種轉換就變成一種刻板的、症狀的重複。不過，
藉助巧妙的解析，就能夠把這種轉換變為治療。

375

　　艾瑞克森從佛洛依德那裡獲得的有關自我發展的重要原理擴展了圖式轉換的思想，也就是說，兒童從內部產生分化，藉以作爲克服在他與別人的關係中出現的失敗與挫折的手段；對個人內部圖式來說，人際圖式具有模仿和動力的作用。艾瑞克森從佛洛依德自我理論中得出的第三條原理乃是透過倒退而獲得進步的原理（見第 14 章）。

　　艾瑞克森（1956）提出了**自我同一性**的概念用以闡釋與本書所及的同樣的問題。他說，自我同一性是一種發展的結構，有時指一個人對其個體身分的自覺意識，有時指他對個人性格連續統一體的無意識追求，有時指自我綜合的無言操作，有時則是對某個羣體的理想和特徵的內心趨同。自我發展最初是透過心力內投（introjection）和投射的過程產生的，繼而是透過自居（認同）作用，再後是由於同一性的形式而實現的。這些途徑並不是自我發展的階段，而是自我形成和轉化的形式。在兒童早期，父母的命令和表象的結合，即所謂**心力內投**，以及兒童晚期和青年早期的自居（認同）作用，都不能說是眞正的同一性。眞正的同一性必須由靑少年自己在其他事件中，透過將自己在別人眼中的形象和他在各行各業裡找到的適合自己的職業相結合的過程中，方能鑄鍊而成。

　　艾瑞克森（1969）在對甘地（M. K. Gandhi）的一項長期研究中，詳細描述了精神分析的自我心理學的一個尙未解決的重要問題，即病理學與創造的同一性的辯證法。甘地是如何從一些潛在的精神性神經症開始而使自己成爲一名世界領袖的？艾瑞克森把甘地用以表示他那個消極抵抗或戰鬥的非暴力的政治態度的術語 *Satyagraha*，按字面意譯爲「眞理力量」（truth force）。艾瑞克森指出，這一術語本身就意味著和作爲治療的精神分析的比較，因爲這種治療也把眞理作爲它的力量。

376

里古：主體的考古學和目的論

里古（1970）指出，精神分析作爲一種方法和由此產生的理論特別適宜於揭示我們的行爲和我們的本性的古代起源，這就是主體的考古學（archaeology of subject）。創造力的發展，包括藝術創作和自我發展，原則上不能歸結爲古代的原因；這些成就構成了主體的目的論（teleology of subject）。佛洛依德承認嬰幼兒期的資料無法準確地解釋藝術成就中有價值的東西。在里古看來，主體考古學並不能完全解釋主體目的論。那麼它們是怎樣聯繫的呢？下面就談談里古的觀點（在本節中，我只力求描述他的觀點，而在下一節敍述了洛華德的看法後，才做出我的評論）。

精神分析的解釋只涉及具有雙重或多重意義的語言。在佛洛依德那裡，正如馬克思和尼采那裡一樣，詮釋是對原意的譯碼或澄清，這與對原意進行編碼，恢復或增飾等宗教與美學的想像相反。佛洛依德曾到處看到慾望或本能的顯現。起初，他解釋了各種症狀、夢，以及過失的或乖戾的行爲，但他幾乎一開始也解釋了藝術、才智、神話和宗教等作品。在精神分析中，象徵乃是失眞，但在宗教和詩歌裡，象徵卻是啓示。那麼，這些不同的解釋對立到什麼程度呢？雙重意義的似顯又隱是人們對欲求之物的掩飾嗎？或者說它有時也能成爲啓示嗎？

377   佛洛依德的〈科學心理學計畫〉（ *Project for a Scientific Psychology* ）是他有關心理結構的最機械的描述。然而後來的一些修訂本卻從物理模式轉向了對角色與面具的討論，即編碼與譯碼的場所。〈計畫〉一文暴露了他的一個錯誤信念，即神經症起源於兒童期的創傷，因此也就著重強調記憶的儲存而不是幻想的構

思，後來的經驗表明，從根本上說，這種幻想比記憶更容易致病。《夢的解析》第七章心理玄學在關於真實知覺的記憶痕跡的創傷潛伏裡，也有這樣的錯誤信念。在〈計畫〉裡，他所試圖創造的東西乃是由尋求釋放的緊張所控制的一個孤立的心理結構模式。然而，無論是戀母情結還是精神分析的移情療法，都不能用這個模式來表述。佛洛依德的願望不是一個能夠被釋放的緊張，因為這種願望慾壑難填。

夢的解析是所有解釋的範式，因為夢是慾望的所有伎倆的範式。夢中所體現的慾望總是幼稚的，因此，解析就不僅僅是譯碼，同時也是對我們本性中淹沒已久的東西的顯現。慾望的語言是象徵性的，而性慾是這種象徵主義的本質。

正如佛洛依德（1910a）在有關達文西（Leonardo）的論文中所表明的那樣，一件藝術品既是症狀又是治療。在闡釋米開朗基羅（Michaelangelo）和達文西的作品時，佛洛依德把一件白天製成的不朽作品和一件晚上製成的乏味作品進行了比較，好像它們都是夢。精神分析把這種差異稱之為**昇華**（*sublimation*），但那只是給問題定了個名稱而已。一件藝術作品是依照它不僅僅是藝術家內心衝突的一個投射，也是他們解決問題的紀要而作為一種創造受人尊重的。

佛洛依德在其論述自戀（narcissism）的文章中，指出了至今未被後來的闡述所同化或取代的超我形成的道路。自我理想的形成是一條既保留了嬰幼期的自戀，又取代了它的途徑。自我的自戀成分為自居（認同）作用提供了一個基礎，並且也解釋了從雙親那裡獲得的東西如何變成自己的東西。也許，為了自居（認同）作用的順利發展，圍繞著植根於自戀的一個核心而蒐集他人形成自我理想的一些材料是必不可少的。

里古問道，怎樣使自戀的自居（認同）作用的倒退特徵與結構的，因而也是進步的建立超我的自居（認同）作用進步效果相

協調？在戀母情結中，超我的基礎表明，它與遠離自覺意識的本我有密切的關係。超我在雙重意義上是戀母情結的繼承者，即超我來自戀母情結，又抑制戀母情結。戀母情結必然消褪，因爲它的目的是不可企及的，也因爲與之相適應的性器期由於害怕閹割而告結束，這種害怕閹割的心理得到了發現性別差異這一準經驗論的支持。這些事實解釋了拒斥戀母情結是怎樣挽救自戀的，同時也表明，超我是最有力的內驅力的表現。

喪失、缺失或替代對象是精神分析的每日食糧。如果兒童的慾望並不過奢，不企望他不可能得到的東西，則戀母戲劇就將告終。願望的滿足是主要過程的基礎，而對願望的滿足來說，幻想是慾望所失之物的替代品，是不可或缺的。被替代的和被曲解的派生物的觀念意味著與所所失之物的關係。夢、所有的象徵物、所有的藝術作品都是喪失了的或缺失了的東西的表現。現實的檢驗是把缺失之物再造的心理表徵和外部世界做比較。這裡就有一個共同的因素，它構成了佛洛依德在兒童遊戲中注意到的消失—重現現象；拒絕克服藝術創作中的幻想，正如佛洛依德在有關達文西的論文裡所分析的那樣；以及在知覺判斷中必然出現失而復得的現象。佛洛依德說，自我是被拋棄的物體的沉積物。這樣就把缺失的觀念引入自我的結構。現實是內化了的缺失的相關物。由此，精神分析的自我概念就和喪失的東西不可分割了。

自我的問題是一個綜覽全局的問題。它既然受到現實、本能和良心的威脅，就必須控制這種形勢以保護自己。在《自我和本我》（ *The Ego and the Id* ）一書裡，這個問題是三位大師所討論的主題。道德的內部力量是內化了的外在威脅。因此有道德的人起初是疏外的（ *aliéné* ），他屈從於外界主人的規則，正如他屈從於慾望的禁令和屈服於現實的法則一樣。在揭示夢中所喬裝的隱匿的慾望時，解析使一切非原始的根據現出原形，也使一切自我疏外（ alien ）的根源眞相畢露。由於超我是我的變式，所

以它必須被譯解。

超我是一種結構，不是一種觀察，雖然它是以作爲治療障礙而觀察到的無意識內疚的發現爲基礎的。超我的作用有三個：自我理想、自我觀察和良心。里古指出，自我觀察意味著自我重疊，由前戀母慾望開始，到模仿父親。心理玄學不足以闡明自居（認同）作用，因爲它只就該作用的倒退方面來理解自居。既然慾望一開始就是人際的，那麼自居（認同）作用就不是什麼外加的東西，它是慾望本身的辯證法。慾望總是另一個人嚮往的慾望。戀母情結這一深奧的和建設性的意義並非經濟的眼光所能捕捉到的，在經濟的眼光看來，它簡直是理當拋棄的邪惡與淫蕩的種子。

佛洛依德從未解釋過昇華作用的機制或它的漸成說。從經濟學觀點看，它是對自戀的回歸，從透過倒退的意義而獲得進步。對昇華作用中意義的革新需要另一種解釋，而不是慾力之說。原則上，不能把「本我之所在，便是自我之所在」歸結爲慾望經濟學。

佛洛依德明晰地創造了一種分析而不是綜合。但是里古寫道，讀佛洛依德的文章，只有形成主體考古學的概念，我才能理解我自己，而且只有和目的論聯繫起來，我才能理解考古學的概念。當我再回到佛洛依德那裡時，我在他的著作裡發現了辯證法。

洛華德：自我發展的精神分析

380

洛華德❶聲稱佛洛依德並沒有或始終未能理順他晚年的自我理論的涵義，精神分析理論迄今尚在本能理論的影響下，因而，爲了貫徹新的研究精神，對佛洛依德著作的本意作某些偏離是無

可厚非的。

　　隨著自我心理學的發展，精神分析看待本能的方式也改變了。這時的反射弧模式，在佛洛依德的後期著作裡，其地位降低了，本能所孜孜以求的不再是享樂的滿足，而是客體。這樣，在佛洛依德的後期著作裡，本能顯然就像自我一樣是指與環境的關係，只不過這種關係是建立在一個更爲原始的水準上的。要想把兒童看作是降生在一個與之分離的，因而需要與之建立關係的現實世界中，就不能從兒童的，甚至母親的角度去看。更確切地說，嬰兒與母親原本是一個統一體，先是生物學的，而後漸漸是心理的。他們之間日漸增大的每一步差異，都引起相應的整合，並在這種整合下發展起來。對兒童來說，現實必然是在與其自我發展相當的諸階段上建立起來的，因爲他們全然不是一個模子裡澆出來的，而是有差異的。母親與孩子之間差異的形成，導致了在以後各階段上所發現的那種追求新的統一的努力，即一種強烈的慾求，它既是自我綜合功能的來源，又是兒童連接母親的慾力的起源。

　　母親與孩子最初統一是令人欣然的，但是對母親的強烈依賴，尤其是從後期倒退到這種統一，則同樣是令人悚然的，因爲這意味著回歸到自我發展的更早的，幾無分化的階段。對年幼兒童來說，在抵禦自我倒退的時候，父親不僅起著與母親的影響相

381

---

❶本節摘自洛華德的諸多論文（1951, 1960, 1962a, 1962b, 1970, 1971a, 1971b, 1971c）。洛華德決定保留本能（*instinct*）和心力（*psychic energy*）這兩個術語。這是因爲前一個術語已成 "*Trieb*" 的正式譯名，而這兩個術語的本意都是指人類的情感。雖然這一曾在理論上產生過異議的熱力學的涵義新近在意思上有所改變，但從根本上說，它們是從現象學那裡借過來的生物學和化學的術語。洛華德認爲這些術語能恢復到它們原來的前科學涵義，但我認爲他錯了。

抗衡的作用，而且也是必不可少的一個自居（認同）人物。這樣，由於包括了對雙親的正反兩面的情感，並且發生在一個相當長的時期裡而不只是在若干創傷性事件上，因此戀母情結的涵義就被擴大了。確實，對雙親所懷的矛盾情緒在自我的發展中起著根本的作用。洛華德極力表明，佛洛依德過分強調了從事閹割的父親是反對和阻撓母親與孩子之間慾力聯繫的外部現實的代表這一方面。然而在最初自戀的前自我階段，現實並不是什麼外在之物。從發生學的觀點看，現實與自我是同一回事。由於在洛華德看來，本能和環境是相輔相成的，所以本能就不再被看作是什麼內在的和敵對於自我的東西，現實也不是什麼外在的和敵對於自我的東西。

由此看來，要對神經症，尤其是精神病的倒退現象做不同的理解。精神分裂症患者與其說是脫離現實，還不如說是失去了自我與現實的界限。對嬰兒和倒退的精神病患者來說，奇事異象是作為既在自我也在外部世界中的東西而被體驗的，並因此作為一種悚然嚇人與無可抗拒的東西被體驗（這裡，洛華德把費倫齊關於嬰兒全能的概念和 H. S. 蘇利文關於嬰兒無助的概念之間的分歧調合起來了。見第 5 章）。

自我發展不是透過改變與固定對象的關係，而是透過不斷重建兒童與其環境的關係和重建兒童相應的內心世界得以實現的。當兒童發展時，他所適應的現象和他所摯愛的事物也因之發生變化。在前戀母情結期，自我形成經由心力內投和投射發展到建立內在性和外在性。對外部對象的真正依戀，是以清晰的外部和內部的感受為前提的，這種依賴第一次發生在戀母情結時期，它的理想結果是超我的形成，即心理結構的內部分化。但這種情況是不能用父母的內化或父母的表象的內化來描述的，相反地，對兒童的心理結構來說，這種關係是內在地重建起來的。這就是說，舊的關係是被破壞，而不是被壓抑，舊的關係中的成分被整合到

382

某些新的東西中去，從而造成了兒童的差異，並由此使兒童對其
父母形成一種新的看法。壓抑不同於心理結構的形成，因爲它透
過某些不利於新的整合的因素而阻礙了發展。

母親的內化表象包括她對孩子的態度、知覺和關係，她不僅
把孩子看作現在這個樣子，而且也把他理想化爲未來階段上的樣
子。這就對兒童產生了某種影響，並爲兒童所內化，從而幫助他
建立起同一性情感。這樣，在兒童當前的功能水準和母親對他未
來的期望所要求的更爲成熟的階段之間的緊張是相似的。一個人
未來的最佳樣子和他當前樣子之間的緊張，不僅僅是父母與孩子
之間、分析學家與患者之間的緊張，而且也是超我和自我之間的
緊張。因此，心理發展的條件本身是內化的。所謂內化，指的是
這麼一個過程，透過它，個人與其環境之間的關係轉變爲心理上
的關係。如此構築起來的內心世界就和環境建立起新的、更爲複
雜的關係。

死亡本能，即消除刺激、減少緊張和尋求安寧的傾向，並非
「超越快樂原則」的東西，因爲它變成佛洛依德根據十九世紀機
械主義物理學而假設的恆常性或享樂原則的另一個翻版。眞正超
越恆常性原則的是生存本能，這是生命之本能，是一種整合或創
設結構的傾向。生存本能的滿足不是減少刺激以回歸到先前的平
衡水準，而在於吸收和整合刺激，從而導向更高水準的平衡。只
有後者才與佛洛依德對精神分析的闡述相一致，即「本我之所
在，便是自我之所在」。

383　　　在佛洛依德那裡，移情（ *transference* ）一詞有三種用法。
一是指慾力向對象的轉移，即所謂移情性神經症。這時，該術語
是「對象性渲洩」的同義詞。二是指要把嬰幼期的對象轉移到新
近的對象上去，特別是在精神分析期間轉移到分析者身上。這一
用法在當前頗爲盛行。三是指從無意識觀念到前意識觀念的強度
轉移。精神分析療法和正常發展的性質就存在於這三種意義的聯

繫之中。

神經病的機制是正常過程的畸變。從慾力遷移至對象，從嬰幼期的對象遷移至同齡人，都是正常的；生命在這種遷移中汲取活力。只有透過這種遷移，自我才能把本能的生活和現實整合起來，並由此達到成熟。意識—前意識的心理系統與無意識之間的區別，是更爲成熟地組織起來的心理結構與更爲原始的心理結構之間差異的另一種說法，這裡所說的心理結構是心理發展的條件。

本我是現在表現過去，超我是現在期望和指向未來，而自我作爲組織者，則整合與表現它們。超我的先驅者，包括恢復原始的自戀，透過以全能的父母自居（認同）再度體驗嬰幼期的全能性完美。自我理想意味著後來的實現，即追求完美。在這些概念裡，不僅涉及到兒童把父母理想化，而且也涉及到父母把兒童理想化。在更爲現實的理解潛力方面而產生的某些幻滅與矯正，促進了超我的成長。當一個不同於外在權威和理想表象的清晰的內在權威出現時，超我就成了佛洛依德(1921)所說的「自我的分化階段」。

洛華德在從自我的核心或內化到不同的程度這一距離上描述超我的成分。雖然超我是作爲一個結構而存在的，但它的組成部分卻是變化的；例如，遵守大小便規則不再被體驗爲一種意向或要求，而成了一種習慣。當一種意向成爲現實時，超我的諸成分就同化爲自我的諸成分，但這個過程在自我瓦解，成長危機或心理治療中也可能顛倒過來。

重複是心理生活的基礎。從某種意義上說，所有心理功能都是重複的。不過，在重複的時候，它們也會變得不同。當重複的行爲是一種壓抑的重演，無意識的體驗具有強迫的，不變的特徵時，它就無助於發展。這是消極的重複。人們經常並不意識到他的重複方面。要意識到一個人的以往經驗的重複，需要假定一個

384

積極的角色。為此，一個人就得把經驗提高到一個新的水準，並把它置於作為整合者的自我的範圍裡。在積極的重複中，舊的東西得到控制，但不是被消除或拋棄，而是被分解和重建。「本我之所在，便是自我之所在」就是指把消極的重複變為積極的重複。這不僅是精神分析療法的公式，而且也是整個自我發展的一個方面。

基本原理

自我發展是艾瑞克森、里古和洛華德的中心論題，他們雖然從不同的方面把它與內驅力的心理學結合起來，但這些方面彼此之間是相容的。艾瑞克森關於性心理發展的討論就其模式和範圍而言，是非常著名的，就像他關於正常的自我發展所要完成的任務和可能遇到的危機的討論那樣（見第5章）。在他看來，這些都是生活歷程中纏繞在一起的互補過程。此外，他也考慮了在一個人的生活中引起神經症的因素是怎樣使另一個人取得偉大成就的問題。在里古這位哲學家看來，內驅力心理學與自我心理學是在不同的意義上相互補充的。一是後溯其根源，另一是展望其目標和成就。在洛華德看來，兒童時代的自我發展對精神分析療法來說是一個模式，而分析使自我重新和繼續得到發展。

385　　　這三個人所用的專業術語雖然不同，但都從佛洛依德的後期著作裡選擇了同樣的原理，拋棄了早期範式中同樣的殘餘。值得注意的是，反射弧的緊張—減弱模式不僅當作多餘的東西被拋棄，而且也因為它不符合兒童是透過積極地重複消極地經驗到的東西來控制經驗的這一原理。不能把控制的原理歸結為能量支出的經濟學，不能把積極的重複解釋成不需要消極體驗那麼多的能量。控制的原理由於取代了作為核心的解釋原則的恆常性或快樂

原則，所以，它成爲精神分析自我範式所有看法的關鍵性原則。
誰都不否認成長是與延緩當前快樂以求更爲長遠的快樂相聯繫
的。這一切沒有一個是精神分析的獨創發現；它們都是來自民
間，因而可以被任何一種自我範式所同化。

保留在自我範式裡的內驅力範式的成分包含著：關於普遍的
心理規則和解釋的構想，佛洛依德有關動力無意識、感情替代、
主要過程與次要過程、人際內驅力的可塑性，以及兒童期性慾和
戀母情結等發現。內部衝突作爲精神病的普遍根源也許已被所有
精神分析的自我理論家保留下來了，但這一學說是不同於前述的
另一個類別。我正在尋找控制神經病，治療和自我發展的一般的
心理學原理，而不是專對某一領域的原理。

移情，創傷範式把它看作是影響治療的障礙，內驅力範式把
它當作治療的方法，洛華德又把它作爲正常發展的核心。同樣，
抗拒在創傷範式裡被看作是障礙，而在內驅力範式裡卻是被視作
治療的中心。由於抗拒與自我綜合功能相同或是綜合功能的一方
面，它就同正常成長聯繫在一起了。

透過倒退而獲得進步的原理是內驅力範式和自我範式之間的
樞紐。里古的文章已經指出蘊涵在進步與倒退、編碼與譯碼、增
飾與解釋之中的辯證法的深層涵義。艾克斯坦（R. E. Ekstein,
1965）也指出這一原理在作爲治療的精神分析中的應用。例如，
某些細心的人觀察到，當病人身處特別的姿勢比如俯臥時，就會
產生倒退。在這種紊亂的形式裡，倒退需要重建（洛華德，
1971c）。

所有的解釋都強調佛洛依德的結構原理，即人際圖式對人格
圖式起著模仿或動力作用。我之所以稱它爲結構原理，是因爲對
內部變異即自我發展來說，它是一個重要的理論基礎〔用雷帕普
特和吉爾（M. M. Gill）的五種心理玄學的觀點來說，這一原理
也可以稱之爲發生的、適應的和動力的原理。但這種描述過於累

386

贅，這也就是我爲什麼不把它們作爲考察行爲解釋的有益方式的緣故〕。

構成這些圖式轉換基礎的是一個由於高度概括性而難以清晰或嚴謹地表述出來的原理。這個原理也是一種結構原理，但這是在不同的意義上說的，不是指建立心理結構，而是指作爲思維方式的結構主義（見第3章）。艾瑞克森關於身體、玩具和人之間圖式轉換的討論畢竟只適用於佛洛依德所觀察到的一種兒童，即圖式從人際關係向身體症狀的轉換，以及反過來從身體症狀向人際關係的轉換，來自這兩個根源的圖式都在夢中表現出來。正如里古指出的那樣，這種觀察旣是一個發現，也可以作爲進一步調查的方法；來自是編碼的方法，也是被解譯的東西的實質。洛華德關於移情的討論也未超出這一廣義的原理的範圍。

假如人格圖式果眞是由人際圖式產生的，那麼人際圖式從何而來？正如洛華德指出的那樣，在過去，這是個錯誤的問題。旣然兒童與母親原本爲一，則他們的關係是在他們分離的時候才建立起來的。但事情並不完全如此。控制原理陳述了一個簡單的人際圖式：「別人這樣對待我，我一定這樣對待他。」這一原理的作用像是一種內驅力〔因此，佛洛依德稱其爲重複衝動（*repetition compulsion*），但是我之所以避免那個術語，是因爲它混淆了在正常發展和神經病過程中運用這一原理的界限〕。這一原理具有內驅力的可塑性，允許替代各種受害者。如果我們把控制原理作爲攻擊性內驅力的起源（假定攻擊性論題是複雜的，已超出我們的研究範圍），那麼就可以導致一個巨大的理論簡化。佛洛依德關於自我發展起源於攻擊性內驅力的轉換的論述是與這一闡述相一致的。

我們能否就這個基本的人際圖式來自何處的問題退一步說呢？我願意思考這個問題。這個原理認爲兒童必須對別人做一些或多或少別人曾對他做過的事。這一原理在形式上類似於作用和

反作用必須相等和相反。牛頓的第三定律與自我功能的這一最基本的原理有某種相似之處。每個兒童出生伊始，甚至在出生之前，就受到牛頓第三定律的支配。假如他拍一下床，或者地板，床或地板就用相等和相反的力回擊他。假如他鑽在桌子底下玩，站起來時頭撞著桌子，桌子也用同樣大小的力撞他的頭。兒童一定會像對別的什麼事情留下深刻的印象那樣，對物理學的這一原理也獲得某種領悟。

對於年幼兒童來說，甚至長到比我們現在談到的年齡還要大許多的時候，也難以把物理學原理、心理學原理和道德的必要性區別開來。這樣，對作用和反作用相等和相反的觀察將會產生某種事件需要平衡或復原的含糊意義，這至少是可以想像的。彌爾（見第 16 章）所提到的那條原始的，以牙還牙的法則也許就是這樣產生的。我們無法在一個非牛頓的世界裡來撫養兒童，以期發現將變化的東西，顯然也沒有任何辦法更細緻地觀察這種原始的機械主義是如何發展起來的。人際圖式塑造和推動人格圖式是顯而易見的和可以推測的。反過來，把人際圖式的形成歸因於感覺運動圖式和物理學原理，雖然是合乎邏輯的，卻難以令人信服。

388

這科學嗎？

孔恩不願意把精神分析及其學派和設想稱之為科學。正如我們已經看到的那樣（見第 12 章），他也許誇大了物理科學中範式的一致性，其他哲學家並不都接受對科學立下的這一標準。許多第一流的哲學家、心理學家和精神分析學家都討論過精神分析的科學地位，但是全面評述這個問題並不是我們的任務。這裡的討論只是把業已介紹過的問題做一個結論而已。

勒溫（Lewin, 1931）曾說過，儘管現代科學常被描述爲用
數學的、功能的關係來替代定性的表述，然而現代科學的這一特
徵比起從亞里斯多德的思想方式轉變爲伽利略的思想方式這一更
爲基本性的方面來，乃屬次要的。根據亞里斯多德的思想方式，
個別事件被認爲是受機遇支配的，只有經常地、重複地發生的現
象，才被認爲是有規律的現象，或者說需要予以解釋。例外的事
件，如果數量不足，則不能用作反駁的論據。在亞里斯多德那
裡，解釋是由分類構成的，分類的共同特徵構成了以後用來解釋
的一種本質。分類有許多是二分法的，用一個極端表示積極的有
價值的抉擇。當時的心理學推理就體現了亞里斯多德的思想方
式。根據兩歲兒童通常有執拗的現象來解釋兩歲兒童的執拗性；
用建立在同類行爲的基礎上而假定的內驅力來解釋行爲，把行爲
劃分成「正常的」和「變態的」兩大類等等。

389 　　勒溫竭力聲稱，佛洛依德的一個最大貢獻是消除了平常與異
常、正常與變態之間的界限。佛洛依德心理學的性質，即努力尋
求他的病人和他自己的一組規律，與伽利略尋找恆星運動、鳥類
飛行和石頭下落的一組共同的規律是相似的。此外，正如我們已
看到的那樣，佛洛依德把許多以前的，甚至今天的許多心理學家
認爲是無意義的、偶然的行爲都納入了規律的範圍之內。如此，
佛洛依德關於普通的心理學法則和心理決定主義的假設從某種意
義上說乃是科學的。

　　精神分析的推理能與其他科學的推理相比嗎？究竟有沒有一
門關於人的行爲的科學？假如有的話，它能構成一個物理科學的推
理和標準不能運用的獨立領域嗎？這就是舍伍德（N. Sherwood，
1969）提出的問題。

　　不論怎樣，舍伍德一開始就問，什麼是解釋？我們首先得用
一個參照框架來規定我們感興趣的和我們根據常識與其他知識而
認爲當然的東西。這樣就必然會出現我們無法適應某種疑問或矛

盾。一個滿意的解釋必須在適當的複雜水準上，在適當的參照框架內解決這一疑難。他說，這恰恰是精神分析的描述試圖要做的事情。精神分析的推理最好被理解爲一種病史的分析，即精神分析的描述。精神分析學家在病人的生活中尋找一些共同的主題，它們是在各種可供選擇的方式裡表現出來的，不一定完全說明任何一種單一的現象。精神分析學家所重新建立起來的解釋力量與其說是與孤立的夢、症狀或行爲有關，不如說是更明顯地與個人生活史有關。如果把精神分析的描述假定爲精神分析學家去解釋這種症狀，那個夢，或別的行爲，把病史假定爲這些解釋的總和，這就與精神分析的描述力量失之交臂了。

舍伍德指出，佛洛依德在他早期的著作裡已經分析了因果關係。就拿舍伍德引爲典型的洛倫茲（Paul Lorenz）的「鼠人」（rat man）例子來說，佛洛依德（1909b）除了運用通常稱之爲 390「佛洛依德派」的象徵性意義的解釋外，還根據症狀、願望和行爲的起因、發生、當前的功能以及預示等，對它們進行了解釋。

他繼續說，根據運動與活動或原因與理由之間的區別，以及不同於其他原因的理由，使人類行爲成爲一個獨立於所有其他科學及其推理標準的領域也許是合理的。然而，佛洛依德所做的事情恰好表明它們是一回事。根據定義，由於無意識的動機是被排除在意識之外的，因此它一定是原因，用某種類似於意識動機或理由的方式影響行爲。原因和理由的區別不在事件中，而在解釋的前後關係中。這樣，舍伍德也就認爲建立一門關於人類行爲的科學是可能的，但不認爲是一個獨立的領域。

在評價精神分析解釋的恰當性時，舍伍德提出了一個具有自我一致性、相關性（coherence）和廣泛適用性的一般標準。他承認在運用這個自我一致的標準時是有困難的。但是一個人表現出來的相反動機和心向（trend）並不表明解釋的不一致性，因爲這是人類本性的一個明顯的特徵。確實，如果舍伍德強調一下

精神分析把內部衝突視爲每一種神經症還是其他疾病，那麼，這個自我一致的標準在評價精神分析解釋時的作用就難免有局限性。也許，對此標準，我們只要求它具有相關性和廣泛適用性就夠了。

當內驅力範式避免在原因與理由之間做出區別的時候，我們已看到區別被里古設想爲主體考古學和主體目的論的區別。里古的結論是，要理解一個人，就必須理解原因和理由。這一辯證方法在佛洛依德後期著作裡也可以發現，但是舍伍德卻沒有論及。也許爲了做出進一步的區別，哲學家們將會繼續研究這個問題。

391　　精神分析中最不同於孔恩所說的範式科學的一個方面是它的培養專業人員的方法，因爲它主要依賴的是典型病史（的確，那些培養分析家的人可能不知道，儘管解釋的問題無法歸結爲數學的確定性，但解釋的技術卻可以透過固定答案的練習來傳授的）。我們不妨看一看物理學是怎樣教授的，這是孔恩本人討論過的問題（1974）。他指出，物理學的經典公式必須在爲解決教科書的問題而獲得特定意義的時候才能傳授。對學生來說，把一般法則應用到特殊情境的這一步，乃是最艱苦的事情。孔恩指出，這一步只有透過觀察他人解決一個又一個事例才能學會，捨此，別無他途。因此，根據孔恩本人的看法，在造就一名物理學家時最艱苦的地方類似於訓練一名精神分析學家。

從「它」（It）到「我」（I）

在許多心理學家看來，現在已成爲大多數精神分析理論中心的自我、本我和超我的概念，是如此遠離他們的經驗，如此抽象，以至於不能令人信服。由於超我放在下一章討論，因此，我們現在就根據自我和本我和直接觀察的關係再來看看這兩個概

念。正如勃朗特所指出的那樣（1966），佛洛依德在用 *das Ich* 和 *das Es* 這兩個術語時，是有更加直接的和個人的涵義的（見第 14 章）。

　　勃朗特援引了一個病人的病例，這個病人描述了由於「我要向東，它偏向西」因而不能控制自己的某些部位，由此陷入了痛苦的感情之中。勃朗特繼續說：「這個病人在重複『我被困住了』之後又說：『我被我的情緒困住了。』過了一會兒，她又說：『我被我自己困住了。』當所有這些被動語態後來變成主動語態『我困住了我自己』的時候，病人終於認識到『我困住了我自己』。這種用『我』來取代『它』而作爲句子主語的現象是和把『它』變爲『我』的過程相應的……最後，這個人能夠認識她和別人的相互關係，並能確切地用『我』來說話：『我想我讓你給困住了……就像我讓其任何人給困住了一樣。』」（1966, p.377）。

　　布羅奇（H. Bruch，1961, 1973）曾觀察到身體表象和自我界限的失眞，即精神分裂症患者和擁有嚴重進食障礙的人的特徵，也許可以歸因於對來自體內的刺激做出了錯誤的解釋。而這種錯誤的解釋，她根據有關病例指出，起源於病人的母親在病人嬰幼期做出的不恰當的反應。「如果對身體意識的曲解是嚴重的，則一個人就會感到他既不擁有自己的身體，也不能控制其機能。當病人遭受到進食的強迫性衝動的折磨時，他就會說：『它又找到我頭上來了！』意指『我不想吃東西』。這裡，過他自己生活的意識就會全然喪失，剩下的唯有深信所有的努力和奮鬥都是無效的。」（布羅奇，1961, p.475；原引書中此段文爲斜體）

　　霍羅維茲（M. J. Horowitz，編印中的文章）描述了一個成年病人無法用語詞來表示生殖器官或身體機能，所有這一切她都用「它」來表示。在治療過程中，分析學家幫助這位智力特別的病人認識她先前不能說出的有關身體部位和功能的詞。在這過程中，她的意識也逐漸擴大到先前叫不出名稱的身體部位和機能。

與此同時，她也能產生性的快感和滿足了，她的人際關係也改善
了。

　　圍繞著一個相同的見解，已經建立起一組治療技術〔恩利
特，(J. B. Enright，1972)。這套技術要求接受治療的每個人環
顧屋子四周，然後挑選出一件在他看來是生動可愛的玩意兒。接
著要這個病人花三、二分鐘時間把自己當作這玩意兒，再要他假
定自己就是這東西，說一些關於這個玩意兒的話。要求是「描述
它，但不可說『它』如何如何，而要說『我』怎樣怎樣」(p.153)。
根據一個人在涉及到某些重要事情會停頓下來的假設，當病人停
下不說話時，就要他說一件或兩件以上的事情。「這個物體就會
在純粹幻想時不大可能出現的範圍裡提供一種周期性的『注意』。
當 B 觀察 A 挑選物品時，B 顯然看到 A 正在選擇特徵上完全不
同的物體，忽視某些『顯而易見』的特徵，挑選了連 B 做夢也沒
有想到的非常怪異的特徵。但是 A 感到自己不像在選擇，而像
393　被那些在他看來彷彿確是物品的客觀特徵的東西所驅迫和吸
引。」(p.154)

　　儘管我對我的自我的認識還有問題，但我對「我是什麼」的
意識不是一個遙遠的或抽象的推論，而是直接的。有一件事情應
該考慮，凡在精神分析中，同樣，凡在本書中，被說成與自我有
關的東西是否都能應用於各種各樣的被稱之爲「我（是……）」
（I），「（……是）我」（me）和我自己（myself）的概念
呢？或者是否能與這些概念等量齊觀呢？此外，剛才引述的臨床
觀察也提出了許多研究課題。在精神分析的所有成功的案例裡是
否都能看到說話的用詞從「它」轉變爲「我」呢？凡治療成功的
病人在描述自己的時候都從被動語態到主動語態嗎？在其他一些
心理治療中也發生同樣的過程嗎？

結　論

　　精神分析的自我範式揭示了貫穿於神經病、治療和自我發展的共同原理，這樣也就重新獲得了當內驅力範式被特殊的概念和修正抽去容納自我現象時所失去的簡潔性。艾瑞克森、里古和洛華德都已從佛洛依德的後期著作裡引用了相同的原理，並且構築了本質上相同的自我範式學說，儘管在某些專業術語上是不同的。自我範式學說，儘管在許多方面類似於其他科學範式：一種研究方法，即精神分析的病例研究，透過一種理論而把大量的發現結合起來。一些重要的發現起著範式的作用，例如對被壓抑的願望的喬裝表現的夢的解釋；對主動重複被動體驗的兒童的遊戲的解釋。病人的行為和症狀被看作是應予治療的疑難問題（嚴格說來，當發現某些病例揭示了若干共同的成分時，它們和其他科學的比較就更準確了）。但是，即便把精神分析範式中最成功的地方和更為精確的科學相比較，也無法抵消含糊、拙劣的推理研究或對佛洛依德和其他老資格的分析學家的權威的盲目崇拜。範例的概念已被用來標誌思想結構中的一個興趣，而不是學術著作中的文字。精神分析也像它的對手一樣，宣稱要和各門嚴謹的科學相比較，不僅比較理論、方法和資料的協調性，而且也比較普遍規律的基本假設和物理決定論。

　　　394

　　不考慮其他心理治療學派而專講精神分析，並不是對它作為一種療法而具有的療效進行評判，而是因為它對自我發展的理論做出了貢獻。雖然從一八四五年第一版的格里辛格（W. Gries-inger）心理治療學的教科書〔選錄在奧爾蘇利（Altschule），1965〕中已經能夠見到有關自我功能的成熟的討論，但是我知道其他學派既沒有對自我發展的理論做出重大貢獻，也沒有任何重要發現

對自我發展、神經病和治療具有共性的原理意圖。只有那些把診斷、分類和各種疾病分類學中的症狀作爲天職的精神病學學派才代表了亞里斯多德推理的遺風，儘管它的許多文章也會含有當代面貌的數字表格。

一個重新提出來的問題是，認知的或結構的解釋能否取代心理動力學的解釋？這個問題在第十二章是跟個體身上自我發展的局限性問題一起提出來的。在第十六章論及 H. S. 蘇利文和皮亞傑有關青春期良心發展的文章中還將再次出現。柯爾伯格（1966）就常常提出這個問題，尤其是關於性別角色的自居（認同）。他說，兒童首先學會把他自己看作永久地屬於某一性別的，就像他知道其他物體的永久性一樣。然後，他以同性的其他兒童和成人自居（認同），並且傾向於選擇同性的父親，因爲他認識父親就像認識他自己一樣。這個觀點是和精神分析關於只有透過戀母情結階段才會以雙親中的同性自居（認同）的假設相反。霍羅維茲（1974a, 1974b）有關心理治療的認知研究重新提出了這個問題。柯爾伯格經常把這個問題說成是在認知發展和精神分析解釋之間做出抉擇的問題。霍羅維茲把認知解釋作爲精神分析心理玄學內結構觀點的一個特例。無論從他們是相互補充的還是相互排斥的方面來看，都需要做進一步的研究。如果我假設女孩子妒忌男孩的陰莖，是因爲他們都假定愉快是和可見物的尺寸成正比的，那麼這是佛洛依德的假設還是皮亞傑派的假設呢？或者做出這種區別已經過時了嗎？布羅奇（1973）因爲把認知的解釋主精神分析的解釋混淆起來而受到公開的批評，但他還是爭辯說它們在臨床方面是可以結合起來的。

最後，不管是否把精神分析作爲一門科學，這是不值得爲之戰鬥的。範式的思想已爲我們服務了。我們研究的問題是：自我一致的標準能夠應用到精神分析的推理嗎？從被動語態轉變爲主動語態是成功的療法標誌嗎？「它」能完全變成「我」嗎？

第十六章
良心的起源

396

良心的起源問題已經載入我們的編年史。它是怎樣引誘一些人去設想一項永遠不能還清的債務，去肩負一項永遠不能履行的義務，去接受一項永遠不能逃避的懲罰？良心起源的複雜性和多樣性已由彌爾、霍布豪斯、杜威和塔夫特（J. H. Tufts）以及麥獨孤（第 11 章）用各種方法來描述。本章的目的旨在從理論上對良心的起源進行考察。

按照常識和通俗說法，我們給良心取名的經驗是什麼？由於良心從經驗上可能對不同年齡的人意味著不同的東西，因此其發展過程就不能不加以考慮；一個指導思想是肯定具有某種成熟的良心概念。同時，我們考慮到這種可能性，在成熟的良心的必要前提中，具有與成熟的良心顯然對立的行為或態度。要是誰在發展的某一點上說：「良心從這裡開始。」這可以證明是武斷的。

397

良心的現象

良心的要素包括責任感，包括對過去的行為和感受以及對行為和感受負有責任，也即自我批評的能力、標準和理想。所有這些觀念似乎都直接含有良心的概念。這些觀念可能具有不同的發展根源，即便在邏輯上並不是獨立的。

　　除非一個人對自己的行為負責，否則戾心便沒有意義，這種責任包括思想和感受。也許在日常用語中最接近責任的說法是責備。在戾心這一詞彙中責備是最先獲得的語詞之一。責備涉及到過去並對過去負有責任。它有責備別人的涵義，但不排除責備自己。責任還含有對現在和將來的義務。負責、責任、義務既包括認知方面也包括動機方面，還包括一組概念、權利、義務、特權等等。此外，還一定有某種吸引力、號召力或承擔義務。不管一個人有沒有清晰的權利和義務的概念，要想履行自己的義務，承認別人的權利，並不是生來就明白的。

　　戾心首先是一個反省的概念，它含有自我批評，因而也包括自我觀察──用通俗的話來說就是自覺。也許自覺是有關自我觀察的一種早期的模糊的觀點。所有這種反省的（reflexive）術語只應用於具有某種自我意識的人。在自我發展方面最早出現的問題是自我和非我的區別，因而這個問題就成了戾心反省方面的先驅。即使我們在戾心範疇內包括對違背準則而受到懲罰的恐懼，這裡仍然包含某種自我意識。

　　一種包括在戾心之內但並不構成戾心定義的反省品質叫自制。某種最低限度的自制能力對於成熟的戾心達到最高限度的發展序列來說是先決條件，但失誤會在任何一個階段發生。把衝動與控制區別開來是最基本的。一貫正確的控制是戾好的行為，它是一個與戾心不同的問題（本文不討論過度控制的問題）。

　　也許戾心的最基本的方面是自我批評的情感成分，包括羞恥、慚愧和內疚。艾瑞克森(1950)描述過羞恥的情感、赤身裸體時的情感、被對手或具有敵意的評論家「攻擊」(put down)時的情感。雖然羞恥與慚愧的區別並不常見，但人們還是能把這兩種情感區別的。感到慚愧意指比羞恥較甚的自貶，例如，一個人在他所愛的人面前感到慚愧。按照兒童的想法，當兒童從感到羞恥進而發展到感到慚愧時，所變化的並不是那些站在他面前的人，

儘管這些人不是他的雙親，而是他把他們像所愛的人一樣結合在一起的能力，同時他覺得自己受到了責備和恥辱。

一個人感到慚愧，不只因為他對這些行為負責，還會因為那些不能由他負責的特徵，諸如畸形腳和私生子，而感到慚愧。有人為某些行為感到內疚，本來可以不那麼做的，而且也常常做出表示抵制的思想感情。內疚與恥辱不大相同，但是與慚愧卻比較相似；在良心的內化和發展過程中，它要比羞恥和慚愧高級。不論是真實的還是潛在的聽眾或觀眾，在他們面前，感到慚愧的思想是必不可少的，但是同樣的情境對內疚的感覺並不重要。判斷別人是感到慚愧的核心，自我判斷是感到內疚的核心。

良心的一個不同的要素包含在堅持標準和為理想而奮鬥之中。這裡強調的是「應該」，而不是「不應該」，強調奮鬥，而不是強制。其間沒有明顯的界限，一個人可以因為沒有堅持標準，或者沒有為理想而奮鬥從而批評自己。然而，自我批評的起源和理想的起源是不同的。成熟的良心所忠於的最終理想是公正的理想；柯爾伯格就是這樣主張的（見第 5 章）。公正的觀念包含兩層意思，即公正的理想和公正得以實現的感受，這就是標準和承擔義務兩個方面。

要想完整地解釋像良心那樣的如此豐富和多樣的經驗是不可能的。然而，必須加上一個附加的要素：無私（disinterestedness）。具有真正成熟的良心的人有這種可能性，甚至有這樣一種傾向，雖然不像愛他自己那樣愛其他人，至少能設身處地地考慮別人的立場。這種態度包括把別人看作是目的，而不是手段。它還包含超越利己主義和僅以服從能使良心得到滿足的傾向這兩個方面。

399

超我和自我的理想

在轉向某些有關精神分析的觀念時，必須放棄或多或少用來限定我們視野的現象學的方法。在當代的精神分析著作中，良心、超我和自我理想這些術語有相互矛盾的用法。正如佛洛依德一會兒交替使用這些術語，一會兒使這些術語具有各種不同的涵義一樣。這裡，良心這一術語最初是根據它的涵義，從日常用語中獲得的，只是在忠實於事物的本來面目的基礎上做了必要的修改。至於超我和自我理想這些術語，我是根據最常用的當代的意義來運用這些術語的。由於目的是洞察發展的起源，那就不需要獨創性，也不需要對文獻做全面的回顧。

陳（I. Chein，1972）把他的有關精神分析結構理論的觀點概述如下：自我和超我是道德的；自我和本我追求願望的滿足；400　而超我和本我是陳舊的和原始的。這一公式表明爲什麼本我、自我和超我這三個概念沒有一個可以省略。我們現在暫且不談超我的發展究竟是「自我」發展的一個方面，還是一個獨立的過程。目前只要知道超我的概念不能省略就可以了。

弗羅格爾（J. C. Flugel，1945）在全面討論成熟良心的各種起源時，描述了四個本質上獨立的來源，並承認特殊的行為同時反映了這四個來源的影響。第一個來源是理想本身或自我理想。第二個來源是把道德態度和別人的告誡，特別是父母的告誡相結合。弗羅格爾把這兩個來源稱之爲自我理想，以便與超我相區別。這兩個來源在佛洛依德之前已爲人所了解，特別是爲鮑德溫和麥獨孤所熟知。第三個來源是不利於自己的尋釁行為。至於第四個來源，弗羅格爾最初稱之爲施虐—受虐狂，但有時爲了便於掌握也使用別的術語。後者將在這裡加以強調。最後兩個來源

弗羅格爾稱之爲超我；它們代表了對精神分析的獨特貢獻。現在，我將運用與弗羅格爾相似的但又不局限於他所使用的術語，按我認爲的發展序列來討論這四個來源（其他一些精神分析學家在下列這些方面發生分歧，即把什麼樣的作用歸諸於自我理想和超我，究竟把自我理想看作是超我的前提，還是把超我看作是自我理想的前提）。

格羅特（Lampl-de Groot，1962）由於受到弗羅格爾的影響（格羅特，1949），在一篇簡潔但精闢的文章裡探討了超我和自我理想的來源。自我理想開始於最初自戀階段幼兒的「幻覺願望的實現」。當幼兒意識到內部和外部之間的區別時，幻覺願望的實現由萬能的和壯觀的幻想所取代。當他的這一點幻想也破滅之後，就產生理想和道德。對格羅特來說，全部程序主要是願望實現。

由於認爲良心與超我相等，格羅特從不愉快的經驗著手，在一個獨立的順序裡探討了超我的起源。有些不愉快的經驗後來構成父母的限制和要求，也即孩子服從父母以保持父母的愛。在下一階段，這些要求透過自居（認同）作用被內化。最後，這個孩子接受了各項限制並形成了良心，藉以保證他與父母和包括他自己在內的更廣泛的羣體的社會關係。超我始終起著限制的作用。

格羅特問：既然這兩個順序如此不同，那麼，又爲何把它們視作一個順序，在自我範圍內建立一個單獨的機構（agency）或亞結構（substructure）呢？她的回答雖然採用不同的方法，但父母的形象在兩個順序中都起著決定作用的觀察；自我理想與仿效父母有關，而超我與實現父母的要求有關。雖然它們的目的是對立的，但是，由自我理想所支配的願望實現和由超我所支配的限制和禁止這兩個機構在實踐中可以合併成一個亞結構，並且彼此影響其功能。所以，理想歸根結柢可以體驗爲要求。

格羅特因爲把自我理想說成是自我功能和自我範圍內的亞結

401

構而感到歉意。這種兩重性的說法是一個令其他作者感到困惑的
問題。確實，解決的辦法在於，自我發展的過程總是朝向結構化
的，這就是需要創造自我範圍內的亞結構。在形式上，自我發展
還能意味著別的什麼東西嗎？功能的分化和結構的形成是描述同
一組現象的兩個方法；只是具體的思維習慣使它們聽起來像不同
的東西。

　　解釋早期發展的一個困難在於，成人的生活語言無法適應。
「幻覺的願望實現」似乎含有三種要素：願望、無法實現的知
覺、實現假的知覺。在幼兒時期，這樣的順序是不可信的。相反
地，願望和知覺必須融合；希望吮吸母親的乳汁和想像它在那裡
並沒有什麼區別。願望不能實現的失望是造成願望和願望實現的
知覺分開的原因〔參見斯切特爾（ E. G. Schachtel ）, 1959；謝
皮爾，1970〕

　　精神分析完全是一種發展的理論。弗羅格爾認為，沒有一樣
東西能夠像一下子產生的超我那樣複雜，佛洛依德在其論述中也
隱含著這一點，即超我是戀母情結的後代。由於格羅特發展的起
源做了更深入的探究，弗羅格爾所堅持的真理被強調了，把良心
的起源確定在潛伏期是否比把性慾的起源確定在青春期更有根
據？

良心的發展

　　為了重建良心的發展，我憑藉上述的來源和其他一些來源，
包括我自己的反省。良心的發展還不足以用來指導觀察；人們至
少不能在低水準的推理上來討論它。我試圖運用那些能詳細說明
和相當清楚地觀察事物的概念。

　　幼兒一開始就具有透過想像實現願望的能力。不能達到追求

的滿足導致了願望和知覺之間，以及內部世界和外部世界之間的區別。此後不久，最初的思維加工明顯地占居優勢，在說話時兒童採取了自以爲是和企圖實現其他一些願望的幻想形成。他無法正確地理解自己，理解幻想的萬能和自以爲是的自我，正如把自己理想化的一些解釋那樣。他的思想容易波動，而且結構不大嚴密。他不會區別現實和幻想，不會區別眞實的自己和理想化的或所希望的自己。確立這種區別是與承認自己理想化的或所希望的自我形象的非現實性相一致的。

同樣，當他承認自己的微小和軟弱，把一切權力歸於他的父母時，他就不再對理想化和現實的自我形象感到興趣。在雙親所表現的行爲和他們應該表現的行爲之間，做出區別是和雙親（以及其他人）必須服從的規則和標準或多或少一樣的。在兒童具有抽象的行爲標準之前，權力本身就是正義（柯爾伯格，1971）。即便古代的形式，總還堅持和繼續著某些影響，眞正的理想和道德可以在這一遺痕上找到——也就是說，取代對自己和雙親的理想化。

上述是結構或形式方面的問題。兒童的各項標準的內容，在他的道德結構已經確立之後的很長一段時間，還會繼續改變。首先從費倫齊（1925）所說的「括約肌道德」開始，兒童從權力遵奉的道德著手，然後，在順利的情況下，發展到自我評價的標準，在特殊的情況下，發展到公正的無私標準。這是柯爾伯格（1971）非常詳細地探究過的發展。

自戀。這是佛洛依德按上述順序提出的心理動力的解釋。兒童把他的自私，從他的現實自我轉移到自我理想，這就能夠保持那些現實迫使他去承認他所沒有的完美境界（第 14 章）。另一種動力的解釋來自奧蘇貝爾（第 5 章）。面對災難失去自尊的兒童，當他學會了承認自己的渺小和依賴時，他就會變成一個父母權力下的衛星，在他們的光輝照耀下發亮。實際上人們能夠接受

佛洛依德和奧蘇貝爾的解釋；兩者似乎並不予盾，而且和那些對順序做出形式說明的純認知的解釋也不矛盾。奧蘇貝爾所說的自尊難道不是自戀的翻版嗎？

尋釁。願望無法實現是另一條發展路線的起點，其結果是轉過來侵犯自己。我們可以說出生不滿一個月的嬰兒只有願望或衝動，只要我們對這些術語並不賦予更多的意思。這些願望的受挫，即便是暫時的，也一定會導致某種接近尋釁的行爲。當人們適當地談論攻擊性衝動的時候，這些孩子已經越過衝動和實現相結合的最初狀態，雖然可以在孩子身上觀察到他好像在生氣。根據弗羅格爾的觀察，孩子尋釁的目標是他自己。衝動的控制，甚至由自身利益激起的控制要比衝動本身的構成來得遲。只要有衝動的表示，其體驗要比任何一種自身利益需要的控制更具激發作用，對自己的直接侵犯就有可能發生。由於在兒童身上長時間內衝動超過控制居優勢，因此侵犯自己的通道就可能長時間開著。確實，自斥和不加掩飾的自我侵犯通常是低級的自我跡象〔盧文格和韋斯勒（ R. Wessler ）， 1970〕。在這時，衝動的控制部分是指向對自身的侵犯。衝動與控制的區別意味著對自己一分爲二，意味著一個較高的結構程度。衝動的控制乃是尋釁的最重要的轉變，即不再指向自己。以後，指向自己的各種尋釁行爲就會感到恥辱，感到內疚，感到慚愧。這些情感的獲得，可以保留很長一段時間。然而，就所有那些消極的感情而論，成熟的良心可能是健全的，因而能夠容忍自己，也能容忍別人。

控制。控制（ mastery ）的內驅力與尋釁的內驅力是緊密地聯繫在一起的，或者說是由尋釁的內驅力派生出來的。控制的內驅力和尋釁的內驅力又是各自獨立的，每一個內驅力都能轉向內部，沒有必要再去探究我們在良心起源方面的興趣。需要掌握的一種特殊的精神分析觀點是人們必須處理他們已經遭受到的痛苦，也就是說，經驗是透過人們積極地重複曾消極地經歷過的事

件而掌握的（第 14 章和 15 章）。佛洛依德用這一原則解釋兒童
的遊戲，夢中不愉快的移情經驗和創傷、性事件的重複、焦慮以
及衝動的控制和超我的形成等等。安娜・佛洛依德、弗羅格爾、
艾瑞克森、洛華德和里古，無疑還有其他人，運用各種不同的方
法都曾做出相似的觀點。在拜讀了這些作者和其他人的論文之
後，我要說它們是如何影響我的。

如果說經驗是透過人們積極地重複曾消極地經歷過的事件，
或者說是透過「幻覺願望的實現」，即初期的令人滿意的衝動性   405
想像而掌握的，這是毫無道理的。即使衝動的形成允許一定程度
的由尋釁和生氣伴隨的令人不快的知覺，仍然是不夠的。經驗必
須用某種更爲一致的方法來構成，使人們能意味深長地談論掌握
它的情況。因此，在這一點上我們就不要談論出生未滿一個月的
嬰兒。

哪些經驗使得兒童覺得需要去掌握它？佛洛依德的例子是，
生病就醫以及所愛的人或物暫時或永久地喪失。按照費尼齊爾
（O. Fenichel）的說法，每當兒童處於「充滿了大量刺激的時
候」（1945， p.44），他就處在這樣一種情境；試圖透過在遊
戲中積極地再現而掌握它。他也會毫無止盡地重複新近獲得的但
尚未完全自動化的技能，正如亨德里克（I. Hendrick，1942）
指出的那樣，重複什麼樣的技能，似乎和需要（內驅力？本
能？）有關。不論這一原則在應用過程中可能會受到各種限制，
但它仍然是一個自我作用的主要模式。

在良心的發展過程中，它也是一種內驅力。兒童的衝動必須
受到他父母的約束。由於兒童受到父母的約束和控制，他就想約
束和控制父母，但是他不能也不敢。這種情感加倍地使人感到灰
心，因爲兒童不但受到控制，而且也要防止自己做出受控制的自
然反應。但是這裡包含的需要是可塑的，兒童將啓用一個新的受
害者來對付使他備受否認的人。有時，受害者可能是一個年幼的

兄弟姐妹或小夥伴，但不管怎樣，他在這方面也是受約束的，而
最終的受害者無疑是這個孩子本人。他透過全部或部分扮演父母
的角色來控制這一情境。這一角色扮演是自制的根源，是區分衝
動與控制的根源，是自我形成與超我形成的部分動力（第 14 章
和 15 章）。

　　一個人把遭受別人的痛苦還給別人，形式上與原始的解脫機
制相似。不僅相似，所包含的相似點在積極而又有建設性的經驗
掌握方面或多或少反映了解脫的發展。這些衝動的一個結果是恩
怨必須平衡的意義。最初這一意義具有報復和以牙還牙的法律形
式。在良心的發展過程中，以牙還牙的法律形式所起的作用已爲
彌爾、韋斯特麥克（E. Westermarck，1906）、霍布豪斯（1906）
和奧迪爾（ C. Odier，1943 ）所承認。

　　彌爾〔（ 1861 ）1965〕指出，希望懲罰那些對別人曾經做出傷
害的人是一種自然的感情，這種情感來自兩種衝動，即「自我防
禦的衝動和同情的感受」（ p.306 ）。我們希望報復或反擊那些
曾經傷害過我們的人，或那些爭奪我們同情的小動物的人，或那
些試圖傷害曾經傷害他們或他們小輩的人。憑藉我們的理智，我
們的同情心的範圍可能擴展，不僅擴展到我們的孩子，而且擴展
到宗族、國家或人類。因而，彌爾所稱的「正義感」，包括懲罰
的願望，他認爲本身沒有道德。道德的東西是指完全服從社會的
利益。以牙還牙的法則是一個原始的和自發的正義感的受人歡迎
的原則，而在大多數人的頭腦裡仍然是一個秘密追求的東西：
「當報應以恰當的形式偶然降臨到罪犯身上時，普遍的滿意感表
明這種以牙還牙的償還手段是可以接受的，也是非常自然的。」
〔彌爾，（ 1861 ）1965, p.313〕

　　父母的標準。由弗羅格爾確定的良心的第四個要素是把父母
的禁令、標準和理想變成自己的禁令、標準和理想。人們可以用
這樣一些術語來談論一下孩子在組織他的經驗方面又邁出了一大

步。他需要一個起碼的準則觀念,這就需要一定程度的心理發展,而不是僅僅透過活動來掌握。把年齡列入這一成就實屬不易,不僅因為有著明顯的個別差異,而且因為把一個日期放在緩慢演變的概念裡有著內在的模稜兩可性(第8章)。為了進一步探究兒童採擇或接受父母標準的意義和機制,我們必須回到早在這裡和其他許多地方討論過的一些問題上來,這些問題與安娜‧佛洛依德(1936)關於尋釁的自居(認同)作用的討論相似。

互愛。良心的第五要素已經用各種方法表述過了:像評價自己一樣評價別人;評價別人是為了實現自己的目的,而不是作為實現目的的手段;了解別人觀點的能力。在它達到最高和最難的程度時,這一要素就變成了無私,即處於與兒童和青少年以自我為中心的對立極,達到律師們所稱的「秉公氣質」的目的。

對良心來說,這第五個貢獻者的出發點是愛,或者要是願意的話,是人類的契約。在解釋利他主義(altruism)時,愛和良心是可供選擇的。犧牲自己的利益為的是追求他的孩子或配偶的利益,但是為某個比較疏遠的人犧牲自己的利益,對這種良心來說,上述觀點就不是一個十分明確的證據。同時,一個人如果對其他人沒有什麼愛的良心,要獲得發展是難以置信的。孩子對他父母的愛包含接受父母的標準和理想,也包含上述在解釋良心的形成時那些並不直接的其他方面的東西。

然而,孩子對父母的愛本質上是一個不對稱的關係。對稱的愛、對同伴的愛,對成熟良心的發展來說似乎是必要的。這確實是幼年後期和青年早期的一個新的要素,並且是無法避免的。

佛洛依德的報告(1921)假設了下列程序:兒童因為父母愛他的兄弟姐妹而感到嫉妒。在爭取父母關愛的影響下,對兄弟姐妹的敵意感情轉化為自居(認同)作用。同等待遇的要求就以這樣一種方式表現出來,作為嫉妒形成的一種反應,並依次成為社會良心和責任感的根源。

蘇利文（H. S. Sullivan）的貢獻在於他對前青春期夥伴這一角色的觀察（第 5 章）。在與夥伴相處中，青少年第一次學會評價別人應該像評價自己一樣；珍惜他人的勝利和幸福應該像珍惜他自己的一樣。一個人為夥伴的幸福感到欣喜並不是無私的，而是一種基本的追求。透過自己與別人的感情交流，接受別人觀點的能力成熟了；這些經驗為少數人達到無私鋪平了道路。最高的利他主義和理想主義在這些經驗或類似的經驗中可以找到它們的根源；按照蘇利文的說法，它們不可能在先於同性夥伴的關係之前的性關係中得到發展。

在《兒童的道德判斷》一書中，皮亞傑用不同的術語涉及到同樣的發展觀（第 5 章）。皮亞傑從兒童單方面對父母的尊重到他對其他兒童互相的和平等的尊重的轉化中，看到了兒童從他律到自律的關鍵。

蘇利文強調孤獨的感情迫使青少年與夥伴建立排他的關係。皮亞傑強調認知的方面和與同輩人交往的需要。兩位作者都發現過渡在青春前期，或者說在十二歲。像他們的推理一樣，不同的是他們把我們帶到同一個觀點上來；認識到自己是同輩社會的一員，從而擺脫權力主義的遵奉，這對於良心的成熟來說是必要的。

光是感情共鳴對創造「秉公氣質」是不夠的；它只是一個步驟或前提。說得更確切些，服從的道德，如果沒有這種感情共鳴的轉化，就不可能導致良心的最高狀態。有關良心發展的謬論之一在這一點上被揭露出來。我們可能期望在我們研究的領域裡創造或促進良心的成熟，但是根據這些東西的性質，沒有直接的方法使它們超越服從的道德。不管有沒有維護道德的約束力，透過教誨是根本不可能得到的；至多只能產生大於責任的無私。

來源和階段

我們已經注意到有五個或多或少對成熟良心的發展產生影響的獨立來源。這些來源的發展次序是：㈠自我意識的形成；㈡指向自己的尋釁；㈢控制的需要；㈣採納父母的戒律和標準；㈤互愛和尊重。 **409**

每一個來源在自我發展的一個階段有其根源：

一、理想的自我，更確切地說是理想化的自我，其根源在自我意識中可以追溯到最早的自戀時期；這一發展最終成爲自我理想。這一發展的組成部分，起源於**前社會階段**的自我和非我的區別。

二、指向自己的尋釁可以在許多嬰兒中觀察到，並且是**衝動階段**的一個特徵；來不及計算利益就按衝動行事，恰恰是衝動階段的標誌之一。衝動和控制至少可以從指向自己的尋釁中獲得它的某種力量，以後恥辱和內疚也是這種情況。

三、控制的需要，包括自我控制，例如防禦內外的危險，是**自我保護階段**的特徵。

四、採納和以父母和其他人的規則和標準自居（認同）顯然是**遵奉階段**的一個特徵。

五、最後，互愛和尊重是**良心階段**的特殊潛力。從這些潛力中發展了對個別差異的寬容和對公正的忠誠，後者標誌著良心的最高等級以及自我發展的**自主的和綜合的階段**。

當這些組成部分半獨立地有助於良心的形成時，它們不是獨

立的發展線索。相反地，良心的成熟和自我發展是如此緊密地纏
繞在一起，以至於構成了一個有關事件的單一的複雜的序列。但
是，我們不能說自我和良心就是一個東西，或者說這兩個術語是
可以省略的。實際上，這兩個術語來自不同的領域。然而，良心
發展的各個階段與自我發展的各個階段緊密地並行著，而且一個
人用以解釋良心發展的動力原則是與解釋自我發展的原則一樣的
或重疊的。

410

作爲嚮導的良心

　　最後一個爭論是，良心或者說自我理想本身是一個自我發展
的動態原則。嚮導（ *pacer* ）是一個具有法律效力的詞，是第十
二章討論過的題目。「如果對一個人發生效力，並促使個體的改
變，這就是導向……因爲他和這個嚮導保持著積極的接觸並最終
掌握了它，他自己的複雜水準也得以提高了，他爲成爲一個新的
嚮導而做好準備。」〔丹姆伯（ W. N. Dember ），1965, p.421〕
　　把良心看作是嚮導至少可以追溯到鮑德溫時期（第 11 章）。
在把年幼兒童從成人那兒學到的適應的自我和他欺騙年齡比他小
的習慣的自我進行對比的過程中，鮑德溫預先提出了佛洛依德後
來根據從被動到主動的轉化的控制才闡明的原則。兒童最終發展
了一個理想的自我，這種理想的自我最早體現在由父母和老師建
立的標準上，隨著發展，兒童把理想的自我摻入到習慣的自我中
去，當他取得進步時，新的模式就爲他建立起來。因此，他的
「道德頓悟必須找到它的最深刻的表達，因爲期待嚮往並不超出
這種理想」（鮑德溫，1977, p.42 ）。
　　洛華德在其精神分析理論的框架中提出了一個相似的但更爲
複雜的觀點（第 15 章 ）。對洛華德來說，心理發展的條件是一
種介於更有組織的或更成熟的心理結構和缺乏組織或不大成熟的

心理結構之間的壓力。最初是母親把創造這種條件的功能付諸實現。隨著孩子的成長，這種在缺乏組織的結構和有組織的結構之間的壓力，就會內化爲本我（無意識的）和自我（有意識的和前意識的）之間的壓力，或者內化爲自我和自我理想或超我之間的壓力。超我體現了對未來的希望、理想和抱負；這不僅僅是由於它的功能，而且是由於它的性質。當那些抱負得以實現，並成爲習慣時，它們也就成了自我的一部分，而孩子或成人便有了新的抱負。因此，超我並不代表一個有關抱負和禁令的固定程序，相反地，「超我」是把理想和抱負公式化的功能的一個名詞。超我是藉現在來體現未來。洛華德把良心描繪成超我的「聲音」。從整體來看，超我這一術語的用法在本章近似良心這一術語的用法。

411

　　在丹姆伯的認知心理學的實驗室實驗中得出的嚮導概念、鮑德溫的作爲嚮導的理想自我的概念，以及洛華德的作爲自我發展的嚮導的超我觀念之間其相似性是引人注目的。

結　論

　　有關良心的可以辨別的要素來源於自我發展的不同階段。從作爲動物的人類這一觀點來看，正如尼采和里古所說，良心是一種病態，然而，正如佛洛依德所說，它也是一項卓越的成就和一切文化的起始。良心的起源在於有意識和無意識的心理生活。良心以自戀和人際關係爲基礎。良心起源於愛和尋釁。良心在其性質上是對父母和孩子的不平等地位的再現和紀念；然而，就其最豐富和最難得的良心來說，它超越了一切不平等的地位。

　　下面這個問題經常被提出來，與其說我們的整個編年史是自我發展的歷史，還不如說我們的整個編年史是超我發展的歷史。

自我這一領域是根據經驗和它自己的一致性來下定義的。其道德的、人際的，以及認知的要素是緊密地纏繞在一起的，以至於無法從概念上或發展上予以區別。良心的發展是該序列的一個綜合部分。不管人們是把超我看作良心的另一個術語，還是把超我看作部分從屬於良心或自我，部分獨立於良心或自我的一組功能，它的發展是正常地服從於自我發展的。當超我具有另一種意義時，它涉及到良心的古時的和刻板的來源〔夏菲(R. Schafer)，1974〕。自我發展和超我發展是兩個獨立的課題，這兩個獨立的課題究竟達到什麼樣的程度，是需要弄清楚的，但本書的課題是自我的發展。

第十七章
走向一個明確表達的
概念和理論

413

　　科學家像戀人樣的——他們到處看到可以引起對他們愛人回憶的東西。我們在許多地方，遠至柏拉圖的《共和國》，已經發現了有關我們課題的提示。在圖 8，涉及到本書論題的一些相互關係被提綱挈領地揭示出來。自我發展是一個新興的研究領域，一種具有獨特的概念、問題、測量方法、理論和實際應用的訓練。光靠一本書是無法公正對待得了的。許多作者運用獨特的觀察豐富了我們對不同階段和類型的了解。也許最生動和最有趣的描述是亞類型，而不是普遍適用的描述。讓我們來回顧一下各階段，著重動力的、動機的，或多或少有關階段和過渡的理論解釋，然後轉向適用於所有階段或幾個階段的理論。

　　不能把出生不滿一個月的嬰兒描述成具有自我。嬰兒的動作可以被描述爲本能的內驅力所驅使的，並且最初是受反射指導的，但首先這些內驅力和反射是由他們所處的環境決定的〔皮亞傑、洛華德〕❶。當嬰兒的反應逐漸向有意義的行爲發展時，嬰兒同時做出對現實的相關建構。在每一步他的現實和他的發展的自己或自我是相互構造的〔費尼齊爾，1945；洛華德；卡勒（E. Kahler）〕。這一自我形成的時期在我們的方案中被描述爲

414

415

❶在本章中，凡論題已在先前各章敍述過，這裡僅提及作者姓名以資參考。

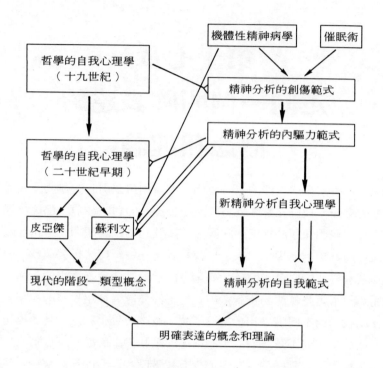

註：A──▶B：意指 B 是 A 的一個直接生長
　　C─▶D：意指 C 影響 D
　　E──<F：意指 F 沿著和 E 相反的方向發展

圖 8　自我發展的概念和理論的圖解史

我向思考或**前社會階段**。一個不經過幼兒期而在**前社會**模式中進行操作的人，要想順利通過我們的社會幾乎是不可能的。大多數這樣的成人也許被安置在公共機構裡或生活在社會的邊緣，例如生活在流浪漢的帳篷裡。這一時期在臨床文獻中所占篇幅較多。

　　許多學者把**衝動階段**作爲自我發展的下限。其病理學的典型是受衝動支配的人格和熱情的精神病患者，後者與冷漠的精神病

患者相反，是**自我保護階段**的一個亞類型。許多兒童在初邁入青春期時仍然處於**衝動階段**，但並沒有看到顯著的反常現象，雖然這可能取決於社會環境。這一類成人可能做出勉強的正常調節，通常作爲遊民或居於奴僕地位。**衝動**的性格類型與劉易斯（O. Lewis，1966）所描述的「貧乏的教養」有共同之處，但確實處在正常的範圍之內。

格雷夫斯（C. W. Graves）把**衝動階段**到**自我保護階段**的過渡稱之爲中間階段，即「覺醒和驚嚇」。一個人意識到本身有吃驚的衝動和對世界的迷惑力量；因此他渴望一個道德上規定的，必須硬性執行的、不變的秩序。自主和民主對他並不相宜；他喜歡專制，如果允許的話，他會選擇專制而不是民主。很顯然，格雷夫斯已經發現低級自我水準和法西斯傾向聯盟的一個動力。

有關**自我保護階段**常見的明確描述是艾薩克斯的 Delta 階段。典型的權力主義人格屬於這一階段；這種人喜歡服從和受到服從（阿多諾）。蘇利文對有些兒童「敵意移情」的描述，即認爲自己生活在敵人中間，能夠解釋兒童的溫柔是怎樣轉換的。這一階段的實質，即正常兒童和遭難成人共有的特質，被柯爾伯格稱之爲樸素的工具的享樂主義。行爲是由快樂和痛苦、獎勵和懲罰來支配的，因而是享樂主義。工具主義這一術語涉及到別人和對社會準則的權宜的或機會主義的關係。樸素這一術語涉及到獎勵的具體性質和近期的個人利益。專注於具體的獲益和近期的好處，不僅是正常兒童的特性，也是這一類型中有理智的成人的特徵，而正是這一點往往導致了他們的暴露和失敗。

416

自我關心（self-interest）（編註）可能引導兒童從衝動過渡到自我保護的機會主義，但過渡到遵奉需要進一步的解釋。兒童

編註：譯者將之譯爲「自私」，但爲避免與 selfish 混淆，故編者將之改爲「自我關心」

長期自私下去是不行的，因爲必須放棄自我關心能有助於互利和
同一性。這一過渡的最生動的喚起是奧蘇貝爾（D. P. Ausubel）
的衛星化描述。佛洛依德用自戀這一術語做了頗爲相似的描述，
而奧蘇貝爾則指自尊在佛洛依德的最初觀點中，結果是兒童獲得
自我理想，省略了奧蘇貝爾所强調的一個階段，這裡，理想是由
全能的父母爲代表的。

　　遵奉類型比任何其他類型爲更多的學者所承認和描述。彌爾
了解到遵奉的壓力起自於一個人把强烈的衝動隸屬於社會控制之
下的需要，但是他的論文〈論自由〉（*On Liberty*）最初關心的是
遵奉個體充分發展帶來的危險。不久，心理學家就把「調節」假
設爲一種顯而易見的合乎需要的狀態，並且很容易把它與遵奉社
會規範相等同。對該等式的不滿是心理學內部的一個動力，它導
致了有關我們論題的興趣。

　　有關**遵奉**類型的許多描述存在差異。蘇利文認爲一個人無法
感受對別人的價值，而艾薩克斯則從描述高尚、體貼、幫助、分
享甘苦開始，帕克認爲**遵奉者**能知恥但不會犯罪，而別人則認爲
犯規就是犯罪。這些差異可能代表了**遵奉**的不同亞型，或者涉及
到**遵奉**與前後階段之間劃定界限的差別。蘇利文、格蘭特（J.
D. Grant）似乎在**遵奉**階段的後一階段找到了認同作用的開始；
艾薩克斯則在**遵奉**的前一個階段看到認同作用的起源。這種不同
是至關重要的，因爲認同作用是對動力進行理論解釋的一個要
素。然而**認同**（*identification*）這一術語是描述自我階段得以改
變的各個過程的一個名稱。有些精神分析家喜歡用其他術語，諸
如內化或心力內投，用以劃定過程演變的界限（洛華德、艾瑞克
森、桑福特，1955；夏菲），但用法並不一致。

　　大多數美國青年和成人處在**遵奉階段**或在**良心階段**，或者處
在兩者之間，根據研究結果（盧文格、柯爾伯格），我們稱之爲
自我意識或**良心遵奉**水準。對蘇利文來說，從**遵奉階段**過渡到**良**

417

心階段是青春前期，經過交友的基礎上完成的。對佩里來說，在大學期間同樣的過渡使大學生從二元的視界發展到多重性，然後發展到相對主義，最後發展到獻身精神。

學者之間的分歧在更高階段越發明顯，是否因為成熟的人格更加豐富和多樣，或者他們傾向於把自己的局限性和抱負投射到他們的最佳的表象上去。

那些對**哀心階段**以上的自我發展的方向和動力具有洞察力的心理學家有艾薩克斯、蘇利文、格蘭特、格蘭特（沃倫）、柯爾伯格、佩里、馬斯洛，也許還有羅傑斯對艾薩克斯來說，從Beta 水準到 Alpha 水準的過渡是由奮鬥為標誌的，即承認自己和別人，承認日益複雜的人際關係和效應。對蘇利文、格蘭特和格蘭特來說，過渡到第六和第七水準是以自我知覺的生長為標誌的；同樣也是以人際關係的改變為標誌的。在第六個水準，人能夠從他所扮演的角色中區分自己，在第七個水準，他覺察到自己和別人的整合過程。羅傑斯聲稱要注意感受的更大直接性和個人在其連續統一體上端構念的流動性。後者和最高階段的現實知覺的增強有著特殊的聯繫，用馬斯洛的術語來說，就是「減少盲目性」。佩里強調的是奉獻精神以及相對主義地看待世界；發展上的成熟的奉獻精神與不成熟的不加批判接接受的信念和尊重別人的可供選擇的信念是有區別的。容忍模棱兩可（弗倫凱爾—布倫斯維克）和處理緊張生活的能力（羅傑斯、斯切特爾）是最高階段的組成部分。

現在轉向過渡階段的理論（即轉變理論），這理論原則上適用於所有階段或範圍廣泛的階段，有五種情況：整體（monolithic）的或單一的動機理論、歲月（time-and-tide）理論、辯證的理論、結構理論，以及精神分析理論。

整體理論來自單一階段的動機，並使之成為所有階段的說明以及階段與階段之間過渡的說明。仔細研究也許會發現，在每一

418

階段，有些理論家選擇了一個顯著的動機，並使之解釋人類的一切行為；確實，在一個特定的階段可能有幾個這樣的理論。所有這些理論都會犯本體論（ontological）的錯誤：他們選擇人類發展中某一階段的動機，認為它千真萬確，一切人類行為都是由此激發起來的，不管它有沒有可能藉助其他方式激發起來。我把這些觀點斥之為謬誤，不是因為它不真實，雖然單一的動機理論不可能都是真實的，而是因為這種觀點否認了本書的主題，本書的主題是動機的轉化。

戈爾茨坦（K. Goldstein, 1939）和羅傑斯把自我實現的奮鬥看作是主要動機。戈爾茨坦有關一個主要動機的論據是，如果有兩個這樣的動機，則一個人必須在兩者之間加以選擇，他做出選擇的原則就成為主要動機。羅傑斯和戈爾茨坦關心自我實現，認為它是最高階段的動機特性，邊沁藉單一的動機來研究快樂和迴避痛苦，從而成為所有階段做出像**自我保護階段**那樣的某種模
419　式。同樣，桑戴克（E. L. Thorndike）根據他的效果律把尋求酬賞避免懲罰作為動機，而史金納的強化時間表（schedules of reinforcement）使享樂主義得以更新。一些簡化論者（還原論者）的理論甚至將他們的解釋取決於反射、本能的內驅力，或中樞網狀系統；我們並不關心這些理論，因為我們的論題超過他們的視野。在老式的主要動機理論中有對鮑德溫的模仿，對亞當・斯密和培因（A. Bain）的同情；這些理論都有**遵奉者**的特徵。

我們回顧的一些學者中間，通常對一種占統治地位的動機有所偏愛，雖然還不至於排除其他動機。對蘇利文來說，避免焦慮形成和維護自我系統方面是一個占統治地位的動機。奧蘇貝爾強調自尊的重要性，看來它是麥獨孤稱之為自尊情操（*self-regarding sentiment*）的一個新版本。為了把自尊和別人眼中的尊重區分開來，使之成為占統治地位的動機，人們幾乎必須處在**良心階段**，也就是說不能跟麥獨孤的觀點離得太遠，因為他把自尊看作

是通向更高階段的鑰匙。也許，最接近麥獨孤思想的可以用我們的術語來翻譯，這就是麥獨孤把自尊看作是帶領一個人進入**戾心階段**的那種東西。可是，奧蘇貝爾則把自尊看作解釋生活早期轉化的動機力量，對此，精神分析家使用自戀這一術語，其涵義與早期自我發展更爲一致。對阿德勒來說，爲優越而奮鬥在一個時期爲主導動機，但是當他後來加上社會興趣時，就成爲一種本質上兩階段的理論：與**自我保護階段**相一致的爲優越而奮鬥，以及與**遵奉**和**戾心階段**相一致的社會興趣。

在佛洛依德的自我理論中，主要動機是占統治地位的。然而這並不使它成爲阿德勒爲優越而奮鬥的新的翻版。這種意象是**自我保護**時期的意象，在佛洛依德的理論中自我不僅應該努力掌握這一衝擊（impinging）的世界，而且也應該掌握它自己的本能衝動和內部禁令。佛洛依德要比阿德勒更明確：控制意味著自制占統治地位；而且，一個人必須把掌握自己的經驗看得高於一切。所以，掌握作爲一個自我動機是極廣泛極複雜的一個概念，無法把它列入任何一個特定的階段。它跟菲加利特（H. Fingarette）作爲意義探究的自我特徵頗爲接近。自我實現可以看作是意義探究的最高形式。凱利（H. Kelly）否認認動機概念的必要性；在他的體系中，最接近的對應詞是一個預期事件的方法，這些事件顯然接近意義的探究。如果皮亞傑有主要動機，那必定是適應，適應這一概念是許多或多或少**遵奉的**人所傾向的，雖然這樣分類會使皮亞傑大吃一驚，因爲他所意指的是比遵奉更廣泛的東西。如果柯爾伯格有一個主要動機，那必定是均衡。均衡和意義探究都是接近阿德勒的整體（*Einheit*）理論的，也就是接近一致性和統一性。

有些理論家堅持一種多元論的動機觀點，以此表明他們並不提出一個主要動機：彌爾、帕克、馬斯洛，也許還有艾薩克斯和蘇利文、格蘭特。他們都承認動機的轉化，但缺乏一個過渡階段

的動機，他們沒有多談一個人如何從一個階段轉變到另一個階段。

　　與整體理論相反，歲月理論並不選擇任何獨特的或可辯的動機。這些理論是根據各種不同影響的相互作用來解釋人類發展；蓋賽爾（A. Gesell）的著作是典型的。有些人把重點放在個體內部的成熟，有些人把重點放在改變環境的要求。歲月當然進入大多數理論之中，正如它們進入所有生活一樣，但只作爲輔助解釋而不作爲主要力量。而蘇利文的理論中，自我系統發展的動機力量大部分是由各種物質和情緒的需要的成熟所提供的，也許是以內部的時間表爲基礎的。皮亞傑並不提及成熟的物質需要，但寫了社會的相互作用是使道德推理發展到更高階段的需要的來源。社會學習理論家，我們把他們大大地忽視了，因爲他們很少涉及我們的論題，把重點放到環境要求和獎勵上，這和皮亞傑強調的環境完全不同。艾瑞克森對歲月的所有要素都賦予極大效應。其他一些學者，對自我發展受社會成熟影響廣爲宣揚，其中有奧蘇貝爾和哈特曼、克里斯（E. Kris）和洛文斯坦（Loewenstein）。

　　也許，在自我發展理論中最古老最清晰的文章是那些辯證地闡述的文章。鮑德溫的術語是個人生長的辯證法；對他來說，對話的雙方是自我和改變，每一方都覺察和分析對方，並且透過知覺而逐漸得到改變，所以最終個人對別人的概念和對自己的概念是緊密地聯繫著的。最早的觀點來自亞當·斯密，對他來說，同情指導著這一進程，胸中不偏不倚的旁觀者是其結果。庫里補充了一個術語，叫鏡中自我，即從別人的眼睛中反映出來的自我。這一思路在米德（M. Mead）所謂角色的內部對話的理論中達到高峯，這種角色作爲自我的社會起源可以由一般人來負責主持。這些經典的辯證理論所缺乏的而在他們的後代身上所出現的是結構的概念。鮑德溫的認識論研究（1906～1915）是結構理論的起源之一。

　　然而，角色對話的結果，不僅是社會觀點的內部體現，而且
還是辯證法本身的採納。如果不去贊同哲學上令人討厭的觀點，
諸如內部力量或內部要素，則這方面的自我發展是難以描述的。
諸如力量和要素等術語具有令人討厭的涵義是顯而易見的，但夏
菲（1972）也反對使用名詞內化或形容詞內部的。他說，此類術
語是以一種空間的隱喻為基礎的，對我們的理解並無促進作用，
它導致了具體的思維方式，貶低了精確的概念化。對心靈結構的
描述無疑依靠一種隱喻，它把心或自我變成一個地方，但是結構
的嚴格定義是靠慢慢改變的穩定功能，並且按其相似性將功能歸
類；這裡夏菲是追隨哈特曼、克里斯、洛文斯坦和雷帕普特的定
義的。這樣他就把我們的觀點和哈特曼—雷帕普特學派的觀點之
間的差異揭示出來了。我們所說的結構是由組織來定義的；它當
然不是空間的；穩定性不是主要的（布萊西）。所以，我們使用
內化或內部的等術語是以我們的結構概念為轉移的。對夏菲的提
問：「在什麼裡面？」我們的回答是，在結構裡面。夏菲所描述
的危險是真實的和值得關心的。不過，透過觀察世界而了解個體
經驗和透過個體經驗而了解世界是自我發展的原料，而隱喻為把
握一個困難論題助了一臂之力。因此，不承認一切空間的和機械
的涵義，我將把一種辯證理論的形式描述為擬人化的內部力量。
這是一種作為內部精神差異模式的人與人之間的關係的理論。

　　在柏拉圖的《共和國》裡，統治與人的和諧和統治與國家的和
諧之間的類比乃開內部力量擬人化理論的先河。杜威和塔夫特無
疑把社會的特別是法庭上的分工看作為個人複雜性發展的起源，
尤其是良心、超我、本我等概念，這在精神分析中通常稱之為結
構理論。這一理論在精神分析家中間差不多被普遍接受的。自
我、超我和本我有時具有人體內三個侏儒的特徵，這是最受痛斥
的精神分析理論之一，甚至在精神分析家本身，正如格羅斯曼
（W. I. Grossman）和西蒙（B. Simon，1969）所表示的，他

422

們要捍衞心理學的科學體面。佛洛依德不接受這一觀點,即精神分析必須超過其擬人說,他說:「我們的理解達到我們的擬人說一樣遠。」〔紐伯格(H. Nunberg)和費屯(E. Federn),1962, p.136〕

　　自我的辯證法和本能的衝動,這一精神分析的中心論題,與自我理論家諸如鮑德溫和米德的角色辯證法結合,因爲兒童的角色本身就是在他的衝動中體現出來的,他的自我最初是從父母的角色中借用來的。因此,根據我們論點的推導,是支持佛洛依德的。精神分析辯證法的擬人說是牢固地建立在哲學史的基礎上的,是建立在鮑德溫、杜威、米德的心理學基礎上的,而其中最重要的是我們對兒童發展史的了解和推測。

　　關於自我結構的最明確的事實是它的相當穩定性。大多數理論把自我穩定看作是理所當然的,從而不再提及;所有理論看來是一種理論的變式,其主要支持者爲蘇利文。該理論的先見之明可以在阿德勒,甚至在赫爾巴特(J. F. Herbart)的文章中找到。根據這一理論,自我發展的每一階段體現了人類的動機和與其功能模式相一致的人際關係的觀點。自我或自我系統掩蓋了對人際關係的觀察,因而和它的參照構架並不吻合。自我系統的目的,當然還有其他東西,乃在防禦焦慮,而超越自己的認識範圍或界限的動機就會引起焦慮(蘇利文)。因此,由於看錯或有選擇地漠視這些動機或關係,人們倒爲修改他的參照構架的痛苦命運做好了準備。實際上這個理論是和任何心理結構穩定性的理論一樣的,不論是認知結構的理論(皮亞傑、梅洛-龐蒂),亦或科學體系的結構(孔恩)。一種結構或一種思想體系只有當觀察與其基本前提相符合時才能被認作資料。因此它的穩定性對其功能來說是必要的。如果把範圍擴大一下,自我的綜合功能(紐伯格)和精神分析中的抗拒〔維各特(A. Vergote)〕與該理論是相似的。

柯爾伯格嚴格地從結構前提得出一條變化理論：「道德的認知—發展理論堅持有一個道德階段的序列，鑑於同樣的基本理由，有著認知的或邏輯數學的階段，也就是說，因爲趨向更爲平衡的認知結構的重建發生在有機體與環境之間相互作用的過程之中。」（柯爾伯格，1971, p.183）他把所有認知—發展理論的共同要素的特性列舉如下（pp.183～184）：

424

> 人們都曾假設⑴道德發展的階段代表著⑵自我和社會概念中認知—結構的轉化。人們都曾假定⑶這些階段代表著社會情境中「角色採擇」（taking the role of others）的連續模式，因此⑷發展的社會—環境的決定因素是其角色選擇的機會。更爲普遍的是，人們都曾假定⑸一個主動的孩子，構造了他所覺察到的環境，因此，又可以假定⑹道德階段和它們的發展代表著兒童的構造和環境的構造特徵之間的相互作用，導致⑺相互作用中連續的平衡形式。這種平衡被設想爲⑻公正的水準，伴隨著⑼由平衡引起的改變，這裡⑽對兒童與環境之間變化來說，某種匹配的或差異的最適水準是必要的。

柯爾伯格鋪展得比較廣，把鮑德溫、杜威、塔夫特、米德、皮亞傑都包括在這些理論家中間，他們都跟他一樣對那些假定有相同的看法。例如，皮亞傑否認道德發展有結構階段，米德只有極小的階段概念，結構平衡在杜威和塔夫特看來不是一個突出的要素，雖然柯爾伯格把所有精神分析家都歸入學習理論家和相信文化規則直接內化的社會角色理論家這一類，但不平衡的概念與理想的錯配在洛華德看來像任何地方一樣清楚。再則，還有一個問題，結構平衡，包括穩定性和改變、固戀和進步，究竟能夠達到多遠。

有關嚮導的觀點在涉及自我發展理論的實驗心理學中得到確證〔丹姆伯(W. N. Dember)〕。對鮑德溫來說，起源於雙親標準的理想的自我起著嚮導作用。對洛華德來說，超我起著嚮導的作用；他的概念跟鮑德溫相似，但更為發展，並和精神分析相連接。對柯爾伯格來說，對道德推理下一階段的爭論和推論起著嚮導的作用。所以，很顯然，柯爾伯格只看到外部的嚮導，而鮑德溫和洛華德則假設原本為外部榜樣的內化。

現在應該很清楚了，那五種過渡的理論實際上是五個可供討論的理論問題，不是相互排斥的理論或邏輯上並列的標題。現在討論第五個標題，即精神分析理論。自我和本能的辯證法是一個經過所有三個時期或精神分析範式的中心主題，雖然詞彙和概念的細節有所改變。自我的中心任務和動機是控制其本能的內驅力，控制環境、控制其自己的道德規則。確實，經驗必須被掌握，辦法是積極地重複消極經歷的東西；那就是基本動力。

角色對話是兒童對雙親、衝動對控制，依賴對統治等同時並進。角色的每一次改變是恰如其分的，兒童的自我和他的改變是相當複雜的。自我的發展傾向於把更多的生活帶入自我範圍從而犧牲了無意識的衝動。但是這種發展方向不可能盡善盡美；生活總是從衝動的源泉吸取它的生命力。而且，有時或者也許總是在發展的過程中有一種倒退的成分，例如，自我理想防衛和保護兒童自戀的形成和採納。這一程式近乎於洛華德的自我理論的翻版；其他一些人有著基本上與佛洛依德相仿的學識，雖然在表達的確切方式上有所不同。

歷史上，精神分析是在反對自我心理學的過程中得到發展的；而自我心理學是在反對精神分析的過程中得到促進的。確實，精神分析辯證法和自我心理學反映了權威人士的長期辯論，並希望把里古的觀點認作精神分析的中心主題，一方面發掘快樂原則對現實原則，另一方面發掘《圖騰和禁忌》一書中的虛構的種

族史。當代精神分析的自我範式，正如在艾瑞克森、洛華德、里古等學者那裡所發現的那樣，似乎體現了一種試圖克服這種辯證法的對立方法，並把精神分析和自我心理學引入了一個共同的參照框架。

本書的重點放在概念和理論上而不是放在研究上，至於實際應用方面則更少。但研究和應用總是在研究領域周圍並可能使研究領域成形。我們不準備回顧近代經驗主義的研究，因為那只是該方法和框架所提供的可能性的片斷，我們只是想看一看那些可能性，著眼於於本書有關觀點的啓發性價值。

最經常提出的研究計畫，特別是由新手提出的研究計畫，是測驗某個合適的羣體，然後穿插一個實驗或等待一次諸如分娩之類的生活體驗，然後再測驗，觀察自我的變化。理論上還無法證實這種願望，即變化可以透過簡單的實驗室、課堂，甚至生活體驗而在短期內發生。有些水準的測驗可能會像一個教具，或測驗體驗本身的工具一樣發生變化，但這不能作為自我結構改變的指示，因為自我結構是不易測量的。對於於設計那些過分刺激被試的實驗來說，有著某種道德上的限制。然而，總而言之，設計那些鼓勵自我發展的程序所引起的道德問題要比可供選擇的程序，諸如行為矯正來得少。自我發展是生長，沒有辦法可以強制的。一個人只能嘗試去開門，他是否願意穿過這扇門乃係他自己的選擇。不過，有些研究者曾獲得順利的改變。文章中能找出改變的包括監獄（柯爾伯格）、心理治療（艾薩克斯）、工作情境〔拉斯克（H. Lasker）〕和學校（柯爾伯格；布萊西）。

實際應用的問題並不限於自我水準的改變。當一個人不論在哪裡與人們一起工作，例如在教室裡，在監獄裡，在精神病醫院，在心理治療診所，或者在工作環境，他必須透過他的自我去接近他們，情況就是如此。所以，不論我們的目的是教育的、治療的、恢復健康的，或者是行政管理的，自我發展的知識原則上

427

是一樣的。它帶來多少實際益處還有待證實；沒有人堅持說自我水準是唯一重要的變量。

運用這一概念的一個方向是把個體歸入相似的自我水準的羣體，以便給予教育或處理。沃倫、帕爾默（T. Palmer）、布萊西等人曾嘗試過這一方法。然而，嚮導在引導改變方面的重要性至少部分地否定了上述的益處，因爲較高自我水準的成員能夠提供一種適當的嚮導的觀點給那些進步緩慢的人，通常不會冒退步的危險。所以自然的羣體差異有其自己的益處。

讓我們集中討論一下臨床醫生的興趣，且不管這些臨床醫生是不是心理學家、社會工作者、精神病醫生，或精神分析家。他應該處理有關病人的問題和概念上不同於自我水準的調節；不論處在哪一級自我水準的人都可能成爲病人，雖然在病理類別上有所不同，或表現出的症狀特徵屬於不同的水準。原則上，心理治療的過程可能給自我以新的生長。這是蘇利文（H. S. Sullivan）、羅傑斯、洛華德理論的中心思想，雖然各自爲了不同的理由。事實上，有關這類生長的證據還不足。一個完全不同的觀點是，一個人對心理治療的順從性可能和他的自我水準有關，這可以在理論上和經驗上得到證實。把這一觀點進一步發揮，適當的治療可能和病人的自我水準有關，器質的和操作的治療更適合於較低水準，頓悟治療適合於較高水準〔這是斯溫生（C. Swensen）研究的課題，即個體交流〕。

在對治療者進行研究時遇到許多問題，這也是需要解決的。治療者的自我水準和他的治療思想之間的關係是什麼？研究這個課題的困難是大量的治療思想，它們在各方面有所不同，而且每種思想有著不同的解釋（請考慮一下我的精神分析的解釋和所接受的觀點之間的不同）。治療者的自我水準與成功治療之間的關係是什麼？所有研究治療效應的問題將在這裡受阻。這一課題的一個重要變式涉及到治療者的自我水準之間的關係。是否最好的

治療者總是具有最高的自我水準，或者說治療者的自我水準是否應該與病人的自我水準相匹配？格蘭特和格蘭特（1959）曾研究過不同的醫療隊治療海軍少年犯的效應。標準是能成功地治癒並使其歸隊服役。他們的被試按照高低自我水準分類；醫療隊按照預測的效應分類，至於哪些東西列入預示並無規格。自我水準可能是預測效應的一個成分。自我水準高的被試對最高預測效應的醫療隊反響最好，但自我水準低的犯人則相反。這一發現證實了根據犯人的自我水準不同的治療者具有不同的效應。沃倫（1969）和帕爾默（1974）根據少年犯的自我水準給予不同治療的有關研究由加州青年領導機構和其他單位繼續進行。治療者和病人自我水準之間最理想的關係大概與嚮導的理論相關聯。

比研究治療者更麻煩的是考察治療者的監督。假設一個遵奉者或一個自我保護者是一位訓練分析家，一個選拔考生的委員會成員，或一位社會工作的監督人員。這裡可能出現一個問題，一個居於從屬地位的人，不管他是病人還是考生，都是作為一個良心問題來看待的。如果治療者或監督人員自我水準較低，他可能把內疚或顧慮解釋成需要消除的徵兆。結果將會步入一條死胡同，病人或考生幾乎沒有顧慮的機會。對這樣一些問題本書無法給予解決，但可以提供一些探究的方法。那些能把病人和治療者或監督人員和受訓人員匹配起來的人可能會發現這些考慮是有用的。

本書中被忽視的一個領域，是對政治和社會問題的應用。一 429
個來自學生的常見的批評是這樣說的：「既然世界居於如此眾多的麻煩之中，難道你沒有責任去獻身於提高普遍的自我水準？」為了回答這個問題，我們首先必須承認自我發展和社會制度之間的關係的性質要比家庭廣泛得多，這一主題相對來說被忽視了。霍布豪斯、杜威、塔夫特、里斯曼、佛洛姆、艾瑞克森是例外，但在這一羣人中，只有艾瑞克森的自我發展概念完全接近於我們

的看法。至於社會改革或者甚至社會生存等緊迫的問題，還沒有
證據表明提高一般的自我水準就能完成。再則，人們很難著手去
提高一位選出的或委任的官員的自我水準，以及在他任職之前提
高他的自我水準，因爲這會妨礙他被選中。總之，嚮往公職的候
選人，各種自我水準都有。進一步說，沒一個人知道如何有效地
幫助自我發展，自稱自我水準高的人也沒辦法接近形成的機構。
世界可能被燒盡或者其資源很快被耗盡，來不及透過公立學校的
系統學會如何去促進自我發展，也來不及從那些激進的和起破壞
作用的人的異議中採納一種程序。

　　這種概念能夠用於政治領域的唯一途徑，看來只有計算一個
人怎樣吸引公衆中各種各樣的人，而不得罪別人。這種應用可能
會有個操縱的場所，但也不一定。每一代政治家都具有討好他們
追隨者的那種最低劣和最利己的本領。他們常常在下述兩個方面
獲得成功，一是被選進官署，二是煽風點火把社會搞得一片混亂。
問題是，一個人能否將正確和總統兼於一身？那些對大部分人有
幫助的概念、道德和自我結構的複雜知識看來是有可能的。諸如
泰浦（J. L. Tapp）和柯爾伯格（1971）、阿德爾森（J. Adelson，
1971）以及赫斯（D. H. Hess）和托納（J. V. Torney，1967）等人的
研究，特別是針對政治和法律思想的研究可能有所幫助。理論要
求某種道德保護措施，因爲在原則上自我水準較高的人能了解自
我水準較低的人的推論方式，而自我水準較低的人只能靠自己的
理解來解釋自我水準較高的人的動機，從而也就容易誤解它們。
因此傳播自我發展的理論原則上必須幫助那些自我水準較高的人
的候選人，而不是幫助那些自我水準較低的人的候選人。

　　稍微站後些，用一枝粗筆來畫，人們能夠辨別和速寫現代心
理學的四個主要學派：行爲主義者心理測量、精神分析、認知—
結構、人本主義。本書規劃的工作如果不從這些學派中汲取材料
是不可能的。由於同一事實，我們也不能委身於其中任何一派的

430

方案，至少像純粹派藝術家或信徒所解釋的那樣。

像行爲主義者一樣，我力求講清可以觀察的東西和可以推測的東西之間的區別；經驗主義的研究應該在一個最低限度的推理水準上來進行。當行爲主義者從方法論的精確性轉向一種學說，認爲只有特殊的刺激和特殊的反應才是眞實的，或者認爲這才是正統的科學研究的課題時，我開始部分地與行爲主義者分手。行爲主義的思想體系，作爲一種唯名論的和反理論的思想體系（第10章），不是出於對證據的科學總結，而是一種哲學的臆測，這和我們的工作是不相容的。我們在本書裡所談的是發生在有機體內部的事件，這是純行爲主義者禁止我們去窺視的。

心理測量的方法與行爲主義者方法密切關聯（雖然行爲主義治療者聯合精神分析者力持單例報告的重要性，但是這與統計的頭腦是不相宜的）。一個評價自我發展和有關變量的嚴格的方法被充分強調（第8章和第9章）。也許我的最獨特的貢獻是設計一種方法用以理論和測量的相互反饋。但是典型的心理測量方法，即測量極性特質並根據一般的線性假設的方法來分析它們，使本書的論題黯然失色。我們的核心概念絕不會出自這些研究（第10章）。

我們關於自我發展的概念是結構轉化的概念。在這個意義上說，它似乎是心理學的認知—結構學派的一個部分，特別是皮亞傑傳統的一部分。但是正如第三章所表明的那樣，當追踪結構主義的邏輯極限時，它是反人本主義的，導致了對人類自由的否定，並使意識和選擇沒有立錐之地。我們跟結構主義者分手就是出於這一原因。正如佛洛依德指出的那樣，否定意識就是否定我們所確定的東西，否定我們原來的觀察，否定我們登堂入室之門。

近年來，心理學的人本主義學派被解釋成是介於行爲主義者心理測量學派和精神分析學派之間的一種選擇。我並不贊同這些

學派的所有異議，我曾從這些學派中汲取資料，又跟他們有聯繫。同時，自我發展如果在個體身上沒有選擇的餘地或力量，沒有為發展進行自發的奮鬥（阿德勒），沒有積極的傾向（奧爾波特，1960），沒有課題的目的論（里古），就不可能獲得最終的理解。精神分析已經表明我們往往在有關我們的自由程度和有關我們的選擇的決定因素等方面欺騙自己。然而，如果意識不重要，或者如果對我們的自我決定的感受來說沒有真理可言，則無論是精神分析還是其他一些心理治療都將不起作用。

　　我有關精神分析的論題是複雜的。我已經說過，佛洛依德真正的貢獻是那些通常所忽視的東西，不僅為外行人所忽視，也為專業人員所忽視，專業人員學習精神分析理論是死背課文。事實上，通常稱作佛洛依德發現的所有要素來自民間，大多數是在極不顯眼的研究中發現的，例如讓內的研究。佛洛依德提供了一種範式的結合，一個把現在與過去、診斷與治療、致病與正常發展、平凡的生活與有意義的生活、所有的解釋與少數原則等等結合起來的理論。每個範式都從一個偉大的發現開始。集中於創傷範式的是心靈宿命和動力的無意識。內驅力的範式從釋夢的程式和嬰兒性慾開始。透過被動轉化到主動這一控制的形式的發現，

432　開始集中到自我範式。奇怪的是，動力範式的最核心的術語是最難翻譯的，產生的問題在第三章有所觸及，語言形成我們的概念已經到了什麼程度，與此相反的是只能例舉它們的名稱。隨著範式的改變，不但理論而且治療方法也有所發展。精神分析治療和自我發展理論之間的關係已由艾瑞克森、洛華德和里古等理論家從各個角度加以研究，佛洛依德所有研究的關鍵是假設一個包括正常的和變態的精神生活和行為的範式。哈特曼—雷帕普特學派的概念和原則甚至犧牲了這個領域。我們關於自我發展的階段概念，像精神分析一樣，原則上是普遍適用的（第 8 章）。精神分析家所說的結構理論缺乏一個基本的要素，這就是心理學家所說

的結構主義，也即平衡（第 3 章）。把認知的原則引入精神分析理論能夠豐富和加深其治療（第 12 章和第 15 章）。

　　建立在實驗的或心理測量的研究方法基礎上的現代心理學的自我發展概念缺乏精神分析的解釋的理論力量。當然，治療本身是一個調查性的工具許多人會說它比實驗室中使用的工具更爲有力，雖然由於它的狹隘取樣而受到限制。用何種心理研究方式可以從精神分析中獲益還不清楚。但是，如果心理研究不走極端，而是一種理解個體的方法，則心理學和精神分析都能對我們的自我發展知識做出貢獻。然而即使哲學理論（第 11 章）的脈絡也無法發掘它的所有財富。

　　那麼，本書所能貢獻的是什麼呢？它不是一個折衷主義的混合物，因爲它有自己的邏輯和結構。它是否成爲心理學的另一個學派，使之與上述的那些學派競爭？如果說「自我發展」成爲一個學派，我將認爲這本書是失敗的。我想提出和幫助創造的是某種像範式一樣的東西，一個具有獨特方法和歷史（正如圖 8 所鉤畫的那樣）的訓練模式，一個逐漸累積了大量的數據，越來越可能適用於實際的理論體系。我發現我的夥伴在這個園地裡所缺乏的是理論與數據之間理想結合的反饋環路❷。在我們的造句測驗手冊中所體現的反饋技術可能無法直接用於那些藉其他評價方法工作的人；至少應該承認這個問題。如果沒有辦法改變理論以反應數據，則一個人簡直難以稱自己是一位科學家。

　　我承認在我們的科學概念中有點壓力。一個科學範式是由它

433

---

❷雷斯特（J. Rest，1975）引用柯爾伯格的文章把自己的研究列爲「乾旱的經驗主義」這一明尼蘇達傳統的一部分，藉以與 MMPI 的理論產物相對照。但是即使在雷斯特的例證裡，我想他會同意的，記分方案完全是一個先決條件。所以，雷斯特或柯爾伯特都不曾做出任何規定讓數據改變理論。

的數據形成的，轉過來又形成數據。數據的積累沒有簡單的培根
式程序，更沒一個根據因素分析、多項的判別分析，或對數據的
隨機的計算機檢索的程序。我們對人的概念也有相應的壓力，這
是不足爲奇的，因爲科學家是人。雖然我們已經學習了性格結構
如何發展和如何保持，但總是學不完。我並不認爲是失敗，而是
作爲一個勇敢的舉動來承認該問題的中心是而且將永遠是一個
謎，僅僅是對科學的一瞥而已。

　　我希望做的是：幫助建立一個心理學的分支，它繼承哲學心
理學的一些學問，把精神分析的自我心理學與當代階段—類型的
人格概念結合起來，並且具有自己的研究方法和應用領域。本書
旨在幫助創造一個範式，使之生根和成名。

附錄：
當前的研究和某些展望（編註）

435

　　心理學領域的形成，既不是由於官方的聲明，也不是由抽象的邏輯，而是由於從事這項工作的大多數精力充沛的研究人員的興趣和能動性來形成。下面討論的一些研究程序，已經在參考書目內被提及，本書即屬其中之一，但是它們所引導的一些新方向卻沒有完全結合這裡提出的觀點。該領域的研究，實際上須長時間的努力，一些重要的著作不可能短時間內在出版物中出現。本附錄的基本意圖是，對一些正在進行研究的概念內容做一概略的介紹❶。

塞爾門的人際觀點採擇

436

　　塞爾門（R. Selman）和他的同事在「哈佛—喬治拜克爾社會推理」研究（Harvard-Judge Baker Social Reasoning Project）中的主要目的是闡述有關人際關係推理的發展，特別是在人際情境中選擇別人觀點的能力。塞爾門把這種能力視作本書稱

編註：此附錄乃與布萊西合著。

❶我們對布勞通，柯爾伯格，拉斯克和塞爾門等人提供的許多寶貴意見並允許參考其尚未發表的著作，表示感謝。

之爲自我發展的關鍵性要素。塞爾門的人際關係發展概念中的主要要素是：主觀性（即理解內隱的思想和感情）、自我意識、人格和人際關係的本質。雖然，最初他非常强調理解別人觀點的認識能力的重要性，但現在他似乎把更多的精力花在內容上，而把觀點僅僅作爲一個要素。我們先來看看塞爾門的幾個階段，然後再來考察他的評價方法。

　　年幼的兒童沒有成人特徵中那些明顯的主觀概念。因此，他們對明知不是眞人但客觀上存在的小丑或木偶迷惑不解。這是前主觀時期，不屬於塞爾門的研究範圍，但包含在整體性研究當中。

　　塞爾門的水準零，是產生自我中心觀點的水準。在這期間的兒童，典型地說是學齡前的兒童，知道別人和他一樣具有思想和感情，但不能將別人的感情和他自己的感情明顯地區別開來。自然的自己和心理學的或主觀的自己並未明顯地區別開來，有關思想和感情的問題則藉行爲或表現反應出來。人際關係既可以用自然的術語來解釋，也可以用自我中心的願望來解釋：一個朋友可以是你的鄰居，也可以是具有好玩的玩具的人。

　　水準一，是產生主觀觀點的水準，是小學低年級兒童的典型水準。在這個水準上兒童把人看作是解釋社會事件，並能將自己的觀點和別人的觀點區分開來。然而這時的兒童，每次只能覺察出前後關係中一個特定的觀點，因此，這時的兒童能夠理解在一個事件上某個人的觀點與自己的觀點不同，他不承認混合的感情，這種感情意味著一個人會有兩種觀點，也不承認觀點間的相互影響。例如一個人做事，另一個人評價；他們可以互不考慮對方的感覺。一般的特質或態度是無法公式化的；向他們提出的問題，只是按照對特定情境的反應來回答的。一個朋友可能被解釋成一個和你一塊玩的人。

　　水準二，是產生反省觀點的水準，是小學高年級兒童的特

徵。處在這一水準的兒童，每次可以接受一個以上的主觀觀點。
因此，他理解相互關係。不僅一個人的行為影響別人的感情，而
且兩個人的意圖和感情也可能彼此發生影響。這就使他有可能根
據別人的觀點來剖析自己，從而形成自我意識。而且，一個人在
一個事件上可能不只一個觀點，這樣他就可能體驗到內部的矛
盾。這時，一個人在別人面前表露的形象，可能不是他實際的或
眞正的自己。典型的例子是，朋友是那些彼此合得來的人。

　　水準三，是產生第三者觀點的水準，是前青春期兒童的特
徵。繼上述各種觀點以後，下一步是理解不感興趣的旁觀者的觀
點，或者用米德的話來說「概化他人」的觀點。透過理解外部觀
點，兒童能夠把他自己看作是對別人的主觀感覺進行反應，同時
看到別人對他的主觀觀點做出反應。這就開創了從相互關係走向
共同興趣的道路。從認識自己到反省自己的社會活動，期間有一
個發展過程。兒童現在看到的人不只是特定活動的連續，而是有
一個連續的自己或帶有概括化特質的人格來構成和解釋行為。然
而，這些特質是用定型（stereotyped）的關係表達出來的。這
時的友誼是一個不會因為小小的衝突而破裂的連續關係。

　　水準四，就個體的概念和他們的關係而言，青年期趨向定性
系統。人格和人際關係被看作具有深度和複雜性的。人被看作具
有不同的特質、態度和價值的。人際關係從質的方面區分，可有
兩種不同的情況，一種是深奧的，另一種是表面的。而且，一個
人在不同的意識水準上操作，例如，他可能不理解是怎樣影響別
人的，甚至影響他自己人格的某些方面的。在上述各種觀點之
外，個體還可以假設一種抽象的或想像的觀點，例如，社會體系
的觀點或法律體系的觀點。在這個時期，親密的友誼可能意味著
共享私人的秘密。

438

　　塞爾門的最高水準是象徵性的相互作用。這裡，個體的概念
和人際關係的概念，合併在一個複雜的過程之中。相互關係可以

看作是人格結構的一部分，而個體的主觀感受則取決於他與其他人的相互關係。

這樣，思想、感情和動機的主觀性，在水準一上明顯地表露出來，自我意識在水準二上表露，人格的概念則在水準三上表露。至於水準四，主觀的概念、自我意識的概念、人格的概念得到了進一步的描述，這三個特徵唯一屬於個體。在每個水準上，也有一個表示人與人之間關係的特徵。

塞爾門的主要工具是六個人際關係兩難推理，比柯爾伯格的測驗更適合青少年。將這些資料很好地錄在視聽磁帶上，然後用錄音機或錄影機放出來。下面的故事就是一例（塞爾門，1974，p. 10）

湯姆已經節省下一些錢來買米可·胡特的生日禮物。他和他的朋友格雷格去鎮裡挑選有什麼米可喜歡的東西。湯姆告訴格雷格說，米可這些日子很悲傷，因為他的狗佩佩逃走了。於是他們去探望米可，並試圖在不詢問他需要什麼的情況下探出他需要什麼。他們和米可談了一會兒話之後，意識到米可正在為他失去的狗而悲傷。當格雷格建議由他去弄一隻新狗時，米可說他無法馬上得到一隻新狗，而且將新的狗視同於原有的狗。說完米可就去辦他的事情去了。正當米可的朋友想買點什麼時，他們發現動物商店裡有一隻小狗。那是剩餘的最後一隻，狗主人說，這隻小狗明天出賣。湯姆和格雷格商量，無論如何要為米可弄到這隻小狗。湯姆必須馬上做出決定，你認為湯姆應該做什麼？

439

對個別進行交談的兒童提出的第一問題是，受試者認為正在買生日禮物的湯姆該做什麼、為什麼。接著是一組有關個體和他們的主觀性的概念、自我意識、人格和人與人之間的關係等方面

的標準問題。這些問題按難易分級，從而顯示出連續的階段。這樣，在小狗的故事中，兒童被問到有關米可的心情，他是否既感到高興又感到悲傷，人們怎樣才能知道別人的心情，如此等等。像皮亞傑的臨床法（*methode clinique*）那樣，當被試的反應的涵義並不清楚時，談話者可以變換方法進一步探究。從本質上講，意向不是測量記憶或理解的依據，如果必要的話，故事的某些部分可以重複。

　　塞爾門的研究組把重點主要放在發展上述各階段的圖式和測驗的記分手冊上，這一投射方法目前也用來研究六歲至十四歲之間的正常兒童和受干擾兒童人際觀點的縱向發展，從而將這項研究與皮亞傑工作中測得的邏輯推理發展和柯爾伯格測驗中測得的道德判斷等聯繫起來。最後，他們對促進正常兒童和低能兒童的道德的和社會推理的發展而開展的干預策略感興趣。

　　塞爾門認為，就人際觀點的採擇（interpersonal perspective taking）來說，作為深層結構的邏輯推理是內容，而人際觀點的採擇則是作為內容的道德判斷的深層結構。然而，就那些確定無疑的能力測驗來說，理論關係並不預示經驗的結果，因為在一個特定水準上選定的工作，可能會遇到各種各樣的困難。儘管如此，塞爾門在他的研究中已經在他測量過的領域之間建立了假設的關係，然後考察從正常兒童和受干擾的兒童那兒獲得的數據與那些假設的關係❷。塞爾門指出，人際觀點的階段和道德推理的階段實際上是滯後於認知推理的階段，受干擾兒童的情況要比同齡的正常兒童的情況更甚。然而，假定人際關係是道德階段的結構或基礎，這在他的數據中得不到支持；實際上，在大多數情

440

---

❷塞爾門：〈發展人際關係概念的結構分析：對正常的和受干擾的前青春期兒童的研究〉，皮克編：《明尼蘇達兒童心理學專題論文集》，第 10 卷（明尼阿波利斯城：明尼蘇達大學出版社出版）。

況下，就他們自己的人際觀點採擇而言，道德推理似乎比其他方面進步得快，這種差異在臨床兒童身上表現得更爲明顯。可是，某些臨床兒童在人際觀點採擇的發展方面滯後於他們的同齡夥伴。因此，這些數據表明，在有些情況下，行爲紊亂可能是塞爾門正在測量的特殊能力發育不全的結果。這一發現爲干預策略的發展提供了理論基礎，從而去促進這些能力的發展。

顯然，塞爾門的人際觀點的採擇概念與本書中自我發展的概念有許多相同之處；旣使它在自我發展方面不比其他有關的概念更詳細，但也會引起我們的興趣。對於兒童早期階段的論述，塞爾門的概念要比我們的或柯爾伯格的概念更爲豐富。再者，塞爾門有一種從年幼兒童中獲取行爲樣本的高超技術。這種技術，旣不是造句測驗，也不是未經修訂就使用的柯爾伯格的測試。同時，塞爾門的測驗還可以用於成人，並爲他們的個別差異提供測量。

塞爾門的概念與自我發展的關係似乎要比該概念與道德發展的關係更密切；然而，他的測驗，要比造句測驗更接近柯爾伯格的測驗。由於它的混合性質，因此可以在道德發展與自我發展之間提供一個特別有價值的聯結，正如當前研究中表現的那樣。本書的中心課題之一就是我們的論點，那就是，所有的道德發展和自我發展的概念只有一個主要來源，也就是說所有的概念都接近同一個思路。另一方面，柯爾伯格認爲自我發展是先於道德發展的。雖然塞爾門在這個問題上似乎站在柯爾伯格的一邊，但是他的數據又似乎支持我們的觀點。他的數據並未提供人際觀點的採擇領先於道德發展的論據。有些數據提出了相反的關係，但因其結果是混合在一起的，這就不能排除單一變量得出兩種解釋的假定。

441

布勞通的自然認識論

　　布勞通（J. Broughton）的主要興趣，在於他稱之爲自然認識論的發展上。正如柯爾伯格把兒童看作是道德哲學家一樣，布勞通把兒童看作是形而上學者、心理學家，而且首先是一個認識論者。布勞通研究的主要目的是，探索自然認識發展的各階段。他的研究吸收了鮑德溫的研究，特別是四冊作品中論關「遺傳邏輯」（genetic logic）的部分（1906～1915）；他也吸收了皮亞傑的研究，特別是皮亞傑早期出版的幾本書；還吸收了佩里的研究（1970）。布勞通的談話長達二至四小時。他給每個兒童一組問題，同時伴隨著標準跟踪或探索問題，所有這些都必須適合於闡明被試的意圖。我們先來看一看他對個階段的結論性闡述，然後來考察一下他的研究方式。

　　在最低水準，即水準零，學齡前兒童認爲自己是「內在的」，現實是「外在的」。這時他們不能將思維與客觀事物區別開來。

　　在水準一，年齡大約五至六歲，自己是自然的身體，而身體的運動改變著自己。分不清主動運動和被動運動。然而，思維能夠改變自己而不需要運動身體。思維是看不見的，但思維與它們的客體是有區別的。凡是眞實的東西是看得見摸得到的，所以，思維是似是而非的。精神（或大腦）控制著自己，它告訴身體去做什麼。但身體本身也會運動；所以，精神對身體的控制相當於自我控制。布勞通直率地指出，在這一水準，精神或大腦與身體的關係是權力關係；他求助於（可能跟在他的被試之後）「大人和小人」（big person and little person）的隱喻（比較第 17 章中有關內驅力擬人化的討論）。在現實與現象之間並無區別，所以人們假定看見的東西和感覺的東西是一樣的，感覺的差異可能

442

是唯一的錯誤。這是樸素的現實主義的階段。

水準二，樸素的主觀主義，出現在大約七至十二歲的兒童身上。在這個水準，可以區別精神和身體；自己是一個包括精神和身體這兩個方面的個體。自己或精神包含著個體對事物的反應和觀點。個體存在於這些反應和觀點的獨特性之中。知識是個人的，所以事實和觀點或假設之間的區別被模糊了。

水準三，出現在大約十一至十七歲這一年齡，並具有分化的或唯靈的特徵，現象和現實有了區分。社會的人格或角色被看作是虛假的現象，不同於真實的內在的自己。有意識的精神和下意識的心理過程被區別開來。社會的證實或輿論被看作是從現象背後尋求現實的一種手段，但那些脫離現實和真理的事，則是完全任意的。當假設與事實區分開來時，抽象趨於具體化。自我是人的正常本性；這種本性是一種實體，它在心理內容的變化過程中保留自己。與變態的和無意識的人相比，正常人被看作是有意識的和能夠控制的。正如早期的幾個水準那樣，自我無法被假設去自主地認識自己；一個人能自己恐嚇自己或令自己吃驚。因此，在這一水準出現反省的自我意識。

水準四，出現在青年晚期，並且具有二元論者或實證論者的特徵。這時期的人，在思維的邏輯體系、假設和從假設中進行演繹等方面都變得能幹起來。自己或精神被看作是解釋行為模式的一種假設結構。另一方面，在這一水準，精神可以根據其理論化基礎來表達。因此，精神可能是一個原因的結果或一個非前因的原因。

在布勞通的水準四裡，另一種觀點有一半與柯爾伯格的水準保持平行，即思維具有不可知論的甚至玩世不恭的表現。自己不是一個為人格、經驗和行為提供統一性和完整性的抽象假設，而是簡單地由經驗和行為來解釋的。個體是一個控制論系統，它引導人去滿足物質慾望。在這一水準，主要強調在一個相對的和主

443

觀的參照框架內看待每一件事情，從而使個體處於唯我主義的立場。在柯爾伯格之後，布勞通傾向於把這一水準放在水準四之後，但他留下一個懸而未決的可能性，那就是該水準有可能成爲水準四的一個可供選擇的變式，它在發展的過程中同樣占有一席之地。即使它是水準四的一個分支，但是在從水準四發展到水準五的過程中它是否必要，這個問題仍未得到解決。

在水準五，自我作爲一個觀察者與已知的自我概念區分開來；作爲一個選擇者的內在的自我與作爲一個衝動或慾望的內在的自我區分開來。正如精神被認作是概念上的結構一樣，生理學上的身體也被認作是概念上的結構。知識和現實的問題可以根據方法的觀點來表達。現實由解釋框架的一致性和功用性來定義。

在布勞通的最高水準，即水準六上，精神與身體是一個完整的自我的體驗。凡是眞實的東西都是一個判斷，一個在特定的控制條件下能夠被普遍體驗到的東西的結構。

作爲一個引導性研究，布勞通對十個年齡在十至二十四歲的人進行了談話。他用鮑德溫的概念列出了有關自己、精神、現實和知識等一組初級問題，例如：「自我是什麼？」「精神是什麼？」「精神是不是身體的一部分？」「身體在哪些部分是自我的部分？」「自我控制身體還是身體控制自我？」「什麼是思想？」「你是怎樣知道事物的？」「存在一個眞實的世界嗎？」他運用引導性研究中得出的數據去修改他的談話和他的階段定義。主要研究中的問卷法包括大約一百條這類問題。被試是四年級、八年級、十二年級的學生，每年級四個男生和四個女生，再加上已畢業和未畢業的大學生各六名。主要研究之後，根據蒐集來的數據再度修訂水準的定義。上述的概要還遠遠不能表達布勞通的水準概念；他運用了大量的篇幅去描述每個水準的思維活動。

關於布勞通得出階段類型的概況的過程，他要比其他學者更清楚。他在談話過程中，發現了有關觀念的自我一致性的羣集。

444

對每一個階段類型的描述引用了同一抽象水準的觀念；所有的類型都涉及到同樣的主題；每一個類型都可以在一個邏輯序列裡被看作爲其他類型。因此，每一個類型都可以在與其他類型的關係中被概述。從這些理想的類型推進到眞實階段的一個結構，布勞通要求表明一個單一形式的原則，從這些轉化中以便獲得每個亞領域中的每一個類型及其觀念。

布勞通已經證實了他的設想：在談話中，有三個亞領域（即自我、精神和身體）以及能夠分別記分的認識和本體論。他指出，有關亞領域的分數是高度相關的。而且，分數是隨著年齡的增長而增加的，與其他一些理論上合理的領域的關係最後得到證實。皮亞傑的測驗發現，認識論水準滯後於邏輯思維的水準，但是柯爾伯格的測驗發現，認識論的水準超過道德判斷水準。當這些關係尚未確證時，布勞通提出了領域是獨立的假設和必須排除它們同步發展的假設，從而創立了某種非同步發展的形式。

概括地來說，布勞通根據水準內的邏輯一致性，水準的邏輯序列，水準內的內在一致性的經驗證據，與年齡的關係以及與其他領域邏輯關係的經驗證據等證實了他的構思。他確認的最後一個標準是，通過縱向研究的方法，經驗地證實水準的序列。這是他未來的研究方向之一。

布勞通已經批評過我們在自我發展概念上混淆自己與自我，或者更確切地說，混淆對客觀的反映與自己的反映。對他來說，我們的良心階段和較高一些階段的某些見解，例如，對反省特質感興趣，對區別現象與現實感興趣等等，是不同於那些階段的。我們從造句測驗中概括出來的階段定義法，並不像他的方法那樣把定義的要素強加在同一領域或同一抽象水準裡面。雖然他的方法和我們的方法都運用數據，並且兩者都遵循邏輯一致性的準則，但是我們的方法側重於數據，而他的方法則側重於邏輯性。比起他已經提出的去建立有關自我發展其餘領域的非同步發展的

認識論的亞領域來，還需要更多的證據。

在某種意義上說，布勞通和塞爾門正在爲同一個壁龕而競爭，也就是說，他們爲一個基本的或多或少可以認識的能力而競爭。這種能力爲那些屬於表層結構或內容的道德判斷提供了深層結構。雙方均以柯爾伯格的理論爲自己的研究方向，儘管雙方的研究價值與柯爾伯格的研究無關（在塞爾門的研究中，他甚至採用了柯爾伯格記分算法中的某些任意的做法）。兩人都採用了皮亞傑的臨床法。迄今爲止，彼此都不想把他們的研究聯合起來。從布勞通在某些被試身上所花談話時間過長來判斷，他並不承認傳統的心理測量邏輯，正是這種心理測量邏輯，只須抽取一個合適的行爲樣本就可以評價一個領域，無須耗費探究的精力。取樣的邏輯適用於非同質的領域；在這些領域，必須用更大的力量去維持它，像組建它時所花的力量一樣。

布萊西關於責任心的研究

446

布萊西（A. Blasi）的主要興趣是責任心的發展。像塞爾門和布勞通一樣，他採用了皮亞傑的結構性談話法，也像他們那樣，他考察了一個比整個自我發展更狹義地被定義和更一致地被構造的領域。在某種意義上說，他的研究有賴於柯爾伯格的工作，也有賴於塞爾門和布勞通的工作。道德判斷可以看作是一種結構，在這個結構裡，一個人感到他應該對滿足的事情負有責任。

布萊西最初根據內在性和外在性的範圍來看待自我發展和責任心發展之間的連接。自我發展可以概要地被描述從外部到自我，從世界（依賴外部的強化源、由於外部的刺激而做出直接的衝動、缺乏對自己的洞悉、籠統地指責別人和指責世界）到一個

人的經驗、興趣和控制的逐步內化（例如，意識到思想、慾望和
動機；強調自信、勝任和自主）。眾所周知，責任心是這些範圍
內的一個方面。而且，從造句測驗中獲得的證據表明，人在不同
的自我階段，傾向於不同的責任心：在前遵奉階段，責任心要嘛
是外在的，要嘛是無法認識的；在**遵奉階段**，責任心得到承認，
但刻板地集中在規則和權威上；在**良心階段**以及繼後的幾個階
段，責任心定向於自我。

　　考慮到與哲學傳統有關的責任心概念，布萊西提出他的責任
心定義：責任心是一個建立或認識他自己和他的活動之間的必要
性的聯繫，這種聯繫既可以發生在活動之前，也可以發生在活動
完成之後。一個人與活動完成前的關係相當於責任的概念，就是
對「我需要按某某方式去做嗎？」這個問題的回答。人與活動之
間的關係，已在所有主權中完成，並且與責任性的概念相對應。
比如說，「這項工作一定要我做嗎？」這個問題中的關鍵因素是
一定。在一個人和他的活動之間，有其他各種關係，例如，對他
來說適宜、稱心，或者簡單的自然因果。只有當活動被看作是必
須時，或是在這個意義上說，他必須完成這個活動，或者在這個
意義上說，完成這個活動是他的道德體驗的一部分，這時的行為
就是責任心。

　　根據定義，由於責任心存在於建立自己與活動之間一致性的
關係之中，因此責任心的結構必須邏輯地與一些基本的規則聯繫
起來，這些規則負責把自己看作是一個人，決定著一個人對他自
己的意義和世界對他的意義。這些規則相當於本書中所稱的自我
結構。由於一個人基本而又明確地了解他自己（這就是他的自我
定義），因此，他也了解了與他的基本特徵有關的活動對他來說
是必須的（這就是他的責任心）。活動的責任心可能來自不同的
根源，例如，權威、社會壓力、他的良心，或者一個人自己，儘
管如此，責任心畢竟總是自我的（或個體的）反應，這種反應把

他解釋爲必須與責任的根源有聯繫。有關責任心的研究有助於我們澄清自我發展的兩個方面：第一，有關階段的中心要素或結構核心的定義；第二，自我進入活動並由活動來表達的方式。

　　在柯爾伯格、塞爾門和布勞通的方法中，有一個對本書中出現的自我發展概念的含蓄的批評，那就是，階段的結構特徵和發展序列的內在邏輯性沒有詳細說明。這種含糊不清的結果是，有時候，可能難於決定某些特徵究竟是自我的一部分，還是碰巧跟它聯繫上的（這是第 8 章討論的一個課題）。一般說來，這種含糊不清乃是自我結構特徵不同於邏輯的結構特徵或數理的結構特徵這一事實的結果（見第 3 章），但是，也有可能把自我當作無所不包的結果和把它當作一個單一的器官，從而用經驗的方法對它進行測驗造成的。這種方法揭示了自我的意義和它的轉化，從而把注意力集中在有助於區分邏輯的特徵和階段的基本結構的一個單一的方面。自我概念或自我定義是這一角色的候選人；探究責任心的階段特徵的規則乃是研究自我定義的一條途徑。

　　從長遠觀點來看，自我發展的重要性以及對自我發展的興趣，有賴於理解自我階段如何在活動中表現出來，這與它們如何在造句測驗或其他語言敍述中表現出來恰恰相反。根據人格來預示活動已經構成心理學的一個問題，無論是從態度和價值的角度還是道德判斷的角度來看，都是如此。心理結構的領域和行爲領域之間的關係，並不是直接的或簡單的。需要一個能把這些領域和它們的連接方式聯繫起來的理論。責任心及其發展的研究，可能提供這種理論，雖然由責任心決定的活動不是受自我階段影響活動的唯一類別。

　　在這一研究中，可以發現的一個附帶收穫是，更好地理解盧文格的自我發展概念和柯爾伯格的道德判斷領域之間的關係。這些關係的性質，既不是由測量之間的經驗相關，也不是由盧文格的單一器官系統的假說，也不是由柯爾伯格的必要但不充分的關

448

係的假說所闡明的。所需要的乃是具體的實例（比如，履行道德
活動）和發展之間功能關係的分析。

在布萊西的第一次研究（1971，1976）中，根據造句測驗測
得的自我水準將六年級兒童分成幾組。爲每組兒童提供兩難故
事，要求他們表演出來，不同的兒童扮演不同的角色。每個故事
針對一個特定的自我水準。對處在**衝動階段**的兒童，訓練其不依
賴父母的責任心看來是較爲合適的；對處在**自我保護階段**的兒
童，訓練其規則定向的責任心看來是較爲合適的；對處在**遵奉階
段**的兒童，訓練其有法律精神的責任心是較爲合適的；對處在**遵
奉階段**以上的兒童，訓練其自我定向的責任心看來是較爲合適
的。實驗設計要求部分組接受適當的訓練；其餘的組接受對他們
的水準來說過高或過低的訓練。按照假說，只有在適當水準上進
行訓練才是有效的。然而，實驗只有兩週的時間，在此期間沒有
足夠的時間去修訂實驗，以便爲該假說提供一個適當的測驗（下
面我們還要討論該研究的一些結果）。除了表演兩難故事之外，
兒童還要用獨白的方式講述英雄的事跡，並交換角色。例如，他
原來在某一場合下扮演英雄，現在換成在另一場下扮演領導等
等。這樣一來，即使實驗沒有達到預期的目的，也能大量洞察兒
童在責任心方面的思維結構。

該研究採用如下形式：由若干故事組成的「責任心故事測
驗」，每個故事附有一個有助於兒童獨立操作的半標準化的談話
表。一個故事分成三段提出。在第一段中，英雄面臨著一個進退
兩難的境地，比如說，處於服從和利他之間，或者說處於個人慾
望與信守諾言之間。問被試英雄該怎麼做，爲什麼，特別要提問
的是，英雄是否眞地必須去做，爲什麼。這裡所研究的責任心，
影響著對某些必須完成的活動的責任判斷。在第二和第三階段
中，表現的是責任心的反面，首先描述英雄消極的或不良的行爲
以及被發現的冒險行爲，然後提出這些行爲所造成的後果，例如

受到懲罰或喪失友誼、藉此研究責任問題。提出這些問題，目的
在於發現被試在承認一個人的行為及其後果，在有關責任的對
象，例如，權威、法律、羣衆或自己等方面的思想。下面闡述的
故事，摘自**形式 A**，這是為小學低年級兒童準備的：

　　第一部分：有一天，媽媽將約翰和他的小弟弟大衛留
在家裡，她出門買食品。約翰正在看他喜歡的電視節目，
大衛正在他坐的椅子旁獨自玩耍。忽然，約翰看到大衛試
圖爬上椅子：他很小，可能會跌下來。照理，約翰應該將
他拉開，但是他不想錯過電視中的任何一個情節，尤其是
此刻。約翰分不清該做什麼：是幫助他的小弟弟呢？還是
繼續看電視。

　　第二部分：約翰希望看到電視的結尾，於是決定坐在
電視機前不動，但電視尚未映完，大衛就跌下來了。椅子
也和他一起翻倒了。當媽媽回到家中時，大衛還在哭。於
是媽媽問約翰，發生了什麼事。

　　第三部分：媽媽對約翰的表現不高興，她教訓他說，
他不該連看兩天的電視。約翰並未連看兩天，便對媽媽
說，她不公正，而且不喜歡他。

　　形式 A 中的兩難故事，涉及到願望對服從、願望對責任、
願望對利他、服從對利他、願望對信守諾言等。**形式** B 適用於
三年級至八年級的學生，它增加了一個兩難推理，即利他對法
律，這一特殊的內容適用於適齡的被試。**形式** C 適用於高中生
和大學生，像**形式** B 一樣，也增加了一個兩難推理，特殊內容
再度修訂，兩難推理中增加了利他對個人的發展。根據這些手段
得出如下信息：(1)故事中的英雄該做什麼，為什麼，(2)如果發生
了任何事情，英雄必須做哪一件，為什麼，(3)英雄該如何控制不

450

451　艮行爲，(4)怎樣察覺活動與認可之間的關係，或者，譴責是否被接受或拒絕。

按照成熟的次序，已經發現兒童對一個必要活動給出的理由是：懲罰或體罰；社會關係和社會動機，例如，互惠和友誼；建立在委託或契約基礎上的報酬。下面提供幾個在談話中從不同方向表示責任心的例子。

懲罰：「媽媽眞的必須做飯，爸爸在向她發火。」

體罰：「你必須上學去或你找不到工作——你將沒有錢和食物。」

社會互惠：「如果我覺得煩，總希望有人來幫助我；你有責任心，是因爲你可能處在同樣的境地。」「我的媽媽必須使爸爸愉快，因爲他總是讓她愉快。」

權威：「這個人知道他的職責；這就是一種權威的氣氛；你必須按經理說的去做：他的話是神聖不可侵犯的。」

契約：「她的工作具有特殊性，那是她必須遵循的；她必須按工作規定明確無誤地去做：契約是必須遵守的。」

自我一致，自我定向：「這個教師旣然選擇了教師工作，她就得盡其所能把書教好。」「一個人對自己負有責任，一個必須按自己的原則行事。」

這些責任心的類別，一方面可以很容易地與自我發展的階段相聯繫，另一方面可以與道德推理的階段相聯繫。然而，許多人在確定正確與錯誤的標準和將同一標準用於確定責任心之間存在差距。例如，在一年級的小組裡發現，有 95% 的人能理解並有時還把諸如同情和友誼這類社會動機作爲道德判斷的標準，即一個人應該做什麼，爲什麼；而且，他們中約 65% 的人，社會動機已成爲主要標準。然而只有 30% 的兒童能夠從道德上而不是
452　從懲罰上理解某個行動是必要的。布萊西的研究目的，在於闡明道德判斷與責任心之間的差距。

跨文化的應用

有關自我發展的連續統一體的普遍性問題,透過跨文化研究,是最有說明力的。柯爾伯格藉助測驗做過大量的跨文化研究,這些研究尚未詳細報導。然而,某些突出的發現,特別是結構和方法的普遍適用性的發展,已經在柯爾伯格的論文中有了明顯的摘要報導(1969,1971)。

兩位研究人員已經把自我發展的造句測驗用於不同的文化。庫塞蘇(O. Kusatsu)測驗了大量的日本羣體。他在不同職業組的自我水準特徵中發現了大量的具有統計意義的差異。

拉斯克(H. Lasker)運用**主題統覺測驗**,先在印度,後在荷蘭的安地列斯島中的庫拉索島,研究了成就動機。這項研究的意圖是找出激勵成就定向的途徑。他發現把所有的成就主題同樣對待,就像他曾經使用的標準記分系統一樣,會使他的數據中的一些感興趣的方面變得模糊。他還發現存在一個與自我發展的階段大致並行的成就主題層次。此外,他在庫拉索島的研究中發現,在與社會經濟的等級差異相對應的平均的自我水準上,存在著統計學上有意義的差異。於是,他的注意力轉向激勵自我發展的方面。下面讓我們來看一看拉斯克在庫拉索島的研究。

轉變過程

也許研究任何一種心理現象的最有效方法就是去試圖改變它。當前,廣泛的興趣在於對發展的自我或道德水準實行干預的方法:說實在的,並非所有這些研究都已進入我們的視野,因為

453

他們的研究不全是有目的，也不全都把注意集中在概念問題上。

　　許多研究採用以下的形式：A級，通常是高中生，事先用一種或多種自我發展或道德發展方面的測量來測驗他們。然後用一種為提高自我水準或道德水準而設計的實驗課程進行一學期或一學年的周期性學習。接著再進行測驗。這種類型的研究，已經由摩修（R. Mosher）在波士頓大學的學生中、斯普林薩爾（N. Sprinthall）和其他人在明尼蘇達大學以及其他大學的學生中進行過實驗〔卡內基—梅龍大學的范頓（E. Fenton）也對課程的發展做過研究〕。事實證明，與控制組相比較，經過這種學習的學生有明顯的提高。事實上，許多課程或程序已由這些研究所證實，現在需要去總結和整理這些結果。

　　柯爾伯格為促成轉變而做的示範是，讓一個班級在幾個月內有規律地每隔一段時間討論道德兩難的問題❸。要求教師或者領導者去引導大家討論，以便讓那些發展較快的兒童去照顧不成熟的兒童，因為在每一階段，都可能遇到水準參差不齊的兒童。這樣，比較成熟的兒童就充當其他兒童的引路人。領導者應該為那些比較成熟的兒童創造條件，但問題是，這些程序對領先的兒童和落後的兒童是否同樣有效。

　　當柯爾伯格和他的同事試圖在監獄裡建立一個道德討論組時（柯爾伯格、夏爾夫和希基，1972），他發現他的建組意圖幻滅了。原來，那些自認為在柯爾伯格的水準二即機械的享樂主義上操作的人，從習俗的角度看，他們的水準只相當於水準一即懲罰與服從的定向。對他們的結論是，不可能在這種不適宜的情況下去激勵他們的道德發展。

454　　柯爾伯格把他當時採用的變化過程稱之為公正羣體方法。為

---

❸ 布萊特（M. Blatt）著：〈道德判斷發展期間課堂討論的影響〉（芝加哥大學哲學博士博士論文，1969）。

了建立一個所有參與者都能接受的羣體，必須對參與者予以控制，這種控制不只是在一個片斷時間內實行，而是在整個教育過程中都運用。在監獄中實行這種方法，意味著有賦予紀律和其他準則的警衛和監督以及維持紀律的責任心。第一步是爲該羣體制訂一個章程，接著制訂特殊的準則，對違反者的懲罰以及公布紀律措施等等。道德兩難的討論，不要採用任意發言的方式，因爲它通常只在羣體會議上採用。例如，當發生了偷竊、破壞公物或販賣毒品等違背準則的事情時，知道罪犯的人可能在他們對友誼的忠誠和他們對羣體或羣體目標的忠誠之間體驗到衝突。這種公正羣體的方法，目前正在有些學校和監獄裡進行試驗。

這種方法的缺點是，需要花費工作人員和參與者的大量時間。例如，制訂章程，爲維持一組特殊的準則需要指導。以後，在羣體會議上，爲了把該組羣體的注意力集中在眞正的道德問題而不是轉向程序問題，需要予以指導。相比之下的優點是，當故事的構造比較乏味時，現實生活的衝突和兩難推理能夠繼續制約著參與者。總之，這一方法的優點在於，一個公正的羣體，不論其道德發展的關係如何，都是合乎需要的事物。

一種理論觀點認爲，公正羣體的重要性在於平衡觀念的具體化。特別是接近**遵奉階段**的那些羣體，比如許多同獄犯人和許多年幼的或年長的高中生，由公共機構的安排所產生的羣體感受應該是顯著的。例如頻繁的羣體會議和羣體壓力，足以維持羣體的優點而無須驚動上級權威或更大的羣體（比如說羣體所在的學校或監獄），這就必須會促進**遵奉階段**的發展。公平或公正的指導觀念能夠起到引路人的作用，促進**遵奉階段**的人沿著**戾心階段**方向發展。如果有機會去考察別人的感情和觀點，觀察認知—道德的衝突，參與有關道德問題的集體決議，那麼對各種水準的人都是有好處的。然而，從**戾心階段**或更高階段開始參與的人在道德發展或自我發展方面可能收益較少。

455

　　根據上述觀點，布萊西設計了一個實驗去促進責任心水準的發展，但每組在兩週內持續約十個小時。這樣，與柯爾伯格當時發現的必不可少的公共機構的安排中的總變化相比，它是與改變自我水準的工作相稱的。然而，如果能觀察到某些細小的變化，那也是有益的。最有效的一種訓練方法，似乎是爲獨立的責任心所做的訓練。第一步是，不去解釋準則和秩序的文字，要求被試用自己的智能去辨別有關準則和秩序的語詞和精神。以下幾步是，根據它們的目的而不是形式去理解法律，與權威的精神相一致，懂得要想預見每一個事件是不可能的，並且比較法律的目的和法律的文字的相對重要性。下一個主要步驟是，接受活動對法律文字所負的責任。以下幾步包括：下級敢思考要比盲目地服從更爲重要，權威也應該接受決議，最後，承認應該對盲目服從而造成的消極結果負有責任。在朝自我定向的責任心的發展過程中，主要的步驟看來是特質定向的獲得，自我標準的獲得，把自我定向作爲責任心的主要對象。

　　拉斯克在庫拉索島的研究中發現，成年居民約三分之一的人
能夠歸入**自我保護**和**遵奉階段**之間的自我過渡階段。拉斯克在赫曼斯基金（ Humanas Foundation ）的贊助下與皮納多（ V. Pinedo ）合作，編製了促進階段轉變的訓練課程。這些課程的建立，如同布萊西的研究一樣，一個小組中的所有參與者都屬於同一個階段的人，而且這些參與者都是從一個單一的工作環境中招收進來的，有些來自大公司，有些來自相對說來比較小的公司。訓練的課目，開始有兩天的集中訓練，然後逐漸減少，一直延長到差不多六個月的間隔。課程的活動是由許多羣體治療和羣體訓練的技術來修改的。這裡令人感興趣的是，皮納多已經找到意識的或前意識的犯罪線索，這是在布萊西已經獲得的數據更廣泛的基礎上得出的階段轉變。

　　皮納多的觀察是最廣泛的，他在促進**自我保護—遵奉階段**的

人過渡到**遵奉階段**的訓練是最有效的，在對參與者的自我保護性質進行再認識的過程中，首先要創造出一種安全的與獎勵的氣氛。鼓勵人去認識他自己的力量。自我意識和對別人感情的認識，是透過理解人際關係的角色轉換訓練出來的，這樣就培養出更爲豐富的羣體感情。拉斯克從另一角度出發，找到了感情的連續性，其表現可舉例如下：「我是重要的」，「我和別人一樣」，「我有時更像別人」，「我希望別人喜歡我」，「我希望別人承認我」，最後是「我希望成爲集體中的一員」。

正如拉斯克已經做過的那樣，將某一個特定的過渡集中到一個水準上來，能夠比其他技術更明顯地引出基本的信念結構。他的方法的一個局限是，對某些轉化可能比其他一些轉化更合適。由於在羣體技術和羣體認可的好處之間內在的配合或平衡，向**遵奉階段**的轉化可能是它運用的基本要點。當我們把拉斯克的方法看作是一種研究技術時，該方法的其他局限在於布勞通的觀察，即每個階段必須以該階段與其他階段的關係來解釋，這是很難與拉斯克的方法相結合的。很明顯布勞通試圖將自我發展歸納爲一個單一原則的轉化，而很少考慮到塞爾門和布萊西的觀點。拉斯克把他自己簡單地作爲別人的生命答案的傳遞人。這樣，拉斯克的研究主要傾向經驗的方面而不是理性的方面。也許，在自我發展概念中曾經遭到批評的模糊性和不合理性將證明人生的眞諦（赫曼斯基金的所有研究已成爲拉斯克和皮納多之間緊密合作的基礎。皮納多已經具有爲發展和運用訓練技術的基本的責任心）。

457

參考書目

Adelson, J. "The Political Imagination of the Young Adolescent." *Daedulus,* 1971, *100,* 1013-1050.

Adorno, T. W., Frenkel-Brunswik, E., Levinson, D. J., and Sanford, R. N. *The Authoritarian Personality.* New York: Harper & Row, 1950.

Allport, G. W. *Personality: A Psychological Interpretation.* New York: Holt, Rinehart and Winston, 1937.

Allport, G. W. "The Ego in Contemporary Psychology." *Psychological Review,* 1943, *50,* 451-478.

Allport, G. W. "The Open System in Personality Theory." *Journal of Abnormal and Social Psychology,* 1960, *60,* 301-310.

Allport, G. W. *Pattern and Growth in Personality.* New York: Holt, Rinehart and Winston, 1961.

Altschule, M. D. *Roots of Modern Psychiatry.* New York: Grune and Stratton, 1965.

Amacher, P. "Freud's Neurological Education and its Influence on Psychoanalytic Theory." *Psychological Issues,* 1965, *4* (4, Whole No. 16).

Angell, J. R. "The Province of Functional Psychology." *Psychological Review,* 1907, *14,* 61-91.

Angyal, A. *Neurosis and Treatment: A Holistic Theory.* New York: Wiley, 1965.

Ansbacher, H. L., and Ansbacher, R. R. (Eds.) *The Individual*

Psychology of Alfred Adler. New York: Basic Books, 1956.

Ausubel, D. P. *Ego Development and the Personality Disorders.* New York: Grune and Stratton, 1952.

Baer, D. M. "An Age-Irrelevant Concept of Development." *Merrill-Palmer Quarterly,* 1970, *16,* 238-245.

Bain, A. *The Emotions and the Will.* London: Longmans, 1859.

Baldwin, J. M. *Social and Ethical Interpretations in Mental Development.* New York: Macmillan, 1902. (Originally published in 1897.)

Baldwin, J. M. *Thought and Things: A Study of the Development and Meaning of Thought, or Genetic Logic.* New York: Arno Press, 1975. (Originally published 1906-1915.)

Barton, W. E. "Viewpoint of a Clinician." In M. Jahoda, *Current Concepts of Positive Mental Health.* New York: Basic Books, 1958.

Bell, S. M. "The Development of the Concept of Object as Related to Infant-Mother Attachment." *Child Development,* 1970, *41,* 291-311.

Bellak, L., Hurvich, M., and Gediman, H. K. *Ego Functions in Schizophrenics, Neurotics, and Normals: A Systematic Study of Conceptual, Diagnostic, and Therapeutic Aspects.* New York: Wiley, 1973.

Bentham, J. *Introduction to the Principles of Morals and Legislation.* Excerpts in M. Warnock (Ed.), *John Stuart Mill: Utilitarianism, On Liberty, Essay on Bentham, Together with Selected Writings of Jeremy Bentham and John Austin.* Cleveland: World Publishing, 1962. (Originally published in 1789.)

Berlyne, D. E. *Structure and Direction in Thinking.* New York: Wiley, 1965.

Blanck, G., and Blanck, R. *Ego Psychology: Theory and Practice.* New York: Columbia University Press, 1974.

Blasi, A. "A Development Approach to Responsibility Training." Unpublished doctoral dissertation, Washington University, 1971.

Blasi, A. "Role-Taking and the Development of Social Cognition." Paper presented at the American Psychological Association Convention, Chicago, Illinois, September 1975.

Blasi, A. "Personal Responsibility and Ego Development." In R. deCharms, *They Need Not Be Pawns: Toward Self-Direction in the Urban Classroom.* New York: Irvington Publishers, 1976.

Blasi, A., and Hoeffel, E. C. "Adolescence and Formal Operations." *Human Development,* 1974, *17,* 344-363.

Bleuler, E. "Das autistische Denken." *Jahrbuch für psychoanalytische und psychopathologische Forschungen,* 1912, *4,* 1-39.

Bleuler, E. *Textbook of Psychiatry.* New York: Macmillan, 1924. (Originally published in 1916.)

Bowers, K. S. "Situationism in Psychology: An Analysis and a Critique." *Psychological Review,* 1973, *80,* 307-336.

Brandt, L. W. "Some Notes on English Freudian Terminology." *Journal of the American Psychoanalytic Association,* 1961, *9,* 331-339.

Brandt, L. W. "Process or Structure?" *Psychoanalytic Review,* 1966, *53,* 374-378.

Breuer, J., and Freud, S. *Studies on Hysteria: Standard Edition.* Vol. 2. London: Hogarth Press, 1955. (Originally published in 1895.)

Broughton, J. M. "The Development of Natural Epistemology in Adolescence and Early Adulthood." Unpublished doctoral dissertation, Harvard University, 1975.

Bruch, H. "Transformation of Oral Impulses in Eating Disorders: A Conceptual Approach." *Psychiatric Quarterly,* 1961, *35,* 458-481.

Bruch, H. *Eating Disorders: Obesity, Anorexia Nervosa and the Person Within.* New York: Basic Books, 1973.

Brunswik, E. "The Conceptual Framework of Psychology." In *International Encyclopedia of Unified Science.* Vol. 1, Part 2. Chicago: University of Chicago Press, 1952.

Bull, N. J. *Moral Judgement from Childhood to Adolescence.* Beverly Hills, Calif.: Sage Publications, 1969.

Chein, I. *The Science of Behavior and the Image of Man.* New York: Basic Books, 1972.

Cohen, J. "Multiple Regression as a General Data-Analytic System." *Psychological Bulletin,* 1968, *70,* 426-443.

Comte, A. *Cours de philosophie positive.* Excerpts in H. D. Aiken (Ed.), *The Age of Ideology.* New York: Mentor, 1956. (Originally published in 1842.)

Cooley, C. H. *Human Nature and the Social Order.* Excerpts in C. Gordon and K. J. Gergen (Eds.), *The Self in Social Interaction.* Vol. 1. *Classic and Contemporary Perspectives.* New York: Wiley, 1968. (Originally published in 1902.)

Dahlstrom, W. G. *Personality Systematics and the Problem of Types.* Morristown, N.J.: General Learning Press, 1972.

Dember, W. N. "The New Look in Motivation." *American Scientist,* 1965, *53,* 409-427.

Dennis, W. *Readings in the History of Psychology.* New York: Appleton-Century-Crofts, 1948.

Dewey, J. "The Reflex Arc Concept in Psychology." *Psychological Review,* 1896, *3,* 357-370.

Dewey, J., and Tufts, J. H. *Ethics.* New York: Holt, Rinehart and Winston, 1908.

Dubos, R. "Biological Determinants of Individuality." In H. V. Kraemer (Ed.), *Youth and Culture: A Human-Development Approach.* Monterey, Calif.: Brooks/Cole, 1974.

Ekstein, R. "Psychoanalytic Techniques." In D. Brower and L. E. Abt (Eds.), *Progress in Clinical Psychology.* Vol. II. New York: Grune and Stratton, 1965.

Ellenberger, H. F. *The Discovery of the Unconscious.* New York: Basic Books, 1970.

Enright, J. B. "Thou Art That: Projection and Play in Therapy and Growth." *Psychotherapy: Theory, Research and Practice,* 1972, *9,* 153-156.

Erikson, E. H. *Childhood and Society.* New York: Norton, 1950.

Erikson, E. H. "The Problem of Ego Identity." *Journal of the American Psychoanalytic Association,* 1956, *4,* 56-121.

Erikson, E. H. *Childhood and Society.* (2nd ed.) New York: Norton, 1963.

Erikson, E. H. *Insight and Responsibility.* New York: Norton, 1964.

Erikson, E. H. *Gandhi's Truth.* New York: Norton, 1969.

Ernhart, C. B., and Loevinger, J. "Authoritarian Family Ideology: A Measure, Its Correlates, and Its Robustness." *Multivariate Behavioral Research Monographs,* 1969, No. 69-1.

Fenichel, O. *The Psychoanalytic Theory of Neurosis.* New York: Norton, 1945.

Ferenczi, S. "Introjection and Transference." In *Sex in Psychoanalysis.* Boston: Gorham Press, 1916. (Originally published in 1909.)

Ferenczi, S. "Stages in the Development of the Sense of Reality." In *Sex in Psychoanalysis.* Boston: Gorham Press, 1916. (Originally published in 1913.)

Ferenczi, S. "Psycho-Analysis of Sexual Habits." *International Journal of Psycho-Analysis,* 1925, *6,* 372-404.

Festinger, L. *A Theory of Cognitive Dissonance.* Stanford, Calif.: Stanford University Press, 1957.

Feyerabend, P. "Consolations for the Specialist." In I. Lakatos and A. Musgrave (Eds.), *Criticism and the Growth of Knowledge.* Cambridge, England: Cambridge University Press, 1970.

Fingarette, H. *The Self in Transformation.* New York: Basic Books, 1963.

Fisher, A. L. "Freud and the Image of Man." *Proceedings, American Catholic Philosophical Association,* 1961, *35,* 45-77.

Flew, A. "Motives and the Unconscious." In H. Feigl and M. Scriven (Eds.), *Minnesota Studies in the Philosophy of Science.* Vol. 1: *The Foundations of Science and the Concepts of Psychology and Psychoanalysis.* Minneapolis: University of Minnesota Press, 1956.

Flugel, J. C. *Man, Morals and Society.* New York: International Universities Press, 1945.

Foucault, M. *The Order of Things: An Archeology of the Human Sciences.* New York: Random House, 1973.

Frenkel, E., and Weisskopf, E. *Wunsch und Plicht im Aufbau des menschlichen Lebens.* Vienna: Gerold, 1937.

Frenkel-Brunswik, E. "Intolerance of Ambiguity as an Emotional and Perceptual Personality Variable." *Journal of Personality,* 1949, *18,* 108-143.

Frenkel-Brunswik, E. "Personality Theory and Perception." In R. R. Blake and G. V. Ramsey (Eds.), *Perception: An Approach to Personality.* New York: Ronald Press, 1951.

Freud, A. *The Ego and the Mechanisms of Defence.* New York: International Universities Press, 1946. (Originally published in 1936.)

Freud, S. "Project for a Scientific Psychology." In M. Bonaparte, A. Freud, and E. Kris (Eds.), *The Origins of Psycho-Analysis: Letters to Wilhelm Fliess, Drafts and Notes: 1887-1902.* New York: Basic Books, 1954.

Freud, S. *On Aphasia.* New York: International Universities Press, 1953. (Originally published in 1891.)

Freud, S. "Some Points for a Comparative Study of Organic and Hysterical Motor Paralyses." *Standard Edition.* Vol. 1. London: Hogarth Press, 1966. (Originally published in 1893.)

Freud, S. "On the Grounds for Detaching a Particular Syndrome from Neurasthenia Under the Description 'Anxiety Neurosis.'" *Standard Edition.* Vol. 3. London: Hogarth Press, 1962. (Originally published in 1895.)

Freud, S. *The Interpretation of Dreams: Standard Edition.* Vols. 4 and 5. London: Hogarth Press, 1958. (Originally published in 1900.)

Freud, S. *The Psychopathology of Everyday Life: Standard Edition.* Vol. 6. London: Hogarth Press, 1960. (Originally published in 1901.)

Freud, S. *Jokes and Their Relation to the Unconscious: Standard Edition.* Vol. 8. London: Hogarth Press, 1960. (Originally published in 1905*a*.)

Freud, S. *Three Essays on the Theory of Sexuality: Standard Edition.* Vol. 7. London: Hogarth Press, 1953. (Originally published in 1905*b*.)

Freud, S. "Analysis of a Phobia in a Five-Year-Old Boy." *Standard Edition.* Vol. 10. London: Hogarth Press, 1955. (Originally published in 1909*a*.)

Freud, S. "Notes on a Case of Obsessional Neurosis." *Standard Edition.* Vol. 10. London: Hogarth Press, 1955. (Originally published in 1909*b*.)

Freud, S. *Leonardo da Vinci and a Memory of His Childhood: Standard Edition.* Vol. 11. London: Hogarth Press, 1957. (Originally published in 1910*a*.)

Freud, S. "Five Lectures on Psychoanalysis." *Standard Edition.* Vol. 11. London: Hogarth Press, 1957. (Originally published in 1910*b*.)

Freud, S. *Totem and Taboo: Standard Edition.* Vol. 13. London: Hogarth Press, 1955. (Originally published in 1913.)

Freud, S. "On Narcissism: An Introduction." *Standard Edition.* Vol. 14. London: Hogarth Press, 1957. (Originally published in 1914.)

Freud, S. "Instincts and Their Vicissitudes." *Standard Edition.*

Vol. 14. London: Hogarth Press, 1957. (Originally published in 1915.)

Freud, S. *Introductory Lectures on Psychoanalysis: Standard Edition.* Vols. 15 and 16. London: Hogarth Press, 1963. (Originally published in 1916-1917.)

Freud, S. "Mourning and Melancholia." *Standard Edition.* Vol. 14. London: Hogarth Press, 1957. (Originally published in 1917.)

Freud, S. "From the History of an Infantile Neurosis." *Standard Edition.* Vol. 17. London: Hogarth Press, 1955. (Originally published in 1918.)

Freud, S. *Beyond the Pleasure Principle: Standard Edition.* Vol. 18. London: Hogarth Press, 1955. (Originally published in 1920.)

Freud, S. *Group Psychology and the Analysis of the Ego: Standard Edition.* Vol. 18. London: Hogarth Press, 1955. (Originally published in 1921.)

Freud, S. *The Ego and the Id: Standard Edition.* Vol. 19. London: Hogarth Press, 1961. (Originally published in 1923.)

Freud, S. *Inhibitions, Symptoms and Anxiety: Standard Edition.* Vol. 21. London: Hogarth Press, 1959. (Originally published in 1926.)

Freud, S. *Civilization and Its Discontents: Standard Edition.* Vol. 20. London: Hogarth Press, 1961. (Originally published in 1930.)

Freud, S. *New Introductory Lectures on Psychoanalysis: Standard Edition.* Vol. 22. London: Hogarth Press, 1964. (Originally published in 1933.)

Freud, S. *Moses and Monotheism: Standard Edition.* Vol. 23. London: Hogarth Press, 1964. (Originally published in 1939.)

Fromm, E. *Escape from Freedom.* New York: Farrar, Straus & Giroux, 1941.

Fromm, E. *The Anatomy of Human Destructiveness.* New

York: Holt, Rinehart and Winston, 1973.

Furth, H. G. *Piaget and Knowledge: Theoretical Foundations.* Englewood Cliffs, N.J.: Prentice-Hall, 1969.

Gergen, K. J. "Personal Consistency and the Presentation of the Self." In C. Gordon and K. J. Gergen (Eds.), *The Self in Social Interaction.* Vol. 1: *Classic and Contemporary Perspectives.* New York: Wiley, 1968.

Gill, M. M. "Topography and Systems in Psychoanalytic Theory." *Psychological Issues,* 1963, *3* (2, Whole No. 10).

Gill, M. M. "Metapsychology Is Irrelevant to Psychoanalysis." Paper presented at the convention of the Psychologists Interested in the Study of Psychoanalysis, Chicago, August 1975.

Goldstein, K. *The Organism.* New York: American Book, 1939.

Gordon, C., and Gergen, K. J. (Eds.) *The Self in Social Interaction.* Vol. 1: *Classic and Contemporary Perspectives.* New York: Wiley, 1968.

Grant, J. D., and Grant, M. Q. "A Group Dynamics Approach to the Treatment of Nonconformists in the Navy." *Annals of the American Academy of Political and Social Science,* 1959, *322,* 126-135.

Graves, C. W. "Deterioration of Work Standards." *Harvard Business Review,* 1966, *44,* 117-128.

Greenberger, E., Josselson, R., Knerr, C., and Knerr, B. "The Measurement and Structure of Psychosocial Maturity." *Journal of Youth and Adolescence,* 1975, *4,* 127-143.

Greenberger, E., Knerr, C., Knerr, B., and Brown, J. B. "The Measurement and Structure of Psychosocial Maturity." Mimeographed. Baltimore: Report No. 170, Center for Social Organization of Schools, Johns Hopkins University, 1974.

Groddeck, G. *The Book of the It.* London: Vision Press, 1950. (Originally published in 1923.)

Grossman, W. I., and Simon, B. "Anthropomorphism: Motive,

Meaning and Causality in Psychoanalytic Theory." *Psychoanalytic Study of the Child,* 1969, *24,* 78-111.

Haan, N., Stroud, J., and Holstein, C. "Moral and Ego Stages in Relationship to Ego Processes: A Study of 'Hippies.' " *Journal of Personality,* 1973, *41,* 596-612.

Hammond, K. R. (Ed.) *The Psychology of Egon Brunswik.* New York: Holt, Rinehart and Winston, 1966.

Harakal, C. M. "Ego Maturity and Interpersonal Style: A Multivariate Study of Loevinger's Theory." Unpublished doctoral dissertation, Catholic University, 1971.

Hartmann, H. *Ego Psychology and the Problem of Adaptation.* New York: International Universities Press, 1958. (Originally published in 1939.)

Hartmann, H., Kris, E., and Loewenstein, R. M. "Papers on Psychoanalytic Psychology." *Psychological Issues,* 1964, *4* (2, Whole no. 14). (Originally published 1945-1962.)

Hartshorne, H., and May, M. A. *Studies in the Nature of Character.* Vol. 1: *Studies in Deceit.* New York: Macmillan, 1928.

Hartshorne, H., May, M. A., and Maller, J. B. *Studies in the Nature of Character.* Vol. 2: *Studies in Service and Self-Control.* New York: Macmillan, 1929.

Hartshorne, H., May, M. A., and Shuttleworth, F. K. *Studies in the Nature of Character.* Vol. 3: *Studies in the Organization of Character.* New York: Macmillan, 1930.

Harvey, O. J., Hunt, D. E., and Schroder, H. M. *Conceptual Systems and Personality Organization.* New York: Wiley, 1961.

Heath, D. H. *Explorations of Maturity: Studies of Mature and Immature College Men.* New York: Appleton-Century-Crofts, 1965.

Hebb, D. O. "The American Revolution." *American Psychologist,* 1960, *15,* 735-745.

Hendrick, I. "Instinct and the Ego During Infancy." *Psycho-*

analytic Quarterly, 1942, *11,* 33-58.

Hess, R. D., and Torney, J. V. *The Development of Political Attitudes in Children.* Chicago: Aldine, 1967.

Higgins, J. W. "Some Considerations of Psychoanalytic Theory Preliminary to a Philosophical Inquiry." *Proceedings, American Catholic Philosophical Association,* 1961, *35,* 21-44.

Hobhouse, L. T. *Morals in Evolution.* New York: Holt, Rinehart and Winston, 1906.

Hogan, R. "Moral Conduct and Moral Character: A Psychological Perspective." *Psychological Bulletin,* 1973, *79,* 217-232.

Holstein, C. B. "Moral Judgment Change in Early Adolescence and Middle Age: A Longitudinal Study." Paper presented at the convention of the Society for Research in Child Development, Philadelphia, March 1973.

Holt, E. B. *The Freudian Wish and Its Place in Ethics.* New York: Holt, Rinehart and Winston, 1915.

Holt, L. P. "Psychoanalysis and the Social Process: An Examination of Freudian Theory with Reference to Some of Its Sociological Implications and Counterparts." Unpublished doctoral dissertation, Radcliffe College, 1948.

Holt, R. R. "A Critical Examination of Freud's Concept of Bound vs. Free Cathexis." *Journal of the American Psychoanalytic Association,* 1962, *10,* 475-525.

Holt, R. R. "A Review of Some of Freud's Biological Assumptions and Their Influence on His Theories." In N. S. Greenfield and W. C. Lewis (Eds.), *Psychoanalysis and Current Biological Thought.* Madison: University of Wisconsin Press, 1965.

Holt, R. R. "Beyond Vitalism and Mechanism: Freud's Concept of Psychic Energy." In J. H. Masserman (Ed.), *Science and Psychoanalysis.* Vol. 11: *Concepts of Ego.* New York: Grune and Stratton, 1967.

Holt, R. R. "Freud's Mechanistic and Humanistic Images of Man." In R. R. Holt and E. Peterfreund (Eds.), *Psychoanalysis and Contemporary Science*, 1972, *1*, 3-24.

Holt, R. R. "Drive or Wish? A Reconsideration of the Psychoanalytic Theory of Motivation." In M. M. Gill and P. S. Holzman (Eds.), *Psychology Versus Metapsychology: Psychoanalytic Essays in Memory of George S. Klein. Psychological Issues*, 1976, *9* (4, Whole no. 36).

Home, H. J. "The Concept of Mind." *International Journal of Psycho-Analysis*, 1966, *47*, 42-49.

Hoppe, C. F. "Ego Development and Conformity Behaviors." Unpublished doctoral dissertation, Washington University, 1972.

Horowitz, M. J. "Microanalysis of Working Through in Psychotherapy." *American Journal of Psychiatry*, 1974a, *131*, 1208-1212.

Horowitz, M. J. "Stress Response Syndromes: Character Style and Dynamic Psychotherapy." *Archives of General Psychiatry*, 1974b, *31*, 768-781.

Horowitz, M. J. "Hysterical Personality: Cognitive Structure and the Process of Change." *International Journal of Psycho-Analysis*, in press.

Howe, L. P. "Some Sociological Aspects of Identification." *Psychoanalysis and the Social Sciences*, 1955, *4*, 61-79.

Howe, L. P. "The Application of Community Psychiatry to College Settings." *International Psychiatry Clinics*, 1970, *7*, 263-291.

Isaacs, K. S. "Relatability, a Proposed Construct and an Approach to Its Validation." Unpublished doctoral dissertation, University of Chicago, 1956.

Isaacs, K. S., and Haggard, E. A. "Some Methods Used in the Study of Affect in Psychotherapy." In L. A. Gottschalk and S. H. Auerbach (Eds.), *Methods of Research in Psychotherapy*. New York: Appleton-Century-Crofts, 1956.

Jahoda, M. *Current Concepts of Positive Mental Health.* New York: Basic Books, 1958.

James, W. *Principles of Psychology.* New York: Holt, Rinehart and Winston, 1890.

Janet, P. *L'automatisme psychologique.* Paris: Alcan, 1889.

Janet, P. *The Major Symptoms of Hysteria.* New York: Hafner, 1929. (Originally published in 1907.)

Janet, P. *Psychological Healing: A Historical and Clinical Study.* Vol. 1. New York: Macmillan, 1925.

Janik, A., and Toulmin, S. *Wittgenstein's Vienna.* New York: Simon and Schuster, 1973.

Jaspers, K. "The Axial Age in Human History." In M. R. Stein, A. J. Vidich, and D. M. White (Eds.), *Identity and Anxiety.* New York: Free Press, 1960. (Originally published in 1948.)

Jesness, C. F. "Sequential I-Level Classification Manual." Mimeographed. Sacramento, Calif.: American Justice Institute, 1974.

Jesness, C. F., and Wedge, R. F. "Sequential I-Level Classification Manual." Mimeographed. Sacramento, Calif.: Department of Youth Authority, Division of Research, 1970.

Jones, E. *The Life and Work of Sigmund Freud.* Vol. 1: *The Formative Years and the Great Discoveries.* New York: Basic Books, 1953.

Josselson, R., Greenberger, E., and McConochie, D. "Phenomenological Aspects of Psychosocial Maturity in Adolescence." Mimeographed. Baltimore: Report No. 198, Center for Social Organization of Schools, Johns Hopkins University, 1975.

Jung, C. G. *Psychological Types.* Princeton, N.J.: Princeton University Press, 1971. (Originally published in 1921.)

Jung, C. G. "The Basic Postulates of Analytic Psychology." In H. M. Ruitenbeek (Ed.), *Varieties of Personality Theory.* New York: Dutton, 1964. (Originally published in 1933.)

Jung, C. G. *Two Essays on Analytic Psychology.* New York: Meridian, 1956. (Originally published in 1943, 1945.)

Kahler, E. *The Inward Turn of Narrative.* R. and C. Winston, Trans. Princeton: Princeton University Press, 1970. (Originally published in 1957, 1959.)

Kelley, H. H., and Stahelski, A. J. "Social Interaction Basis of Cooperators' and Competitors' Beliefs About Others." *Journal of Personality and Social Psychology,* 1970, *16,* 66-91.

Kelly, G. A. *The Psychology of Personal Constructs.* New York: Norton, 1955.

Kelly, G. A. "A Brief Introduction to Personal Construct Theory." In D. Bannister (Ed.), *Perspectives in Personal Construct Theory.* New York: Academic Press, 1970.

Kelman, H. C. "Compliance, Identification and Internalization: Three Processes of Attitude Change." *Journal of Conflict Resolution,* 1958, *2,* 51-60.

Klein, G. S., and Schoenfeld, N. "The Influence of Ego-Involvement on Confidence." *Journal of Abnormal and Social Psychology,* 1941, *36,* 249-258.

Kohlberg, L. "The Development of Children's Orientations Towards a Moral Order. I: Sequence in the Development of Moral Thought." *Vita Humana,* 1963, *6,* 11-33.

Kohlberg, L. "Development of Moral Character and Moral Ideology." In M. L. Hoffman and L. W. Hoffman (Eds.), *Review of Child Development Research.* Vol. 1. New York: Russell Sage Foundation, 1964.

Kohlberg, L. "A Cognitive Developmental Analysis of Children's Sex-Role Concepts and Attitudes." In E. Maccoby (Ed.), *The Development of Sex Differences.* Stanford, Calif.: Stanford University Press, 1966.

Kohlberg, L. "Stage and Sequence: The Cognitive-Developmental Approach to Socialization." In D. A. Goslin (Ed.), *Handbook of Socialization Theory and Research.* Chicago:

Rand McNally, 1969.

Kohlberg, L. "From Is to Ought: How to Commit the Natural-
istic Fallacy and Get Away with It in the Study of Moral
Development." In T. Mischel (Ed.), *Cognitive Develop-
ment and Epistemology*. New York: Academic Press,
1971.

Kohlberg, L., Colby, A., Lieberman, M., and Speicher-Dubin, B.
"Standard Form Scoring Manual." Mimeographed. Cam-
bridge, Mass.: Harvard University, 1973.

Kohlberg, L., Scharf, P., and Hickey, J. "The Justice Structure
of the Prison—A Theory and an Intervention." *Prison Jour-
nal*, 1972, *51*, 18-31.

Kris, E. "The Psychology of Caricature." *Psychoanalytic Ex-
plorations in Art*. New York: International Universities
Press, 1952. (Originally published in 1934.)

Kubie, L. S. "The Fallacious Use of Quantitative Concepts in
Dynamic Psychology." *Psychiatric Quarterly*, 1947, *16*,
507-518.

Kuhn, T. S. *The Structure of Scientific Revolutions*. Chicago:
University of Chicago Press, 1962.

Kuhn, T. S. "Reflections on My Critics." In I. Lakatos and A.
Musgrave (Eds.), *Criticism and the Growth of Knowledge*.
Cambridge, England: Cambridge University Press, 1970*a*.

Kuhn, T. S. *The Structure of Scientific Revolutions*. (2nd ed.)
Chicago: University of Chicago Press, 1970*b*.

Kuhn, T. S. "Second Thoughts on Paradigms." In F. Suppe
(Ed.), *The Structure of Scientific Theories*. Urbana, Ill.:
University of Illinois Press, 1974.

Kuo, Z. Y. "Giving Up Instincts in Psychology." *Journal of
Philosophy*, 1921, *18*, 645-664.

Lakatos, I., and Musgrave, A. (Eds.) *Criticism and the Growth
of Knowledge*. Cambridge, England: Cambridge University
Press, 1970.

Lambert, H. V. "A Comparison of Jane Loevinger's Theory of Ego Development and Lawrence Kohlberg's Theory of Moral Development." Unpublished doctoral dissertation, University of Chicago, 1972.

Lampl-de Groot, J. "Neurotics, Delinquents and Ideal-Formation." In K. R. Eissler (Ed.), *Searchlights on Delinquency.* New York: International Universities Press, 1949.

Lampl-de Groot, J. "Ego Ideal and Superego." *Psychoanalytic Study of the Child,* 1962, *27,* 94-106.

LaPerriere, K. "Maternal Attitudes in Different Subcultural Groups." (Doctoral dissertation, Washington University, 1962.) Ann Arbor, Mich.: University Microfilms, No. 63-4850.

Lashley, K. S., and Colby, K. M. "An Exchange of Views on Psychic Energy and Psychoanalysis." *Behavioral Science,* 1957, *2,* 231-240.

Lecky, P. *Self-Consistency: A Theory of Personality.* New York: Island Press, 1945.

Lévi-Strauss, C. *Tristes tropiques.* New York: Atheneum, 1968.

Lewin, K. "The Conflict Between Aristotelean and Galileian Modes of Thought in Contemporary Psychology." In *A Dynamic Theory of Personality.* New York: McGraw-Hill, 1935. (Originally published in 1931.)

Lewis, O. "The Culture of Poverty." In *La Vida.* New York: Random House, 1966.

Lieberman, M. "Psychometric Analysis of Developmental Stage Data." Paper presented at the American Psychological Association Convention, Montreal, Canada, August 1973.

Loevinger, J. "The Technic of Homogeneous Tests Compared with Some Aspects of 'Scale Analysis' and Factor Analysis." *Psychological Bulletin,* 1948, *45,* 507-529.

Loevinger, J. "Intelligence." In H. Helson (Ed.), *Theoretical Foundations of Psychology.* New York: Van Nostrand, 1951.

Loevinger, J. "A Theory of Test Response." In *Proceedings, 1958 Invitational Conference on Testing Problems.* Princeton: Educational Testing Service, 1959.

Loevinger, J. "Measuring Personality Patterns of Women." *Genetic Psychology Monographs,* 1962, *65,* 53-136.

Loevinger, J. "Conflict of Commitment in Clinical Research." *American Psychologist,* 1963, *18,* 241-251.

Loevinger, J. "Measurement in Clinical Research." In B. B. Wolman (Ed.), *Handbook of Clinical Psychology.* New York: McGraw-Hill, 1965.

Loevinger, J. "The Meaning and Measurement of Ego Development." *American Psychologist,* 1966a, *21,* 195-206.

Loevinger, J. "Models and Measures of Developmental Variation." In J. Brozek (Ed.), *Biology of Human Variation. Annals of the New York Academy of Sciences,* 1966b, *134,* art. 2, 585-590.

Loevinger, J. "Three Principles for a Psychoanalytic Psychology." *Journal of Abnormal Psychology,* 1966c, *71,* 432-443.

Loevinger, J., Gleser, G. C., and DuBois, P. H. "Maximizing the Discriminating Power of a Multiple Score Test." *Psychometrika,* 1953, *18,* 309-317.

Loevinger, J., and Sweet, B. "Construction of a Test of Mothers' Attitudes." In J. C. Glidewell (Ed.), *Parental Attitudes and Child Behavior.* Springfield, Ill.: Thomas, 1961.

Loevinger, J., and Wessler, R. *Measuring Ego Development I: Construction and Use of a Sentence Completion Test.* San Francisco: Jossey-Bass, 1970.

Loewald, H. W. "Ego and Reality." *International Journal of Psycho-Analysis,* 1951, *32,* 10-18.

Loewald, H. W. "On the Therapeutic Action of Psycho-Analysis." *International Journal of Psycho-Analysis,* 1960, *41,* 16-33.

Loewald, H. W. "Internalization, Separation, Mourning, and the Superego." *Psychoanalytic Quarterly,* 1962a, *31,* 483-504.

Loewald, H. W. "The Superego and the Ego-Ideal. II: Superego and Time." *International Journal of Psycho-Analysis,* 1962*b, 43,* 264-268.

Loewald, H. W. "Psychoanalytic Theory and the Psychoanalytic Process." *Psychoanalytic Study of the Child,* 1970, *25,* 45-68.

Loewald, H. W. "Some Considerations on Repetition and Repetition Compulsion." *International Journal of Psycho-Analysis,* 1971*a, 52,* 59-66.

Loewald, H. W. "On Motivation and Instinct Theory." *Psychoanalytic Study of the Child,* 1971*b, 26,* 91-128.

Loewald, H. W. "The Transference Neurosis: Comments on the Concept and the Phenomenon." *Journal of the American Psychoanalytic Association,* 1971*c, 19,* 54-66.

Lord, F. M. "Sampling Fluctuations Resulting from the Sampling of Test Items." *Psychometrika,* 1955, *20,* 1-22.

Mahler, M. S. *On Human Symbiosis and the Vicissitudes of Individuation.* Vol. 1: *Infantile Psychosis.* New York: International Universities Press, 1968.

Maslow, A. H. *Motivation and Personality.* New York: Harper & Row, 1954.

Maslow, A. H. *Toward a Psychology of Being.* New York: Van Nostrand, 1962.

Masterman, M. "The Nature of a Paradigm." In I. Lakatos and A. Musgrave (Eds.), *Criticism and the Growth of Knowledge.* Cambridge, England: Cambridge University Press, 1970.

McDougall, W. *An Introduction to Social Psychology.* Enlarged Edition. London: Methuen, 1928. (Originally published in 1908.)

Mead, G. H. *Mind, Self and Society.* Chicago: University of Chicago Press, 1934.

Merleau-Ponty, M. *The Structure of Behavior.* Boston: Beacon

Press, 1963. (Originally published in 1942.)

Mill, J. S. "Bentham." In M. Warnock (Ed.), *John Stuart Mill: Utilitarianism, On Liberty, Essay on Bentham, Together with Selected Writings of Jeremy Bentham and John Austin.* Cleveland: World Publishing Company, 1962. (Originally published in 1838.)

Mill, J. S. "On Liberty." In M. Warnock (Ed.), *John Stuart Mill: Utilitarianism, On Liberty, Essay on Bentham, Together with Selected Writings of Jeremy Bentham and John Austin.* Cleveland: World Publishing Company, 1962. (Originally published in 1859.)

Mill, J. S. *Utilitarianism.* In M. Warnock (Ed.), *John Stuart Mill: Utilitarianism, On Liberty, Essay on Bentham, Together with Selected Writings of Jeremy Bentham and John Austin.* Cleveland: World Publishing Company, 1962. (Originally published in 1861.)

Mischel, W. "Theory and Research on the Antecedents of Self-Imposed Delay of Reward." In B. A. Maher (Ed.), *Progress in Experimental Personality Research.* Vol. 3. New York: Academic Press, 1966.

Mischel, W. *Personality and Assessment.* New York: Wiley, 1968.

Mischel, W. "Continuity and Change in Personality." *American Psychologist,* 1969, *24,* 1012-1018.

Mischel, W. "Toward a Cognitive Social Learning Reconceptualization of Personality." *Psychological Review,* 1973, *80,* 252-283.

Mischel, W., and Ebbesen, E. B. "Attention in Delay of Gratification." *Journal of Personality and Social Psychology,* 1970, *16,* 329-337.

Mischel, W., and Mischel, H. "A Cognitive Social Learning Approach to Morality and Self-Regulation." In T. Lickona (Ed.), *Morality: Theory, Research, and Social Issues.* New York: Holt, Rinehart and Winston, 1976.

Nunberg, H. "The Synthetic Function of the Ego." In *Practice and Theory of Psychoanalysis*. New York: International Universities Press, 1948. (Originally published in 1931.)

Nunberg, H., and Federn, E. (Eds.) *Minutes of the Vienna Psychoanalytic Society*. Vol. 1: 1906-1908. New York: International Universities Press, 1962.

Odier, C. *Les deux sources, consciente et inconsciente, de la vie morale*. Neuchâtel, Switzerland: De La Baconnière, 1943.

Palmer, T. B. "California's Community Treatment Program for Delinquent Adolescents." *Journal of Research in Crime and Delinquency*, 1971, *8*, 74-92.

Palmer, T. B. "The Youth Authority's Community Treatment Project." *Federal Probation*, 1974, *38*, 3-14.

Parain-Vial, J. *Analyses structurales et ideologies structuralistes*. Toulouse, France: Privat, 1969.

Paterson, D. G. *Physique and Intellect*. New York: Century, 1930.

Peck, R. F., and Havighurst, R. J. *The Psychology of Character Development*. New York: Wiley, 1960.

Perry, W. G., Jr. *Forms of Intellectual and Ethical Development in the College Years*. New York: Holt, Rinehart and Winston, 1970.

Piaget, J. *The Language and Thought of the Child*. New York: Harcourt Brace Jovanovich, 1926.

Piaget, J. *Judgment and Reasoning in the Child*. New York: Harcourt Brace Jovanovich, 1928.

Piaget, J. *The Moral Judgment of the Child*. New York: Free Press, 1932.

Piaget, J. *The Origins of Intelligence in Children*. New York: International Universities Press, 1952. (Originally published in 1936.)

Piaget, J. *The Construction of Reality in the Child*. New York, Basic Books, 1954. (Originally published in 1937.)

Piaget, J. *Play, Dreams and Imitation in Childhood.* New York: Norton, 1951.

Piaget, J. *Six Psychological Studies.* New York: Random House, 1967.

Piaget, J. *Structuralism.* New York: Basic Books, 1970.

Pittel, S. M., and Mendelsohn, G. A. "Measurement of Moral Values: A Review and Critique." *Psychological Bulletin,* 1966, *66,* 22-35.

Polanyi, M. *Personal Knowledge.* Chicago: University of Chicago Press, 1958.

Polanyi, M. *The Tacit Dimension.* Garden City, New York: Doubleday, 1966.

Popper, K. R. "Normal Science and Its Dangers." In I. Lakatos and A. Musgrave (Eds.), *Criticism and the Growth of Knowledge.* Cambridge, England: Cambridge University Press, 1970.

Prelinger, E., and Zimet, C. N. *An Ego-Psychological Approach to Character Assessment.* New York: Free Press, 1964.

Rapaport, D. "The Structure of Psychoanalytic Theory." *Psychological Issues,* 1960, *2* (2, Whole No. 6).

Rapaport, D., and Gill, M. M. "The Points of View and Assumptions of Metapsychology." *International Journal of Psycho-Analysis,* 1959, *40,* 153-162.

Redmore, C., and Waldman, K. "Reliability of a Sentence Completion Measure of Ego Development." *Journal of Personality Assessment,* 1975, *39,* 236-243.

Reese, H. W., and Overton, W. F. "Models of Development and Theories of Development." In L. R. Goulet and P. B. Baltes (Eds.), *Life-Span Developmental Psychology: Research and Theory.* New York: Academic Press, 1970.

Reich, W. *Character Analysis.* New York: Farrar, Straus & Giroux, 1949. (Originally published in 1933.)

Rest, J. R. "The Hierarchical Nature of Stages of Moral Judgment." *Journal of Personality,* 1973, *41,* 86-109.

Rest, J. R. "Manual for the Defining Issues Test." Mimeographed. Minneapolis: University of Minnesota, 1974.

Rest, J. R. "New Options in Assessing Moral Judgment and Criteria for Evaluating Validity." Paper presented at the convention of the Society for Research in Child Development, Denver, Colorado, April 1975.

Rest, J. R. "New Approaches in the Assessment of Moral Judgment." In T. Lickona (Ed.), *Morality: Theory, Research, and Social Issues*. New York: Holt, Rinehart and Winston, 1976.

Rest, J. R., and others. "Judging the Important Issues in Moral Dilemmas—An Objective Measure of Development." *Developmental Psychology*, 1974, *10*, 491-501.

Rest, J., Turiel, E., and Kohlberg, L. "Level of Moral Development as a Determinant of Preference and Comprehension of Moral Judgments Made by Others." *Journal of Personality*, 1969, *37*, 225-252.

Rickman, J. (Ed.) *A General Selection from the Works of Sigmund Freud*. Garden City, N.Y.: Doubleday, 1975.

Ricoeur, P. *Freud and Philosophy: An Essay on Interpretation*. New Haven, Conn.: Yale University Press, 1970.

Riesman, D., Glazer, N., and Denney, R. *The Lonely Crowd*. Garden City, New York: Doubleday, 1954. (Originally published in 1950.)

Rogers, C. R. "A Theory of Therapy, Personality, and Interpersonal Relationships, as Developed in the Client-Centered Framework." In S. Koch (Ed.), *Psychology: A Study of a Science*. Vol. 3: *Formulations of the Person and the Social Context*. New York: McGraw-Hill, 1959.

Rogers, C. R. *On Becoming a Person*. Boston: Houghton Mifflin, 1961.

Ryle, G. *The Concept of Mind*. New York: Barnes and Noble, 1964. (Originally published in 1949.)

Sanford, N. "The Dynamics of Identification." *Psychological*

Review, 1955, *62*, 106-118.

Sanford, N., Webster, H., and Freedman, M. "Impulse Expression as a Variable of Personality." *Psychological Monographs*, 1957, *72*, No. 11 (Whole No. 440).

Scammon, R. E. "The Measurement of the Body in Childhood." In J. A. Harris, C. M. Jackson, D. G. Paterson, and R. E. Scammon (Eds.), *The Measurement of Man*. Minneapolis: University of Minnesota Press, 1930.

Schachtel, E. G. *Metamorphosis*. New York: Basic Books, 1959.

Schafer, R. *Aspects of Internalization*. New York: International Universities Press, 1968.

Schafer, R. "Internalization: Process or Fantasy?" *Psychoanalytic Study of the Child*, 1972, *27*, 411-436.

Schafer, R. "Problems in Freud's Psychology of Women." *Journal of the American Psychoanalytic Association*, 1974, *22*, 459-485.

Schiwy, G. *Structuralism and Christianity*. Pittsburgh, Penn.: Duquesne University Press, 1971.

Selman, R. "The Relation of Role-Taking to the Development of Moral Judgment in Children." *Child Development*, 1971, *42*, 79-92.

Selman, R. "The Development of Conceptions of Interpersonal Relations: A Structural Analysis and Procedures for the Assessment of Levels of Interpersonal Reasoning Based on Levels of Social Perspective-Taking." Mimeographed. Cambridge, Mass.: Harvard-Judge Baker Social Reasoning Project, 1974.

Selman, R., and Byrne, D. "A Structural Analysis of Levels of Role-Taking in Middle Childhood." *Child Development*, 1974, *45*, 803-807.

Shapiro, D. *Neurotic Styles*. New York: Basic Books, 1965.

Shapiro, D. "Motivation and Action in Psychoanalytic Psychiatry." *Psychiatry*, 1970, *33*, 329-343.

Sherwood, M. *The Logic of Explanation in Psychoanalysis*. New York: Academic Press, 1969.

Smith, A. *The Theory of Moral Sentiments*. New Rochelle, N.Y.: Arlington House, 1969. (Originally published in 1759.)

Spitz, R. A. *No and Yes: On the Beginnings of Human Communication*. New York: International Universities Press, 1957.

Spitz, R. A. *A Genetic Field Theory of Ego Formation*. New York: International Universities Press, 1959.

Strawson, P. F. *Individuals: An Essay in Descriptive Metaphysics*. London: Methuen, 1959.

Sullivan, C., Grant, M. Q., and Grant, J. D. "The Development of Interpersonal Maturity: Applications to Delinquency." *Psychiatry*, 1957, *20*, 373-385.

Sullivan, H. S. "Schizophrenia: Its Conservative and Malignant Features." In *Schizophrenia as a Human Process*. New York: Norton, 1962. (Originally published in 1925.)

Sullivan, H. S. *The Interpersonal Theory of Psychiatry*. New York: Norton, 1953.

Tanner, J. M. "The Regulation of Human Growth." *Child Development*, 1963, *34*, 817-847.

Tanner, J. M., and Inhelder, B. (Eds.) *Discussions on Child Development*. Vol. 1. New York: International Universities Press, 1956.

Tanner, J. M., and Inhelder, B. (Eds.) *Discussions on Child Development*. Vol. 4. New York: International Universities Press, 1960.

Tapp, J. L., and Kohlberg, L. "Developing Senses of Law and Legal Justice." *Journal of Social Issues*, 1971, *2*, 65-91.

Thomson, G. H. *The Factorial Analysis of Human Ability*. Cambridge, England: Houghton Mifflin, 1939.

Thorndike, E. L. "Units and Scales for Measuring Educational Products." In *Proceedings of a Conference on Educational Measurements*. *Indiana University Bulletin*, 1914, *12*, No. 10.

Thorndike, E. L., and others. *The Measurement of Intelligence*.

New York: Teachers College, Columbia University, 1927.

Tolman, E. C. "Can Instincts Be Given Up in Psychology?" *Journal of Abnormal and Social Psychology*, 1922, *17*, 139-152.

Tolman, E. C., and Brunswik, E. "The Organism and the Causal Texture of the Environment." *Psychological Review*, 1935, *42*, 43-77.

Toulmin, S. E. "Does the Distinction Between Normal and Revolutionary Science Hold Water?" In I. Lakatos and A. Musgrave (Eds.), *Criticism and the Growth of Knowledge*. Cambridge, England: Cambridge University Press, 1970.

Tryon, R. C. "A Theory of *Psychological* Components—An Alternative to 'Mathematical Factors.' " *Psychological Review*, 1935, *42*, 425-454.

Vaihinger, H. *The Philosophy of "As If": A System of the Theoretical, Practical, and Religious Fictions of Mankind.* New York: Harcourt Brace Jovanovich, 1925. (Originally published in 1911.)

Van den Daele, L. D. "Ego Development and Preferential Judgment in Life-Span Perspective." In N. Datan and L. H. Ginsberg (Eds.), *Life-Span Development Psychology: Normative Life Crises*. New York: Academic Press, 1975.

Vergote, A. "Psychanalyse et phénoménology." *Recherche et débats*, 1957, *21*, 125-144.

Wachtel, P. L. "Psychodynamics, Behavior Therapy, and the Implacable Experimenter: An Inquiry into the Consistency of Personality." *Journal of Abnormal Psychology*, 1973, *82*, 324-334.

Waelder, R. "The Principle of Multiple Function: Observations on Over-Determination." *Psychoanalytic Quarterly*, 1936, *5*, 45-62.

Waelder, R. *Basic Theory of Psychoanalysis.* New York: International Universities Press, 1960.

Warren, M. Q. "The Case for Differential Treatment of Delinquents." *Annals of the American Academy of Political and Social Science,* 1969, *381,* 47-59.

Warren, M. Q. "Intervention with Juvenile Delinquents." In M. Rosenheim (Ed.), *Pursuing Justice for the Child.* Chicago: University of Chicago Press, 1976.

Watkins, J. W. N. "Against 'Normal Science.' " In I. Lakatos and A. Musgrave (Eds.), *Criticism and the Growth of Knowledge.* Cambridge, England: Cambridge University Press, 1970.

Werner, H. *Comparative Psychology of Mental Development.* New York: International Universities Press, 1964. (Originally published in 1940.)

Westermarck, E. *The Origin and Development of the Moral Ideas.* Vol. 1. London: Macmillan, 1906.

Westermarck, E. *The Origin and Development of the Moral Ideas.* Vol. 2. London: Macmillan, 1908.

White, R. W. *Lives in Progress.* New York: Dryden Press, 1952.

White, R. W. "Ego and Reality in Psychoanalytic Theory." *Psychological Issues,* 1963, *3* (3, Whole No. 11).

Wohlwill, J. *The Study of Behavioral Development.* New York: Academic Press, 1973.

人名索引

本索引頁碼均指英文版頁碼，請按中文版邊碼檢索

名詞索引

條目後的頁碼係原著頁碼，檢頁時請查印在頁邊的數碼

133 ; and intelligence 和智力 175~180 ; and interpersonal integration 和人際整合 109 ; and interpersonal relatability 和人際關係 113~116 ; interpersonal style in 的人際風格 26~27 ; knowledge of and practical applications 的知識和實際應用 426~428 ; as master trait in personality 作為人格中控制特質的 41 ; meanings of in psychoanalysis 在精神分析中的意義 4~5 ; milestones of 的里程碑 25~27 ; as a model for psychoanalysis 作為精神分析的一種模式 384 ; models for 的模式 170~172, 310~311, 313 ; and moral character 道德特徵 109, 118 ; and moral development 和道德發展 109, 122, 124, 440~441, 448 ; and need hierarchy 和需要的層次 140 ; philosophical sources

for model of 的模式的哲學根源 290 ; producing growth in 導致生長 152, 426, 452~457 ; and psychodynamic explanations 和心理動力的解釋 100, 394, 403 ; and psychosexual development 和心理性慾的發展 77, 79, 85, 137, 172~175 ; and psychotherapy 和心理治療 151~156, 427~428, 439~440 ; research design for 的研究設計 426~428 ; restricted to earliest stages 對最早階段的限制 5, 75 ; sources of current interest in 當前興趣的根源 11 ; stage-description of 的階段描述 15~28 ; substages of 的亞階段 196~199 ; subtypes of 的亞類型 196~199 ; vs. superego development 自我發展對超我發展 411~412 ; and types of prejudiced and unprejudiced persons 和有偏見者與無

理的因果關係 16, 23

Psychological hedonism 心
理的享樂主義 283；參見
Hedonic calculus; Pleasure
principle 享樂主義演算；
快樂原則

Psychometric approach to
psychology 心理學的心
理測量方法 203～204,
228, 242, 430

Psychometric issues 心理測
量問題 205～209

Psychoneuroses, symptoms
of 精神性神經症，的症狀
321～322, 325, 343～346

Psychopathology: of every-
day life 精神病理學：日
常生活的 343; of nor-
mality 正常狀態的 140

Psychosexual development
心理性慾的發展 344～345,
374, 384; distinguished
from ego development 與
自我發展的區別 57, 77,
85, 108, 172～175; models
of 的模式 169; related
to ego development 與自
我發展的關係 116, 124～

125, 353; zones of 的區
域 169

Psychoses, regression in 精
神病，的退化 381

Psychosocial development
心理社會的發展 116, 374
～376; crises of 的批評
78～79；參見 Ego develo-
pment 自我發展

Psychosocial maturity 心理
社會的成熟 250～253

Psychotherapy: and ego
development 心理治療：
和自我的發展 153～155,
427～428; stages in pro-
cess of 過程的各階段
151～152

Purposive behavior 有目的
的行爲 283

Purposive, ego as 有目的的
自我 65

Puzzle-solving: in psycho-
analysis 難題解決：精神
分析中的 389, 393; in
science 科學中的 300,
304.

新知叢書

桂冠新知叢書 77

自我的發展：
概念與理論

著者——盧文格／布萊西

譯者——李維

責任編輯——黃嬿羽

出版——桂冠圖書股份有限公司

發行人——賴阿勝

登記證——局版臺業字第 1166 號

地址——臺北市新生南路三段 96-4 號

電話——（02）219-3338・363-1407

傳眞——（02）218-2859・218-2860

郵撥帳號——0104579-2

排版——紀元電腦排版股份有限公司

印刷——海王印刷廠

裝訂——欣亞裝訂有限公司

初版一刷——1995 年 4 月

● 本書如有破損、裝訂錯誤，請寄回調換。

ISBN　957-551-870-7

定價—新臺幣 550 元